# Die gerichtliche Überprüfung von Erb- und Pflichtteilsverzichtsverträgen im Spiegel ehevertraglicher Inhaltskontrolle

# Studien zum deutschen und internationalen Familien- und Erbrecht

Herausgegeben von Martin Lipp, Christoph Benicke, Marina Wellenhofer und Bettina Heiderhoff

Band 9

PETER LANG
Frankfurt am Main · Berlin · Bern · Bruxelles · New York · Oxford · Wien

Ulrich Kühle

# Die gerichtliche Überprüfung von Erb- und Pflichtteilsverzichtsverträgen im Spiegel ehevertraglicher Inhaltskontrolle

PETER LANG
Internationaler Verlag der Wissenschaften

**Bibliografische Information der Deutschen Nationalbibliothek**
Die Deutsche Nationalbibliothek verzeichnet diese Publikation in der Deutschen Nationalbibliografie; detaillierte bibliografische Daten sind im Internet über http://dnb.d-nb.de abrufbar.

Zugl.: Konstanz, Univ., Diss., 2011

1. Referent: Prof. Dr. Rainer Hausmann
2. Referent: Prof. Dr. Christoph Althammer
Tag der mündlichen Prüfung: 27. Januar 2011

Gedruckt auf alterungsbeständigem,
säurefreiem Papier.

D 352
ISSN 1864-497X
ISBN 978-3-631-61818-9



www.peterlang.de

*In Liebe, Bewunderung und Dankbarkeit*

*Meinen Eltern*

*Maria und Dieter*

# Vorwort

Die vorliegende Arbeit wurde im Sommersemester 2010 fertig gestellt und vom Fachbereich Rechtswissenschaften der Universität Konstanz als Dissertation angenommen.

Ich war so glücklich, während der Erstellung dieser Arbeit vielfältige Unterstützung erfahren zu haben. Sie soll an dieser Stelle nicht unerwähnt bleiben.

Besonderer Dank gilt zunächst meinem verehrten Doktorvater Herrn Prof. Dr. Rainer Hausmann. Er hat mich seit den Anfängen meines Studiums und bis zu seiner Emeritierung auch während meiner Promotionszeit als Mitarbeiter an seinem Lehrstuhl beschäftigt, das Thema dieser Arbeit maßgeblich angeregt und ihre Erstellung stets interessiert begleitet. Neben seiner wertvollen fachlichen Unterstützung habe ich seine außergewöhnlich herzliche und unkomplizierte Art im persönlichen Umgang immer besonders zu schätzen gewusst.

Herzlich danken möchte ich auch Herrn Prof. Dr. Christoph Althammer für die zügige Erstellung des Zweitgutachtens sowie die ausgesprochen freundliche Aufnahme und Zusammenarbeit an seinem Lehrstuhl, bei der er mir in großzügiger Weise stets den nötigen Freiraum zur Fertigstellung dieser Arbeit gelassen hat.

Frau Prof. Dr. Marina Wellenhofer, Herrn Prof. Dr. Martin Lipp und Herrn Prof. Dr. Christoph Benicke danke ich für die Aufnahme der Dissertation in die Schriftenreihe „Studien zum deutschen und internationalen Familien- und Erbrecht“.

Dank gebührt schließlich auch Dr. Benedikt Kühle. Er war für mich während Studium und Promotion als jederzeit verlässlicher Ratgeber der Inbegriff eines großen Bruders.

Gewidmet aber ist diese Arbeit meinen Eltern, Maria und Dr. Dieter Kühle, die mir nicht nur während meiner akademischen Ausbildung stets und in jeder Hinsicht der sichere Rückhalt waren, wie ihn sich ein Sohn nur wünschen kann.

Düsseldorf, im März 2011 — Ulrich Kühle

# Inhaltsübersicht

# Inhaltsverzeichnis

# Einleitung

## 1. Ausgangspunkt und Problemstellung

Der Grundsatz der Vertragsfreiheit gehört zu jenen allgemeinen Grundsätzen des deutschen Zivilrechts, deren Geltung so selbstverständlich war, dass sogar die Väter des BGB seine Erwähnung nicht einmal für notwendig hielten.[1] Demzufolge erschien eine richterliche Überprüfung eines zwischen Privatrechtssubjekten abgeschlossenen Vertrages in der deutschen Rechtslandschaft lange undenkbar. Mittlerweile hat sich diese Situation jedoch grundlegend geändert. Seit seinen Anfängen vor rund 100 Jahren[2] hat das richterliche Instrument der Inhaltskontrolle von privatrechtlichen Verträgen stetig an Bedeutung gewonnen. Der Begriff der Inhaltskontrolle wird heute bereits als „Modewort" bezeichnet.[3] Hiermit einhergehend fanden und finden sich aber auch stets Stimmen, die vor einer drohenden unkontrollierten Ausbreitung der Inhaltskontrolle als einer Gefährdung des auf Selbstverantwortung fußenden Privatrechtssystems warnen.[4] Den bisherigen Schlusspunkt des Erfolgszuges der Inhaltskontrolle stellt die Entwicklung der besonderen Grundsätze zur Inhaltskontrolle von Eheverträgen durch die höchstrichterlichen Leitentscheidungen aus den Jahren 2001[5] und 2004[6] dar. Die besondere ehevertragliche Inhaltskontrolle, bestimmt durch die jeweils an einem Kernbereich von Scheidungsfolgen orientierte Wirksamkeitskontrolle nach § 138 Abs. 1 BGB und die Ausübungskontrolle nach § 242 BGB, kann nunmehr als gefestigte Recht-

1 *Fastrich*, S. 1.

2 Beginnend mit RGZ 62, 264, 266 (Urteil vom 8. Januar 1906); näher dazu unten Teil 1, Kap. 2. § 2. B.

3 Vgl. *Fastrich*, S. 1; *Baumbach/Hueck-Zöllner*, GmbHG (15. Aufl.), § 45 Rn. 10.

4 So *Fastrich*, S. 1, ferner *Lieb*, AcP 178 (1978), 197, 226; *ders.*, DNotZ, 1989, 274, 296; *Medicus*, Inhaltskontrolle, S. 22 f., 30 ff.; *Zöllner*, AcP 176 (1976), 221, 246.

5 BVerfGE 103, 89 ff. = FamRZ 2001, 343.

6 BGHZ 158, 81 = NJW 2004, 930 ff.

sprechung angesehen werden.[7] Seit dem 01. September 2009 findet sie darüber hinaus sogar gesetzlichen Niederschlag in § 8 Abs. 1 VersAusglG.[8]

Vor dem Hintergrund dieser Entwicklungen macht es sich die vorliegende Arbeit zur Aufgabe, einen Beitrag zur Zukunft des Instituts der Inhaltskontrolle zu leisten. Ausgehend von der intensiven Verbindung, welche das deutsche Recht zwischen dem Eherecht und dem Erbrecht im Allgemeinen knüpft[9], und im Besonderen angestoßen durch die in der Praxis häufige Verbindung von Eheverträgen mit Erb- oder Pflichtteilsverzichten,[10] soll den Gegenstand der folgenden Ausführungen die Frage nach dem Verhältnis der besonderen ehevertraglichen Inhaltskontrolle zu der gerichtlichen Überprüfung von Erb- und Pflichtteilsverzichten bilden.

Im Rahmen der Bearbeitung soll dabei insbesondere zwei Problemfeldern auf den Grund gegangen werden:

1. Kann die besondere Systematik zur Inhaltskontrolle von Eheverträgen auch für die gerichtliche Überprüfung von Erb- und Pflichtteilsverzichten fruchtbar gemacht werden? Eignen sich die wesentlichen Elemente der Orientierung an einem Kernbereich der Scheidungsfolgen und der zweistufigen Kontrolle auch für die Überprüfung von Erb- und Pflichtteilsverzichten? Ist eine Kontrolle nach gleicher Methode und gleichen Maßstäben aufgrund der vielfachen Beziehungen zwischen Eherecht und Erb- und insbesondere Pflichtteilsrecht möglicherweise nicht nur denkbar, sondern gar geboten?
2. Vor dem Hintergrund der häufig auftretenden Kombination von Eheverträgen mit Erb- oder Pflichtteilsverzichten erscheint klärungsbedürftig, wie sich die eherechtlichen und die erbrechtlichen Teile solch kombinierter Rechtsgeschäfte zueinander verhalten und sich bezüglich ihrer (Un)Wirksamkeit gegenseitig beeinflussen. Ist ein Erb- oder Pflichtteilsverzicht möglicherweise jedenfalls dann, wenn er im Zusammenhang mit einem Ehevertrag abgeschlossen wurde, auch nach der gleichen Systematik zu kontrollieren wie der Ehevertrag selbst? Kann ein Erb- oder Pflichtteilsverzicht mit in die im Zuge der Kontrolle des Ehevertrages vorgenommene Gesamtschau einbezogen werden und im Rahmen einer solchen sogar den Ausschlag für die Unwirksamkeit des ehevertraglichen Teils oder gar des gesamten Rechtsgeschäfts geben? Wie beeinflusst schließlich die Nichtigkeit der ehevertraglichen Regelungen den Bestand des mit ih-

7 Vgl. *Staudinger/Rehme*, § 1408, Rn. 67; *Bengel*, ZEV 2006, 192, 196.

8 Gesetz über den Versorgungsausgleich, verkündet als Art. 1 Gesetz zur Strukturreform des Versorgungsausgleichs (VAStrRefG) vom 03.04.2009. Das Gesetz ist am 01.09.2009 in Kraft getreten. Siehe dazu auch RegE zum VersAusglG, BT-Drucks. 16/10144, S. 51.

9 Vgl. nur §§ 1371, 1586 b, 1931, 1932-1934, 2054, 2077, 2265-2273, 2279 Abs. 2, 2280, 2303 Abs. 2, 2335 BGB; siehe auch *Wachter*, ZErb 2004, 238.

10 vgl. etwa *Brambring*, NJW 2007, 865, 868.

nen im Zusammenhang abgeschlossenen Erb- oder Pflichtteilsverzichts bzw. ein seinerseits nichtiger Erb- oder Pflichtteilsverzicht den Bestand eines mit ihm korrelierenden Ehevertrags?

Diese Problematiken sind nicht mehr unerkannt. Sie sind von einzelnen Autoren bereits benannt worden.[11] Ihrer Benennung sind jedoch bislang nur einige eher zaghafte und teilweise recht oberflächliche Lösungsansätze in wenigen – naturgemäß in Umfang und Tiefe limitierten – Aufsätzen[12] und Kommentierungen[13] gefolgt. Eine ausführliche monografische Behandlung des Themas steht bisher noch aus. Insbesondere ist hierzu seit der Entwicklung der besonderen Grundsätze zur ehevertraglichen Inhaltskontrolle keine einschlägige obergerichtliche oder höchstrichterliche Entscheidung ergangen, welche die wissenschaftliche Diskussion möglicherweise in für die Praxis verlässliche Bahnen zu lenken vermocht hätte.

Das Verhältnis der besonderen ehvertraglichen Inhaltskontrolle zum Erb- und Pflichtteilsverzicht ist daher bis zum heutigen Zeitpunkt als ungeklärt zu bezeichnen.[14]

Vor dem Hintergrund der daraus resultierenden Verunsicherung der Kautelarjurisprudenz, die nun um die Sicherheit der Nachfolgeregelungen bezüglich vieler, meist beträchtlicher, Vermögen fürchtet,[15] befasst sich die vorliegende Arbeit daher mit einem Thema von hoher praktischer Relevanz.[16]

## 2. Gang der Untersuchung

Im Rahmen der Untersuchung der soeben aufgezeigten Fragestellungen sollen im ersten Teil der Arbeit zunächst deren Grundlagen erörtert werden. Dazu wird nach einer kurzen Darstellung von Rechtsnatur und Funktion von Erb- und Pflichtteilsverzichten (Kapitel 1) zunächst das Phänomen der Inhaltskontrolle als historische

---

11 Insbesondere von *Wachter*, ZErb 2004, 238 ff. u. 306 ff., sodann *Wendt*, ZNotP 2006, 1 ff.; speziell zum 2. Problemfeld, *Münch*, ZEV 2008, 571 ff.; *Bergschneider*, FamRZ 2008, 1289, 1290.

12 *Kapfer*, MittBayNot 2006, 385 ff.; *Bengel*, ZEV 2006, 192 ff.; *Kuchinke*, FPR 2006, 125 ff.; *Brambring*, NJW 2007, 865, 868; etwas ausführlicher, wenngleich nicht umfassend, *Ludyga*, Pflichtteilsverzicht und *Muscheler*, in FS Spiegelberger, § 8, S. 1079 ff.

13 Vgl. etwa *Bamberger/Roth/J. Mayer*, § 2346 Rn. 38 ff.; MüKoBGB/*Wegerhoff*, § 2346 Rn. 35 ff.

14 So jurisPK-BGB/*Hau*, § 2346 Rn. 22. Die Frage als „weitgehend ungeklärt" benennend, *Bengel*, ZEV 2006, 192. Die Problematik als in einem Stadium „schwelender Diskussion" befindlich bezeichnend, *Kapfer*, MittBayNot 2006, 385, 286.

15 Vgl. nur *Bengel*, ZEV 2006, 192, 193.

16 Siehe etwa das Rundschreiben des Anwaltvereins Stuttgart vom 28.06.2006, S. 2.

und dogmatische Grundlage der Arbeit beleuchtet (Kapitel 2). In diese Thematik einführend, wird die Evolution des Instituts der richterlichen Inhaltskontrolle von seinen Ursprüngen im Bereich der Monopolrechtsprechung des Reichsgerichts[17], über die Entstehung des AGBG[18] und seine Entwicklung im Arbeitsrecht bis hin zur Ausweitung auf andere Rechtsgebiete skizziert. Darauf aufbauend sollen dann im Kontext der verfassungsrechtlichen Problematik einer Grenzziehung zwischen Vertragsfreiheit und Vertragsgerechtigkeit die eine Inhaltskontrolle legitimierenden Faktoren erarbeitet werden, um so eine Einordnung der Arbeit in einen größeren Kontext zu ermöglichen. Hieran anschließend widmet sich die Arbeit im 3. Kapitel des ersten Teils einer ausführlicheren Darstellung der Entwicklung der Inhaltskontrolle im Eherecht, sowie insbesondere der von der Rechtsprechung entwickelten speziellen Grundsätze ehevertraglicher Inhaltskontrolle als konkretem Ausgangspunkt aller weiteren Überlegungen.

Der zweite Teil der Arbeit befasst sich sodann mit der Erörterung des ersten der oben benannten Problemfelder. So sollen nun die Möglichkeiten und Grenzen einer Übertragung der die ehevertragliche Inhaltskontrolle prägenden Elemente auf den Erb- und Pflichtteilsverzicht erörtert werden. Als erstes wird die besondere Systematik der Kernbereichslehre den Gegenstand einer ausführlichen Untersuchung bilden (Kapitel 1). Dabei wird erkennbar werden, dass in ihrem Rahmen zwischen dem abstrakten Verzicht und dem ihm zugrunde liegenden Kausalgeschäft ebenso differenziert werden sollte, wie zwischen dem Verzicht eines Ehegatten und dem Verzicht Verwandter. Im Hinblick auf mögliche Ansatzpunkte für eine Übertragung der Kernbereichsgrundsätze wird besonderes Augenmerk auf die Funktion des Pflichtteils, den Aspekt der Drittbelastung und die sonst so unscheinbare Vorschrift des § 1586 b BGB gelegt. Schließlich wird besprochen, wie und wo sich der Pflichtteil in die Rangfolge der Kernbereichslehre einfügen lässt.

Kapitel 2 des zweiten Teiles wird sich im Anschluss mit der Frage beschäftigen, inwieweit sich die beim Ehevertrag praktizierte zweistufige Inhaltskontrolle in Form von Wirksamkeits- und Ausübungskontrolle auch für die gerichtliche Überprüfung von Erb- und Pflichtteilsverzichten eignet. Dabei wird zunächst auf die Wirksamkeitskontrolle eingegangen. Der Fokus der Untersuchung wird in diesem Rahmen insbesondere auf den spezifischen Problemen liegen, die sich bei Annahme der Totalnichtigkeit eines aufgrund unterhaltsrechtlicher Fernwirkungen für sittenwidrig erachteten Pflichtteilsverzichts ergeben können, wenn die Ehe durch Tod beendet wird.

17 RGZ 62, 264, 266; 99, 109; 102, 397; 104, 98.

18 Gesetz zur Regelung des Rechts der Allgemeinen Geschäftsbedingungen, BGBl. I 1976, 3317, inkraftgetreten am 1. April 1977.

Darauf folgend wird untersucht, ob der Erb- oder Pflichtteilsverzicht, bzw. das zu ihm verpflichtende Kausalgeschäft, im Hinblick auf die bei Eheverträgen vorgenommene Ausübungskontrolle Einschränkungen unterliegt, weil es sich bei ihm um ein aleatorisches Rechtsgeschäft handelt. Erörtert werden soll in diesem Zusammenhang auch die Frage, ob die Gründe, die den BGH bei der Kontrolle von Eheverträgen dazu bewogen haben, anstelle der Anwendung von § 313 BGB eine Ausübungskontrolle vorzunehmen, in gleicher Weise auch für den Erb- oder Pflichtteilsverzicht gelten, und welche Konsequenzen aus der Beantwortung dieser Frage zu ziehen sind.

Hiernach wendet sich die Arbeit in ihrem dritten Teil dem zweiten Problemfeld des Verhältnisses von miteinander korrelierenden Ehe- und Erb- oder Pflichtteilsverzichtsverträgen zu. Zunächst soll dabei erörtert werden, ob die Vereinbarung eines Erb- oder Pflichtteilsverzichts möglicherweise die für einen Ehegatten belastenden Regelungen eines Ehevertrages im Rahmen einer Gesamtschau noch zu verstärken vermag oder nicht. Danach wird der Einfluss eines nichtigen Ehevertrages auf den Bestand eines mit diesem im Zusammenhang stehenden Erb- oder Pflichtteilsverzicht ebenso erörtert, wie die entgegengesetze Frage nach den Auswirkungen eines nichtigen Erb- oder Pflichtteilsverzichts auf einen korrelierenden Ehevertrag. Dabei wird auch in diesem Rahmen insbesondere auf die Vorschrift des § 1586 b BGB eingegangen.

Abschließend werden die Ergebnisse der Arbeit in einer Gesamtzusammenfassung dargestellt und in einem kurzen Fazit bewertet.

# 1. Teil: Grundlegung

## 1. Kapitel: Erb-, Pflichtteils- und Zuwendungsverzicht

### § 1. Der Erb- und Pflichtteilsverzicht

#### *A. Begriff und Rechtsnatur*

Der Erb- und Pflichtteilsverzicht ist in den §§ 2346 ff. BGB gesetzlich geregelt.

Bei ihm handelt es sich um einen Vertrag zwischen dem Erblasser und einem seiner gesetzlichen Erben, mit welchem der Erbe auf sein gesetzliches Erbrecht nach dem Erblasser verzichtet, § 2346 Abs. 1 BGB.[19] Gemäß § 2346 Abs. 1 S. 2 HS. 2 BGB umfasst der Erbverzicht grundsätzlich auch den Verzicht auf das Pflichtteilsrecht; dieses kann allerdings auch vorbehalten bleiben.[20]

Nach § 2346 Abs. 2 BGB ist es dem gesetzlichen Erben auch möglich, allein auf sein Pflichtteilsrecht zu verzichten (isolierter Pflichtteilsverzicht). In diesem Fall bleibt die gesetzliche Erbfolge unberührt, so dass der Verzichtende Erbe wird, wenn der Erblasser nicht anders testiert.[21]

Vertragsinhalt des Erb- und Pflichtteilsverzichts ist mithin der Verzicht auf einen zukünftigen Erwerb von Todes wegen, also nicht der Verzicht auf ein schon bestehendes Recht, sondern auf ein Recht, das erst mit dem Tode des Erblassers entstehen wird und dessen Entstehung bis dahin ungewiss ist.[22]

Im Gegensatz zum Erbvertrag nach §§ 2274 ff. BGB ist der Erb- und Pflichtteilsverzicht ein Rechtsgeschäft unter Lebenden auf den Todesfall, also zwar erbrechtliches Geschäft, aber nicht Verfügung von Todes wegen.[23] Als Rechtsgeschäft unter Lebenden sind auf den Erb- und Pflichtteilsverzicht grundsätzlich die allge-

---

19 *Reul*, MittRhNotK 1997, 373, 374; *Leipold*, Rn. 405; für den eingetragenen Lebenspartner ergibt sich dies aus § 10 Abs. 1, Abs. 7 LPartG.

20 BayObLGZ 1981, 30, 33; *Hausmann/Hohloch-Joachim*, Kap. 4 Rn. 231.

21 *Palandt/Edenhofer*, § 2346 Rn. 16; *Soergel/Damrau*, § 2346 Rn. 15; MüKoBGB/*Wegerhoff*, § 2346 Rn. 19.

22 *Staudinger/Schotten*, Einl zu §§ 2346 ff. BGB Rn. 23; *Soergel/Damrau*, § 2346 Rn. 1.

23 *Lange/Kuchinke*, § 7. I. 2.

meinen Vorschriften über Rechtsgeschäfte, Willenserklärungen und Verträge anwendbar.[24] Eine Ausnahme soll allerdings für den Erbverzicht nach dem Erbfall gelten. Da der Erbverzicht ab diesem Zeitpunkt dingliche Wirkung gegenüber jedermann hat, soll eine Anfechtung, sowie die Anwendung des § 313 BGB, aus Gründen der Rechtssicherheit ausgeschlossen sein;[25] es kommt dann einzig eine Anpassung des Kausalgeschäfts an die veränderten Verhältnisse in Betracht (dazu näher unten Teil 1, Kap. 1. § 3).

Der Erbverzicht schließt den Verzichtenden unmittelbar von der Erbfolge aus.[26] Ebenso wie auch der isolierte Pflichtteilsverzicht nach § 2346 Abs. 2 BGB führt er zudem grundsätzlich[27] dazu, dass das Pflichtteilsrecht nicht entsteht.[28] Insbesondere verpflichtet sich der Verzichtende also mit dem Erb- und Pflichtteilsverzicht nicht etwa dazu, den Verzicht erst noch zu erklären oder die Erbschaft auszuschlagen.[29] Vielmehr gestaltet der Erb- und Pflichtteilsverzicht die Rechtslage unmittelbar um und ist demnach – wie der Erbvertrag – ein Verfügungsgeschäft[30]; im Gegensatz zu diesem jedoch rein negativen Inhalts.[31]

Der Erb- und Pflichtteilsverzicht ist damit die einzige vom Gesetz zugelassene Verfügung des Erbanwärters über seine Rechtsposition vor dem Erbfall.[32] Insbesondere unterscheidet sich der Erb- und Pflichtteilsverzicht so auch von § 311 b Abs. 4 BGB, der nur schuldrechtliche, nicht aber Verträge mit erbrechtlich-dinglicher Wirkung zulässt.[33]

Der Erb und Pflichtteilsverzicht ist in seiner Wirksamkeit grundsätzlich unabhängig von der Gültigkeit eines ihm zugrunde liegenden Kausalgeschäfts (idR sog. Abfindungsvertrag).[34] Aus diesem Grunde stellt er ein abstraktes Rechtsgeschäft

---

24 MüKoBGB/*Wegerhoff*, § 2346 Rn. 4; *Staudinger/Schotten,* Einl zu §§ 2346 ff. BGB Rn. 21.

25 BGH, NJW 1999, 789; OLG Koblenz, FamRZ 1993, 1498, 1499*; Bengel*, ZEV 2006, 192, 195; *Palandt/Edenhofer*, § 2346 Rn. 9; kritisch *Frank*, § 22 Rn. 6; *Michalski*, Rn. 491. Da dem Pflichtteilsverzicht keine dingliche Wirkung zukommt, gilt diese Ausnahme für ihn nicht.

26 Statt vieler, jurisPK-BGB/*Hau*, § 2346 Rn. 3.

27 Sofern der Pflichtteil nicht ausnahmsweise ausdrücklich vorbehalten wurde.

28 *Hausmann/Hohloch-Weidlich*, Kap. 15 Rn. 6.

29 *Staudinger/Schotten,* Einl zu §§ 2346 ff. BGB Rn. 17; *Hausmann/Hohloch-Weidlich*, Kap. 15 Rn. 6; *Weidlich*, NotBZ 2009, 149.

30 AllgM: *Palandt/Edenhofer*, § 2346 Rn. 4; *Erman/Schlüter*, Vor § 2346 Rn. 1, *Jauernig/Stürner*, § 2346 Rn. 1.

31 MüKoBGB/*Wegerhoff*, § 2346 Rn. 2; *Michalski*, Rn. 478.

32 MüKoBGB/*Wegerhoff*, § 2346 Rn. 2.

33 BGHZ 37, 319, 325.

34 Statt vieler, *Ebenroth*, Rn. 354; vgl. dazu aber auch unten Teil 1, Kap. 1. § 3.

dar,[35] auf das die nur für den gegenseitigen Vertrag geltenden Vorschriften der §§ 320 ff. BGB nicht anwendbar sind.[36]

Der Erb- und/oder Pflichtteilsverzicht ist mithin ein vertragliches, erbrechtliches, abstraktes Verfügungsgeschäft unter Lebenden auf den Todesfall mit negativem Inhalt.[37]

## *B. Rechtsfolgen und Bedeutung*

Das Gesetz selbst unterscheidet bereits zwischen einem Erbverzicht und dem isolierten Pflichtteilsverzicht, indem es ersten in § 2346 Abs. 1 BGB und zweiten in § 2346 Abs. 2 BGB behandelt.

Diese gesonderte Erwähnung des isolierten Pflichtteilsverzichts in einem eigenen Absatz erscheint dabei nur dann schlüssig, wenn sich der Erbverzicht und der isolierte Pflichtteilsverzicht wenn schon nicht hinsichtlich ihrer Rechtsnatur, so doch hinsichtlich ihrer Rechtsfolgen unterscheiden. Aus diesem Grund werden der Erbverzicht und der isolierte Pflichtteilsverzicht im Folgenden hinsichtlich ihrer Rechtsfolgen und ihrer Bedeutung getrennt behandelt.

Dabei kann und soll an dieser Stelle keine vollumfängliche Darstellung dieses Komplexes erfolgen. Die folgenden Ausführungen konzentrieren sich daher auf die wichtigsten Grundlagen und die im Kontext der vorliegenden Arbeit wesentlichen Punkte.[38]

### *I. Der Erbverzicht*

Der Erbverzicht ist neben Testament und Erbvertrag die dritte vom BGB vorgesehene Möglichkeit, die Erbfolge zu Lebzeiten des Erblassers zu beeinflussen.[39]

Durch ihn wird der Anfall der Erbschaft beim Verzichtenden verhindert, wie wenn dieser zur Zeit des Erbfalls nicht gelebt hätte, § 2346 Abs. 1 S. 2 HS. 1 BGB. Der Verzichtende gilt also für die Beurteilung der gesetzlichen Erbfolge als vor dem Erbfall gestorben; er hat kein Pflichtteilsrecht, § 2346 Abs. 1 S. 2 HS. 2 BGB.[40]

---

35 BGHZ 37, 319, 327; BayObLGZ 1981, 30, 33.

36 *Hausmann/Hohloch-Joachim*, Kap. 4 Rn. 232; ; *Reul*, MittRhNotK 1997, 373, 374; *Palandt/Edenhofer*, § 2346 Rn. 4.

37 *Staudinger/Schotten*, Einl zu §§ 2346 ff. BGB Rn. 15.

38 Ausführlich zu Funktion und Bedeutung von Erb- und Pflichtteilsverzicht etwa *Hausmann/Hohloch-Weidlich,* Kap. 15 Rn. 43 ff.; *Staudinger/Schotten*, Einl zu §§ 2346 ff. u. § 2346.

39 *Leipold*, Rn. 545.

40 Vgl. schon oben Teil 1, Kap. 1. § 2. A. Daher schließt der Erbverzicht grundsätzlich auch den Verzicht auf den Pflichtteilsrestanspruch aus § 2305 BGB, den Pflichtteilsanspruch bei

Aufgrund der Vorversterbensfiktion beschränkt sich der Erbverzicht auch nicht nur auf die hypothetische Erbquote zum Zeitpunkt des Verzichts, sondern erstreckt sich auch auf die durch den Wegfall eines Miterben nach § 1935 BGB eintretende Erhöhung des Erbteils.[41] Präzise formuliert bildet daher das gesetzliche Ebrecht, so wie es ohne den Verzicht beim Tode des Verzichtsempfängers bestehen würde, den Gegenstand des Erbverzichts.[42] Bei Wegfall des Verzichtenden wären nun grundsätzlich dessen Abkömmlinge zur gesetzlichen Erbfolge berufen, § 1924 Abs. 3 BGB. Dem Nachrücken von Abkömmlingen des Verzichtenden setzt jedoch § 2349 BGB Grenzen. Nach dieser Vorschrift erstreckt sich nämlich der Verzicht eines Abkömmlings oder Seitenverwandten in der Regel auch auf dessen Abkömmlinge; dies gilt auch dann, wenn der Verzichtende vor dem Erblasser verstirbt.[43] Der Verzichtende verliert das gesetzliche Erbrecht jedoch nur gegenüber demjenigen, mit dem der Erbverzicht abgeschlossen wurde, nicht aber gegenüber Dritten, die zunächst den Verzichtsempfänger beerbt haben.[44]

Da der Verzicht auf das gesetzliche Erbrecht grundsätzlich alle Ansprüche aus der gesetzlichen Erbfolge umfasst, entfällt im Falle des Erbverzichts durch den Ehegatten des Erblassers auch der Anspruch auf den Voraus gemäß § 1932 BGB.[45] [46] Strittig ist dagegen, ob auch der Verzicht eines hausangehörigen Verwandten zur Folge hat, dass dessen Anspruch auf den Dreißigsten gemäß § 1969 BGB ausge-

---

Zuwendungen eines Vermächtnisses gemäß § 2307 BGB, den Wegfall der Beschränkungen und Beschwerungen gemäß § 2306 BGB, den Pflichtteilsergänzungsanspruch nach § 2325 BGB und auch den Verzicht auf die Berufungsmöglichkeiten nach den §§ 2318 Abs. 2, 2319 und § 2328 BGB, sowie den von der Pflichtteilsberechtigung abhängigen Nachabfindungsanspruch nach § 13 HöfeO ein, vgl. *Nieder/Kössingerr*, § 19 Rn. 11; *Hausmann/Hohloch-Weidlich*, Kap. 15 Rn. 100.

41 *Hausmann/Hohloch-Weidlich*, Kap. 15 Rn. 43; MüKoBGB/*Wegerhoff*, § 2346 Rn. 31.

42 *Staudinger/Schotten*, § 2346 Rn. 20.

43 BGH, NJW 1998, 3117; *Leipold*, Rn. 550; *Staudinger/Schotten*, § 2349 Rn. 1.

44 OLG Frankfurt a.M., FamRZ 1995, 1450, 1451 = JuS 1996, 1133 m. Anm. *Hohloch*.

45 *Damrau/Mittenzwei*, § 2346 Rn. 20; *Hausmann/Hohloch-Weidlich*, Kap. 15 Rn. 43. Für den eingetragenen Lebenspartner dürfte bezüglich des Anspruchs aus § 10 Abs. 1 S. 3, 4 LPartG gleiches gelten, vgl. *Erman/D.Kaiser*, § 10 LPartG Rn. 22.

46 Infolge der weitgehenden Angleichung der Lebenspartnerschaft an die Ehe durch das LPartÜG v. 15.12.2005 (BGBl. I 2004, 3396) ergeben sich durch die Verweisungen im LPartG regelmäßig keine Abweichungen in den Problemstellungen u. Lösungen zwischen Ehe und Lebenspartnerschaft. Im Interesse einer besseren Lesbarkeit der Arbeit, und um einen aufgeblähten Fußnotenapparat zu verhindern, wird daher im Folgenden auf die gesonderte Erwähnung des LPartG verzichtet.

schlossen ist, da dieser unabhängig davon entsteht, ob der begünstigte Familienangehörige des Erblassers Erbe wird oder nicht.[47]

Der Erbverzicht eines Ehegatten beseitigt allerdings grundsätzlich nicht dessen Anspruch auf den Zugewinnausgleich nach §§ 1371 Abs. 2, 1372 ff. BGB. Denn auf diesen kann nur im Rahmen eines Ehevertrages gemäß § 1408 Abs. 1 BGB verzichtet werden. Mittelbare Auswirkungen ergeben sich aber insoweit, als dass einem Ehegatten, der auf sein gesetzliches Erbrecht verzichtet hat, bei Eintritt der gesetzlichen Erbfolge das Wahlrecht nach § 1371 Abs. 3 BGB zwischen dem (kleinen) Pflichtteil und dem Zugewinnausgleich einerseits und dem erhöhten Erbteil andererseits genommen wird; die Ansprüche des Ehegatten beschränken sich insoweit auf den Zugewinnausgleich.[48]

Ungeklärt ist bislang die Frage nach der Auswirkung des Erbverzichts eines Ehegatten auf dessen Anspruch aus § 1586 b BGB. Nach dieser Vorschrift geht die nacheheliche Unterhaltslast des Erblassers mit dem Erbfall bis zur Höhe eines fiktiven Pflichtteils auf die Erben über. Äußerst umstritten aber ist, ob dieser Übergang der Unterhaltslast auf die Erben entfällt, wenn der überlebende Ehegatte während bestehender Ehe einen Erbverzicht erklärt hat.[49] Höchstrichterliche Rechtsprechung fehlt hierzu; aufgrund der besonderen Brisanz dieser Frage für die vorliegende Arbeit folgt eine ausführliche Behandlung dieses Problems weiter unten (vgl. Teil 2, Kap. 1. § 3. B. V.), deren Ergebnissen an dieser Stelle nicht vorgegriffen werden soll.

Eine weitere bedeutende Rechtsfolge des Erbverzichts ergibt sich aus § 2310 S. 2 BGB. Diese Norm zieht aus der Vorversterbensfiktion des § 2346 Abs. 1 S. 2 BGB die Konsequenz, dass der Verzichtende bei der Berechnung des Pflichtteils der verbleibenden Pflichtteilsberechtigten nicht mitgezählt wird.[50] Durch das Ausscheiden des Verzichtenden aus dem Kreis der Pflichtteilsberechtigten erhöhen sich damit regelmäßig die Quoten der verbleibenden Pflichtteilsberechtigten,[51] zumal sich die Verzichtswirkung – wie bereits erwähnt – gemäß § 2349 BGB auf den gesamten Stamm des Verzichtenden erstreckt.

---

47 Bejahend *Bamberger/Roth-Mayer*, § 2346 Rn. 21; *Palandt/Edenhofer*, § 2346 Rn. 12; ablehnend dagegen MüKoBGB/*Wegerhoff*, § 2346 Rn. 31; *Soergel/Damrau*, § 2346 Rn. 16; *Damrau/Mittenzwei*, § 2346 Rn. 20; *Staudinger/Schotten*, § 2346 Rn. 25.

48 *Hausmann/Hohloch-Weidlich*, Kap. 15 Rn. 48; *Reul*, MittRhNotK 1997, 373, 376.

49 Vgl. nur *Reul*, MittRhNotK 1997, 373, 376; *Lange/Kuchinke*, § 7. II. 6.

50 Gleiches gilt im Rahmen der Ausgleichungspflicht zwischen mehreren Pflichtteilsberechtigten nach § 2316 BGB, vgl. § 2316 Abs. 1 S. 2 BGB.

51 Unter Umständen kann der Erbverzicht sogar erst das Pflichtteilsrecht einer anderen Person begründen, vgl. dazu den Fall OLG Celle, ZEV 1998, 433 m. Anm. *J. Mayer*.

Gerade darin aber liegt der wesentliche Grund für die praktisch eher geringe Bedeutung des Erbverzichts.[52] Denn dem Erblasser, welcher im Rahmen einer lebzeitigen Erbfolgeregelung an das Mittel des Erbverzichts denkt, wird es regelmäßig und maßgeblich um die Erweiterung seines testamentarischen Gestaltungsspielraumes, beziehungsweise den Erhalt zu vererbender Vermögenseinheiten, wie beispielsweise eines Unternehmens, gehen.[53] Diese Ziele können nur durch die Reduktion der das Erbe belastenden Pflichtteilsansprüche erreicht werden. Wenn nun aber der Wegfall des Pflichtteilsanspruches des Verzichtenden gemäß § 2310 S. 2 BGB durch die Erhöhung der Pflichtteilsquoten der übrigen Pflichtteilsberechtigten kompensiert wird, so bleibt die Pflichtteilsbelastung des Erbes unter dem Strich die gleiche. Der Erbverzicht gemäß § 2346 Abs. 1 BGB vermag daher den testamentarischen Gestaltungsspielraum des Erblassers jedenfalls im Falle der Existenz mehrerer Pflichtteilsberechtigter nicht zu erweitern. Er ist daher regelmäßig kein empfehlenswertes Mittel zur Vorsorge für den Todesfall.[54]

Bedeutungslos ist der Erbverzicht als Gestaltungsmittel deswegen allerdings nicht. Ihm verbleibt ein Anwendungsbereich für besondere und nicht alltägliche Fälle.[55] Denn der Erbverzicht bietet sich dann als Gestaltungsmittel an, wenn der Erblasser die Erbaussicht nicht selbst durch eine entsprechende Verfügung von Todes wegen beseitigen kann.[56] Dies gilt insbesondere im Fall seiner Geschäftsunfähigkeit,[57] weil der Erblasser dann mit Hilfe seines gesetzlichen Vertreters zwar nicht letztwillig verfügen (vgl. §§ 2229, 2064 BGB), wohl aber einen Erbverzichtsvertrag schließen kann (vgl. § 2347 Abs. 2 S. 2 BGB).[58]

Die Testierfreiheit des Erblassers erfährt durch den Erbverzicht im Übrigen keine Einschränkung. Es bleibt ihm grundsätzlich unbenommen, sich über den Erbverzicht hinwegzusetzen und den Verzichtenden durch letztwillige Verfügung (erneut) zu bedenken.[59]

---

52 Vgl. *Bengel*, ZEV 2006, 192, 193; *Mayer*, ZEV 2007, 556; *Hausmann/Hohloch-Weidlich*, Kap. 15 Rn. 100; *Bengel*, in: *Reimann/Bengel/J.Mayer*, Systematischer Teil A Rn. 180.

53 Dazu *Thoma*, ZEV 2003, 278.

54 *Damrau*, Erbverzicht, S. 137.

55 So *Damrau*, Erbverzicht, S. 137.

56 *Reul*, MittRhNotK 1997, 373; MüKoBGB/*Wegerhoff*, § 2346 Rn. 6.

57 Darüber hinaus, allerdings insoweit im Rahmen eines Zuwendungsverzichts nach § 2352 BGB, bei wechselbezüglichen Verfügungen in einem gemeinschaftlichen Testament nach dem Tode des anderen Ehegatten oder im Falle eines Erbvertrages, wenn vertragliche Verfügungen ohne Mitwirkung des Vertragspartners aufgehoben werden sollen.

58 *Frank*, § 22 Rn. 2.

59 BGHZ 30, 261, 267; *Reul*, MittRhNotK 1997, 373, 374; *Michalski*, Rn. 480.

## II. Der isolierte Pflichtteilsverzicht

Der isolierte Pflichtteilsverzicht nach § 2346 Abs. 2 BGB weist in seinen Rechtsfolgen viele Gemeinsamkeiten mit dem Erbverzicht nach § 2346 Abs. 1 BGB auf. Ungeachtet dessen ergeben sich jedoch auch unterschiedliche Auswirkungen des Erbverzichts einerseits und des isolierten Pflichtteilsverzichts andererseits. Aus diesen Unterschieden heraus erklären sich auch die Abweichungen in Bedeutung und Funktion zwischen den beiden Gestaltungsinstrumenten.

Wie durch den Erbverzicht, erhält der Erblasser auch durch den isolierten Pflichtteilsverzicht die volle Testierfreiheit, soweit nicht Pflichtteilsansprüche Dritter entgegenstehen. Verzichtet wird dabei auf das abstrakte Pflichtteilsrecht eines potentiellen Pflichtteilsberechtigten (vgl. § 2303 BGB, § 10 Abs. 6 LPartG) und nicht auf den erst mit dem Erbfall konkret entstehenden Pflichtteilsanspruch (§ 2317 Abs. 1 BGB).[60] Der Verzicht auf den Pflichtteil erstreckt sich im Zweifel ebenso gemäß § 2349 BGB auf die Abkömmlinge des Verzichtenden.[61] Anders als der Erbverzicht, lässt der Verzicht nach § 2346 Abs. 2 BGB jedoch die gesetzliche Erbfolge unberührt, so dass der Verzichtende Erbe wird, wenn der Erblasser nicht anderweitig testiert.[62] Hat ein in Zugewinngemeinschaft lebender Ehegatte nur auf seinen Pflichtteil verzichtet, so verbleibt ihm daher bei gesetzlicher Erbfolge der gemäß §§ 1371 Abs. 1, 1931 BGB um ¼ erhöhte Erbteil. Wurde er allerdings durch ein Testament des Erblassers enterbt oder schlägt er die Erbschaft aus, so ist ihm infolge des isolierten Pflichtteilsverzichts, wie auch infolge des Erbverzichts nach § 2346 Abs. 1 BGB, die Möglichkeit versagt, den kleinen Pflichtteil zusätzlich zum Ausgleich des Zugewinns zu verlangen, vgl. § 1371 Abs. 2, Abs. 3 BGB.

Ohne testamentarische Enterbung bleibt auch der Anspruch des Ehegatten auf den Voraus gemäß § 1932 BGB vom isolierten Pflichtteilsverzicht unberührt, da dieser Anspruch nicht an die Pflichtteilsberechtigung, sondern allein an das gesetzliche Erbrecht anknüpft. Der Anspruch auf den Dreißigsten (§ 1969 BGB) ist dagegen vom Bestehen eines gesetzlichen Erbrechts unabhängig; ob daraus allerdings folgt, dass er von einem isolierten Pflichtteilsverzicht erfasst wird, erscheint zweifelhaft. Die Frage, ob der Erbverzicht den Anspruch aus § 1586 b BGB umfasst, stellt sich für den isolierten Pflichtteilsverzicht in gleicher Weise wie für den Erbverzicht, da gerade die durch diese Norm geknüpfte Verbindung speziell des Pflichtteilsrechts mit dem Unterhaltsrecht, den Kern der Problematik bildet. Eine ausführliche Behandlung dieses Problems erfolgt aus genannten Gründen im weite-

60 *Nieder/Kössinger*, § 19 Rn. 11

61 *Palandt/Edenhofer*, § 2349 Rn. 1; *Nieder/Kössinger*, § 19 Rn. 11; *Reul*, MittRhNotK 1997, 373, 378.

62 Vgl. oben Teil 1, Kap. 1. § 1.

ren Verlauf der Arbeit (vgl. oben Teil 1, Kap. 1. § 1. A. sowie Teil 2, Kap. 1. § 3. B. V.).

Der isolierte Pflichtteilsverzicht schließt darüber hinaus grundsätzlich den Verzicht auf den Pflichtteilsrestanspruch aus § 2305 BGB, den Pflichtteilsanspruch bei Zuwendungen eines Vermächtnisses gemäß § 2307 BGB, den Pflichtteilsergänzungsanspruch nach § 2325 BGB und auch den Verzicht auf die Berufungsmöglichkeiten nach den §§ 2318 Abs. 2, 2319 und § 2328 BGB, sowie den von der Pflichtteilsberechtigung abhängigen Nachabfindungsanspruch nach § 13 HöfeO[63] ein.[64]

Der für die Rechtsgestaltung wichtigste Unterschied zwischen Erbverzicht und isoliertem Pflichtteilsverzicht ergibt sich ungeachtet der obigen Ausführungen jedoch daraus, dass der nur auf sein Pflichtteilsrecht Verzichtende bei der Feststellung des für die Berechnung des Pflichtteils maßgeblichen Erbteils gemäß § 2310 BGB, sowie bei der Bestimmung der Ausgleichungspflicht nach § 2316 BGB – anders als infolge eines Erbverzichtes – berücksichtigt wird.[65] Denn sowohl § 2310 S. 2 BGB als auch § 2316 Abs. 1 S. 2 BGB gelten nicht für den isolierten Pflichtteilsverzicht[66] und können auf ihn auch nicht analog angewendet werden.[67] Dieser führt daher nicht zu einer Erhöhung der Pflichtteilsquoten anderer Pflichtteilsberechtigter. Aus diesem Grunde vermag der isolierte Pflichtteilsverzicht auch bei der Existenz mehrerer Pflichtteilsberechtigter das häufig gewünschte, und durch den Erbverzicht nicht zu erreichende[68] Ergebnis herbeizuführen: die Verringerung der Pflichtteilslast des oder der Erben.

Anders als der Erbverzicht, ist der isolierte Pflichtteilsverzicht daher im Rahmen der Erbfolgegestaltung geeignet, durch die Verringerung liquiditätsgefährdender Zahlungsverpflichtungen aus geltend gemachten Pflichtteilsansprüchen (§ 2303 BGB) insbesondere den ungeteilten Erhalt von Einzelunternehmen und Unternehmensbeteiligungen im Familienbesitz sicherzustellen.[69]

Gerade wegen dieser unterschiedlichen Rechtsfolge eignet sich der isolierte Pflichtteilsverzicht, in Verbindung mit einer entsprechenden Verfügung von Todes wegen, in vielen Fällen besser zur Gestaltung der Nachfolge als der Verzicht auf

---

63 Höfeordnung in der Fassung der Bekanntmachung vom 26. Juli 1976 (BGBl. I S. 1933), zuletzt geändert durch Artikel 98 des Gesetzes vom 17. Dezember 2008 (BGBl. I S. 2586).

64 *Nieder/Kössingerr*, § 19 Rn. 11; *Hausmann/Hohloch-Weidlich*, Kap. 15 Rn. 100; speziell zu § 13 HöfeO, BGHZ 134, 152, 154 f.

65 MüKoBGB/*Wegerhoff*, § 2346 Rn. 19; *Reul*, MittRhNotK 1997, 373, 378.

66 H.M. *Ebenroth*, Rn. 366; *Staudinger/Schotten*, § 2346 Rn. 77m.w.N.

67 So aber *Michalski*, Rn. 451.

68 Vgl. oben Teil 1, Kap. 1. § 2. A.

69 *Damrau*, Erbverzicht, S. 138; *Winkler*, ZEV 2005, 89, 91.

das gesetzliche Erbrecht nach § 2346 Abs. 1 BGB[70], und ist daher in der Praxis die am häufigsten gewählte Art des Erbverzichtsvertrages.[71]

## § 2. Der Zuwendungsverzicht

In § 2352 BGB wird die Möglichkeit zum Verzicht auf erbrechtliche Teilhabe auf Zuwendungen erweitert, die ihre Grundlage in einer Verfügung von Todes wegen haben.[72] Wie beim Erb- und Pflichtteilsverzicht nach § 2346 BGB, handelt es sich auch beim Zuwendungsverzicht um ein vertragliches, erbrechtliches, abstraktes Verfügungsgeschäft unter Lebenden auf den Todesfall mit negativem Inhalt.[73]

Ihm liegt daher ebenfalls ein Kausalgeschäft zugrunde[74] und gemäß § 2352 S. 3 BGB finden die Vorschriften der §§ 2347, 2348 BGB über die persönlichen Anforderungen und die Form ebenso Anwendung. Seit dem 01.01.2010 verweist § 2352 S. 3 BGB auch auf die Regelung des § 2349 BGB.[75] Demnach erstreckt sich ein Zuwendungsverzicht im Zweifel auch auf die Abkömmlinge des Verzichtenden, soweit es sich um einen Abkömmling oder Seitenverwandten des Erblassers handelt.[76]

Als Vertragspartner des Erblassers sieht das Gesetz in § 2352 BGB einerseits den durch Testament Bedachten (Satz 1) und andererseits denjenigen Dritten vor, dem in einem Erbvertrag eine Zuwendung gemacht worden ist (Satz 2). Der Kreis der möglichen Beteiligten ist damit nicht wie im Rahmen des Verzichts nach § 2346 BGB auf die nahen Angehörigen des Erblassers begrenzt.[77] Nicht als Vertragspartner eines Zuwendungsverzichts kommt allerdings in Betracht, wer als Partei des Erbvertrags zugleich Begünstigter einer vertragsmäßigen Verfügung ist. Denn insoweit sollen die Parteien eines Erbvertrags an die strengeren Anforderungen für dessen Aufhebung (§§ 2290 ff. BGB) gebunden sein.

70 *Bamberger/Roth-J.Mayer*, § 2346 Rn. 22; *Staudinger/Schotten*, § 2346 Rn. 79; *Ebenroth*, Rn. 366; *Damrau*, Erbverzicht, S. 46; *Reul*, MittRhNotK 1997, 373, 388.

71 *Staudinger/Schotten*, § 2346 Rn. 79; *Hausmann/Hohloch-Weidlich*, Kap. 15 Rn. 100; *Bengel*, ZEV 2006, 192, 194.

72 MüKoBGB/*Wegerhoff*, § 2352 Rn. 1.

73 *Weidlich*, NotBZ 2009, 149; *Staudinger/Schotten*, Einl zu §§ 2346 ff. BGB Rn. 15.

74 *Hausmann/Hohloch-Weidlich*, Kap. 15 Rn. 104.

75 § 2352 S. 3 BGB wurde neugefasst durch das Gesetz zur Änderung des Erb- und Verjährungsrechts, BGBl 2009 I, 3142; vgl. dazu *Langenfeld*, NJW 2009, 3121, 3122 f.; *J. Mayer*, ZEV 2010, 2, 5 f.

76 MüKoBGB/*Wegerhoff*, § 2352 Rn. 1.

77 *Reul*, MittRhNotK 1997, 373, 384,

Entsprechend der Regelung in § 2346 Abs. 1 S. 2 BGB verhindert der Zuwendungsverzicht nur den Anfall der Zuwendung an den Verzichtenden, wie wenn er den Erbfall nicht erlebt hätte.[78] Im Gegensatz zum Widerruf eines Testaments oder der Aufhebung eines Erbvertrags bewirkt er aber nicht, dass die letztwillige Verfügung als solche unwirksam wird.[79] Enthält also ein Testament oder ein Erbvertrag neben der Berufung des Verzichtenden zum Erben noch andere Verfügungen, so werden diese durch den Zuwendungsverzicht nicht beeinträchtigt.[80] Ein gesetzliches Erb- oder Pflichtteilsrecht des Verzichtenden wird durch einen reinen Zuwendungsverzicht grundsätzlich nicht berührt,[81] § 2346 Abs. 1 S. 2 BGB findet hier also keine entsprechende Anwendung. Er hat daher grundsätzlich auch keine Auswirkungen auf die Bemessung der Höhe des gesetzlichen Erb- und Pflichtteilsrechts dritter Personen.[82] Beim Ehegatten bewirkt der Zuwendungsverzicht folglich keinen Verlust des güterrechtlichen Zugewinnausgleichs nach § 1371 Abs. 3 BGB.[83] Stets muss aber durch Auslegung ermittelt werden, ob die Verzichtserklärung nicht zugleich als Verzicht auf das gesetzliche Erb- und/oder Pflichtteilsrecht anzusehen ist.[84]

Verzichtet werden kann nur auf eine Zuwendung aufgrund einer bereits existenten Verfügung von Todes wegen, ein Verzicht auf zukünftige Zuwendungen ist nicht zulässig, da der Erblasser von einer Zuwendung absehen kann.[85]

Da ein Testament grundsätzlich frei widerruflich ist und ein Erbvertrag von den Vertragsschließenden jederzeit wieder aufgehoben werden kann, beschränkt sich die praktische Bedeutung des Zuwendungsverzichts auf Fälle, in denen der Widerruf oder die Aufhebung der letztwilligen Verfügung unzweckmäßig oder unmöglich ist.[86] Von Relevanz ist er namentlich also dann, wenn der Erblasser geschäftsunfähig ist oder durch ein gemeinschaftliches Testament bzw. einen Erbvertrag gebunden ist, weil sein Ehegatte oder Vertragspartner vorverstorben ist oder zu einer Aufhebung des Erbvertrags nicht bereit ist.[87]

---

78 *Staudinger/Schotten*, § 2352 Rn. 28; MüKoBGB/*Wegerhoff*, § 2352 Rn. 12.

79 MüKoBGB/*Wegerhoff*, § 2352 Rn. 12.

80 *Soergel/Damrau*, § 2352 Rn. 1; *Bamberger/Roth/J.Mayer*, § 2352 Rn. 16.

81 *Staudinger/Schotten*, § 2352 Rn. 53; MüKoBGB/*Wegerhoff*, § 2352 Rn. 16; *Palandt/Edenhofer*, § 2352 Rn. 4.

82 *Staudinger/Schotten*, § 2352 Rn. 53.

83 *Bamberger/Roth/J. Mayer*, § 2352 Rn. 17; jurisPK-BGB/*Hau*, § 2352 Rn. 6.

84 *Soergel/Damrau*, § 2352 Rn. 1; *Staudinger/Schotten*, § 2352 Rn. 53.

85 *Soergel/Damrau*, § 2352 Rn. 1; *Hausmann/Hohloch-Weidlich*, Kap. 15 Rn. 109; *Bamberger/Roth/J. Mayer*, § 2352 Rn. 4.

86 *Reul*, MittRhNotK 1997, 373, 384; MüKoBGB/*Wegerhoff*, § 2352 Rn. 2.

87 *Reul*, MittRhNotK 1997, 373, 384; *Hausmann/Hohloch-Weidlich*, Kap. 15 Rn. 119; MüKoBGB/*Wegerhoff*, § 2352 Rn. 2.

Im Interesse einer besseren Lesbarkeit der Arbeit wird in ihrem weiteren Verlauf jedoch weitgehend von einer gesonderten Erwähnung des Zuwendungsverzichts neben dem Erb- und Pflichtteilsverzicht abgesehen.

## § 3. Abstrakter Verzicht und Kausalgeschäft

Der Erb- und Pflichtteilsverzicht stellt ein abstraktes Verfügungsgeschäft dar.[88] Als solches liegt ihm, wie jedem Verfügungsgeschäft, ein Verpflichtungsgeschäft zugrunde.[89] Da es sich beim Erb- und Pflichtteilsverzicht um ein Rechtsgeschäft unter Lebenden handelt, steht der Zulässigkeit eines solchen Grundgeschäfts die Vorschrift des § 2302 BGB nicht entgegen. Hieraus ergibt sich die Notwendigkeit, bei der Vereinbarung eines Erb- oder Pflichtteilsverzichts zwischen dem Kausalgeschäft und dem Leistungsvollzugsgeschäft als abstrakten Rechtsgeschäften zu unterscheiden.[90] Im Kausalgeschäft verpflichtet sich der künftige Erbe den Erbverzicht zu erklären. Die Rolle des Erblassers beim Kausalgeschäft hängt demgegenüber davon ab, ob es sich um einen gegenseitigen entgeltlichen[91] oder um einen einseitigen unentgeltlichen Vertrag handelt. Im ersten Fall verpflichtet er sich dann zur Leistung einer Abfindung (sog. Abfindungsvertrag), im zweiten Fall beschränkt sich seine Rolle auf die Annahme der Erklärung des Verzichtenden, den abstrakten Verzicht erklären zu wollen. Dabei stellt das Kausalgeschäft zum unentgeltlichen

88 Vgl. schon oben Teil 1, Kap. 1 § 1.

89 Mittlerweile ganz h.M., vgl. *Lange*, in FS Nottarp, S. 119 ff.; *Soergel/Damrau*, § 2346 Rn. 2; *Bamberger/Roth-J.Mayer*, § 2346 Rn. 26; *Palandt/Edenhofer*, § 2346 Rn. 6; *Staudinger/Schotten*, § 2346 Rn. 115; *Frank*, § 22 Rn. 3; vorsichtiger noch BGHZ 134, 152, 157 = NJW 1997, 653, der nur die Möglichkeit des Bestehens eines Grundgeschäfts bejaht.

90 *Hausmann/Hohloch-Weidlich*, Kap. 15 Rn. 69.

91 Die Einordnung des zur Zahlung einer Abfindung verpflichtenden Kausalgeschäfts als entgeltlich ist umstritten, allerdings gerade im Hinblick auf § 2325 BGB bedeutend. Wie hier die wohl h.M. *Kipp/Coing* § 82 VI, *Lange/Kuchinke*, § 7. V. 3.; *Erman/Schlüter*, § 2346 Rn. 3; *Kapfer*, MittBayNot 2006, 385, 386. Für eine Einordnung als unentgeltlich LG Münster, NJW 1984, 1188, 1189; *Staudinger/Schotten*, § 2346 Rn. 124; *Reul*, MittRhNotK, 373, 380; differenzierend MüKoBGB/*Lange*, § 2325 Rn. 26 ff. Der BGH hat diese Frage bzgl. eines Erbverzichts in NJW 2009, 1143 jüngst mit der Begründung dahinstehen lassen, es könne unabhängig von der Einordnung als entgeltlich oder unentgeltlich angesichts der Regelung des § 2310 S. 2 BGB allenfalls derjenige Wert einen Anspruch nach § 2325 BGB auslösen, der über eine angemessene Abfindung hinausgehe, welche sich nach dem Wert des Erbteils, und nicht etwa des Pflichtteils, auf den verzichtet wird, bestimme. Dies war im zu entscheidenden Sachverhalt aber nicht der Fall.

Erb- oder Pflichtteilsverzicht keinen Schenkungsvertrag iSd §§ 516 ff., sondern ein unentgeltliches Rechtsgeschäft sui generis dar.[92]

Um den Schutzzweck des § 2348 BGB nicht auszuhebeln (Warnfunktion), bedarf auch das Kausalgeschäft zum Erb- oder Pflichtteilsverzicht analog § 2348 BGB der notariellen Beurkundung.[93] Durch den Abschluss des abstrakten Verzichtsvertrages als Erfüllungsgeschäft ist aber entsprechend §§ 313 S. 2, 518 Abs. 2, 766 S. 2, 2301 Abs. 2 BGB, § 15 Abs. 4 S. 2 GmbHG auch hier die Heilung des formnichtigen Kausalgeschäfts möglich.[94]

Das Kausalgeschäft zum Erb- oder Pflichtteilsverzicht kann – wie jeder andere schuldrechtliche Vertrag – darüber hinaus aus verschiedenen anderen Gründen nichtig sein.[95] Neben der Möglichkeit der Sittenwidrigkeit nach § 138 Abs. 1 BGB, kann es von den Parteien insbesondere durch eine Anfechtung beseitigt werden.[96] Dabei ergeben sich hinsichtlich einer Anfechtung nach § 119 Abs. 1 BGB und § 123 BGB keine Besonderheiten. Nach § 119 Abs. 2 BGB kann jede Partei aber nur insoweit anfechten, als ein Irrtum über die wertbildenden Faktoren oder über den Bestand des Vermögens zum Verzichtszeitpunkt als Berechnungsgrundlage für die Höhe der Abfindung gedient hat.[97] Der Irrtum über die künftige Entwicklung des Vermögens berechtigt dagegen grundsätzlich nicht zu einer auf § 119 Abs. 2 BGB gestützten Anfechtung, denn die diesbezügliche Ungewissheit ist gerade Charakteristikum des Erb- und Pflichtteilsverzichts als Risikogeschäft.[98] Aufgrund des Risikocharakters des Erb- oder Pflichtteilsverzichts sind auch an die Zulässigkeit einer Anwendung der Grundsätze über Fehlen und Wegfall der Geschäftsgrundlage auf das Kausalgeschäft hohe Anforderungen zu stellen[99] (dazu näher Teil 2 Kap. 2 § 2. B.).

Soweit das Verpflichtungsgeschäft ein formwirksamer gegenseitiger Vertrag ist, gelten die §§ 320 ff. BGB uneingeschränkt. So kann der Verzichtende die Erklärung des abstrakten Erb- oder Pflichtteilsverzichts bis zur Leistung der Abfin-

---

92 Vgl. nur § 517 BGB; im Übrigen MüKoBGB/*Wegerhoff*, § 2346 Rn. 5; *Staudinger/Schotten*, § 2346 Rn. 121.

93 KG, OLGZ 1974, 263; *Keller*, ZEV 2005, 229; *Erman/Schlüter*, § 2348 Rn. 3; *Palandt/Edenhofer*, § 2348 Rn. 1; offen gelassen in BGHZ 37, 319, 328.

94 LG Bonn, ZEV 1999, 356; *Michalski*, Rn. 497; *Nieder/Kössinger*, § 19 Rn. 25.

95 *Staudinger/Schotten*, § 2346 Rn. 172.

96 *Michalski*, Rn. 498; *Staudinger/Schotten*, § 2346 Rn. 172.

97 *Damrau*, Erbverzicht, S. 135 ff.; MüKoBGB/*Wegerhoff*, § 2346 Rn. 24.

98 BGH, NJW 1997, 653 = ZEV 1997, 69; *Reul*, MittRhNotK, 373, 381; *Soergel/Damrau*, § 2346 Rn. 20.

99 BGH, NJW 1991, 1345, 1346; *Kollhosser*, AcP 194 (1994), 231, 254 f.; *Michalski*, Rn. 499; *Hausmann/Hohloch-Weidlich*, Kap. 15 Rn. 88; *Bamberger/Roth-J.Mayer*, § 2346 Rn. 33; sehr strikt *Coing*, NJW 1967, 1777 ff.

dung ebenso nach § 320 BGB verweigern, wie der Erblasser die Abfindungsleistung so lange zurückhalten kann, bis der Verzichtende auch den abstrakten Verzicht selbst erklärt hat. Jeder Vertragspartner kann darüber hinaus im Fall der Pflichtverletzung durch den anderen nach § 323 BGB vom Grundgeschäft zurücktreten. Da in diesem Fall die empfangenen Leistungen nach § 346 BGB zurückzugewähren sind, ist der Verzichtende, soweit er die Abfindungsleistung bereits erhalten hat, verpflichtet diese zurückzugewähren, und der Erblasser verpflichtet, an der Aufhebung eines bereits erklärten abstrakten Verzichts gemäß § 2351 BGB mitzuwirken.

Schwierigkeiten ergeben sich, wenn im Falle eines wirksamen Verpflichtungsgeschäfts der Erblasser stirbt, bevor es zum Abschluss eines abstrakten Erbverzichtsvertrages gekommen ist, denn einen abstrakten Erb- oder Pflichtteilsverzichtsvertrag kann der Verzichtende nur mit dem Erblasser, und nicht etwa mit dessen Erben, schließen, vgl. § 2346 Abs. 1 BGB.[100] Für den Verzichtenden wird daher die aus dem Grundgeschäft geschuldete Leistung – Abschluss des abstrakten Erb- oder Pflichtteilsverzichts – mit dem Tod des Erblassers gemäß § 275 Abs. 1 BGB unmöglich. Eine bereits geleistete Abfindung können die Erben in diesem Fall allerdings nach § 326 Abs. 4 iVm §§ 346 ff. BGB zurückfordern.

Aufgrund des Abstraktionsprinzips sind der Erb- oder Pflichtteilsverzicht und das Kausalgeschäft bezüglich ihrer Wirksamkeit grundsätzlich unabhängig voneinander, so dass für den Verzichtenden die Gefahr besteht, bei Wirksamkeit des Verzichts und Unwirksamkeit oder Nichterfüllung des Grundgeschäfts nach dem Tod des Erblassers weder Erb- bzw. Pflichtteil, noch eine Abfindung zu erhalten oder behalten zu können.[101]

Da der Erb- und Pflichtteilsverzicht nicht bedingungsfeindlich ist, besteht jedoch sowohl die Möglichkeit, die Wirksamkeit von Verfügungs- und Kausalgeschäft dergestalt durch eine Bedingung miteinander zu verknüpfen, dass die Gültigkeit der Abfindungsvereinbarung zur Bedingung des Erbverzichts gemacht wird, als auch die Möglichkeit, den Verzicht durch die Leistung der Abfindung aufschiebend oder auflösend zu bedingen.[102] Ein solcher Bedingungszusammenhang sollte

---

100 *Frank*, § 22, Rn. 5.

101 *Soergel/Damrau*, § 2346 Rn. 4; MüKoBGB/*Wegerhoff*, § 2346 Rn. 21.

102 Statt vieler *Staudinger/Schotten*, § 2346 Rn. 154. Hierbei handelt es sich freilich nicht um eine Bedingung iSv § 158 BGB, da nicht auf ein zukünftiges ungewisses Ereignis abgestellt wird. Denn die Gültigkeit des Abfindungsvertrages steht bereits zum Zeitpunkt des Vertragsabschlusses fest, nur die Kenntnis der Vertragsparteien liegt erst später vor. Aufgrund der Vertragsfreiheit kann jedoch auch diese subjektive Ungewissheit zur Bedingung gemacht werden, vgl. *Michalski*, Rn. 495.

allerdings eindeutig erklärt werden, er wird jedenfalls nicht schon allein durch die äußerliche Verbindung von abstraktem Verzicht und Kausalgeschäft vermutet.[103]

Umstritten ist hingegen, ob es darüber hinaus möglich ist, Verfügungs- und Grundgeschäft zu einer Rechtseinheit im Sinne von § 139 BGB zu verknüpfen.[104]

# 2. Kapitel: Inhaltskontrolle im Spannungsfeld zwischen Privatautonomie und Vertragsgerechtigkeit

Schon im Jahre 1960 erkannte Ludwig Raiser im Schlusssatz seines Beitrags „*Vertragsfunktion und Vertragsfreiheit*" zur Festschrift anlässlich des hundertjährigen Bestehens des deutschen Juristentages: „[...] *Aufgabe der Zivilrechtsdogmatik wird es nun sein [...], die schrittweise Erkenntnis auszubilden, wie sich rechter Gebrauch vom Missbrauch der Vertragsfreiheit als eines Rechtsinstitutes der rechtlich verfassten Marktwirtschaft unterscheiden lässt und wo es gilt, dem Missbrauch die Anerkennung zu versagen, um der Vertragsgerechtigkeit zum Sieg zu verhelfen.*"

Damit benannte er zutreffend das im folgenden Kapitel zu behandelnde Problem.

## § 1. Begriffliche Grundlagen

### *A. Privatautonomie*

Der Begriff der Privatautonomie wurde oben bereits mehrfach verwendet. Privatautonomie wird definiert als das Prinzip der Selbstgestaltung der Rechtsverhältnisse durch den Einzelnen nach seinem Willen.[105]Sie gibt dem Einzelnen mithin die Möglichkeit, einen Willen frei zu bilden, zu äußern und ihm entsprechend zu handeln.[106]Damit ist die Privatautonomie tragendes Prinzip und wesentliches Element

103 MüKoBGB/*Wegerhoff*, § 2346 Rn. 26; *Staudinger/Schotten*, § 2346 Rn. 154.

104 Dies bejahend mit dem Argument, wenn das Erfüllungsgeschäft nicht bedingungsfeindlich sei, spräche nichts dagegen es auch mit einer Abfindungsregelung zu einer Rechtseinheit iSv § 139 BGB zusammenzufassen *Keller*, ZEV 2005, 229, 230; *Wufka*, DNotZ 1985, 651, 661; *Palandt/Heinrichs*, § 139 Rn. 7; *Hausmann/Hohloch-Weidlich*, Kap. 15 Rn. 75; *Michalski*, Rn. 494. Dagegen allerdings unter Hinweis auf eine damit verbundene Ausschaltung des Abstraktionsprinzips *Staudinger/Schotten*, § 2346 Rn. 151; *Erman/Schlüter*, § 2346 Rn. 3; *Larenz/Wolf*, § 45 Rn. 9; *Reul*, MittRhNotK, 373, 380.

105 *Flume*, Rechtsgeschäft, S. 1.

106 Vgl. *Eggert*, S. 66.

unserer Rechtsordnung,[107] wie sie überhaupt das selbstverständliche Grundprinzip einer jeden Zivilrechtsordnung darstellt, welche die Gestaltung von Rechtsverhältnissen durch den Einzelnen kennt.[108]

## *B. Vertrag*

Die Hauptform dieser privatautonomen Gestaltung von Rechtsverhältnissen durch den Einzelnen ist der Vertrag.[109] Ungeachtet seiner Bedeutung, verwendet das BGB den Begriff zwar, wenn es beispielsweise den 3. Titel des 3. Abschnitts im 1. Buch mit „Vertrag" überschreibt, lässt jedoch eine nähere inhaltliche Umschreibung seines Wesens vermissen. Daher hat es immer wieder Versuche gegeben den Begriff des Vertrages zu definieren. So formuliert etwa *Savigny*[110] *„Vertrag ist die Vereinigung Mehrerer zu einer übereinstimmenden Willenserklärung, wodurch ihre Rechtsverhältnisse bestimmt werden"*. *Flume*[111] schreibt: *„Der Vertrag ist die rechtsgeschäftliche Regelung eines Rechtsverhältnisses, die von den Vertragspartnern einverständlich getroffen wird"*. Und schließlich bezeichnet *Heinrichs*[112] den Vertrag als *„die von zwei oder mehr Personen erklärte Willensübereinstimmung über die Herbeiführung eines rechtlichen Erfolges.*"

All diese Versuche haben dabei die Bezugnahme auf den abstrakten Topos der privatautonom-konsensualen Regelung gemein. Eine darüber hinaus gehende, funktionsbezogenere Charakterisierung erscheint daher nur nach Maßgabe der einzelnen Rechtsgebiete möglich, auf denen Verträge geschlossen werden.[113] Für die Zwecke dieser Arbeit jedoch reicht es aus, den Vertrag im Sinne obiger Definitionen als ein Rechtsgeschäft zu erkennen, in dem die Parteien gemeinsam festlegen, was zwischen ihnen rechtens sein soll.[114]

## *C. Vertragsfreiheit*

Wenn die Hauptform der privatautonomen Rechtsgestaltung der Vertrag ist, so setzt die Verwirklichung ihres Wesensgehaltes neben der bloßen Existenz der Rechtsfigur des Vertrages auch dessen Freiheit voraus.

---

107 Vgl. *Raiser*, JZ 1958, 1; *Flume*, Rechtsgeschäft, S. 1.
108 So *Flume*, FS DJT 135, 141.
109 *Palandt/Heinrichs*, Einf v § 145, Rn. 1; *Flume*, Rechtsgeschäft, S. 7.
110 *Savigny*, System III, § 140, S. 309.
111 *Flume*, Rechtsgeschäft, S. 602.
112 *Palandt/Heinrichs*, Einf v § 145, Rn. 1.
113 So *Staudinger/Bork*, Vorbem zu §§ 145–156 Rn. 1.
114 *Palandt/Heinrichs*, Einf v § 145, Rn. 1.

## *I. Inhalts- und Abschlussfreiheit*

Die Vertragsfreiheit als Mittel zur Verwirklichung des Prinzips der Privatautonomie umfasst daher sowohl die Inhalts- als auch die Abschlussfreiheit.[115]

Die Inhaltsfreiheit garantiert dabei das Recht der Parteien, den Inhalt des Vertrages frei nach ihren Vorstellungen in gemeinsamer Übereinstimmung auch abweichend von der gesetzlichen Regelung im dispositiven Recht zu bestimmen.[116]

Mit Abschlussfreiheit ist die Möglichkeit des Einzelnen beschrieben, allein zu entscheiden, ob, mit wem und worüber er welche Art von Vertrag schließt.[117]

Mit diesem Gehalt gehört die Vertragsfreiheit zu den grundlegenden Prinzipien unserer Rechtsordnung und ist als Teil des Rechts auf die freie Entfaltung der Persönlichkeit aus Art. 2 Abs. 1 GG verfassungsrechtlich geschützt.[118]

## *II. Formelle und materielle Vertragsfreiheit*

Neben der Unterscheidung zwischen Inhalts- und Abschlussfreiheit als Teilaspekten der Vertragsfreiheit, ist für das hier interessierende Problem der Grenzen der Privatautonomie insbesondere eine weitere Differenzierung von grundlegender Bedeutung. So wird hinsichtlich der Vertragsfreiheit zusätzlich zwischen formeller und materieller Vertragsfreiheit unterschieden.

Unter formeller Vertragsfreiheit wird dabei der Umstand verstanden, dass jedem Vertragsschließenden von der Rechtsordnung theoretisch die gleichen Mittel und der gleiche Interaktionsraum zur freien Ausübung der Privatautonomie zur Verfügung gestellt werden.[119]

Materielle Vertragsfreiheit hingegen bezeichnet die faktische, real existierende Möglichkeit, Verträge auch tatsächlich schließen zu können.[120] Der Begriff setzt zwar stets die formelle Vertragsfreiheit voraus, bezieht darüber hinaus jedoch auch die oft erheblichen Unterschiede zwischen den Vertragsschließenden hinsichtlich ihrer Erfahrung, Kenntnis, wirtschaftlichen Macht und sozialen Stellung mit ein, aus denen Beeinträchtigungen der rein formellen Vertragsfreiheit resultieren können.[121] Der Begriff der materiellen Vertragsfreiheit befasst sich also auch mit der für die formelle Vertragsfreiheit irrelevanten Frage, ob der, der etwas tun *darf*, dies

115 *Kramer*, S. 20 ff.; *S.Lorenz*, S. 17; *Canaris*, AcP 200 (2000), 273, 277.
116 *Soergel/Wolf*, Einl zum BGB Rn. 28.
117 *Soergel/Wolf*, Einl zum BGB Rn. 28; *Eggert*, S. 66.
118 BVerfGE 8, 274, 328; *Palandt/Heinrichs*, Einf v § 145 Rn. 7.
119 Vgl. *Eggert*, S. 66 f.; *Heinrich*, S. 53 f.; *Barnert*, S. 11 ff.
120 Vgl. nur *Canaris*, AcP 2000 (200), 273, 277 ff.; *Heinrich*, S. 54.
121 Vgl. *Hönn*, JuS 1990, 953.

auch tun *kann*.[122] Demnach ist die volle materielle Vertragsfreiheit durch die Absenz realer Hindernisse bei der Verwirklichung rechtlich offen stehender vertraglicher Regelungsalternativen gekennzeichnet.[123] Andererseits stellt sich die Existenz eben solcher Hindernisse als Indikator nur eingeschränkter materieller Vertragsfreiheit dar.

## *D. Inhaltskontrolle und Ausübungskontrolle*

Der Begriff der Inhaltskontrolle wurde und wird mitunter als „unscharfes Schlagwort"[124] für eine Vielzahl von rechtstechnisch zum Teil sehr unterschiedlichen Erscheinungen verwendet, die der Vertragsfreiheit in irgendeiner Weise Grenzen ziehen. So wird er – wie auch die folgende Darstellung der Entwicklung der Inhaltskontrolle zeigen wird – nicht nur für die Bezeichnung der Inhaltskontrolle am Maßstab von § 307 ff. BGB bzw. §§ 9 ff. AGBG verwendet, sondern darüber hinaus für die Beschreibung der Überprüfung von Verträgen mithilfe des § 138, § 242 oder § 315 BGB[125] ebenso gebraucht, wie er mitunter auch zur Bezeichnung der Anwendung von den Vertragsinhalt begrenzenden Vorschriften des zwingenden Rechts, wie sie sich insbesondere im Miet- Arbeits- und Abzahlungsrecht finden, dient.[126]

Angesichts dieses ebenso uneinheitlichen wie unübersichtlichen Erscheinungsbildes hat *Fastrich* die Gesamtheit dieser letztlich mit den Grenzen der Privatautonomie gleichzusetzenden Normen und Prinzipien als die Inhaltskontrolle im weiteren Sinne bezeichnet.[127]

Davon zu unterscheiden ist folglich die Inhaltskontrolle im engeren Sinne. Diese umschreibt einen Rechtsbehelf, der allein die richterliche Überprüfung der synallagmatischen Ausgewogenheit und Angemessenheit von Verträgen anhand rechtlicher Maßstäbe bewirkt.[128] Es handelt sich bei ihr in erster Linie um eine Gültigkeitsprüfung mit Bezug auf das Zustandekommen und den Verpflichtungsinhalt des Vertrages, jedoch grundsätzlich nicht um eine Rechtsausübungskontrolle.[129] Die so verstandene Inhaltskontrolle im engeren Sinne enthält keine Kompetenz zur Ver-

---

122 *Schmidt*, Vertragsfreiheit, S. 36.

123 *Heinrich*, S. 54.

124 So *Ulmer*, S. 26, der diese Bezeichnung bereits allein im Hinblick auf die vielfältige Verwendung des Begriffes „Inhaltskontrolle" im Bereich des Gesellschaftsrechts benutzt.

125 Vgl. etwa BGHZ 38, 183, 186; *Larenz*, Schuldrecht I, (11. Aufl.) S. 73.

126 *Fastrich*, S. 5; MüKoBGB/*Kramer*, Vor § 145 Rn. 20; vgl. ferner *Münch*, DNotZ 2004, 901, 903 f.

127 *Fastrich*, S. 5.

128 *Becker*, WM 1999, 709, 710; *Knobel*, S. 52.

129 *Becker*, WM 1999, 709, 710.

tragsgestaltung und ist daher nicht etwa Vertragshilfe, sondern eine Form der Wirksamkeitskontrolle.[130]

Trotz der häufig gebrauchten Formulierung „richterliche Inhaltskontrolle" handelt es sich nicht um ein Institut des Prozessrechts. Vielmehr beschreibt die Rechtsfigur einen Unwirksamkeitstatbestand des materiellen Rechts, dessen Verwirklichung nicht von einem Richterspruch abhängt sondern vielmehr die Unwirksamkeit schon von Gesetzes wegen herbeiführt.[131] Im internationalen Privatrecht ist die Figur daher nur zu beachten, wenn deutsches Recht Sachstatut ist und nicht schon dann, wenn sich das Verfahren nach deutschem Recht bestimmt.[132]

Nicht zur Inhaltskontrolle im engeren Sinn zählt die Ausübungskontrolle. Denn während Erstgenannte allein die Frage betrifft, ob ein vertragliches Recht mit einem bestimmten Inhalt wirksam begründet wurde, beantwortet die Ausübungskontrolle die Frage, ob der konkrete Gebrauch eines bestehenden Rechts von diesem gedeckt ist und nicht gegen sonstige Pflichten innerhalb einer bestehenden Sonderbeziehung verstößt.[133] Nicht das Recht als solches, sondern seine Ausübung unter den besonderen Umständen des Einzelfalls wird in Zweifel gezogen. Neben diesen divergierenden Rechtsfolgen unterscheiden Inhaltskontrolle im engeren Sinne und Ausübungskontrolle sich damit auch hinsichtlich des anzuwendenden Maßstabes. Während sich die Inhaltskontrolle nach einem generellen, am dispositiven Recht orientierten Maßstab bemisst, zielt die Ausübungskontrolle auf die Abwehr eines spezifischen Verhaltens, das sich gerade im Rahmen einer bestimmten Sonderbeziehung als rechtsmissbräuchlich erweist, zieht also grundsätzlich einen individuellen Maßstab heran.[134]

Ungeachtet dieser Unterschiede wurde und wird jedoch auch die Ausübungskontrolle gelegentlich unter dem Begriff Inhaltskontrolle bzw. Inhaltskontrolle im weiteren Sinne behandelt.[135] So wird auch die aus Wirksamkeitskontrolle und Ausübungskontrolle bestehende besondere Kontrollsystematik von Eheverträgen zumeist unter dem einheitlichen Begriff „Inhaltskontrolle von Eheverträgen" bzw. „ehevertragliche Inhaltskontrolle" zusammengefasst.

---

130 Vgl. BGHZ 83, 56, 58; sowie auch BGHZ 22, 90, 98; 62, 251, 255; ferner *Fastrich*, S. 11; *Blomeyer*, DB 1984, 926 ff.; *Hönn*, JZ 1983, 677, 681; *ders.*, JA 1987, 337, 339; *Lieb*, AcP 178 (1978), 196, 208.

131 *Becker*, WM 1999, 709, 710; *Fastrich*, S. 11.

132 *Becker*, WM 1999, 709, 710.

133 *Fastrich*, S. 24 f.

134 *Damm*, JZ 1986, 913, 923; *Fastrich*, S. 27.

135 vgl. *Hüffer*, ZHR 151 (1987), 396, 407; *Fastrich*, S. 5.

## § 2. Die bisherige Entwicklung der Inhaltskontrolle

### *A. Die Kodifikation als Ausgangspunkt*

Die Kodifizierung des deutschen Vertragsrechts durch das BGB in den Jahren 1874 – 1896[136] liegt nunmehr weit über 100 Jahre zurück. Sie erfolgte im letzten Viertel eines Jahrhunderts, dessen gesellschaftliche und wirtschaftliche Entwicklung über weite Strecken maßgeblich von den Ideen des klassischen Liberalismus geprägt wurde.[137] Der Allgemeine Teil, das Schuld- und das Sachenrecht waren daher abgestimmt und eingestellt auf die Interessen einer bürgerlichen Wirtschaftsgesellschaft,[138] deren Mitglieder in wirtschaftlichen Angelegenheiten erfahren und urteilsfähig waren, und so ihre Rechts- und Vermögensverhältnisse selbständig und frei ordnen konnten.[139] Die Annahme, die selbstherrlich ihre eigenen Lebensverhältnisse überschauende und gestaltende Einzelpersönlichkeit[140] als Grundlage des Kernstücks deutschen Zivilrechts nehmen zu können, erscheint im Rückblick jedoch bereits zum Entstehungszeitpunkt des BGB als Ausdruck gewisser Ignoranz gegenüber einer sich längst Bahn brechenden gesellschaftlichen Umwälzung infolge der voranschreitenden Industrialisierung.[141] Denn in dem Maße, in dem die Vertrags- und Assoziationsfreiheit nun zu Mitteln sozialer und wirtschaftlicher Machtbildung wurden, stellte sich der Ausgangspunkt der Gleichheit und Selbstbestimmtheit der Individuen letztlich mehr und mehr als eine rein formale Idee denn ein tatsächlich gelebtes Faktum heraus.[142] So wich das Bild des autarken und in all seinen Entscheidungen freien Bürgers nach und nach dem des von gesellschaftlichen Einflüssen und wirtschaftlichen Kräften abhängigen Massenmenschen. Infolge dieser Veränderungen entfielen mithin auch weitgehend die realen Voraussetzungen, die nach den Vorstellungen der Väter des BGB infolge des Prinzips der Vertragsfreiheit den selbstverantwortlich gestalteten Interessenausgleich im freien

---

136 *Wieacker*, Sozialmodell, S. 4.

137 *Larenz/Wolf*, § 2 Rn. 37; So bezeichnet *Wieacker* das BGB auch als das „spätgeborene Kind [...] einer vor allem vom Liberalismus angeführten Bewegung seit 1848“, Sozialmodell, S. 9, vgl. auch S. 16; kritisch gegenüber dieser Deutung allerdings *Flume*, FS DJT, 135, 145.

138 *Wieacker*, Privatrechtsgeschichte, S. 481; *Knobel*, S. 21 f.

139 *Larenz/Wolf*, § 2 Rn. 37.

140 So *Wolf*, S. 1.

141 *Wieacker* spricht insoweit etwas zurückhaltender davon, dass die Gesetzgebung „diesen Vorgang [die industrielle Revolution, *der Verf.*] in ihr gesellschaftliches Bewusstsein noch gar nicht aufgenommen hatte[...].“, Privatrechtsgeschichte, S. 479; vgl, auch *Staudinger/Coing/Honsell*, Einl zum BGB Rn. 10 und *Wolf*, S. 9.

142 Ähnlich *Hesse*, S. 38.

Spiel der Kräfte gewährleisten sollten.[143] Folglich verkam das Ziel einer Vertragsfreiheit für alle allzu häufig zu einer Gelegenheit für wenige, ihren Vertragspartnern die Vertragsbedingungen vorzuschreiben und so einseitig ihre Interessen durchzusetzen.[144]

Aufgrund eben dieser Diskrepanz zwischen Idee und Realität, namentlich der fehlenden Reflexion gesellschaftlicher Tatsächlichkeiten im kodifizierten Recht, erscheint das im Folgenden zu behandelnde Problem der Suche nach dem richtigen Weg zum Ausgleich zwischen Vertragsfreiheit und Vertragsgerechtigkeit dem Bürgerlichen Gesetzbuch gewissermaßen bereits in die Wiege gelegt.

## *B. Die Monopolrechtsprechung des Reichsgerichts*

Es kann daher nicht verwundern, dass die Rechtsprechung schon sehr frühzeitig Unbehagen hinsichtlich einer nahezu grenzenlosen Vertragsgestaltungsfreiheit empfand und es nicht lange dauerte, ehe sich das Reichsgericht zur Eindämmung einseitiger Vertragsausgestaltungsstrategien gezwungen sah.[145] Denn bereits in seinem Urteil vom 8. Januar 1906 legte der 1. Zivilsenat des Reichsgerichts mit dem Gedanken des Monopolmissbrauchs den Grundstein aller Überlegungen zur richterlichen Inhaltskontrolle.[146] Gegenstand dieser Entscheidung war der Schadensersatzanspruch eines Schiffseigners, der bei der Durchfahrt des Kaiser-Wilhelm Kanals mit einem im Eigentum des Reichs stehenden Schiff, aufgrund eines Verschuldens von dessen Besatzung, zusammenstieß. Gegen den Anspruch wandte der Fiskus ein, der Schiffseigner habe vor Benutzung des Kanals durch Unterzeichnung eines entsprechenden Formulars auf sämtliche Ansprüche verzichtet, die infolge der Durchfahrt entstünden, auch wenn diese durch Angestellte der Kanalverwaltung verursacht seien. Das Reichsgericht gab dem Kläger mit der Begründung recht, dass dort, *„wo der Einzelne ein ihm tatsächlich zustehendes Monopol [...] dazu missbraucht, dem allgemeinen Verkehr unbillige, unverhältnismäßige Opfer aufzuerlegen, unbillige und unverhältnismäßige Bedingungen vorzuschreiben, da können dieselben rechtliche Anerkennung nicht finden“*. Dies sei insbesondere dann der Fall, *„wenn dem Publikum die anderweitige Wahrung seiner Interessen nicht möglich, und dasselbe daher gezwungen ist, sich den gestellten Bedingungen zu unterwerfen“*.

---

143 *Wolf*, S. 1.
144 Vgl. *Wolf*, S. 1.
145 Vgl. dazu auch, *Knobel*, S. 53 ff.
146 RGZ 62, 264.

Diesen Standpunkt bestätigte das Reichsgericht im Jahr 1920 in einem obiter dictum zu einem Fall aus dem Speditionsrecht[147], und mit einer Entscheidung zum Frachtrecht aus dem Jahr 1921[148]. Dabei lag das Ziel dieser Rechtsprechung darin, den aus der Bildung von Monopolen und der Verknappung lebenswichtiger Güter resultierenden Gefahren entgegenzuwirken.[149] Voraussetzung der Unwirksamkeit vertraglicher Regelungen war daher stets die bewusste Ausnutzung eines Monopols, um einen schwächeren Vertragspartner zu einem für ihn nachteiligen Vertragsschluss zu bewegen,[150] so dass die Inhaltskontrolle letztlich noch ein nur ausnahmsweise vorgenommener Eingriff in die im übrigen unangetastete Vertragsfreiheit blieb.[151]

## *C. Die Entscheidung BGHZ 22, 90*

Diese tatbestandliche Eingrenzung der Inhaltskontrolle auf die Fälle des sittenwidrigen Monopolmissbrauchs wurde erst viele Jahre später durch den BGH überwunden.[152] Mit der Grundsatzentscheidung vom 29.10.1956 zum Gewährleistungsausschluss beim Kauf neuer Möbel,[153] erklärte dieser einen völligen Ausschluss der Gewährleistung in AGB unter Hinweis auf deren nur schwache privatautonome Legitimationsbasis uneingeschränkt für unwirksam. Zugleich wurde damit die alleinige Orientierung am strengen Maßstab des § 138 BGB aufgegeben und die Basis für die Entwicklung der Inhaltskontrolle zu einem allgemeinen, am Maßstab des § 242 BGB orientierten, Kontrollinstrument gelegt.[154]

## *D. Die Entwicklung im AGB-Recht*

Die durch diese Entscheidung angestoßene nachfolgende Rechtsprechung befasste sich zunächst ebenfalls schwerpunktmäßig mit der Kontrolle von AGB. Nachdem die Gerichte zunächst auch durchaus eine lediglich einschränkende Auslegung harter Klauseln – mithin eine Art Ausübungskontrolle, die eine Berufung auf belastende Klauseln im Einzelfall ausschloss – erwogen hatten, setzte sich im Laufe der sechziger Jahre in der Rechtsprechung jedoch die Ansicht durch, unangemessene Klauseln im Rahmen einer regelrechten Inhaltskontrolle für vollständig unwirksam

147 RGZ 99, 107.
148 RGZ 102, 396.
149 *Staudinger/Coester*, Einl zu §§ 8 ff AGBG Rn. 3.
150 Vgl. RGZ 143, 24, 28 f.; *Fastrich,* S. 18.
151 *Raiser*, AGB, S. 307.
152 Vgl. *Eggert*, S. 2; *Staudinger/Coester*, Einl zu §§ 8 ff AGBG Rn. 3.
153 BGHZ 22, 90.
154 *Eggert,* S. 2; *A. Fuchs,* in *Ulmer/Brandner/Hensen*, Vorb. v. § 307 Rn. 15.

zu erklären.[155] Die anerkannten Grundsätze der nun mittlerweile sehr umfangreichen Kasuistik zur AGB-Kontrolle[156] konnte der BGH schließlich in seinem Urteil vom 27. November 1974 wie folgt zusammenfassen: „*Wie der Bundesgerichtshof, [...], in einer Vielzahl von Entscheidungen ausgeführt hat, muss derjenige, der durch die Aufstellung und Verwendung von Allgemeinen Geschäftsbedingungen und umfangreichen Formularverträgen die Vertragsfreiheit allein für sich in Anspruch nimmt, von vornherein die Interessen seiner künftigen Geschäftspartner angemessen berücksichtigen. Maßstab für die Angemessenheit sind dabei – soweit vorhanden – die Vorschriften des dispositiven Rechts. Entsprechen sie nicht nur Zweckmäßigkeitserwägungen, sondern einem sich aus der Natur der Sache ergebenden Gerechtigkeitsgebot, so müssen gewichtige Gründe vorliegen, die eine abweichende Regelung durch Allgemeine Geschäftsbedingungen als noch mit Recht und Billigkeit vereinbar erscheinen lassen.*“.[157]

Die Rechtsprechung dieser Jahre lag schließlich auch dem Ende 1976 erlassenen und am 1.4.1977 in Kraft getretenen AGBG[158] zugrunde, das mittlerweile im Zuge der Schuldrechtsreform von 2002 in das BGB (§§ 305 ff.) integriert worden ist. So sind in der heutigen positivrechtlichen Regelung der Inhaltskontrolle in § 307 BGB noch deutlich die eben zitierten Grundsätze wieder zu erkennen. Auch die nunmehr in §§ 309, 310 BGB geregelten, vorrangig zu prüfenden, Klauselverbote sind vor allem aus der einschlägigen Rechtsprechung entwickelt worden.[159]

Die AGB-Inhaltskontrolle setzt jedoch bereits begrifflich voraus, dass es sich um AGB handelt und diese auch Vertragsinhalt geworden sind. § 305 Abs. 1 S. 1 BGB verlangt daher nach geltendem Recht zunächst, dass die zu kontrollierenden Bedingungen für eine Vielzahl von Verträgen vorformuliert sind und sie einseitig gestellt werden, es sich also tatsächlich um AGB handelt; die Einflussnahme auch der anderen Vertragspartei auf ihre Ausgestaltung schließt die Vornahme einer Inhaltskontrolle mithin aus, § 305 Abs. 1 S. 3 BGB. Voraussetzung dafür, dass die AGB auch tatsächlich Vertragsinhalt sind, ist ihre wirksame Einbeziehung in den Vertrag gemäß §§ 305 Abs. 2, 305a BGB sowie das Fehlen einer vorrangigen Individualabrede nach § 305 b BGB.

---

155 *A. Fuchs,* in *Ulmer/Brandner/Hensen*, Vorb. v. § 307 Rn. 15; *Staudinger/Coester*, Einl zu §§ 8 ff AGBG Rn. 3.

156 Zur Fülle der Rspr. siehe *Schlosser/Graba*, Vorbem. zu §§ 9-11 Rn. 9 ff.

157 BGHZ 63, 256, 258 f.

158 BGBl. 76 I, 3317.

159 *A. Fuchs* in *Ulmer/Brandner/Hensen*, Vorb. v. § 307 Rn. 15; *Staudinger/Coester*, Einl zu §§ 8 ff AGBG Rn. 3.

Maßgeblicher Beurteilungszeitpunkt für die Frage, ob eine grundsätzlich in den Vertrag einbezogene Allgemeine Geschäftsbedingung gegen § 307 BGB verstößt ist, wie bei der Sittenwidrigkeit nach § 138 BGB, der Zeitpunkt des Vertragsschlusses, auch wenn in § 307 Abs. 1 S. 1 BGB ausdrücklich auf Treu und Glauben als Beurteilungsmaßstab verwiesen wird.[160]

Der Anwendungsbereich der §§ 305 ff. BGB ist allerdings neben ihrer alleinigen Geltung für AGB noch weiter begrenzt. So normiert § 310 Abs. 4 BGB Bereichsausnahmen, nach denen die AGB-Inhaltskontrolle keine Anwendung bei Verträgen auf dem Gebiet des Erb-, Familien- und Gesellschaftsrechts sowie auf Tarifverträge, Betriebs- und Dienstvereinbarungen findet. Bei der Anwendung auf Arbeitsverträge gilt es gemäß § 310 Abs. 4 S. 2 BGB, die im Arbeitsrecht geltenden Besonderheiten zu beachten. Diese Begrenzung der AGB-Inhaltskontrolle hat jedoch nicht, wie man vermuten könnte, die Beschränkung des Anwendungsbereichs der Inhaltskontrolle im Allgemeinen zur Folge.[161] Denn der Gesetzgeber hat mit den Regelungen zur Kontrolle von AGB lediglich eine Teilkodifikation des Rechtsinstituts der Inhaltskontrolle privatrechtlicher Verträge vornehmen wollen.[162] So sollten die Kontrollmöglichkeiten der Gerichte nicht eingeschränkt, sondern erweitert werden, und deshalb eine allgemeine an den Generalklauseln orientierte richterliche Inhaltskontrolle von Verträgen, die nicht unter die §§ 305 ff. BGB fallen, keineswegs ausgeschlossen sein.[163]

## *E. Die Inhaltskontrolle im Arbeitsrecht*

Neben dem Recht der Allgemeinen Geschäftsbedingungen bildet das Arbeitsrecht die zweite entstehungsgeschichtliche Säule der richterlichen Inhaltskontrolle.[164] Während das Arbeitsrecht – wie sich aus § 310 Abs. 4 BGB ergibt – heute grundsätzlich in den Anwendungsbereich der §§ 305 ff. BGB fällt,[165] war die Anwendung des AGBG auf dieses Rechtsgebiet zuvor jedoch lange Zeit gemäß § 23 Abs. 1 AGBG ausgeschlossen. Die Grundsätze arbeitsrechtlicher Inhaltskontrolle konnten sich daher eigenständig außerhalb des AGBG entwickeln.[166] So verlief die Entwicklung hier maßgeblich über § 315 Abs. 3 BGB, weshalb sich die Inhaltskon-

---

160 Vgl. Art. 4 Abs. 1 RL 93/13/EWG vom 5.4.1993; *Eggert*, S. 75; *Palandt/Grüneberg*, § 307 Rn. 3.

161 *Becker*, WM 1999, 709, 712.

162 So *Lieb*, AcP 178 (1978), 196, 197; *Wiedemann*, FS Kummer, 175, 181; vgl. auch BGHZ 101, 350, 353.

163 BGHZ 101, 350, 353; kritisch dazu statt vieler *Stürner*, DNotZ 1984, 763.

164 *Becker*, WM 1999, 709, 715.

165 Beachte allerdings die Ausnahmen nach § 310 Abs. 4 S. 3 BGB.

166 *Eggert*, S. 75.

trolle im Bereich des Arbeitsrechts von Beginn an stärker als in anderen Gebieten als eine Billigkeitsprüfung darstellte.[167] Denn gerade das auf § 315 Abs. 3 BGB iVm mit dem Arbeitsvertrag fußende Direktionsrecht des Arbeitgebers[168] verlangte nach einem den Arbeitnehmer schützenden Gegengewicht, welches die Rechtsprechung in Form einer Ausübungskontrolle von Einzelvertragsklauseln zur Verfügung stellte.[169] Dabei wird diese Einzelarbeitsvertragskontrolle seitdem weder von einem formularmäßigen oder vorformulierten Vertragstext, noch von einer mehrfachen Verwendung der gleichen Bedingung abhängig gemacht.[170] In der Sache handelt es sich bei den der Inhaltskontrolle unterzogenen Bedingungen im wesentlichen um Rückforderungsvorbehalte bei Gratifikationen und Personalrabatten, um Anrechnungen und Angleichungen beim Ruhegeld, um Verfall- und Mankoklauseln sowie um nachvertragliche Wettbewerbsverbote.[171]

Aufgrund der gerade im Arbeitsrecht besonders prägnanten strukturell unterschiedlichen Machtpositionen der Vertragsparteien erkannte sich die Rechtsprechung später auch die Befugnis zu, arbeitsvertragliche Einheitsregelungen[172] und sogar Betriebsvereinbarungen[173] darauf zu überprüfen, ob ihr Inhalt in schwerwiegender Weise gegen Gerechtigkeitsgrundsätze verstößt.[174] Anders als noch Betriebsvereinbarungen, werden Tarifverträge jedoch keiner allgemeinen Inhaltskontrolle unterzogen, da hier beide Tarifparteien als hinreichend verhandlungsmächtig angesehen werden.[175]

Die im Laufe der Jahre entwickelten Grundsätze zur Inhaltskontrolle von Arbeitsverträgen[176] sind auch nach der Aufhebung der in § 23 Abs. 1 AGBG enthaltenen Bereichsausnahme für das Arbeitsrecht infolge der Inkorporation des AGB-Rechts in das BGB beachtlich. Denn § 310 Abs. 4 S. 2 BGB ordnet expressis verbis an, dass die arbeitsrechtlichen Besonderheiten bei der Kontrolle von AGB weiterhin zu berücksichtigen sind.

---

167 *Becker*, WM 1999, 709, 715; *Coester-Waltjen*, AcP 190 (1990), 1, 7.

168 *Brox/Rüthers/Henssler*, Rn. 139; *Palandt/Grüneberg*, § 315 Rn. 2.

169 *Becker*, WM 1999, 709, 715; *Fastrich,* S. 160.

170 *Coester-Waltjen*, AcP 190 (1990), 1, 6.

171 Vgl. mit vielen Rechtsprechungsnachweisen *Coester-Waltjen*, AcP 190 (1990), 1, 7.

172 BAG, NJW 1970, 1149.

173 BAG v. 17. 02. 1981, I AZR 290/78, AP Nr. 11 zu § 112 BetrVG 1972.

174 *Brox/Rüthers/Henssler*, Rn. 29.

175 BAG v. 06. 02. 1985, 4 AZR 275/83, AP Nr. 1 zu § 1 TVG; *Lieb/Jacobs*, Rn. 156; *Becker*, WM 1999, 709, 715.

176 Ausführlich zur Inhaltskontrolle im Arbeitsrecht etwa *Lieb/Jacobs*, Rn. 139 ff. und *Fastrich*, S. 159 ff.

## F. Weitere Anwendungsfelder der Inhaltskontrolle

Neben den bereits behandelten Gebieten, ist die richterliche Inhaltskontrolle mittlerweile auch in anderen Bereichen des Zivilrechts fester Bestandteil der Rechtspraxis geworden.

### I. Gesellschaftsrecht

Bereits in den siebziger Jahren reihte sich das Gesellschaftsrecht in die Rechtsgebiete ein, auf denen die hier agierenden Akteure die Möglichkeit einer gerichtlichen Nachprüfung von Verträgen besonders im Auge behalten mussten. Insbesondere die Gesellschaftsverträge von Publikumspersonengesellschaften, bei denen ein kleiner Kreis von Gründungsgesellschaftern in der Rechtsform der GmbH & Co. KG eine Vielzahl nicht unternehmerisch, sondern an Kapitalanlage interessierter Kommanditisten warb und aufnahm, rückten nun ins Visier der Gerichte.[177] So zog der 2. Zivilsenat des BGH in einer Grundsatzentscheidung aus dem Jahre 1975[178] eine Parallele zwischen der Rechtslage bei Allgemeinen Geschäftsbedingungen und der Rechtslage bei Verträgen über Publikumspersonengesellschaften. Denn in beiden Fällen werde ein Vertrag nicht zwischen den Parteien ausgehandelt, sondern würden die künftigen Rechtsbeziehungen vielmehr durch eine vorweg vorgenommene, einseitige Formulierung für eine Vielzahl gleichartiger Verträge festgelegt. Daher fehle hier wie dort der Vertragskompromiss als Gewähr für eine angemessene Berücksichtigung der Interessen aller Beteiligten. Ebenso wie im AGB-Recht, bestünde daher auch hier die Notwendigkeit, dem unter solchen Umständen leicht möglichen Missbrauch der Vertragsfreiheit mit Hilfe einer an § 242 BGB ausgerichteten Inhaltskontrolle durch die Gerichte zu begegnen.[179]

Sehr viel restriktiver ging und geht die Rechtsprechung mit dem Instrument der Inhaltskontrolle jedoch bei den übrigen Gesellschaftsformen um, da hier regelmäßig nicht von einem gestörten Verhandlungsgleichgewicht oder der fehlenden Einflussmöglichkeit eines Vertragspartners auf den Vertragsinhalt ausgegangen werden kann.[180] Aus diesem Grund werden hier nur ausnahmsweise – insbesondere im Personengesellschaftsrecht – Kündigungs-,[181] Abfindungs-[182], oder Wettbewerbsverbotsklauseln[183] gerichtlich überprüft.[184]

177 Vgl. *Coester-Waltjen*, AcP 190 (1990), 1, 8; *Eggert*, S. 76; *Becker*, WM 1999, 709, 713.

178 BGHZ 64, 238.

179 Kritisch dazu unter Hinweis auf die fehlende Schutzwürdigkeit der sich blindlings auf unseriös ausgestaltete Gesellschaften einlassenden Anlagegesellschafter *Fastrich*, S. 129 m.w.N.

180 Vgl. *Eggert*, S. 77.

181 BGH, NJW 1985, 2421.

## *II. Vorformulierte Individualverträge*

Der BGH weitete den Anwendungsbereich der Inhaltskontrolle darüber hinaus auch auf bestimmte Konstellationen aus, in denen die Vertragsbedingungen nicht von einem Vertragspartner einseitig gestellt werden oder nicht für eine Vielzahl von Verträgen bestimmt sind. Im Mittelpunkt dieser Entwicklung standen dabei eine Reihe von Entscheidungen zu notariellen Veräußerungsverträgen über neu errichtete oder noch zu errichtende Häuser oder Eigentumswohnungen, bei denen der BGH die völlige Freizeichnung des Veräußerers von Gewährleistungspflichten für gemäß § 242 BGB unangemessen und daher unwirksam erklärte.[185] Die Besonderheit dieser Entscheidungen lag dabei darin, dass der Notar hier nicht ein ihm von einer Vertragspartei vorgelegtes Formular verwendete, sondern entweder ein von ihm selbst dauernd gebrauchtes Formblatt benutzte oder schlicht formelhafte Wendungen verwendete.[186] Obwohl also keine der Vertragsparteien die Bedingungen iSv § 305 Abs. 1 S. 1 BGB bzw. § 1 Abs. 1 S. 1 AGBGB gestellt hatte, schloss dies die Unwirksamkeit der formularmäßigen Freizeichnung nach dem BGH nicht aus. Denn wer sich diese Freizeichnung einseitig zunutze mache, müsse demjenigen gleichgestellt werden, der sich das – hier von einem Notar stammende – Formular wie ein von einem Dritten ausgearbeitetes Vertragsmuster beschafft habe und es dann selbst „verwende".[187]

## *III. Bürgschaftsrecht*

Eine weitere prominente Vertragsart, die der „Gefahr" einer richterlichen Inhaltskontrolle besonders ausgesetzt scheint, ist der Bürgschaftsvertrag nach § 765 BGB. Insbesondere in den achtziger Jahren wurden die Gerichte immer wieder mit Fällen befasst, in denen junge Erwachsene in ausweglose Überschuldung gerieten, weil sie

---

182 BGH, NJW 1978, 104.

183 BGH, NJW 1995, 194.

184 Siehe dazu ferner, *Ulmer*, S. 26 ff. Ob es sich dabei allerdings auch um eine wirkliche Inhaltskontrolle handelt ist nicht unumstritten, vgl. *Fastrich*, S. 156 f.

185 BGHZ 74, 204; 101, 350; BGH, NJW 1982, 2243.

186 *Coester-Waltjen*, AcP 190 (1990), 1, 11; *Hönn*, JZ 1983, 677.

187 BGHZ 74, 204, 209; BGH, NJW 1982, 2243, 2244; kritisch zu dieser Rechtsprechung aber *Medicus*, Inhaltskontrolle, S. 12 ff.; *Stürner*, DNotZ 1984, 763; *Brambring*, DNotZ 1986, 613 ff., *Habersack*, AcP 189 (1989), 403, 416 ff.; ferner auch *Lieb*, DNotZ 1989, 274, 286 ff. m.w.N.

für hohe Bankkredite von Verwandten oder Partnern gebürgt hatten, obwohl sie nur über geringe Einkünfte verfügten.[188]

Die Fülle der Urteile in derartigen Fallkonstellationen führte schließlich auch zu Divergenzen zwischen dem IX. und dem XI. Zivilsenat des BGH. Denn während Ersterer die von den Instanzgerichten zum Teil vorgenommene Inhaltskontrolle solcher Bürgschaftsverträge mit der Begründung verwarf, die geschäftliche Unerfahrenheit eines Bürgen sei kein Grund, Kreditinstitute mit Aufklärungspflichten zu belasten, und dass ein Volljähriger im Allgemeinen auch ohne besondere Hinweise wisse, dass eine Bürgschaftserklärung ein riskantes Geschäft darstelle,[189] vertrat der XI. Zivilsenat die Auffassung, bei gestörter Vertragsparität sei der Richter zu einer Inhaltskontrolle von Bürgschaftsverträgen verpflichtet, was insbesondere bei Bürgschaftsverträgen mit nahen Angehörigen des Hauptschuldners der Fall sein könne.[190]

Am 19. Oktober 1993 konnte und musste letztlich der erste Senat des BVerfG in einem Grundsatzurteil Stellung beziehen.[191] Darin stellte er klar, dass es sich der IX. Zivilsenat des BGH mit seiner Argumentation, der Bürge sei schließlich volljährig und daher voll verantwortlich, zu leicht mache.[192] Er betonte vielmehr zunächst, dass die Privatautonomie verfassungsrechtlichen Schranken unterliege, um zu verhindern, dass der Vertrag als Mittel der Fremdbestimmung benutzt werde. Daher seien die Zivilrichter grundsätzlich immer dann, wenn die Gefahr einer solchen Fremdbestimmung durch Vertrag drohe, zur Inhaltskontrolle befugt, wenngleich nicht jedes Ungleichgewicht in der Verhandlungsstärke eine Vertragskorrektur rechtfertigen könne. In Fällen aber, in denen ein wirtschaftlich schwacher Vertragspartner ein sehr hohes, in seinem genauen Ausmaß nur schwer abschätzbares, Risiko, unter Abbedingung der gesetzlichen Schutzvorschriften übernehme, ohne ein wirtschaftliches Eigeninteresse an einer solchen Bürgschaft zu haben, spräche viel für eine vertragliche Fremdbestimmung durch den Gläubiger. Es käme daher bei einer solchen strukturellen Unterlegenheit eines Vertragspartners entscheidend darauf an, – und das war neu – auf welche Weise der Vertrag zustande gekommen sei und wie sich der überlegene Vertragspartner in der Abschlusssituation verhalten

188 vgl. etwa OLG Düsseldorf, ZIP 1984, 166; OLG Frankfurt, ZIP 1984, 1465; OLG Köln, ZIP 1987, 363; LG Hamburg, WM 1985, 1465; LG Lübeck, NJW 1987, 959; OLG Stuttgart, NJW 1988, 833.

189 BGHZ 106, 269, 271 ff.; 107, 92, 92 ff.; BGH, NJW 1991, 2015, 2015 ff.

190 BGH, NJW 923, 925; und in einem obiter dictum BGHZ 120, 272, 274 ff.= NJW 1993, 322 ff.

191 BVerfGE 89, 214 ff.

192 BVerfGE 89, 214, 234.

habe. Für die Unwirksamkeit einer Bürgschaft spräche es insbesondere, wenn der andere Vertragspartner das Risiko der Bürgschaft bagatellisiere.

Der BGH hat diese Vorgabe des BVerfG in der nachfolgenden Rechtsprechung konkretisiert. Danach wird vermutet, dass ein Gläubiger die psychische Zwangslage des Bürgen in sittenwidriger Weise ausgenutzt hat, wenn zwischen dem Hauptschuldner und dem Bürgen ein besonderes persönliches Näheverhältnis besteht und der Bürge durch die übernommenen Verpflichtungen derart finanziell überfordert wird, dass es ihm aufgrund einer Prognose über seine zukünftigen wirtschaftlichen Verhältnisse noch nicht einmal möglich sein wird, die laufenden Zinsen zu zahlen.[193] Hat der Bürge allerdings ein wirtschaftliches Eigeninteresse an der Bürgschaft[194] oder hat der Kreditgeber ein nachvollziehbares Interesse an der Einbeziehung des Bürgen in die Haftung[195], ist die Vermutung der Sittenwidrigkeit widerlegt, so dass der Bürge die Voraussetzungen des § 138 Abs. BGB nach allgemeinen Regeln darlegen und beweisen muss.[196]

### *IV. Erbrecht*

Den bisher dargestellten Anwendungsbereichen der richterlichen Inhaltskontrolle ist gemein, dass die Inhaltskontrolle dort stets als Reaktion auf ein in irgendeiner Weise auffälliges Missverhältnis von Leistung und Gegenleistung, der im Vertrag übernommen Rechte und Pflichten oder eine erhebliche Störung des Gleichgewichts zwischen den Parteien dient. Gegenstand der Inhaltskontrolle ist in all diesen Konstellationen also ein Vertrag – mit Ausnahme der Bürgschaftsfälle zudem ein gegenseitiger Vertrag.

Nur bedingt in diese Reihe passt daher eine zum Teil ebenfalls mit dem Begriff „Inhaltskontrolle" titulierte Rechtsprechung[197] aus dem Bereich des Erbrechts. Denn diese betrifft nicht etwa die auch im Erbrecht möglichen entgeltlichen gegenseitigen Verträge, wie den Erbschafts- oder Erbteilskauf, den Erbschaftsvertrag nach § 311 b Abs. 5 BGB oder den Kausalvertrag zum Pflichtteilsverzicht, sondern die Frage der Sittenwidrigkeit von Potestativbedingungen in letztwilligen Verfügungen.

---

193 Vgl. BGHZ 136, 346, 351 = NJW 1997, 3372; BGH, NJW 1998, 894 = WM 1997, 235, 236; BGH, NJW 1999, 135 = WM 1998, 2366, 2367; BGH, NJW 1999, 58 = WM 1998, 2327, 2328, und BGH, NJW 2000, 1182 = WM 2000, 410, 411.

194 Vgl. BGH, NJW 2001, 815, 817; 1999, 2584.

195 Dies kann insbesondere aufgrund der Gefahr von Vernögensverlagerungen zwischen Ehegatten der Fall sein, vgl. BGHZ 134, 325, 328; 136, 347, 353.

196 Vgl zum ganzen auch *Riehm*, JuS 2000, 241 ff.

197 So *Muscheler*, in *Riesenhuber/Karakostas*, § 8, S. 119 ff.; *Reimann*, in FS Spiegelberger, S. 1095, 1096.

In der Sache geht es dabei um die Frage, welche Wirksamkeitsgrenzen dem Versuch eines Erblassers zu ziehen sind, durch eine Potestativbedingung (vgl. § 2074 BGB) auf das Verhalten des Bedachten nach dem Erbfall einzuwirken. Dies kann etwa durch Bedingungen, die die Wiederheirat[198] oder den Wechsel einer Religion[199] durch den Bedachten betreffen geschehen. Besonders prominent sind in diesem Zusammenhang aber vor allem sog. „Ebenbürtigkeitsklauseln" in letztwilligen Verfügungen aus Adelskreisen, in denen der Erblasser den (endgültigen) Erhalt der Erbschaft beispielsweise davon abhängig macht, dass die potentiellen Erben „ebenbürtig" heiraten oder aus einer „standesgemäßen" Ehe stammen.[200] Im Einzelnen ist bei der Behandlung dieser Problematik vieles umstritten.[201] Grundlegend erscheint jedoch die Rechtsprechung des BVerfG.[202] Danach sind zwar die Grundrechte im Falle von Potestativbedingungen nicht als Abwehrrechte gegenüber dem Staat tangiert, durchaus aber in ihrer Funktion als Ausdruck einer objektiven Wertordnung, die auch im Zivilrecht, und zwar insbesondere bei der Konkretisierung der Generalklausel des § 138 Abs. 1 BGB, zu beachten sei.

Daher hätten auch die Fachgerichte bei der Frage nach der Sittenwidrigkeit einer Potestativbedingung die Grundrechte der beteiligten Personen derart abzuwägen, dass sie bei allen erbrechtlichen Klauseln, die eine Zuwendung von der (aufschiebenden oder auflösenden) Bedingung einer bestimmten Ausübung eines verfassungsrechtlich geschützten Freiheitsrechts abhängig machten, prüfen müssten, ob die Klausel den Bedachten im Hinblick auf die Ausübung dieses Rechts unter unzumutbaren Druck setzen könne.[203]

Für maßgeblich werden insoweit insbesondere der Umfang der Zuwendung und der Umstand, wie sehr der Bedachte auf die Zuwendung angewiesen ist, ange-

---

198 Siehe dazu mit zahlreichen Nachweisen *Staudinger/Otte*, § 2074 Rn. 42 ff.

199 Vgl. RGZ 21, 279; RG JW 1913, 1100; siehe ferner *Keuk*, FamRZ 1972, 9, 11; *Staudinger/Otte*, § 2074, Rn. 49 f.

200 So etwa die Formulierung im Erbvertrag welcher der berühmten „Hohenzollern-Entscheidung" des BVerfG zu Grunde lag, NJW 2004, 2008. Siehe dazu ferner die Vorinstanzen OLG Stuttgart, ZEV 1998, 185 und BGHZ 140, 118 sowie ausführlich, *Reimann*, in FS Spiegelberger, S. 1095. Ähnlich gelagert war der Fall „Leiningen", vgl. BayObLG, ZEV 1997, 119 [„Leiningen I"] sowie BayOblG, FamRZ 2000, 380 [„Leiningen II"] und BVerfG, NJW 2000, 2495.

201 So wird insbesondere uneinheitlich beantwortet, auf welchen Zeitpunkt für die Beurteilung der Sittenwidrigkeit einer Potestativbedingung abzustellen ist [vgl. dazu *Otte*, ZEV 2004, 393, 395 sowie die umfangreichen Nachweise bei *Staudinger/Otte*, Vorbem zu §§ 2064 ff. Rn. 179] und welche Rechtsfolgen sich aus ihrer Sittenwidrigkeit ergeben, vgl. MüKoBGB/*Leipold*, § 2074 Rn. 27; *Staudinger/Otte*, § 2074 Rn. 67.

202 BVerfG, NJW 2004, 2008; NJW 2000, 2496.

203 Vgl. auch *Otte*, ZEV 2004, 393, 398.

sehen.[204] Denn in Abhängigkeit davon bestimmt sich auch das Ausmaß der Kollision der Testierfreiheit des Erblassers einerseits mit den Freiheitsrechten – insbesondere der Eheschließungsfreiheit – des Bedachten andererseits.

Die Feststellung einer sittenwidrigen Einflussnahme auf die Entschließungsfreiheit des Bedachten wird daher nur im Rahmen einer Einzelfallbetrachtung denkbar sein,[205] in deren Rahmen zudem zu beachten ist, dass die Testierfreiheit dem Erblasser zwar ermöglicht über das Schicksal seines Vermögens, grundsätzlich aber nicht über die persönliche Lebensführung des Bedachten zu bestimmen.[206]

### *V. Familienrecht*

Die vorerst letzte bedeutende Ausweitung hat das Instrument der richterlichen Inhaltskontrolle in den Jahren 2001[207] und 2004[208] durch seine Anwendung auch auf Eheverträge erfahren, nachdem diese zuvor bis in die jüngste Zeit hinein noch ausdrücklich von der Inhaltskontrolle ausgeklammert worden waren[209]. Aufgrund der zentralen Bedeutung dieser speziellen ehevertraglichen Inhaltskontrolle für die vorliegende Arbeit wird die Darstellung ihrer genauen Entwicklung und ihres spezifischen Inhalts jedoch im weiteren Verlauf der Arbeit noch an anderer Stelle ausführlich vorgenommen werden (siehe unten Teil 1, Kap. 3).

## § 3. Die kontrollauslösenden Faktoren

Die vorangehenden Ausführungen konnten zeigen, dass die richterliche Inhaltskontrolle in Deutschland auf eine lange Tradition zurückblickt und mittlerweile ein fester Bestandteil des Zivilrechts geworden ist. Zugleich wurde jedoch deutlich, dass ihre Begründungsansätze und Kontrollmaßstäbe durchaus variieren, und immer wieder neue Bereiche der Inhaltskontrolle eröffnet wurden.

Es erscheint daher auch kaum möglich, die Inhaltskontrolle allgemeingültig auf eine bestimmte Rechtsnorm des BGB zurückzuführen. So zieht schon der BGH neben dem häufig angeführten § 242 BGB[210] in anderen Entscheidungen auch § 138

---

204 *Hausmann/Hohloch-Everts*, Kap. 10 Rn. 73; *Staudinger/Otte*, § 2074 Rn. 34; a.A. *Muscheler*, in *Riesenhuber/Karakostas*, § 8, S. 127.

205 *Hausmann/Hohloch-Everts*, Kap. 10 Rn. 73.

206 MüKoBGB/*Leipold*, § 2074 Rn. 18.

207 BVerfGE 103, 89 ff. = FamRZ 2001, 343.

208 BGHZ 158, 81 = NJW 2004, 93.

209 Vgl. BGH, NJW 1997, 126; NJW 1997, 192; siehe auch *Eggert*, S. 3.

210 Vgl. etwa BGHZ 22, 90, 97; 64, 238, 241; 101, 350, 353; BGH, NJW 1984, 2094, 2095; NJW 1988, 135.

BGB[211] oder § 315 Abs. 3 BGB[212] als dogmatische Grundlage der Inhaltskontrolle heran. Auch die Literatur bietet insoweit ein uneinheitliches und schwer zu überschauendes Bild.[213] *Fastrich* gelangt bei seiner Analyse der dogmatischen Grundlagen der Inhaltskontrolle sogar zu der Schlussfolgerung, die Inhaltskontrolle lasse sich schlichtweg nicht auf eine Norm zurückführen, sondern sei als eine auf dem Prinzip von Treu und Glauben basierende Rechtsfortbildung zu begreifen.[214]

Angesichts dieser Situation stellt sich daher im Interesse der Rechtssicherheit und der Berechenbarkeit zukünftiger Rechtsprechung umso dringender die Frage, welche Umstände den Kern der verschiedenen Anwendungsbereiche der Inhaltskontrolle ausmachen, welche Merkmale also die eine Inhaltskontrolle auslösenden Faktoren sind.

## *A. Die verfassungsrechtliche Dimension*

Bei der Beantwortung dieser Frage gilt es zunächst die grundlegende Ausgangsposition nicht aus den Augen zu verlieren. Diese liegt in den für das deutsche Zivilrecht zentralen Prinzipien der Privatautonomie und der Vertragsfreiheit (vgl. oben Teil 1, Kap. 2 § 1. A und C). Die volle Gewährleistung der Privatautonomie soll durch die Freiheit des Vertragsschlusses sichergestellt werden.[215] Diese Möglichkeit ist elementarer Bestandteil des Allgemeinen Persönlichkeitsrechts aus Art. 2 Abs. 1 GG und erfährt daher grundrechtlichen Schutz.[216] Es versteht sich somit von selbst, dass Eingriffe in die freie Ausübung der Privatautonomie nicht ohne weiteres zulässig sein können. Grundrechtlicher Schutz ist jedoch nicht schrankenlos. So unterliegt auch die Vertragsfreiheit, als Bestandteil des Allgemeinen Persönlichkeitsrechts, den Schranken der verfassungsmäßigen Ordnung.[217] Diese wiederum gebietet nun aber, sozialem und wirtschaftlichem Ungleichgewicht entgegenzuwirken.[218] Namentlich aus dem in den Artikeln 20 Abs. 1 und 28 Abs. 1 GG verankerten Sozialstaatsprinzip, sowie aufgrund einer aus Art. 2 Abs. 1 GG abzuleitenden Schutzpflicht ist es daher Aufgabe des Staates, dafür Sorge zu tragen, dass es nicht infolge ungehemmter Ausübung von Privatautonomie im Ergebnis zu einer Fremd-

---

211 BGHZ 106, 269, 271 ff.; 107, 92, 92 ff.;158, 81, 94, 100; BGH, NJW 1991, 2015.

212 BGHZ 38, 183, 186; zu den Unterschieden zwischen Inhaltskontrolle im engeren Sinne und der Billigkeitskontrolle siehe jedoch *v. Hoyningen-Huene*, S. 128 ff.

213 Vgl. insoweit nur die Nachweise bei *Fastrich*, S. 65 Fn. 24 u. 27; ferner speziell zu § 242 und § 138 als Grundlage der Inhaltskontrolle, *Knobel*, S. 71 ff.

214 *Fastrich*, S. 71 f. und 77 f.

215 Vgl. etwa *Nowak*, S. 30, *Raiser*, JZ 1958, 1, 5.

216 BVerfGE 8, 274, 328; 12, 341, 347; 21, 87, 90.

217 BVerfGE 12, 341, 347; *Jarass/Pieroth*, Art. 2 Rn. 17.

218 BVerfG, NJW 1990, 1469, 1470.

bestimmung des schwächeren durch den stärkeren Vertragspartner kommt.[219] Die öffentliche Gewalt sieht sich daher dem Dilemma ausgesetzt, einerseits verfassungsrechtlich zur Schaffung von Instrumenten verpflichtet zu sein, die einem sozialen und wirtschaftlichen Ungleichgewicht entgegenwirken, andererseits jedoch auch der Privatautonomie – verstanden als die Freiheit von staatlicher Bevormundung in der klassisch abwehrrechtlichen Bedeutung – ein verfassungsrechtlich gebotenes Mindestmaß sichern zu müssen.[220] Auch die Ebene der Zivilgerichtsbarkeit ist unter dem Einfluss der Rechtsprechung zur sog. Drittwirkung der Grundrechte und zu grundrechtlichen Schutzpflichten im Rahmen der Anwendung und Auslegung von Generalklauseln wie den §§ 138, 242 BGB grundrechtlichen Vorgaben unterworfen.[221] Dabei kulminiert ihr Dilemma in dem eigentümlichen Umstand, dass dieselbe grundrechtliche Vorschrift, nämlich Art. 2 Abs. 1 GG, sowohl eine verfassungsrechtliche Pflicht zur Durchführung einer Vertragskorrektur zu begründen vermag, als auch auf der anderen Seite zum Schutz der Vertragsfreiheit des stärkeren Vertragspartners herangezogen werden kann. Die Aufgabe der Zivilgerichte in dieser antagonistischen Situation kann mithin mit der Faustformel zusammengefasst werden: *„Schutz vor den Auswirkungen der Privatautonomie im Namen der Privatautonomie“*.[222]

Die verfassungsrechtlich verwurzelte Aufgabe der Herstellung praktischer Konkordanz wird damit gleichsam zu einem Auftrag des Zivilrechts. Es ist an ihm, die Trennlinie zwischen der Vertragsfreiheit und ihren immanenten Grenzen zu ziehen.

## *B. Legitimation durch gestörte Vertragsfunktionen*

Diese Grenzen der Vertragsfreiheit können sich nur aus dem Sinn und Zweck des Vertrages selbst ergeben.[223] Denn nur dann, wenn der Vertrag seine eigentliche Funktion nicht mehr erfüllt, die Verwirklichung seiner vom Gesetzgeber vorausgesetzten Aufgabe gefährdet ist, kann eine richterliche Intervention in Betracht kommen. Wenn die Voraussetzung der Inhaltskontrolle also die Störung einer Vertragsfunktion oder -aufgabe ist, so ist es unerlässlich diese Funktionen und Aufgaben zunächst zu benennen.[224]

---

219 BVerfGE 89, 214, 232; 103, 89, 100 f.= NJW 2001, 957, 958.
220 Vgl. *Di Fabio*, in *Maunz/Dürig* Art. 2 Abs. 1 GG Rn. 107 f.
221 Statt vieler: *Di Fabio*, in *Maunz/Dürig* Art. 2 Abs. 1 GG Rn. 109.
222 So *Kittner*, FS Dieterich, S. 279, 282.
223 Vgl. *Coester-Waltjen*, AcP 190 (1990), 1, 14; *Wolf*, S. 11.
224 So auch *Fastrich*, S. 29.

## *I. Die Funktion der Richtigkeitsgewähr nach Schmidt-Rimpler*

Als grundlegend für die Bestimmung der Vertragsfunktionen darf die auf *Schmidt-Rimpler* zurückgehende Theorie der Richtigkeitsgewähr bezeichnet werden.[225] Hiernach liegt der wesentliche Grund für die Anerkennung des Vertrages durch die Rechtsordnung in der durch das Verfahren des Vertragskompromisses gewährleisteten Vernünftigkeit des Vereinbarten. Denn das Erfordernis einer konsensualen Regelung führe dazu, so *Schmidt-Rimpler*, dass jeder der Vertragspartner die Möglichkeit zur Ablehnung einer für ihn nachteiligen Regelung habe, im Interesse einer Einigung aber auch dort nachgeben müsse, wo es ihm gerade noch hinnehmbar erscheine, so dass auf diese Weise schon automatisch das angemessene bzw. richtige Ergebnis erreicht werde.[226] Dabei stand für *Schmidt-Rimpler* jedoch zunächst nicht die Möglichkeit des Einzelnen im Vordergrund, über die Gestaltung seiner Rechtsverhältnisse beliebig selbst bestimmen zu können.[227] Vielmehr sah er den Bezugspunkt des Gedankens der Richtigkeitsgewähr sowie den Sinn des Vertrages einzig in der Ordnungsfunktion. So sei der Vertrag *„ein Mechanismus, um ohne hoheitliche Regelung [...] eine richtige Regelung auch gegen unrichtigen Willen herbeizuführen, weil immer der durch die Unrichtigkeit betroffene zustimmen muss.“*[228]

## *II. Die Funktion der Gewährleistung von Selbstbestimmung*

Die Prämisse der Untauglichkeit der Privatautonomie als Grundlage rechtlicher Anerkennung des Vertrages führte jedoch zu harscher Kritik an der Theorie *Schmidt-Rimplers*.[229] Gleichsam bot sie Anlass, die Erarbeitung der Vertragsfunktionen weiter zu führen. Insbesondere *Raiser*[230] und später *M. Wolf*[231] betonten die Aufgabe des Vertrages, der Selbstbestimmung der Individuen Ausdruck zu verleihen. Denn die Gerechtigkeit einer vertraglichen Ordnung sei als solche nicht schon durch die bloße Zustimmung des anderen Vertragsteils gesichert.[232] Diese biete an-

225 Vgl. *Schmidt-Rimpler*, AcP 147 (1941), 130 ff.; *Schmidt-Rimpler*, FS Raiser, S. 3 ff.; siehe auch *Coester-Waltjen*, AcP 190 (1990), 1, 14; *Hönn*, JZ 1983, 677, 684.

226 *Schmidt-Rimpler*, FS Raiser, S. 3, 5 f.

227 *Schmidt-Rimpler*, AcP 147 (1941), 130, 155 u. 163; vgl. auch *Fastrich*, S. 53.

228 *Schmidt-Rimpler*, AcP 147 (1941), 130, 156. Allerdings ist diese Auffassung auch unter Berücksichtigung ihrer Entstehungsgeschichte in einem totalitären System zu würdigen, vgl. *Habersack*, AcP 189 (1989), 402, 407.

229 Vgl. nur *Flume*, FSDJT, S. 135, 141 ff.

230 *Raiser*, FSDJT, S. 101 ff.; *ders.*, JZ 1958, 1 ff.

231 *Wolf*, Rechtsgeschäftliche Entscheidungsfreiheit und vertraglicher Interessenausgleich.

232 *Raiser*, FSDJT, S. 101, 118.

ders als von *Schmidt-Rimpler* angenommen nämlich lediglich eine Richtigkeitschance, nicht aber eine Richtigkeitsgewähr, solange sie nicht auch Ausdruck völliger Selbstbestimmtheit sei. Die eigentliche Funktion des Vertrages bestehe daher darin, dem Einzelnen die selbstbestimmte und eigenverantwortliche Regelung seiner Rechtsverhältnisse zu ermöglichen.[233]

### *III. Synthese*

Unter dem Eindruck dieser Kritik modifizierte auch *Schmidt-Rimpler* seine Theorie der Richtigkeitsgewähr später dahingehend, dass er nunmehr unter dem Begriff der Richtigkeit auch die subjektive Wertung der Parteien verstanden wissen wollte und die Richtigkeitsgewähr bei fehlender Möglichkeit zur Selbstbestimmung gestört sah.[234] Andererseits erkannte man, dass der Vertrag vor dem Hintergrund seiner Ausrichtung auf die Interessenzusammenführung Mehrerer auch in einem gewissen Spannungsverhältnis zur individuellen Selbstbestimmung steht. Denn einerseits ist der Einzelne zur Verwirklichung seiner Selbstbestimmung auf rechtlich erhebliche Beziehungen zu anderen Rechtssubjekten angewiesen, andererseits stößt im Vertrag die Selbstbestimmung des einen Vertragspartners auf die des anderen.[235] Die Vertragsfreiheit eines Einzelnen ist daher stets durch die korrespondierende Freiheit des anderen Vertragspartners beschränkt,[236] weshalb die Funktion des Vertrages nicht allein in der Gewährleistung völliger Selbstbestimmung eines jeden Einzelnen, sondern nur in der Ermöglichung und Sicherung der beiderseitigen Ausübung der Selbstbestimmung gesehen werden kann.[237]

Eine so verstandene Theorie der Selbstbestimmung steht aber mit der Theorie der Richtigkeitsgewähr nicht in einem unauflösbaren Gegensatz. Denn wenngleich zwar die Vereinbarungen von der Rechtsordnung allein deshalb anerkannt werden, weil sie auf dem Willen der Vertragsschließenden beruhen – auch wenn das Vereinbarte noch so unvernünftig oder unrichtig erscheint –, so schließt dies nicht aus, dass der Vertrag als Regelungssystem aufgrund der Sachnähe der Vertragspartner sowie des Vertragskompromisses eine gewisse Richtigkeitsgewähr hat, und damit sehr wohl eine weitere rechtspolitische Legitimation als Ordnungsprinzip erfährt.[238] Ungeachtet mancher Ausnahmen im Einzelfall, vereinbaren die Vertragspartner

233 *Wolf*, S. 59; *Raiser*, FSDJT, S. 101, 118.

234 *Schmidt-Rimpler*, FS Raiser, S. 3, 5 u. 15; siehe auch *Fastrich*, S. 53; *Habersack*, AcP 189 (1989), 403, 407; *Eggert*, S. 68 f.

235 *Nowak*, S. 31.

236 So *Busche*, S. 103 f.

237 *Wolf*. S. 59 f.; *Nowak*, S. 37.

238 *Fastrich*, S. 53; *Coester-Waltjen*, AcP 190 (1990), 1, 14.

nämlich im Allgemeinen das für sie Richtige, weil ihnen als Sachnächsten die Beurteilungskompetenz zukommt und weil sie aufgrund konträrer Absichten Nachteile nur bei angemessener Kompensation hinnehmen. Der durch die Selbstbestimmung beider Parteien erzielte Vertragskompromiss ist daher, wenn auch nicht in jedem Einzelfall, so doch in der Regel das Vernünftige und führt zu einem im Großen und Ganzen gerechten Vertrag.[239] Beide Lehren stehen daher nicht in einem Verhältnis der Gegensätzlichkeit, sondern der Komplementarität.[240] So ist es mittlerweile allgemeine Meinung, dass dem Vertrag sowohl Ordnungs- als auch Selbstbestimmungsfunktion zukommt.[241]

## *C. Kennzeichnung gestörter Vertragsfunktionen*

Eine richterliche Inhaltskontrolle von privatrechtlichen Verträgen kommt demnach nur dann in Betracht, wenn die Erfüllung der Ordnungs- oder der Selbstbestimmungsfunktion eines Vertrages nicht mehr gewährleistet ist. Als schwierig gestaltet sich jedoch die Feststellung einer solchen Störung von Vertragsfunktionen. Es gilt daher den die Rechtsfolge „Inhaltskontrolle" auslösenden Tatbestand einzugrenzen.

Zu diesem Zweck sind, zumeist jeweils unter dem Eindruck der Ausweitung der Inhaltskontrolle auf einen bestimmten der oben (vgl. Teil 1, Kap. 2. § 2.) skizzierten Bereiche, eine Reihe von Kriterien vorgeschlagen worden.

### *I. Unangemessener Vertragsinhalt*

Ein Kriterium, welches als Indiz für eine Nichterfüllung von Vertragsfunktionen diskutiert wird, ist das des unangemessenen Vertragsinhalts. Dabei gilt ein Vertragsinhalt insbesondere dann als unangemessen, wenn durch ihn von solchen Vorschriften des dispositiven Rechts abgewichen wird, die nicht nur Ausdruck von Zweckmäßigkeitserwägungen sind, sondern einem bestimmten Gerechtigkeitsgebot zur Geltung verhelfen.[242] Von einer solchen – oft auch als unbillig bezeichneten – Abweichung soll dann ein Rückschluss auf die Störung der Ordnungsfunktion des Vertrages möglich sein.[243]

Die Feststellung der unbilligen Abweichung mag tatsächlich ein Indiz für das Versagen der Vertragsfunktionen sein. Aber aus dem Abweichen vom dispositiven

239 *Coester-Waltjen*, AcP 190 (1990), 1, 15; *Fastrich*, S. 53.

240 *Habersack*, AcP 189, (1989), 403, 409; *Brox*, JZ 1966, 761, 761.

241 *Fastrich*, S. 60 f.; *Habersack*, AcP 189 (1989), 403, 409; *Nowak, S. 37 f.*; *Eggert*, S. 68 f.

242 Vgl. etwa *Becker*, WM 1999, 709, 711; *Staudinger/Schmidt*, § 242 Rn. 460; siehe dazu auch BGHZ 41, 151, 154.

243 Vgl. *Eggert,* S. 71.

Recht kann nur dann auf einen Missbrauch der Vertragsfreiheit geschlossen werden, wenn man weiß, dass dem eine adäquate Gegenleistung nicht entgegensteht.[244] Die Klärung dieser Frage ist jedoch Ergebnis, und nicht Ursache der Inhaltskontrolle.[245] Bei diesem Ansatz wird mithin der zu beweisende Umstand schon in den Prämissen vorausgesetzt. Bei einem alleinigen Abstellen auf die Unangemessenheit des Vertragsinhalts als kontrollauslösendem Moment droht daher ein Zirkelschluss, bei dem Anlass und Ergebnis der Inhaltskontrolle identisch sind.[246]

### *II. Gestörte Vertragsparität*

Als ein zweiter möglicher Indikator für das Versagen der Vertragsfunktionen gilt das Vorliegen einer sogenannten gestörten Vertragsparität. Nach diesem Ansatz ist die Erfüllung der Vertragsfunktionen nur dann gewährleistet, wenn zwischen den Partnern ein im Einzelnen näher zu bestimmendes Gleichgewicht besteht.[247] Dabei lässt sich unter diesem Gesichtspunkt eine Reihe von Merkmalen zusammenfassen. So wird zum Teil auf eine intellektuelle oder wirtschaftliche Überlegenheit eines Vertragspartners, zum Teil auf die Vorformulierung des Vertrages oder die fehlende Einflussmöglichkeit auf den Vertragsinhalt abgestellt. Dies hat zu der Bildung von Fallgruppen geführt, nach denen das Vorliegen einer der genannten Umstände quasi automatisch die Störung der Vertragsfunktionen herbeiführen soll.[248] Die Argumentation über die gestörte Vertragsparität vermag allein im Lichte einer solch pauschalen Betrachtung jedoch kein verlässliches Warnsystem für das Bedürfnis nach richterlicher Inhaltskontrolle darzustellen. Denn es ist sowohl möglich, dass ein Vertragspartner den anderen trotz intellektueller oder wirtschaftlicher Überlegenheit nicht übervorteilt, als auch nicht zwangsläufig anzunehmen, dass die Vorformulierung eines Vertrages ausnahmslos dem anderen Partner zum Nachteil gereicht.[249] Mag man daher zwar grundsätzlich von typischen Fallkonstellationen ausgehen können, sollte dieser Ausgangspunkt dann jedoch stets um einen korrigierenden, den Einzelfall berücksichtigenden, zweiten Blick ergänzt werden.[250]

Gegen eine solche Einzelfallbeurteilung wiederum ist nicht ohne Grund eingewandt worden, sie verursache Rechtsunsicherheit und stelle letztlich die Privatau-

---

244 *Staudinger/Schmidt*, § 242 Rn. 465.

245 *Coester-Waltjen*, AcP 190 (1990), 1, 18; *Eggert*, S. 71.

246 *Staudinger/Schmidt*, § 242 Rn. 465; *Coester-Waltjen*, AcP 190 (1990), 1, 18.

247 *Fastrich*, S. 216 f; *Lieb*, AcP 178 (1978), 196, 203 f.

248 Vgl. *Hönn*, Vertragsparität, S. 295.

249 In diese Richtung auch *Zöllner*, AcP 176 (1976), 221,236 f.; *Coester-Waltjen*, AcP 190 (1990), 1, 18.

250 Ähnlich *Eggert*, S. 70.

tonomie als solche in Frage.[251] Schließt man sich dem an, so verbleibt für die Theorie von der gestörten Vertragsparität nach dem oben genannten ein Anwendungsbereich allein für die Fälle evidenter Störung der Vertragsfunktionen.[252]

### *III. Marktversagen*

Ein weiterer Versuch der Eingrenzung eines Tatbestandes zur Auslösung der Rechtsfolge Inhaltskontrolle kann mit dem Stichwort „Marktversagen" beschrieben werden.[253] Hierbei geht es um Situationen, in denen der Wettbewerb als Garant für einen angemessenen Vertragsinhalt – oder zumindest für die Möglichkeit eines solchen – versagt. Sie sollen dann gegeben sein, wenn vom dispositiven Recht abweichende Vertragsbedingungen von einer Partei in einer Mehrzahl von Fällen verwendet werden und die nachteiligen Folgen für den Partner entweder nicht transparent sind oder nur mit einem unverhältnismäßigen Aufwand zu ermitteln sind.[254] Dieser Ansatz hat damit zwar den Vorteil, dass er – anders als die Theorie des unangemessenen Vertragsinhalts – neben der bloßen Abweichung vom dispositiven Recht noch weitere Kriterien fordert, unter denen eine Abweichung von den gesetzlichen Regeln einen Anhaltspunkt für ungerechte Vertragsinhalte darstellt. Auf der anderen Seite leidet er jedoch auch unter dem dezidierten Ausschluss von nur einmal verwendeten Klauseln. Denn ein solcher Ausschluss hat zur Folge, dass dieser Ansatz den wichtigen Bereich der Inhaltskontrolle von Einzelverträgen nicht zu begründen vermag.[255]

### *IV. Fehlende Selbstbestimmung*

Entsprechend der Erkenntnis, dass eine richterliche Inhaltskontrolle dann in Betracht kommt, wenn die Erfüllung der Selbstbestimmungsfunktion eines Vertrages nicht mehr gewährleistet ist (vgl. oben Teil 1, Kap. 2. § 3. B. II. und III.), wird als Voraussetzung der Inhaltskontrolle auch das Fehlen oder die Beeinträchtigung der Selbstbestimmung genannt.[256] Für diesen Ansatz spricht daher, dass er insoweit vom richtigen Ausgangspunkt ausgeht.[257] In Gänze überzeugend ist allerdings auch er nicht. Denn zum einen erfasst er infolge seiner Nichtbeachtung der Ordnungs-

---

251 *Hönn*, Vertragsparität, S. 295 f.; *Fastrich*, S. 218; vgl. auch *Schmidt-Rimpler*, AcP 147 (1941), 130, 166 f.

252 *Fastrich*, S. 220.

253 Vgl. *Becker*, WM 1999, 709, 712.

254 *Coester-Waltjen*, AcP 190 (1990), 1, 25; *Staudinger/Schmidt*, § 242 Rn. 462.

255 *Staudinger/Schmidt*, § 242 Rn. 466.

256 Vgl. *Wolf*, S. 111 ff.; ähnlich *Flume*, Rechtsgeschäft, S. 670.

257 Vgl. *Fastrich*, S. 215; *Coester-Waltjen*, AcP 190 (1990), 1, 21.

funktion des Vertrages solche Fälle nicht, bei denen ein Bedürfnis nach Inhaltskontrolle nicht auf einer Beeinträchtigung der Entscheidungsfreiheit, sondern auf anderen Umständen beruht, wie es etwa bei den Verträgen über Publikumspersonengesellschaften der Fall ist (vgl. oben Teil 1, Kap. 2. § 2. F. I.).[258]

Zum anderen berücksichtigt er nicht hinreichend, dass die fehlende Selbstbestimmung schon nach dem Gesetz nur in bestimmten Fällen, wie etwa der Anfechtung nach § 119 oder § 123 BGB, zur Lösung vom Vertrag berechtigt.[259]

Darüber hinaus dürfte es sehr schwierig festzustellen sein, wann ein Vertragspartner nicht mehr selbstbestimmt handelt.[260] Auch und gerade dem anderen Vertragspartner kann eine dahingehende Beurteilung nicht möglich sein. Die fehlende Selbstbestimmung zum kontrollauslösenden Moment zu erklären, zöge daher letztlich eine enorme Rechtsunsicherheit nach sich.[261]

### *V. Zusammenfassung*

Die vorangehenden Ausführungen haben gezeigt, dass keine der gängigen Theorien unangreifbar ist. Es ist daher kaum möglich eine einheitliche Tatbestandsbeschreibung für die Rechtsfolge Inhaltskontrolle zu formulieren.

Folglich kann eine Umschreibung der kontrollauslösenden Faktoren nur eine nähere Einkreisung der Umstände liefern, die auf das Bedürfnis nach Durchführung richterlicher Inhaltskontrolle hindeuten. Nicht möglich erscheint es dagegen, einen starren Tatbestand zu formulieren, der bei Erfüllung seiner Merkmale denknotwendig die Rechtsfolge Inhaltskontrolle auslöst.

Als Grundlage einer solchen näheren Einkreisung am besten geeignet erscheint dabei noch der Begründungsansatz der gestörten Vertragsparität. Dieser Ansatz ist – wie oben erwähnt – zwar auch nicht frei von Problemen. Diese scheinen jedoch handhabbar, wenn man das Vorliegen einer gestörten Vertragsparität allein als Anlass zur Durchführung einer Inhaltskontrolle erblickt, deren Ergebnis aber eben auch in der Erkenntnis liegen kann, dass der überlegene Vertragspartner seine Machtposition nicht ausgenutzt hat, bzw. der schwächere Partner dem Vertrag auch bei einem Machtgleichgewicht zugestimmt hätte. Die gestörte Vertragsparität stellt sich somit allein als Auslöser einer Inhaltskontrolle dar, deren Ergebnis durch die gestörte Vertragsparität allein noch nicht determiniert ist. Hierüber entscheidet dann vielmehr – gewissermaßen auf einer zweiten Stufe – die im Einzelfall vorzu-

---

258 *Fastrich*, S. 215.

259 *Eggert*, S. 70; *Coester-Waltjen*, AcP 190 (1990), 1, 21.

260 *Coester-Waltjen*, AcP 190 (1990), 1, 22; *Fastrich*, S. 216; in diese Richtung auch *Lieb*, AcP 176 (1976), 196, 221.

261 *Fastrich*, S. 216; *Lieb*, AcP 176 (1976), 196, 221.

nehmende und erst durch das Vorliegen gestörter Vertragsparität ausgelöste Beurteilung, ob der schwächere Vertragspartner trotz der gestörten Vertragsparität selbstbestimmt gehandelt hat oder nicht.

Ähnliche Überlegungen äußert auch das BVerfG in seinem Urteil vom 7. Februar 1990[262]. Hierin legt es dar, dass die Selbstbestimmung der Parteien die Voraussetzung der Privatautonomie ist und diese Selbstbestimmung ein annäherndes Kräftegleichgewicht der Beteiligten voraussetze; dieses sei in schwerwiegenden Fällen von Ungleichgewichtslagen nicht gegeben, weshalb unter Umständen auch der Richter aufgerufen sei, in diesen Fällen kontrollierend einzugreifen.[263]

In einer späteren Entscheidung stellt das BVerfG zudem fest, die Zivilrechtsordnung müsse Korrekturen solcher Verträge ermöglichen, die eine strukturelle Unterlegenheit des einen Vertragsteils erkennen ließen und deren Folgen den unterlegenen Vertragsteil ungewöhnlich belasteten.[264]

Auch das BVerfG geht also von der Theorie der gestörten Vertragsparität aus, fordert jedoch darüber hinaus auch eine tatsächliche Beeinträchtigung der Selbstbestimmung in Form einer ungewöhnlichen Belastung der schwächeren Partei.

Eine so verstandene richterliche Inhaltskontrolle bei gestörter Vertragsparität ist dem BGB darüber hinaus bereits bekannt. Denn auch § 138 Abs. 2 BGB nennt typische Fälle gestörter Vertragsparität, lässt darüber hinaus aber ebenfalls erkennen, dass zur Tatbestandserfüllung über die gestörte Vertragsparität hinaus ein auffälliges Missverhältnis von Leistung und Gegenleistung erforderlich ist, eine Störung der Vertragsparität allein im Umkehrschluss also unschädlich ist.[265]

Es lässt sich daher formulieren, dass ein Eingriff durch richterliche Inhaltskontrolle jedenfalls dann in Betracht kommt, wenn die vom Gesetzgeber vorausgesetzte Verhandlungssituation bei Vertragsabschluss dadurch verzerrt ist, dass ein Vertragspartner infolge von wirtschaftlicher, sozialer oder intellektueller Überlegenheit, oder der existentiellen Angewiesenheit seines Gegenübers auf den Vertragsschluss,[266] in der Lage ist, die Willensbildung des anderen Verhandlungspartners zu beeinflussen und die Überlegenheit beim Vertragsschluss tatsächlich so ausnutzt, dass der Vertrag Bedingungen enthält, die die schwächere Partei ohne die Überlegenheit des anderen Teils nicht akzeptiert hätte.[267] Der Abweichung vom dispositi-

262 BVerfGE 81, 242.

263 BVerfGE 81, 242, 254 ff.; ganz ähnlich auch *Hesse*, S. 37 f.; kritisch zu diesem Ansatz *Wellenhofer-Klein*, ZIP 1997, 774; *Medicus*, Privatautonomie, S. 14; mit weiterer Kritik an dieser Entscheidung *ders.*, AcP 192 (1992), 35, 64.

264 BVerfGE 89, 214, Leitsatz und 232.

265 *Canaris*, AcP 200 (2000), 273, 280; *Staudinger/Looschelders/Olzen*, § 242 Rn. 461; vgl. ferner BVerfGE 89, 214, 233.

266 Dazu *Wellenhofer-Klein*, ZIP 1997, 774, 775.

267 *Staudinger/Schmidt* [1995], § 242 Rn. 469.

ven Recht verbleibt insoweit nur eine Indizfunktion für das Vorliegen einer solchen Situation.

# 3. Kapitel: Die Inhaltskontrolle von Eheverträgen

Den Kern dieser Arbeit bildet die Frage nach den Möglichkeiten zur Übertragung der Grundsätze ehevertraglicher Inhaltskontrolle auf die Überprüfung von Erb- und Pflichtteilsverzichten. Es ist daher unerlässlich, die von der Rechtsprechung entwickelten Leitlinien auf diesem besonderen Feld als Ausgangspunkt entsprechender Überlegungen darzustellen.

## § 1. Die Rechtslage vor dem Jahre 2001

### *A. Die Rechtslage bis 1976*

Die Entwicklung der Inhaltskontrolle von Eheverträgen begann später als in vielen anderen Bereichen des Zivilrechts. Dies war die logische Konsequenz aus einer lange vorherrschenden Sichtweise, nach der die Ehe ein der vertraglichen Regelung weitgehend entzogenes Konzept familiärer Beziehungen darstellte.[268] Eine Änderung brachte insoweit erst das 1. EheRG[269] von 1976 mit sich, in dem im Kontext des Scheidungsrechts die Begrifflichkeit „eheliche Lebensgemeinschaft" durch die Formulierung „Lebensgemeinschaft der Ehegatten" ersetzt wurde, und damit die Abkehr von der Vorstellung eines vorgegebenen Ehebildes, hin zur Anerkennung der individuellen Ausformung der Ehe manifestiert wurde.[270]

### *B. Die Rechtslage zwischen 1976 und 2001*

Auch nach dieser Gesetzesänderung nahm die Rechtsprechung zunächst keine umfassende Inhaltskontrolle von Eheverträgen vor. Vielmehr wurde unter Heranziehung des § 1569 BGB die Eigenverantwortlichkeit der Ehegatten für ihren Unterhalt betont und auf die volle Vertragsfreiheit für Vereinbarungen über den nachehelichen Unterhalt gemäß § 1585 c BGB hingewiesen.[271] Zudem war der BGH der Ansicht, der Verzicht auf nachehelichen Unterhalt berühre ohnehin nicht den Kern-

268 Vgl. *Schwab*, DNotZ-Sonderheft 2001, 9, 10.
269 BGBl. 1976 I, 1421.
270 Vgl. BT-Drucks. 7/650, S. 95; *Schwab*, DNotZ-Sonderheft 2001, 9, 10; *Eggert*, S. 80.
271 Siehe etwa BGH, FamRZ 1996, 1536, 1537; FamRZ 1991, 306.

bereich der Ehe.[272] So hielt er auch einen Verzicht auf nachehelichen Betreuungsunterhalt nach § 1570 BGB selbst dann nicht für sittenwidrig, wenn die Frau bei Abschluss der Vereinbarung schwanger war oder bereits absehbar war, dass sie nach einer Scheidung würde voll erwerbstätig sein müssen, obwohl sie dann ein Kind zu betreuen haben werde.[273] Begründet wurde dies damit, dass der Mann von einer Eheschließung auch hätte absehen, und sich auf die Verpflichtung eines nichtehelichen Vaters hätte zurückziehen können.[274]

Ungeachtet dessen entwickelten sich jedoch auch bestimmte Ausnahmefallgruppen von möglichen Vertragsgestaltungen, bei denen die Rechtsprechung von deren Sittenwidrigkeit (§ 138 BGB) oder Undurchsetzbarkeit (§ 242 BGB) ausging. So sollte die Berufung auf den Verzicht auf Betreuungsunterhalt gemäß § 242 BGB ausgeschlossen sein, wenn schutzwürdige Interessen gemeinsamer Kinder entgegenstanden und der Unterhaltsberechtigte durch die Betreuung eines gemeinschaftlichen Kindes an der Aufnahme einer Erwerbstätigkeit gehindert war.[275] Für gemäß § 138 BGB unwirksam wurden Eheverträge angesehen, bei denen die Vereinbarung eines Unterhaltsverzichts objektiv zwangsläufig zur Belastung eines Dritten, insbesondere des Sozialhilfeträgers führte,[276] oder der Unterhaltsverzicht, unter unzulässiger Kommerzialisierung des elterlichen Sorgerechts, als Gegenleistung für die Übertragung eines Sorge- oder Umgangsrecht erschien.[277]

## § 2. Die Leitentscheidungen von 2001 und 2004

### *A. Die Rechtsprechung des BVerfG aus dem Jahr 2001*

Im Jahre 2001 schließlich bekam das BVerfG im Rahmen einer Urteilsverfassungsbeschwerde die Möglichkeit, sich mit den Wirksamkeitsgrenzen ehevertraglicher Abreden zu befassen.[278] In dem zu entscheidenden Fall hatte eine 26-jährige schwangere, gering verdienende und schlecht ausgebildete Frau in einem privatschriftlichen Ehevertrag kurz vor Eheschließung auf jeglichen nachehelichen Un-

272 BGH, FamRZ 1985, 788.
273 BGH, FamRZ 1985, 788, 789; vgl. auch BVerfGE 103, 89, 91 f.
274 BGH, FamRZ 1996, 1536, 1537; 1997, 156, 157 f..
275 BGH, FamRZ 1985, 787; FamRZ 1987, 46; FamRZ 1991, 306; FamRZ 1992, 1403.
276 BGH, FamRZ 1983, 137, 139; NJW 1991, 913, 914; NJW 1992, 3164, 3165; OLG Hamm, FamRZ 1989, 398; OLG Köln, FamRZ 1990, 634.
277 BGH, FamRZ 1984, 778; beachte aber auch BGH, FamRZ 1986, 444.
278 BVerfGE 103, 89 ff. = FamRZ 2001, 343 = NJW 2001, 957.

terhaltsanspruch verzichtet und war nach der Scheidung mit ihrer Unterhaltsklage vor den Zivilgerichten gescheitert.[279]

In seinem Urteil führt der 1. Senat unter Bezugnahme auf die bereits oben erarbeiteten Gedanken (vgl. Teil 1, Kap. 2 § 3) aus, dass die durch Art. 2 I GG gewährleistete Privatautonomie das tatsächliche Vorliegen der Bedingungen der Selbstbestimmung des Einzelnen voraussetze und der durch den Vertragskompromiss hergestellte übereinstimmende Wille der Vertragsparteien in der Regel auf einen sachgerechten Interessenausgleich schließen lasse, den der Staat grundsätzlich zu respektieren habe. Sei jedoch auf Grund einer besonders einseitigen Aufbürdung von vertraglichen Lasten und einer erheblich ungleichen Verhandlungsposition der Vertragspartner ersichtlich, dass in einem Vertragsverhältnis ein Partner ein solches Gewicht habe, dass er den Vertragsinhalt faktisch einseitig bestimmen könne, sei es Aufgabe des Rechts, auf die Wahrung der Grundrechtspositionen beider Vertragspartner hinzuwirken, um zu verhindern, dass sich für einen Vertragsteil die Selbstbestimmung in eine Fremdbestimmung verkehre.[280]

Dies gelte auch für Eheverträge, mit denen Eheleute ihre höchstpersönlichen Beziehungen für die Zeit ihrer Ehe oder danach regelten, so dass der Staat der Freiheit der Ehegatten, mit Hilfe von Verträgen die ehelichen Beziehungen und wechselseitigen Rechte und Pflichten zu gestalten, dort Grenzen zu setzen habe, wo der Vertrag nicht Ausdruck und Ergebnis gleichberechtigter Lebenspartnerschaft sei (Art. 3 Abs. 2 GG !), sondern eine auf ungleichen Verhandlungspositionen basierende einseitige Dominanz eines Ehepartners widerspiegele. In solchen Fällen gestörter Vertragsparität sei es dann Aufgabe der Gerichte über die zivilrechtlichen Generalklauseln zur Wahrung beeinträchtigter Grundrechtspositionen eines Ehevertragspartners den Inhalt des Vertrags einer Kontrolle zu unterziehen und gegebenenfalls zu korrigieren.[281] Denn die Eheschließungsfreiheit rechtfertige nicht die Freiheit zu unbegrenzter Ehevertragsgestaltung und insbesondere nicht eine einseitige ehevertragliche Lastenverteilung.

Enthalte daher ein Ehevertrag, der vor der Ehe und im Zusammenhang mit der Schwangerschaft der Frau geschlossen wurde, eine erkennbar einseitige Lastenverteilung zu Ungunsten der Frau, gebiete es auch der Anspruch auf Schutz und Für-

279 OLG Stuttgart, FamRZ 1992, 716.

280 BVerfGE 103, 89, 101 = NJW 2001, 957, 958.

281 Als solch potentiell beeinträchtigte Grundrechtspositionen kommen ungeachtet der weiteren Ausführungen im Fließtext insbesondere die Privatautonomie (Art. 2 Abs. 1 GG), das spezielle Gleichheitsgebot aus Art 3 Abs. 2 GG, der besondere Schutz der Schwangeren aus Art. 6 Abs. 4 GG, im Interesse des Kindes die durch Art. 6 Abs. 2 GG geschützte Elternverantwortung, sowie die Eheschließungs- und Scheidungsfreiheit aus Art. 6 Abs. 1 GG in Betracht, vgl. *Lüderitz/Dethloff*, § 5 Rn. 22 ff.

sorge der werdenden Mutter aus Art. 6 Abs. 4 GG, die ehevertragliche Vereinbarung einer besonderen richterlichen Inhaltskontrolle zu unterziehen. Dies gelte umso mehr, als der Gesetzgeber davon abgesehen habe, bei ehevertraglichen Abreden über Unterhaltslasten, anders als bei Vereinbarungen über den ehelichen Zugewinn oder den Versorgungsausgleich, durch Formerfordernisse oder Verfahrensregelungen einen gewissen Schutz vor Übervorteilung eines Vertragsteils zu bieten.[282] In diesem Fall obliege es vornehmlich den Gerichten, bei der Inhaltskontrolle den verfassungsrechtlichen Schutzauftrag umzusetzen und der Schwangeren Schutz vor Druck und Bedrängung aus ihrem sozialen Umfeld oder seitens des Kindesvaters zu gewähren, insbesondere wenn sie dadurch zu Vertragsvereinbarungen gedrängt werde, die ihren Interessen massiv zuwiderlaufen.[283]

## *B. Die Rechtsprechung des BGH aus dem Jahr 2004*

Im Anschluss an diese Entscheidung des BVerfG herrschte sowohl im Schrifttum als auch der Kautelar- und Gerichtspraxis erhebliche Verunsicherung über die Frage nach den Grenzen der Ehevertragsfreiheit.[284] Insbesondere erschien ungeklärt, wann ehevertragliche Klauseln gegen § 138 BGB verstießen und in welchen Fällen die Berufung auf sie gemäß § 242 BGB ausgeschlossen sein sollte.[285] Klar war jedoch, dass auch der BGH sein Postulat der praktisch unbegrenzten Ehevertragsfreiheit würde aufgeben müssen.[286] Anlass zu einer Konkretisierung der verfassungsrechtlichen Vorgaben bot dem BGH schließlich die Revision gegen ein Urteil des OLG München.[287] In diesem hatte dessen 4. Senat den Ehevertrag eines sehr gut verdienenden Ehemannes mit der haushaltsführenden und kinderbetreuenden Ehe-

---

282 Vgl. BVerfGE, 103, 89, 102. Dies hat sich infolge der Neuformulierung des § 1585 c BGB durch Art. 1 G v. 21.12.2007 (BGBl. I, 3189) mit Wirkung vom 01. 01. 2008 geändert; nunmehr bedarf auch der vor Rechtskraft der Scheidung erklärte Unterhaltsverzicht der notariellen Beurkundung, vgl. § 1585 c S. 2 a.E. BGB.

283 Siehe zum Ganzen auch die folgende Entscheidung BVerfG, NJW 2001, 2248 = FamRZ 2001, 98: Gegenstand dieses Urteils war ein notariell beurkundeter Ehevertrag, der einen Totalausschluss aller Scheidungsfolgen beinhaltete, obwohl die Frau im Zeitpunkt des Vertragsschlusses schwanger und allein erziehende Mutter eines schwer behinderten Kindes war. Das BVerfG hob auch hier das letztinstanzliche, den Ehevertrag für wirksam erklärende, Urteil des OLG Zweibrücken vom 12. 11. 1992 – Az: 6 UF 87/92 wegen Verkennung der Grundrechte aus Art. 2 Abs. 1 und 6 Abs. 4 GG auf.

284 Vgl. etwa *Rakete-Dombek*, NJW 2004, 1273, 1274 und *Eggert*, S. 91, jeweils m.w.N.

285 Vgl. *Dauner-Lieb*, AcP 201 (2001), 295, 324 ff.; *Schwab*, DNotZ-Sonderheft, S. 9, 17f.; *ders.*, FamRZ 2001, 349, 350; *Bergschneider*, FamRZ 2001, 1337, 1338 f.; *Goebel*, FamRZ 2003, 1513, 1519.

286 *Lüderitz/Dethloff*, § 5 Rn. 30.

287 OLG München, FamRZ 2003, 35 = NJW 2003, 592.

frau wegen deren unangemessener Benachteiligung als insgesamt unwirksam erachtet, da die Frau – mit Ausnahme des Betreuungsunterhalts – auf Unterhalt verzichtet hatte, der Versorgungsausgleich nur durch relativ geringe Beitragszahlungen für eine Lebensversicherung ersetzt und auch der Zugewinnausgleich ausgeschlossen wurde. Anders als bei den zuvor vom BVerfG aufgehobenen Entscheidungen, war die Ehefrau hier jedoch im Zeitpunkt des Vertragsschlusses nicht schwanger, bereits seit zwei Jahren mit dem Ehemann verheiratet, ihm intellektuell aufgrund einer eigenen akademischen Ausbildung durchaus gewachsen, über die Folgen des Vertragsschlusses notariell belehrt worden und hatte zudem nicht auf den Betreuungsunterhalt verzichtet. Es konnte daher nicht überraschen, dass der BGH die Entscheidung des OLG München aufhob und zurückverwies.[288] Den Status eines Grundsatzurteils erlangte das Urteil daher nicht so sehr wegen der Sachentscheidung selbst, sondern wegen der in ihm entwickelten Maßstäbe, mit deren Hilfe die Vorgaben des BVerfG konkretisiert und letztlich die Inhaltskontrolle von Eheverträgen präzisiert werden konnte.

## § 3. Die besonderen Grundsätze der ehevertraglichen Inhaltskontrolle

### *A. Kernbereichslehre*

#### *I. Grundsatz der Disponibilität*[289]

Ausgangspunkt der Rechtsprechung ist weiterhin die grundsätzliche Disponibilität der gesetzlichen Scheidungsfolgen. Einen unverzichtbaren Mindestgehalt an Scheidungsfolgen soll das geltende Recht nicht kennen. Dies ergebe sich aus dem in den §§ 1353, 1356 BGB normierten und über Art. 6 GG grundrechtlich geschützten Recht der Ehegatten, ihre eheliche Lebensgemeinschaft eigenverantwortlich und frei von gesetzlichen Vorgaben entsprechend ihren individuellen Vorstellungen gestalten zu dürfen, aufgrund dessen auch die Scheidungsfolgen dem individuell gelebten Ehebild angepasst werden können müssten. Etwas anderes ergebe sich insbesondere auch nicht aus dem Gedanken der nicht allein auf die Ehezeit beschränkten ehelichen Solidarität; für den nachehelichen Unterhalt folge dies schon aus § 1585 c BGB.

288 BGHZ 158, 81 = NJW 2004, 930.
289 Vgl. BGHZ 158, 81, 94 f. = BGH, NJW 2004, 930, 933.

## *II. Beachtung der gesetzlichen Schutzzwecke*[290]

Die grundsätzliche Disponibilität der Scheidungsfolgen darf nach dem BGH indes nicht dazu führen, dass der Schutzzweck der gesetzlichen Regelungen durch vertragliche Vereinbarungen beliebig unterlaufen werden kann. Dies wäre nach seiner Ansicht der Fall, wenn dadurch eine evident einseitige und durch die individuelle Gestaltung der Lebensverhältnisse nicht gerechtfertigte Lastenverteilung entstünde, die hinzunehmen für den belasteten Ehegatten – unter angemessener Berücksichtigung der Belange des anderen Ehegatten und seines Vertrauens in die Geltung der getroffenen Abrede – bei verständiger Würdigung der Ehe unzumutbar erschiene.

Die Belastungen eines Ehegatten sollen dabei umso schwerer wiegen und damit gleichsam das Bedürfnis nach eingehender gerichtlicher Überprüfung umso stärker erhöhen, je unmittelbarer die vertragliche Abbedingung gesetzlicher Regelungen in den Kernbereich des Scheidungsfolgenrechts eingreift.

## *III. Rangfolge der Scheidungsfolgen*[291]

Diese Ausrichtung an einem Kernbereich der Scheidungsfolgen führt nach dem BGH dazu, dass hinsichtlich ihrer Disponibilität eine Rangabstufung vorzunehmen ist. Der Rang der verschiedenen Scheidungsfolgen soll dabei in erster Linie nach ihrer Bedeutung für den Berechtigten in seiner jeweiligen Lage bestimmt werden. So sei insbesondere die Absicherung des laufenden Unterhalts für den Berechtigten regelmäßig wichtiger als etwa der Zugewinn- oder der spätere Versorgungsausgleich. Im Einzelnen ergibt sich folgendes Bild:

Innerhalb der Unterhaltstatbestände kommt dem Unterhalt wegen Kindesbetreuung (§ 1570 BGB) schon wegen seiner Ausrichtung am Kindesinteresse der erste Rang zu. Ebenfalls zum Kernbereich gehören die Ansprüche auf Krankheitsunterhalt (§ 1572 BGB) und Altersunterhalt (§ 1571 BGB). Diesen Ansprüchen gegenüber nachrangig ist der Unterhaltsanspruch wegen Erwerbslosigkeit nach § 1573 BGB, dem die Ansprüche auf Krankenvorsorge- und Altersvorsorgeunterhalt (§ 1578 Abs. 2 Var. 1, Abs. 3 BGB) folgen. Die am ehesten verzichtbaren Unterhaltsansprüche sind die Ansprüche auf Aufstockungs- und Ausbildungsunterhalt (§ 1573 Abs. 2, § 1575 BGB).

Den Versorgungsausgleich sieht der BGH in erster Linie als vorweggenommen Altersunterhalt und nur sekundär als Teilhabe an dem in der Ehe erworbenen Vermögen an. Deshalb steht auch er der vertraglichen Disposition nur begrenzt offen

290 Vgl. BGHZ 158, 81, 96 = BGH, NJW 2004, 930, 934.

291 vgl. BGHZ 158, 81, 97 ff. = BGH, NJW 2004, 930, 934.

und rangiert konsequenterweise grundsätzlich auf derselben Stufe wie der Altersunterhalt.

Demgegenüber erweist sich der Zugewinnausgleich aus Sicht des BGH der ehevertraglichen Disposition am weitesten zugänglich. Denn die eheliche Lebensgemeinschaft erfordere nicht zwingend eine Vermögensgemeinschaft und die nacheheliche Solidarität manifestiere sich bereits hinreichend in den Unterhaltsverpflichtungen. Anders als diese setze der Zugewinnausgleichsanspruch zudem keine Bedarfslage voraus und erfülle daher keine unterhaltsrechtliche Funktion.

## *B. Zweistufige Prüfung*[292]

Für die Inhaltskontrolle von Eheverträgen hat der BGH in derselben Entscheidung zudem ausdrücklich ein zweistufiges Prüfungsmodell entwickelt, das sich an den Generalklauseln der §§ 138 Abs. 1 und 242 BGB orientiert.

### *I. Wirksamkeitskontrolle*

Nach diesem Modell hat das Gericht in einem ersten Schritt zunächst im Rahmen einer Wirksamkeitskontrolle zu prüfen, ob die Vereinbarung schon im Zeitpunkt ihres Zustandekommens offenkundig zu einer derart einseitigen Lastenverteilung für den Scheidungsfall führt, dass ihr – losgelöst von der künftigen Entwicklung der Ehegatten und ihrer Lebensverhältnisse – wegen Verstoßes gegen die guten Sitten (§ 138 Abs. 1 BGB) die Anerkennung der Rechtsordnung ganz oder teilweise[293] mit der Folge zu versagen ist, dass an ihre Stelle die gesetzlichen Regelungen treten. Erforderlich ist dabei eine Gesamtwürdigung, die auf die individuellen Verhältnisse beim Vertragsschluss abstellt, insbesondere also auf die Einkommens- und Vermögensverhältnisse, den geplanten oder bereits verwirklichten Zuschnitt der Ehe sowie die Auswirkungen auf die Ehegatten und Kinder. Subjektiv sind die von den Ehegatten mit der Abrede verfolgten Zwecke sowie die sonstigen Beweg-

292 Vgl. BGHZ 158, 81, 100 f. = BGH NJW 2004, 930, 935.

293 Die Formulierung „*ganz oder teilweise*“ hat zu einer kontroversen Diskussion über die Frage der teilweisen oder vollständigen Nichtigkeit von Eheverträgen geführt. In NJW 2005, 2386, 2388 und NJW 2006, 2331 sowie FamRZ 2006, 1097 hat der BGH allerdings die Leitlinie entwickelt, dass er im Falle der Unwirksamkeit einzelner Klauseln grundsätzlich von der Nichtigkeit des gesamten Ehevertrags ausgeht und für eine Teilnichtigkeit nur ausnahmsweise dann Raum bleibt, wenn einzelne Regelungen in Ansehung der anerkennenswerten Belange des anderen Ehegatten gerechtfertigt sind und die Vereinbarungen nicht ausnahmslos einen Ehegatten benachteiligen. Vgl. zum ganzen auch ausführlich *Brambring*, NJW 2007, 865 und *Erman/K.Gamillscheg* § 1408 Rn. 5 jeweils m.w.N.

gründe zu berücksichtigen, die den begünstigten Ehegatten zu seinem Verlangen nach der ehevertraglichen Gestaltung veranlasst, und den benachteiligten Ehegatten bewogen haben, diesem Verlangen zu entsprechen. Das Verdikt der Sittenwidrigkeit soll dabei regelmäßig nur in Betracht kommen, wenn durch den Vertrag Regelungen aus dem Kernbereich des gesetzlichen Scheidungsfolgenrechts ganz oder jedenfalls zu erheblichen Teilen abbedungen werden, ohne dass dieser Nachteil für den anderen Ehegatten durch anderweitige Vorteile gemildert oder durch die besonderen Verhältnisse der Ehegatten, den von ihnen angestrebten oder gelebten Ehetyp oder durch sonstige gewichtige Belange des begünstigten Ehegatten gerechtfertigt erscheint.

### *II. Ausübungskontrolle*

Hält ein Ehevertrag dieser Wirksamkeitskontrolle stand, so ist in einem zweiten Schritt anhand einer auf § 242 BGB gestützten Ausübungskontrolle zu prüfen, ob und inwieweit ein Ehegatte die ihm durch den Vertrag eingeräumte Rechtsmacht missbraucht, wenn er sich im Scheidungsfall gegenüber einer vom anderen Ehegatten begehrten gesetzlichen Scheidungsfolge darauf beruft, dass diese durch den Vertrag wirksam ausgeschlossen sei. Dafür sind nicht nur die Verhältnisse im Zeitpunkt des Vertragsschlusses maßgebend. Entscheidend soll vielmehr sein, ob sich nunmehr – im Zeitpunkt des Scheiterns der Lebensgemeinschaft – aus dem vereinbarten Ausschluss der Scheidungsfolge eine evident einseitige Lastenverteilung ergibt, die hinzunehmen für den belasteten Ehegatten auch bei angemessener Berücksichtigung der Belange des anderen Ehegatten und seines Vertrauens in die Geltung der getroffenen Abrede sowie bei verständiger Würdigung des Wesens der Ehe unzumutbar erscheint. Das soll insbesondere dann der Fall sein können, wenn die tatsächliche einvernehmliche Gestaltung der ehelichen Lebensverhältnisse von der ursprünglichen, dem Vertrag zu Grunde liegenden Lebensplanung grundlegend abweicht. Insgesamt, so der BGH, soll sich die gebotene Abwägung auch hier an der Rangordnung der Scheidungsfolgen orientieren: Je höherrangig die vertraglich ausgeschlossene und nunmehr dennoch geltend gemachte Scheidungsfolge ist, umso schwerer müssen die Gründe wiegen, die – unter Berücksichtigung des inzwischen einvernehmlich verwirklichten tatsächlichen Ehezuschnitts – für ihren Ausschluss sprechen. Führt die Ausübungskontrolle zur Annahme eines Verstoßes gegen § 242 BGB, so zieht dies – anders als ein Verstoß gegen § 138 Abs. 1 BGB – nicht automatisch die Unwirksamkeit der getroffenen Vereinbarungen und die Geltung der vertraglich ausgeschlossenen gesetzlichen Scheidungsfolgen nach sich. Vielmehr hat der Richter diejenige Rechtsfolge anzuordnen, die den berechtigten Belangen beider Parteien in ausgewogener Weise Rechnung trägt.

## *C. Übersicht über die ehevertragliche Inhaltskontrolle*

Nach diesen Ausführungen lassen sich die besonderen Grundsätze der ehevertraglichen Inhaltskontrolle zusammenfassend in zwei Schaubildern darstellen.

### *I. Kernbereichslehre*

| | **Unterhalt** | **Versorgungsausgleich** | **Zugewinnausgleich** |
|---|---|---|---|
| 1. Stufe | Betreuungsunterhalt, § 1570 BGB | - | - |
| 2. Stufe | Krankheitsunterhalt, § 1572 BGB<br><br>Altersunterhalt, § 1571 BGB | - | - |
| 3. Stufe | Erwerbslosigkeitsunterhalt, § 1573 BGB<br><br>Kranken- und Altersvorsorgeunterhalt, § 1578 II 1. Fall, III BGB | Versorgungsausgleich, §§ 1587 ff. BGB | - |
| 4. Stufe | Aufstockungsunterhalt, § 1573 II BGB<br><br>Ausbildungsunterhalt, § 1575 BGB | - | - |
| 5. Stufe | - | - | Zugewinnausgleich, §§ 1372 ff. BGB |

*II. Zweistufige Prüfung*

| | **1. Stufe: Wirksamkeitskontrolle** | **2. Stufe: Ausübungskontrolle** |
|---|---|---|
| **I. Maßgebender Zeitpunkt** | Abschluss der Vereinbarung | Zeitpunkt des Scheiterns der Lebensgemeinschaft |
| **II. Voraussetzungen** | – Sittenverstoß nach § 138 I BGB wegen offenkundig einseitiger Lastenverteilung für den Scheidungsfall, da:<br>– Regelungen aus dem Kernbereich des Scheidungsfolgenrechts ganz oder zu erheblichen Teilen abbedungen wurden,<br>– diese Nachteile nicht durch anderweitige Vorteile abgemildert werden und<br>– die Vereinbarung nicht ausnahmsweise aufgrund der konkreten Umstände des Einzelfalls gerechtfertigt ist | – Keine Unwirksamkeit des Vertrages nach § 138 I BGB<br>– Berufung des begünstigten Ehegatten auf die Abbedingung der gesetzlichen Scheidungsfolge durch die Vereinbarung ist rechtsmissbräuchlich nach § 242 BGB; Grund:<br>– Die durch den Ausschluss der Scheidungsfolge bewirkte evident einseitige Lastenverteilung ist auch bei angemessener Berücksichtigung der Belange des anderen Ehegatten und seines Vertrauens in die geschaffene Vereinbarung dem belasteten Ehegatten nicht zumutbar |
| **III. Rechtsfolgen** | – Gesamtnichtigkeit der Vereinbarung<br>– Eintritt der gesetzlichen Scheidungsfolgen<br>– Nur ausnahmsweise Teilnichtigkeit, wenn einzelne Regelungen der anerkennenswerten Belange des anderen Ehegatten gerechtfertigt sind und die Vereinbarungen nicht ausnahmslos einen Ehegatten benachteiligen | – Keine automatische Unwirksamkeit der getroffenen Vereinbarungen, sondern<br>– Richterliche Anordnung derjenigen Rechtsfolge, die den berechtigten Belangen beider Parteien in ausgewogener Weise Rechnung trägt |

# 2. Teil: Möglichkeiten und Grenzen der Übertragung ehevertraglicher Kontrollgrundsätze auf den Erb- und Pflichtteilsverzicht

Die besondere Systematik der Inhaltskontrolle von Eheverträgen erscheint nach den vorangegangenen Ausführungen im Wesentlichen durch zwei Elemente geprägt; materiell durch die Kontrollausrichtung an einem abgestuften Kernbereich von Scheidungsfolgen sowie formell durch die zweistufige Prüfungsfolge in Gestalt von Wirksamkeits- und Ausübungskontrolle. Es sind daher auch diese beiden Wesensmerkmale, die im Zentrum einer Diskussion der Möglichkeiten zur Übertragung ehevertraglicher Kontrollgrundsätze auf die Inhaltskontrolle von Erb- und Pflichtteilsverzichtsverträgen stehen müssen. Ausdrücklich sei an dieser Stelle darauf hingewiesen, dass die Aufgabe der folgenden Ausführungen allein darin liegen soll, die Möglichkeiten zur Übertragung eben dieser Grundsätze auf die Kontrolle von Erb- und Pflichtteilsverzichtsverträgen auszuloten, sie jedoch nicht darin besteht, die Richtigkeit und Überzeugungskraft der Rechtsprechung des BGH zur Inhaltskontrolle von Eheverträgen selbst infrage zu stellen.

## 1. Kapitel: Die Anwendung der Kernbereichslehre

### § 1. Vorbemerkungen

#### *A. Vorgehensweise*

Bereits in Teil 1, Kap. 1. § 1. wurde auf die Notwendigkeit einer Differenzierung zwischen dem Verzicht auf das gesetzliche Erbrecht und dem (isolierten) Verzicht auf das Pflichtteilsrecht aufmerksam gemacht.

Diese Trennung soll an dieser Stelle beibehalten werden. Denn aufgrund der unterschiedlichen Rechtsregeln, die für das gesetzliche Erbrecht einerseits und das

Pflichtteilsrecht andererseits gelten,[294] erscheinen auch unterschiedliche Ergebnisse bezüglich der Möglichkeiten einer Übertragung der Kernbereichssystematik auf den jeweiligen Verzicht auf eines dieser Rechte durchaus denkbar; dies soll durch eine differenzierende Behandlung im Folgenden seine Berücksichtigung finden, in die zudem auch der Sonderfall des Zuwendungsverzichts miteinbezogen wird.

Um nicht die Grundstrukturen der deutschen Rechtsgeschäftslehre aus den Augen zu verlieren, sei zudem noch einmal betont, dass es sich beim Erb- und Pflichtteilsverzicht um ein abstraktes Verfügungsgeschäft handelt. Als einem Verfügungsgeschäft liegt daher auch dem Erb- und Pflichtteilsverzicht, wie jedem anderen Verfügungsgeschäft, ein Verpflichtungsgeschäft zugrunde.[295] Im Interesse einer dogmatisch sauberen Bearbeitung erscheint es daher hinsichtlich der Möglichkeiten einer entsprechenden Anwendung der Grundsätze der Kernbereichslehre geboten, dieser Unterscheidung Rechnung zu tragen und eine getrennte Bearbeitung von Verfügungs- und Kausalgeschäft vorzunehmen.

## *B. Die Bedeutung der notariellen Beurkundung*

Im Rahmen der Diskussion um die Kontrolldichte richterlicher Inhaltskontrolle von Eheverträgen wurden im Umfeld der Grundsatzentscheidungen von BVerfG und BGH Stimmen laut, die eine nur äußerst eingeschränkte richterliche Kontrollmöglichkeit solcher Eheverträge anerkennen wollten, die notariell beurkundet wurden.[296] Raum für derartige Überlegungen bestand insbesondere deshalb, weil die Grundsatzentscheidung des BVerfG aus dem Jahre 2001 einen nicht beurkundeten Unterhaltsverzicht gemäß § 1585 c BGB a.F. zum Gegenstand hatte[297], in der das Gericht zur Begründung für das Bedürfnis nach richterlicher Kontrolle unter anderem auch auf das Fehlen des durch das notarielle Beurkundungsverfahren gewährten Schutzes vor der Übervorteilung einer Partei abstellte.[298] Zur Begründung der Ansicht führten Stimmen in der Literatur daher zum einen die generelle notarielle Belehrungspflicht nach § 17 BeurkG als eigenständigen Garanten dafür an, dass auch die schwächere Vertragspartei selbstbestimmt handeln könne.[299] Zum anderen sei der Notar wegen § 17 Abs. 2 BeurkG als eigene, dem Gericht vorgeschaltete

---

294 Vgl. oben Teil 1, Kap. 1. § 1. B.

295 Siehe oben Teil 1, Kap. 1. § 3; a.A. *v. Lübtow*, Bd. 1, S. 534, der nur von der Zulässigkeit eines zum Erbverzicht verpflichtenden „Vorvertrages" ausgeht, in diesem aber explizit nicht den Rechtsgrund des Erbverzichts erkennt; *Strohal*, Bd. 1, S. 528 Anm. 6;

296 *Langenfeld*, DNotZ 2001, 272, 279; *Münch*, DNotZ 2004, 901, 908 ff.

297 BVerfGE 103, 89.

298 BVerfGE 103, 89, 102.

299 *Langenfeld*, DNotZ 2001, 272, 279, bezugnehmend auf BGH, NJW 1997, 126; in diese Richtung auch *Schervier*, MittBayNot, 213, 215.

Wirksamkeitskontrollinstanz anzusehen, die dem Abschluss eines massiv einseitigen Vertrages und der Aufnahme von missbräuchlichen Klauseln entgegenzutreten habe.[300] Aus diesem Grunde werde auch bereits der Notar in den Kreis der Institutionen einbezogen, die dafür zu sorgen hätten, dass der Rechtsverkehr von missbräuchlichen Vertragsklauseln freigehalten werde, was bei der richterlichen Inhaltskontrolle zu berücksichtigen sei.[301]

Von Bedeutung sind diese Ausführungen hier also deshalb, weil ihnen zufolge auch der stets beurkundungspflichtige Erb- oder Pflichtteilsverzicht (vgl. § 2348 BGB) einer nur sehr eingeschränkten richterlichen Inhaltskontrolle zu unterziehen sein könnte, was im Rahmen der Behandlung der Möglichkeiten zur Übertragung ehevertraglicher Kontrollgrundsätze möglicherweise zu beachten wäre.

Der BGH trat der obigen Ansicht jedoch in seinem Urteil aus dem Jahre 2004 entgegen und kam zu dem Ergebnis, die notarielle Beurkundung schränke die richterliche Inhaltskontrolle keineswegs ein.[302] Vielmehr entwickelte und präzisierte er die wesentlichen Elemente der speziellen ehevertraglichen Inhaltskontrolle hier sogar in einem Verfahren, in dem er über die Wirksamkeit eines notariell beurkundeten Ehevertrags zu entscheiden hatte. Auch in der folgenden Rechtsprechung waren schon wegen der Beurkundungspflichten nach § 1410 BGB und § 1587 o Abs. 2 BGB [a.F.] zumeist notariell beurkundete Verträge Gegenstand der Anwendung der besonderen ehevertraglichen Kontrollgrundsätze.

Die Beurkundungspflicht eines Erb- und/oder Pflichtteilverzichts führt also im Vergleich mit dem Ehevertrag nicht zu einer eingeschränkten Kontrolldichte;[303] sie wirkt sich mithin nicht auf die Antwort auf die im folgenden zu behandelnden Frage nach den Möglichkeiten und Grenzen der Übertragung der Kernbereichslehre auf den Erb- und/oder Pflichtteilsverzicht aus.

## *C. Die Kernbereichslehre als Hilfsmittel zur Feststellung von Sittenwidrigkeit und Undurchsetzbarkeit vertraglicher Abreden*

Die Kernbereichslehre ist ein von der Rechtsprechung entwickeltes Verfahren zur systematischen Feststellung insbesondere der Sittenwidrigkeit – aber auch der Undurchsetzbarkeit – (ehe)vertraglicher Abreden.

Sittenwidrig ist ein Rechtsgeschäft nach einer in der Rechtsprechung stets verwendeten Formel dann, wenn es gegen das Anstandsgefühl aller billig und gerecht

300 *Münch*, DNotZ 2004, 901, 910.
301 *Münch*, DNotZ 2004, 901, 910, unter Bezugnahme auf *Heinrichs*, NJW 1995, 153, 158.
302 Vgl. BGHZ 158, 81, 99; siehe auch *Ludyga*, § 3 Rn. 3; *Löhnig*, JA 2005, 344, 345.
303 Ähnlich auch *Ludyga*, § 3 Rn. 3.

Denkenden verstößt.[304] Auch wenn diese Formel zu einer Begriffspräzisierung wenig beitragen dürfte,[305] macht sie jedoch zumindest deutlich, dass der Richter die guten Sitten jedenfalls nicht nach seinem persönlichen Empfinden bestimmen darf, sondern bei der Beurteilung eines Rechtsgeschäfts stets nach dem in der Gesellschaft vorherrschenden Bewusstsein von positiven Werten für das gesellschaftliche Zusammenleben zu fragen hat.[306]

Diese Werte werden dabei zum einen maßgeblich durch rechtsethische Prinzipien, als den der Rechtsordnung selbst immanenten ethischen Werten, wie sie insbesondere in den Grundrechten zum Ausdruck kommen, sowie zum anderen durch sozialethische Prinzipien, als den für den gesellschaftlichen und wirtschaftlichen Verkehr unentbehrlichen kollektiven Wertvorstellungen, bestimmt.[307] Die Konkretisierung der so ermittelten Standards kann jedoch angesichts der Unterschiedlichkeit jedes Einzelfalls nur Aufgabe der Rechtsprechung bleiben. Um diese Konkretisierung zu vereinfachen, bedient sie sich regelmäßig des Mittels der Fallgruppenbildung.[308] Eben diesem Ziel aber dient auch die Kernbereichslehre. Ihre Anwendung nämlich soll das Verfahren zur Beurteilung der Sittenwidrigkeit – und daran anknüpfend auch der Durchsetzbarkeit – eines (Ehe)Vertrages im Einzelfall systematisieren, dem Richter seinen Beurteilungsspielraum begrenzende Leitlinien an die Hand geben und so letztlich die Beantwortung der Frage nach der Sittenwidrigkeit und Durchsetzbarkeit vertraglicher Abreden berechenbarer gestalten.

Zur Erreichung dieser Vorgaben stellt die Kernbereichslehre eine Rangordnung der theoretisch zur Disposition stehenden gesetzlichen Scheidungsfolgen auf und engt die Vertragsfreiheit der Parteien vom Grundsatz her desto stärker ein, je höher sie die durch den Vertrag abbedungene Regelung einstuft.[309]

Bei der Frage nach den Möglichkeiten und Grenzen der Übertragung der Kernbereichslehre auf den Erb- und Pflichtteilsverzicht geht es also namentlich darum, ob und inwieweit das so gestaltete System der Kernbereichslehre auch zur Bestimmung der Wirksamkeitsgrenzen eines Erb- oder Pflichtteilsverzichts bzw. dessen Kausalgeschäfts fruchtbar gemacht werden kann.

---

304 So schon die Formulierung in den Motiven des BGB, siehe Motive II, 727; Stellvertretend für die Rechtsprechung etwa RGZ 80, 221; BGHZ 10, 232; 69 297; BGH, NJW 2004, 2668, 2270.

305 *Rüthers/Stadler*, § 26 Rn. 31; *Larenz/Wolf*, § 41 Rn. 7; *Brehm*, Rn. 319.

306 *Larenz/Wolf*, § 41 Rn. 7; *Bork*, Rn. 1153; MüKoBGB/*Armbrüster*, § 138 Rn. 14 f.

307 *Larenz/Wolf*, § 41 Rn. 12-16; *Staudinger/Sack*, § 138 Rn. 18; *Boecken*, Rn. 446.

308 *Boecken*, Rn. 444 u. 450 ff.

309 Vgl. BGHZ 158, 81, 100 = BGH, NJW 2004, 930, 935.

# § 2. Der Verzicht auf das gesetzliche Erbrecht und der Verzicht auf eine Zuwendung

## *A. Abstrakter Erbverzicht und abstrakter Zuwendungsverzicht*

Dient die Kernbereichslehre also der Bestimmung von Sittenwidrigkeit, so ist Voraussetzung ihrer Anwendung auf den abstrakten Verzicht auf das gesetzliche Erbrecht oder eine letztwillige Zuwendung die zumindest theoretisch bestehende Möglichkeit der Sittenwidrigkeit eines solchen Verzichts.

Erbverzicht und Zuwendungsverzicht selbst stellen abstrakte Verfügungsgeschäfte dar. Verfügungsgeschäfte sind Rechtsgeschäfte, die darauf gerichtet sind, unmittelbar auf ein bestehendes Recht durch inhaltliche Änderung, Übertragung, Belastung oder Aufhebung einzuwirken.[310] Zwar finden auf Verfügungsgeschäfte grundsätzlich die allgemeinen Regeln Anwendung, doch ist nicht ganz unproblematisch, ob dies auch für § 138 Abs. 1 BGB gilt. Denn indem sich das abstrakte Verfügungsgeschäft auf die eben beschriebenen Rechtswirkungen beschränkt, trifft es gerade keine Aussage über den ihm zugrunde liegenden Zweck. Grundsätzlich gelten Verfügungsgeschäfte daher als wertneutral und einer sittlichen Bewertung nach § 138 Abs. 1 BGB nicht zugänglich.[311] Insbesondere sind sie unter Geltung des Abstraktionsprinzips auch nicht allein deshalb sittenwidrig, weil das ihnen zu Grunde liegende Kausalgeschäft sittenwidrig ist.[312] Wie von jedem Grundsatz, gibt es jedoch auch von diesem Ausnahmen. So können ausnahmsweise auch Verfügungsgeschäfte gegen die guten Sitten verstoßen, wenn die Unsittlichkeit gerade im Vollzug der Leistung liegt; wenn also mit dem Verfügungsgeschäft selbst sittenwidrige Zwecke verfolgt werden oder in ihm die Sittenwidrigkeit begründet ist.[313] Dies soll etwa dann der Fall sein, wenn gerade durch die Erbringung einer Leistung eine Partei ausgebeutet wird oder schutzwürdige Interessen Dritter oder der Allgemeinheit in erheblicher Weise verletzt werden, wie es zum Beispiel bei einer Gläubigergefährdung der Fall sein kann.[314]

Speziell die abstrakten Verfügungsgeschäfte des Erbverzichts und des Zuwendungsverzichts sind vom Gesetzgeber jedoch in § 2346 Abs. 1 bzw. § 2352 BGB ausdrücklich zugelassen. Sie können daher schwerlich mit einem sittlichen Unwerturteil belegt werden, weshalb es als ausgeschlossen erscheinen muss, eine ei-

---

310 BGHZ 1, 294, 304; 75, 221, 226; 101, 24, 26; *Boecken*, Rn. 195; *Larenz/Wolf*, § 41 Rn. 67.

311 *Staudinger/Sack*, § 138 Rn. 140; *Larenz/Wolf*, § 41 Rn. 67; *Ludyga*, § 5 Rn. 7.

312 BGH, NJW 1985, 3006, 3007 = WM 1985, 1269, 1271; *Soergel/Hefermehl*, § 138 Rn. 50; *Larenz/Wolf*, § 41 Rn. 67.

313 BGH, NJW 1985, 3006, 3007 = WM 1985, 1269, 1271.

314 *Soergel/Hefermehl*, § 138 Rn. 53.

genständige Begründung der Sittenwidrigkeit im Erbverzicht oder Zuwendungsverzicht selbst erblicken zu können.[315]

Zum Teil wird darüber hinaus angenommen, Verfügungsgeschäfte könnten auch dann sittenwidrig sein, wenn sie mit einem sittenwidrigen Verpflichtungsgeschäft zu einer Einheit zusammengefasst worden seien.[316] Dies setzt jedoch die Möglichkeit der Verbindung eines Verfügungsgeschäftes mit einem Verpflichtungsgeschäft zu einer Einheit im Sinne des § 139 BGB voraus. Eine solche Möglichkeit besteht jedoch wegen der mit ihr zwangsläufig einhergehenden Durchbrechung des Abstraktionsprinzips nach zutreffender Auffassung nicht,[317] so dass dieser Ansatz zur Begründung der Sittenwidrigkeit eines Verfügungsgeschäfts nicht überzeugen kann.

Der Anwendungsbereich des § 138 Abs. 1 BGB kann daher durch den abstrakten Erbverzicht oder den abstrakten Zuwendungsverzicht schlechterdings nicht berührt werden.[318] Können sie aber nicht sittenwidrig sein, so kann auch die zur näheren Bestimmung der Sittenwidrigkeit dienende Kernbereichslehre keine Anwendung auf sie finden.

## *B. Das Verpflichtungsgeschäft*

Anders als hinsichtlich des abstrakten Verzichts ist die theoretische Möglichkeit der Sittenwidrigkeit eines zu ihm verpflichtenden Grundgeschäfts als erste Voraussetzung einer Anwendung der Kernbereichslehre unproblematisch zu bejahen. Die für Verfügungsgeschäfte geltenden Besonderheiten bestehen hier gerade nicht, so dass § 138 Abs. 1 BGB auf das zum Verzicht auf das gesetzliche Erbrecht bzw. eine letztwillige Zuwendung verpflichtende Grundgeschäft, wie auch auf jedes andere Verpflichtungsgeschäft, grundsätzlich uneingeschränkt anwendbar ist.[319]

---

315 *Kuchinke*, FPR 2006, 125, 127.

316 Vgl. *Staudinger/Sack*, § 138 Rn. 143.

317 Wie hier etwa *Flume*, Rechtsgeschäft, § 12 III 4; *Soergel/Hefermehl*, § 138 Rn. 50; *Larenz/Wolf*, § 45 Rn. 9; a.A. BGHZ 31, 321, 323; *Damrau*, Erbverzicht, S. 99; *Hausmann/Hohloch-Weidlich*, § 15 Rn. 75.

318 Zum abstrakten Pflichtteilsverzicht ebenso *Ludyga*, § 5 Rn. 7.

319 *Reul*, MittRhNotK 1997, 373, 381; *Kuchinke*, FPR 2006, 125, 127; *Ludyga*, § 5 Rn. 7.

## *I. Das Verpflichtungsgeschäft zum Verzicht auf das gesetzliche Erbrecht*

### *1. Die Orientierung an den Scheidungsfolgen*

Um ihren in der Systematisierung des Verfahrens zur Sittenwidrigkeitsbestimmung liegenden Zweck zu erreichen, orientiert sich die Kernbereichslehre an den gesetzlichen Scheidungsfolgen unter denen sie hinsichtlich ihrer Disponibilität eine Rangabstufung vornimmt. Das Verdikt der Sittenwidrigkeit wird dabei umso stärker indiziert bzw. die Regelung bedarf umso besserer Rechtfertigung, je höherrangig die durch Vertrag ausgeschlossene gesetzliche Scheidungsfolge in diesem System eingeordnet wird.[320] Eine problemlose Übertragung der Kernbereichslehre auch auf die Kontrolle von zum Verzicht auf das gesetzliche Erbrecht verpflichtenden Kausalverträgen würde demnach voraussetzen, dass es sich beim gesetzlichen Erbrecht um eine vom Gesetz vorgesehene Scheidungsfolge handelt, die als solche in die vom BGH vorgegebene Rangfolge eingeordnet werden könnte.

#### *a) Das Verpflichtungsgeschäft mit dem Ehegatten*

Theoretisch vorstellbar erscheint eine solche Situation vor dem Hintergrund der Anknüpfung der Kernbereichslehre an die Ehescheidung daher vornehmlich bezüglich des Verpflichtungsvertrages zwischen dem Erblasser und seinem Ehegatten.

Das gesetzliche Erbrecht des Ehegatten gemäß § 1931 BGB müsste mithin – wie etwa die Unterhaltsansprüche aus §§ 1570 ff. BGB[321] – infolge der Scheidung zur Entstehung gelangen oder – wie der Anspruch auf den Versorgungsausgleich[322] – diese jedenfalls voraussetzen.

Bekanntermaßen ist aber gerade das Gegenteil der Fall. Nicht mit der Scheidung vom Erblasser, sondern durch die Heirat desselben entsteht das gesetzliche Erbrecht des Ehegatten nach dem Erblasser. Mit dem Vorliegen der Scheidungsvoraussetzungen und der entsprechenden Antragstellung oder Zustimmung des Erb-

320 Vgl. BGHZ 158, 81, 100 = BGH, NJW 2004, 930, 935.

321 Vgl. MüKoBGB/*Maurer*, § 1569 Rn. 15.

322 Vgl. *Palandt/Brudermüller*, § 1587 Rn. 2.

lassers gemäß § 1933 S. 1 BGB,[323] spätestens aber mit der Scheidung selbst, sieht der Gesetzgeber stattdessen vielmehr die Lösung erbrechtlicher Bande vor.[324]

Während sich ein Ehevertrag, zu dessen Kontrolle die Kernbereichslehre entwickelt wurde, daher stets auf den Scheidungsfall bezieht, regelt der Kausalvertrag zum Erbverzicht grundsätzlich allein die Rechtsfolgen des Todesfalls eines Ehegatten. Die jeweiligen Rechtsgeschäfte knüpfen also in tatsächlicher Hinsicht an ganz unterschiedliche Ereignisse an.[325]

Dieser Umstand spricht somit eher gegen die Möglichkeit einer Übertragung der Kernbereichslehre auf den zum Verzicht auf das gesetzliche Erbrecht verpflichtenden Kausalvertrag zwischen dem Erblasser und dessen Ehegatten.

### *b) Das Verpflichtungsgeschäft mit den Verwandten des Erblassers*

Kann der Aspekt der Ausrichtung der Kernbereichslehre an den gesetzlichen Scheidungsfolgen schon nicht für deren Übertragung auf einen zum Verzicht auf das gesetzliche Erbrecht verpflichtenden Kausalvertrag zwischen dem Erblasser und dessen Ehegatten fruchtbar gemacht werden, so muss er erst recht als Begründungsansatz für eine mögliche Übertragung auf den entsprechenden Kausalvertrag zwischen dem Erblasser und dessen Verwandten versagen. Denn neben den Umstand, dass es sich beim gesetzlichen Erbrecht als dem hier in Rede stehenden Verzichtsgegenstand nicht um eine Scheidungsfolge handelt, tritt hier noch die von vornherein bestehende Unmöglichkeit einer Ehescheidung zwischen dem Erblasser und seinen Verwandten.

### *2. Die Anknüpfung an die Schutzbedürftigkeit*

Die gerichtliche Inhaltskontrolle von Eheverträgen im Allgemeinen, und damit auch die Anwendung der Kernbereichslehre als einer ihrer wesentlichen Bestandteile im Speziellen, dient vor allem dem Schutz des sozial Schwächeren.[326]

Die Schutzbedürftigkeit eines unterlegenen Ehegatten stellt somit eine Anwendungsvoraussetzung der Grundsätze der Kernbereichslehre dar. Fraglich ist daher,

323 Kritisch zu dieser Regelung, unter Hinweis auf die fehlende Gegenseitigkeit der Erbberechtigung, die dazu führt, dass dem überlebenden Ehegatten das gesetzliche Erbrecht grds. erhalten bleibt, wenn er selbst den Scheidungsantrag gestellt hat, während der verstorbene Gatte zu diesem Zeitpunkt nicht mehr hätte erben können, *Hausmann/Hohloch-Hausmann*, Kap. 3 Rn. 100, sowie unter Hinweis auf die Entstehungsgeschichte MüKoBGB/*Leipold*, § 1933 Rn. 2 f. jeweils m.w.N.

324 *Kapfer*, MittBayNot 2006, 385, 387 f.

325 *Ludyga*, § 5 Rn. 9.

326 Vgl. *Wachter*, ZErb 2004, 238, 244; *Hahne*, DNotZ 2004, 84, 86.

ob eine vergleichbare Situation der Schutzbedürftigkeit eines der Vertragspartner auch beim Verpflichtungsvertrag zum Verzicht auf das gesetzliche Erbrecht entstehen kann.

Im Verpflichtungsvertrag erklärt der potentielle gesetzliche Erbe dem Erblasser gegenüber, auf sein gesetzliches Erbrecht nach ihm verzichten zu wollen und die entsprechende verfügende Erklärung abzugeben. Das gesetzliche Erbrecht aber kann dem gesetzlichen Erben durch den Erblasser ohnehin jederzeit einseitig durch einfache Verfügung von Todes wegen grundlos entzogen werden.[327] Nicht zuletzt aufgrund dieser jederzeitigen Entziehungsmöglichkeit kommt dem potentiellen gesetzlichen Erben auch kein Anwartschaftsrecht auf einen zukünftigen Erwerb von Todes wegen nach dem Erblasser zu.[328] Er hat allein eine unsichere Erwerbsaussicht, eine bloße Hoffnung (*nuda spes*).[329] Der Gesetzgeber selbst hat sich also entschieden, dem gesetzlichen Erben grundsätzlich keinen Schutz vor dem Verlust seines gesetzlichen Erbrechts zu gewähren.[330] Anders hingegen stellt sich die gesetzliche Entscheidung hinsichtlich des Verzichtes auf nachehelichen Unterhalt durch einen Ehegatten dar. Dieser kann zum einen nicht durch einseitige Erklärung, sondern gemäß § 1585 c S. 1 BGB nur durch eine gemeinsame Vereinbarung der Ehegatten ausgeschlossen werden. Zum anderen bedarf der Unterhaltsverzicht seit dem 01.01.2008[331] gemäß § 1585 c S. 2 BGB zu seiner Wirksamkeit der Beurkundung, was nach der Gesetzesbegründung gerade an der als notwendig erachteten Sicherstellung notarieller Beratung zum Schutz des schwächeren Ehegatten liegt.[332] Auch der Verzicht auf den Versorgungsausgleich kann nach § 6 Abs. 1 VersAusglG nur durch eine gemeinsame Vereinbarung erfolgen und bedarf gemäß § 7 Abs. 1 VersAusglG bzw. § 7 Abs. 3 VersAusglG iVm § 1410 BGB der notariellen Beurkundung. Darüber hinaus bestimmt § 8 VersAusglG zum Schutz der Par-

---

327 Etwa durch ein sog. Negativtestament nach § 1938 BGB oder die Verteilung des gesamten Nachlasses and andere Personen, die der Erblasser zu gewillkürten Erben beruft, vgl. § 1937 BGB.

328 MüKoBGB/*Leipold*, § 1922 Rn. 135; *Palandt/Edenhofer*, § 1922 Rn. 3; *Soergel/Stein*, Einl Erbrecht, Rn. 2; *Jauernig/Stürner*, Vor § 1922 Rn. 2; vgl. auch BVerfG, NJW 2000, 2495, 2496; differenzierend dazu *v. Lübtow*, Bd. 2, S. 617 ff.

329 BGH, NJW 1996, 1062, 1063; *Staudinger/Marotzke*, § 1922 Rn. 11; *Palandt/Edenhofer*, § 1922 Rn. 3 f.; *Soergel/Stein*, Einl Erbrecht, Rn. 2.

330 Es sei noch einmal betont, dass Gegenstand der Untersuchung an dieser Stelle allein das gesetzliche Erbrecht ist, so dass es hier auf das Verbleiben eines Pflichtteilsrechtes nicht ankommt.

331 § 1585 c S. 2 BGB in der aktuellen Fassung wurde mit Wirkung vom 01. 01. 2008 eingefügt durch Art. 1 des Gesetzes zur Änderung des Unterhaltsrechts v. 21. 12. 2007 (BGBl. I S. 3189).

332 RegE S. 38, einsehbar unter http://bmj.de/files/-/1189/RegE_Unterhaltsrecht050406.pdf. (aufgerufen am 27.07. 2009).

teien ausdrücklich, dass die Verzichtsvereinbarung einer richterlichen Inhalts- und Ausübungskontrolle standhalten muss.[333]

Schon bei abstrakter Betrachtung wird somit deutlich, dass die für die Anwendung der Kernbereichslehre wesentliche Situation der Schutzbedürftigkeit eines der Vertragspartner im Recht der Ehefolgen durchaus möglich und vom Gesetzgeber anerkannt ist, beim Kausalvertrag zum Verzicht auf das gesetzliche Erbrecht aber kaum jemals vorliegen wird.

Es ist auch praktisch schwerlich vorstellbar, wie und warum ein potentieller gesetzlicher Erbe vom Erblasser in sittenwidriger Weise zum Abschluss eines zum Verzicht (allein) auf sein gesetzliches Erbrecht verpflichtenden Kausalvertrages gedrängt werden könnte, wenn der Erblasser zur Erreichung seines in der Enterbung liegenden Zieles der Mitwirkung seines potentiellen gesetzlichen Erben gar nicht bedarf.[334]

Daher spricht auch diese durch die Anknüpfung an die Schutzbedürftigkeit geprägte Konturierung der Kernbereichslehre vor dem Hintergrund der vom Gesetzgeber bestimmten jederzeitigen Entziehbarkeit des gesetzlichen Erbrechts gegen eine Übertragung der Kernbereichslehre auf den zum Verzicht auf das gesetzliche Erbrecht verpflichtenden Kausalvertrag; dies gilt im Übrigen ohne Unterschied sowohl für den Kausalvertrag mit dem Ehegatten des Erblassers wie auch für den mit dessen Verwandten.

### *3. Unterhaltsfunktion des gesetzlichen Erbrechts*

Im Rahmen der durch die Kernbereichslehre vorgenommenen Rangbestimmung der Scheidungsfolgen sind die Unterhaltsansprüche des geschiedenen Ehegatten von besonderer Bedeutung (vgl. die Grafik in Teil 1, Kap. 3. C. I.). Insbesondere der nacheheliche Betreuungsunterhaltsanspruch aus § 1570 BGB sowie die Ansprüche aus § 1571 BGB und § 1572 BGB gehören nach dem BGH zum engsten Kernbereich der Scheidungsfolgen und bekommen durch das System der Kernbereichslehre besonderen Schutz vermittelt.[335] Erkennt man also, dass die Rechtsprechung offenbar gerade die Unterhaltsansprüche für besonders schützenswert hält und stellt man zudem fest, dass nach Ansicht der Rechtsprechung die Kernbe-

333 Damit wird insbesondere auch das vorher gemäß § 1587 o Abs. 2 BGB a.F. bestehende gerichtliche Genehmigungserfordernis überflüssig, vgl. RegE zum VersAusglG, BT-Drucks. 16/10144, S. 51. Zur Vorgängervorschrift vgl. die im damaligen Gesetzgebungsverfahren hervorgetretenen Absichten in BT-Drucks. 7/4361, S. 49; sowie BGH, FamRZ 1994, 234, 235; *Palandt/Brudermüller*, § 1587 o Rn. 21.

334 Ganz ähnlich auch *Damrau*, Erbverzicht, S. 130.

335 Vgl. BGHZ 158, 81, 97 = BGH, NJW 2004, 930, 934.

reichslehre einen solchen besonderen Schutz zu gewährleisten vermag, so wird ersichtlich, dass sich aus alledem dann ein Argument für eine mögliche Übertragung der Kernbereichslehre auf den Kausalvertrag zum Verzicht auf das gesetzliche Erbrecht ergeben könnte, wenn diesem eine Unterhaltsfunktion zukäme.[336]

### *a) Dogmatische Gesichtspunkte*

Die Untersuchung der Frage, inwieweit dem gesetzlichen Erbrecht auch eine Unterhaltsfunktion zukommt, setzt zunächst die Bestimmung dessen voraus, was „Unterhalt" ausmacht. Denn nur wenn man definiert, was man unter Unterhalt versteht, kann man beurteilen, ob dem gesetzlichen Erbrecht tatsächlich eine Unterhaltsfunktion zukommt.

Das BGB regelt die Möglichkeit der Entstehung von Unterhaltspflichten ausgehend von drei Grundverhältnissen, nämlich der Ehe (§§ 1360, 1361 und 1569 ff. BGB), der Verwandtschaft (§§ 1601 ff. BGB) und der gemeinsamen Elternschaft (§ 1615 l BGB).[337] Stets bestimmt das Unterhaltsrecht dabei, unter welchen Voraussetzungen und in welchem Umfang eine Person die Mittel zur Bestreitung ihres Lebensunterhaltes von einer anderen verlangen kann.[338]

In all den im Rahmen dieser Verhältnisse vielfältig vorstellbaren Konstellationen kehren bei aller Unterschiedlichkeit die Unterhaltskoordinaten der maßgebenden Lebensstellung, der Bedürftigkeit und der Leistungsfähigkeit immer wieder.[339]

Bereits aus diesen Erkenntnissen wird zweierlei deutlich. Zum einen geht es dann, wenn im Gesetz von „Unterhalt" die Rede ist, um etwas, das jemand von dem anderen verlangen kann, mithin also stets um einen Anspruch.[340] Zum anderen wird deutlich, dass sich ein solcher Unterhaltsanspruch, und damit der Unterhalt selbst, stets an konkreten Parametern der involvierten Personen bemisst, insbesondere auch an der Bedürftigkeit des Berechtigten. Auf das gesetzliche Erbrecht hingegen besteht schon aufgrund der Möglichkeit jederzeitiger Entziehung (vgl. soeben) weder ein Anspruch, noch bemisst es sich nach den konkreten Verhältnissen des Erben, sondern ist vielmehr explizit unabhängig von einer konkreten Bedürftigkeit.

---

336 Siehe zu diesem Ansatz auch *Wachter*, ZErb 2004, 238, 244; *Münch*, ZEV 2008, 571, 573; *Wiemer*, S. 172.

337 Vgl. *Wendl/Staudigl/Dose*, § 1 Rn. 1 ff.

338 *Kühle*, in *Löhnig/Gietl*, S. 9, 11.

339 *Köhler/Luthin*, § 1 Rn. 3.

340 Vgl. den Wortlaut der betreffenden Vorschriften, etwa § 1360 S. 1 BGB: „Die Ehegatten sind verpflichtet [...]einander Unterhalt zu gewähren; § 1569 S. 2 BGB:"[...], hat er gegen den anderen Ehegatten einen Anspruch auf Unterhalt[...]; § 1601 BGB „Verwandte in gerader Linie sind verpflichtet, einander Unterhalt zu gewähren"; § 16151 Abs. 1 S. 1 BGB „ Der Vater hat der Mutter [...] Unterhalt zu gewähren."

Eine Betrachtung unter rein dogmatischen Gesichtspunkten gibt also wenig Anlass, dem gesetzlichen Erbrecht eine Unterhaltsfunktion zuzusprechen.

### *b) Sozial-demografische Gesichtspunkte*

Ungeachtet dieses dogmatischen Befundes trifft man bei der Beschäftigung mit den Grundlagen des Erbrechts immer wieder auf den Begriff der Versorgungsfunktion.[341] So wird beispielsweise formuliert, das Erbrecht wurzele seiner Herkunft und seinen sozialen Aufgaben nach im Familienrecht, mit ihm werde die wirtschaftliche Sicherung und Versorgung der Angehörigen nicht nur regelmäßig erstrebt, sondern es sei gar das grundsätzliche Ziel jedweder Erbfolgeregelung die Familienangehörigen abzusichern und zu versorgen.[342] Für eine Versorgungsfunktion speziell des gesetzlichen Ehegattenerbrechts soll insbesondere ein Vergleich mit dem Scheidungsunterhaltsrecht sprechen. Denn wenn dieses die Absicherung des Ehegatten sogar nach der Auflösung einer *gescheiterten* Ehe durch Scheidung sicherstellen solle, so müsse eine solche Absicherung erst Recht gewollt sein, wenn eine *intakte* Ehe durch Tod aufgelöst wird, weshalb dem gesetzlichen Erbrecht des Ehegatten eine Versorgungsfunktion zukäme.[343]

Fast schon obligatorisch wird im Rahmen dieser Diskussion desweiteren auf die sozialen Begebenheiten in den Entstehungsjahren des BGB und weiten Teilen des 20. Jahrhunderts rekurriert. Infolge der damals noch deutlich geringeren Lebenserwartung[344] nämlich sei der Erbfall häufig zu einem Zeitpunkt eingetreten, an dem die Abkömmlinge des Erblassers noch nicht wirtschaftlich eigenständig gewesen seien,[345] so dass der Nachlass als Kompensation des durch den elterlichen Tod weggefallenen Unterhalts anzusehen gewesen sei.[346] Zudem sei in aller Regel der Ehemann zuerst verstorben, so dass der hinterbliebene Ehegatte zumeist die in diesen Zeiten ohnehin nicht erwerbstätige Ehefrau gewesen sei.[347] Aus diesen Grün-

---

341 Siehe etwa *Strätz*, FamRZ 1998, 1553, 1556; *Kuchinke*, FPR 2006, 125; *Rauscher*, FF SH 2 2004, 141, 143; *Zerres*, in *Löhnig/Gietl*, S. 146, 163 f.; *Krug*, FPR 2007, 164, 170.

342 So *Kuchinke*, FPR 2006, 125.

343 *Krug*, FPR 2007, 164, 169; *Zerres*, in *Löhnig/Gietl*, S. 146, 164.

344 So lag die Lebenserwartung in den Siebzigerjahren des 19. Jahrhunderts, also in der Zeit, in der *Gottfried von Schmitt* seinen Vorentwurf des Erbrechts verfasste, der bereits alle wesentlichen Weichenstellung für das gesetzliche Erbrecht enthielt, für Jungen bei 35, 6 und für Mädchen bei 38, 5 Jahren, vgl. Statistisches Jahrbuch für die Bundesrepublik Deutschland 1960, 66 (Sterbetafeln 1871-1951); siehe ferner auch *Otte*, AcP 202 (2002), 317, 336.

345 Vgl. nur *Coing*, Verhandlungen des 49. DJT, Bd. 1 S. A 12, A 14.

346 *Strätz*, FamRZ 1998, 1553, 1560.

347 Vgl. *Schröder*, in Mohnhaupt, S. 281, 282; *Schlüter*, in 50 Jahre BGH, S. 1047, 1049 f.; *Leipold* bezeichnet das Ehegattenerbrecht insoweit gar als Erbrecht der Witwen, AcP 180 (1980), 160, 187.

den hätte das gesetzliche Erbrecht einen ganz wesentlichen Beitrag zur Versorgung der Hinterbliebenen nach dem Tod des Ernährers geleistet.[348]

Diesem Gesichtspunkt wird nun bezogen auf die heutige Zeit entgegengehalten, in Deutschland bestehe mittlerweile ein engmaschiges soziales Netz, welches den Einzelnen vor den schlimmsten Härtefällen schütze und ihn in Mangellagen auffange, so dass die Funktion der Versorgung der Hinterbliebenen heute weitgehend das Sozialrecht übernommen habe und die Fortexistenz der Hinterbliebenen in der Regel auch ohne Erbrecht gesichert sei.[349]

Darüber hinaus seien aufgrund des Anstiegs der Lebenserwartung[350] sowie der deutlich vermehrten Berufstätigkeit von Frauen die Hinterbliebenen im Zeitpunkt des Erbfalls heute regelmäßig wirtschaftlich eigenständig, weshalb sie der Versorgung durch das gesetzliche Erbrecht ohnehin nicht mehr bedürften.[351]

Andererseits gilt es jedoch auch zu bedenken, dass die Abkömmlinge des Erblassers aufgrund deutlich verlängerter Schul-, Ausbildungs-, und Studienzeiten heute in der Regel wesentlich später wirtschaftlich unabhängig von ihren Eltern werden als es noch vor 100 Jahren der Fall war, so dass der Eintritt in die wirtschaftliche Selbständigkeit heute deutlich später als damals erfolgen wird.[352]

Zweifelhaft erscheint zudem, ob der Ausgangspunkt dieser Diskussion überhaupt zutreffend ist. Völlig überzeugen nämlich kann die Annahme, das gesetzliche Erbrecht habe in den Entstehungsjahren des BGB bei sozial-demografischer Betrachtung eine Unterhaltsfunktion gehabt, nicht. Denn die Belegkraft der zur Begründung herangezogenen Statistiken zur Lebenserwartung erscheint dann deutlich geschmälert, wenn man sich bewusst wird, dass diese grundsätzlich von der Lebenserwartung eines Säuglings im Zeitpunkt seiner Geburt ausgehen. Die Diskrepanz in der Lebenserwartung aber zeigt sich dann deutlich verringert, wenn man den immensen Rückgang der Säuglings- und Kleinkindersterblichkeit aus den Statistiken eliminiert und stattdessen – für das zu behandelnde Problem deutlich aus-

---

348 *Schröder*, in Mohnhaupt, S. 281, 291;

349 *Strätz*, FamRZ 1998, 1553, 1556; *Leipold*, AcP 180 (1980), 160, 188; *Schröder*, in Mohnhaupt, S. 281, 282; krit. zu dieser Argumentation *Zerres*, in *Löhnig/Gietl*, S. 146, 165.

350 Diese liegt heute laut Sterbetafel 2005/2007 für Männer bei 76,89 Jahren und für Frauen bei 82, 25 Jahren; Quelle: Homepage des statistischen Bundesamtes, Daten abrufbar unter http://www.destatis.de/jetspeed/portal/cms/Sites/destatis/Internet/DE/Navigation/Statistiken /Bevoelkerung/GeburtenSterbefaelle/Tabellen.psml (aufgerufen am 04.08.2009). Gemäß den Berechnungen des Bundesinstituts für Bevölkerung (siehe *Lüscher*, ZEV 2004, 2 Tab. 1), soll die durchschnittliche Lebenserwartung von Frauen, die im Jahr 2020 geboren werden, 82,6 Jahre betragen und bei Geburtsjahr 2040 sogar bei 84,5 Jahren liegen; für Männer ergeben sich danach Lebenserwartungen von 76,2 Jahren (Geburtsjahr 2020) bzw. 78,1 Jahren (Geburtsjahr 2040).

351 So etwa *Edenfeld*, ZEV 2001, 457, 460; *Dauner-Lieb*, DNotZ 2001, 460, 463.

352 Vgl. *Otte*, AcP 202 (2002), 317, 339; *Rauscher*, FF SH 2, 2004, 141, 149.

sagekräftiger – etwa auf die Lebenserwartung der testierfähigen sechzehnjährigen abstellt oder die durchschnittliche Lebenserwartung derer zugrunde legt, die schon Familie und Vermögen haben.[353] Denn eine solche Betrachtung offenbart, dass ein Mann von 25 Jahren zu Beginn der achtziger Jahre des neunzehnten Jahrhunderts noch eine durchschnittliche Lebenserwartung von 35 Jahren hatte.[354] Der Erbfall dürfte also entgegen der oben skizzierten Ansicht auch damals regelmäßig zu einer Zeit eingetreten sein, in der die Abkömmlinge des Erblassers bereits erwachsen und wirtschaftlich selbständig waren, so dass sie der Versorgung auch damals kaum bedurft haben dürften.[355]

Ist demnach also bereits fraglich, ob dem gesetzlichen Erbrecht überhaupt jemals eine generelle Unterhaltsfunktion zukam, so dürfte diese heute, gerade im Hinblick auf die Entwicklung der sozialen Sicherungssysteme und des gewandelten Rollenverständnisses, jedenfalls stark entlastet sein.[356] Auch das Bundesverfassungsgericht hat, wenn auch in anderem Zusammenhang, die Ansicht geäußert, der Gesetzgeber habe durch den Einschluss der Hinterbliebenenversorgung in das soziale Zwangsversicherungssystem dem Einzelnen grundsätzlich die finanzielle Vorsorge für seine Hinterbliebenen abgenommen und sie der Solidargemeinschaft überbürdet.[357] Vielmehr als unter dem Aspekt der Versorgungsfunktion wird das gesetzliche Erbrecht daher heute in erster Linie schlicht als Mittel zur Erfüllung des Bedürfnisses nach der Weiterleitung privaten Vermögens betrachtet.[358]

Es erscheint nach alledem also bereits äußerst fraglich, ob der Aspekt der Versorgungsfunktion des gesetzlichen Erbrechts – sofern eine solche überhaupt jemals bestand – (noch) derart fundamental ist, dass er allein die Anwendung der maßgeblich zum Schutz unterhaltsrechtlicher Ansprüche entwickelten Kernbereichslehre

---

353 So fällt die Steigerung der Lebenserwartung bei einem Vergleich der 25 jährigen aus dem Jahre 1871-1880 mit denen aus dem Jahre 2005/2007 schon deutlich geringer aus (für Männer liegt sie bei 15 Jahren, für Frauen bei 19, 5 Jahren) als sie sich bei einem Vergleich der Lebenserwartung von Säuglingen über den gleichen Zeitraum darstellt (für Männer liegt sie dann bei 38, 4 Jahren, für Frauen bei 41, 8 Jahren); Quellen: www. destatis.de (vgl. Fn. 324) und Statistisches Jahrbuch für die Bundesrepublik Deutschland 1960, 66 (Sterbetafeln 1871-1951; zum Ganzen *Otte*, AcP 202 (2002), 317, 335 ff; *Leipold*, AcP 180 (1980), 160, 182 ff.

354 vgl. Statistisches Jahrbuch für die Bundesrepublik Deutschland 1960, 66 (Sterbetafeln 1871-1951); vgl auch die Grafik bei *Otte*, AcP 202 (2002), 317, 337.

355 Vgl. *Otte*, AcP 202 (2002), 317, 338.

356 *Leipold*, AcP 180 (1980), 160, 185 u. 188; *Coing*, Verhandlungen des 49. DJT, Bd. 1 S. A 12, A 14.

357 BVerfGE 48, 346, 360.

358 *Rauscher*, FF 2004, SH 2, 141, 143; *Coing*, Verhandlungen des 49. DJT, Bd. 1 S. A 12, A 16; ähnlich auch BVerfG, NJW 2005, 1561, 1562.

auf den Kausalvertrag zum Verzicht auf das gesetzliche Erbrecht rechtfertigen könnte.

Entscheidend gegen die Angebrachtheit einer solchen Übertragung spricht letztlich jedoch, dass es hier allein um den Verzicht auf das gesetzliche Erbrecht und nicht um den Verzicht auch auf das Pflichtteilsrecht geht. Das gesetzliche Erbrecht nämlich kann anders als das Pflichtteilsrecht, wie bereits erwähnt, jederzeit grundlos entzogen werden. Für eine solche Möglichkeit hätte sich der Gesetzgeber angesichts der gering ausgeprägten Sozialsysteme gegen Ende des 19. Jahrhunderts aber sicher nicht entschieden, wenn er das gesetzliche Erbrecht zu wesentlichen Teilen über eine Versorgungsfunktion begründet gesehen hätte. Tatsächlich konnte er sich aber ohne die Gefahr schwerwiegender sozialer Folgen für sie entscheiden, weil er zugleich das grundsätzlich unentziehbare Pflichtteilsrecht installierte. Eher als das gesetzliche Erbrecht könnte daher das in dieser Arbeit gesondert behandelte Pflichtteilsrecht das Institut darstellen, welchem eine für die Frage nach der Übertragung der Kernbereichslehre relevante Unterhalts- oder Versorgungsfunktion zukommt.[359]

## *II. Das Verpflichtungsgeschäft zum Zuwendungsverzicht*

Scheidet die Anwendung der Kernbereichslehre zur Kontrolle des Kausalgeschäfts zum Verzicht auf das gesetzliche Erbrecht aus, so kann für das Kausalgeschäft zum Zuwendungsverzicht nichts anderes gelten.[360] So handelt es sich zunächst auch bei der Zuwendung aufgrund letztwilliger Verfügung, unabhängig davon, wer durch sie begünstigt wird, eindeutig nicht um eine Scheidungsfolge. Ferner ist auch der durch eine Zuwendung Begünstigte regelmäßig nicht in dem Maße schutzbedürftig, wie es der zu nachehelichem Unterhalt Berechtigte ist. Denn da ein Testament grundsätzlich frei widerruflich ist und ein Erbvertrag von den Vertragsschließenden jederzeit wieder aufgehoben werden kann, kann derjenige, der durch letztwillige Verfügung zum Erben eingesetzt oder mit einem Vermächtnis bedacht ist, grundsätzlich nicht darauf vertrauen, dass die ihn begünstigende Verfügung bis zum Erbfall bestehen bleibt.[361] Er verfügt grundsätzlich ebenso wenig wie der potentielle gesetzliche Erbe vor dem Erbfall über einen gesicherten Anspruch. Wenn er aber nun mittels eines Zuwendungsverzichts auf etwas verzichtet, das der Erblasser ihm jederzeit auch ohne sein Mitwirkung nehmen könnte, so kann der Kausalvertrag zu einem solchen Verzicht ebenso wie der Kausalvertrag zum Verzicht auf das gesetz-

---

359 Vgl. dazu unten Teil 2, Kap. 1. § 3. B. III.

360 Vgl. *Menzel*, S. 267; *Muscheler*, in FS Spiegelberger, S. 1079, 1082.

361 *Muscheler*, in FS Spiegelberger, S. 1079, 1082.

liche Erbrecht kaum sittenwidrig sein; vielmehr gewährt er ihm noch die Chance auf eine Abfindung.[362]

Etwas anderes könnte höchstens in den für den Zuwendungsverzicht freilich besonders relevanten Fällen gelten, in denen der Widerruf oder die Aufhebung der letztwilligen Verfügung unzweckmäßig oder unmöglich ist. Letztlich entscheidend und eindeutig gegen die Übertragung der Kernbereichslehre auf die Kontrolle des Kausalvertrags zum Zuwendungsverzicht spricht jedoch auch in diesen Fällen der Umstand, dass auch Zuwendungen aufgrund letztwilliger Verfügungen keine Unterhaltsfunktion zukommt, die eine Übertragung der Kernbereichslehre möglicherweise deswegen rechtfertigen könnte, weil der Schutz der Unterhaltsansprüche im Zentrum des Systems der Kernbereichslehre steht.[363] Denn wenn nach den vorstehenden Ausführungen schon das gesetzliche Erbrecht keine Unterhaltsfunktion übernimmt, so kommt auch der Zuwendung aufgrund letztwilliger Verfügung nicht die Aufgabe zu, an die Stelle von Unterhaltsansprüchen zu treten. Dies schon deshalb nicht, weil der potentielle Kreis der Zuwendungsbegünstigten theoretisch grenzenlos ist und somit keinerlei Bezug zu der Gruppe derjenigen Personen aufweist, die zum Erblasser in einem gesetzlichen Unterhaltsverhältnis stehen kann (vgl. §§ 1569 ff., 1601 ff. BGB).

Da der Zuwendungsverzicht ein Pflichtteilsrecht grundsätzlich unberührt lässt,[364] gilt unabhängig von der unten zu behandelnden Frage, ob dem Pflichtteilsrecht eine Unterhaltsfunktion zukommt, auch dann nichts anderes, wenn derjenige der auf eine Zuwendung verzichtet, zugleich Pflichtteilsberechtiger ist.[365]

Wohl nicht zuletzt aus diesem Grunde wird die Inhaltskontrolle von Zuwendungsverzichtsverträgen auch in der Literatur bisher schlichtweg nicht thematisiert;[366] ihre Behandlung neben der Inhaltskontrolle des Verzichts auf das gesetzliche Erbrecht verspricht keinen eigenen Mehrwert und soll daher im Verlauf der Arbeit nicht weiter verfolgt werden.

---

362 *Muscheler*, in FS Spiegelberger, S. 1079, 1082.

363 Vgl. *Wachter*, ZErb 2004, 238, 244; *Münch*, ZEV 2008, 571, 573; *Wiemer*, S. 172; siehe auch oben Teil 2, Kap. 1. § 2. B. I. 3.

364 Dazu schon oben Teil 1, Kap. 1. § 2.

365 Erwähnt sei an dieser Stelle zudem, dass die Inhaltskontrolle von Zuwendungsverzichtsverträgen im Rahmen der bisherigen Diskussion um eine Übertragung der ehevertraglichen Kontrollgrundsätze auf den Erb- und Pflichtteilsverzicht keine Rolle spielt, vgl. *Muscheler*, in FS Spiegelberger, S. 1079, 1082.

366 Vgl. *Muscheler*, in FS Spiegelberger, S. 1079, 1082.

### *III. Fazit*

Die Anwendung der Kernbereichslehre auf den Kausalvertrag zum Verzicht auf das gesetzliche Erbrecht oder eine letztwillige Zuwendung erscheint nicht angebracht. Zum einen verbleibt die Möglichkeit der Sittenwidrigkeit solcher Verträge wohl nur eine theoretische, so dass bereits ein entsprechendes Bedürfnis für eine Übertragung der zur Feststellung von Sittenwidrigkeit konzipierten Grundsätze der Kernbereichslehre zweifelhaft ist. Zum anderen lassen sich weder das gesetzliche Erbrecht noch eine letztwillige Zuwendung unter einem der erörterten Gesichtspunkte überzeugend in das System der Kernbereichslehre einordnen, noch bestehen sonstige Anknüpfungspunkte, die eine entsprechende Anwendung rechtfertigen könnten.

## § 3. Der Verzicht auf das Pflichtteilsrecht

### *A. Der abstrakte Pflichtteilsverzicht*

Oben wurde bereits erwähnt, dass die Kernbereichslehre insbesondere der Bestimmung der Sittenwidrigkeit vertraglicher Abreden dient und ihre Anwendung auf ein Rechtsgeschäft daher von vornherein nur dann in Frage kommen kann, wenn der in Rede stehende Vertrag zumindest theoretisch dem Verdikt der Sittenwidrigkeit unterfallen könnte (vgl. Teil 2, Kap. 1. § 2. A.). Diese Möglichkeit wurde hinsichtlich des abstrakten Erbverzichts und des abstrakten Zuwendungsverzichts verneint, weil es sich bei ihm erstens um ein Verfügungsgeschäft handelt, welches als grundsätzlich wertneutral gilt, und zweitens, weil der Gesetzgeber den Erbverzicht wie den Zuwendungsverzicht ausdrücklich im Gesetz vorgesehen hat, so dass auch eine ausnahmsweise mögliche Begründung der Sittenwidrigkeit aufgrund des Inhalts des Verfügungsgeschäfts ausscheiden musste.

Hinsichtlich des abstrakten Pflichtteilsverzichts kann nichts anderes gelten. Auch bei ihm handelt es sich um ein grundsätzlich neutrales Verfügungsgeschäft und auch er ist im Gesetz in § 2346 Abs. 2 BGB ausdrücklich vorgesehen. Der abstrakte Pflichtteilsverzicht kann mithin schlechterdings nicht sittenwidrig sein. Die Möglichkeit einer Anwendung der Kernbereichslehre auf ihn muss folglich von vornherein ausscheiden.[367]

---

367 So im Ergebnis auch *Ludyga*, § 5 Rn. 7; *Kuchinke*, FPR 2006, 125, 127.

## *B. Das Verpflichtungsgeschäft zum Verzicht auf das Pflichtteilsrecht*

Ebenfalls Erwähnung gefunden hat bereits der Umstand, dass das Grundgeschäft zum abstrakten Verzicht durchaus sittenwidrig sein kann, mithin also die einer Sittenwidrigkeit des abstrakten Verfügungsgeschäfts entgegenstehenden Gründe hier gerade nicht vorliegen (vgl. oben Teil 1, Kap. 1 § 1. B. II.). Diese Grundvoraussetzung für eine ernsthafte Auseinandersetzung mit der Frage nach den Möglichkeiten für die Übertragung der Kernbereichslehre ist also auch hinsichtlich des Verpflichtungsgeschäftes zum Verzicht auf das Pflichtteilsrecht gegeben.

### *I. Die Orientierung an den Scheidungsfolgen*

Die Ausrichtung der Kernbereichslehre an den Scheidungsfolgen kann für ihre Übertragung auf den Kausalvertrag zum Pflichtteilsverzicht ebenso wenig fruchtbar gemacht werden, wie für die Übertragung auf den Kausalvertrag zum Erbverzicht. So gilt zunächst auch hier, dass das Kausalgeschäft zum Pflichtteilsverzicht mit seinem Bezug auf den Erbfall in tatsächlicher Hinsicht an einen ganz anderen Umstand anknüpft, als der im Hinblick auf eine Scheidung geschlossene Ehevertrag. Schon das Pflichtteilsrecht des Ehegatten entsteht gerade nicht mit – oder infolge – der Scheidung vom Erblasser, sondern durch die Heirat desselben. Und ebenso wie das gesetzliche Erbrecht des Ehegatten erlischt auch dessen Pflichtteilsrecht – in diametralem Gegensatz zu den Ansprüchen, die in einem Ehevertrag geregelt werden – an einem der in § 1933 S. 1 und 2 BGB genannten Zeitpunkte, spätestens aber mit der Scheidung. Das Bestehen des Pflichtteilsrechts setzt als Abfindung für die enttäuschte gesetzliche Erberwartung nämlich gemäß § 2303 Abs. 1 S. 1 und Abs. 2 S. 1 BGB den Ausschluss von der Erbfolge *durch Verfügung von Todes wegen* voraus, mithin also eine Situation, in der dem Berechtigten ohne eine entsprechende Verfügung an sich ein gesetzliches Erbrecht zugestanden hätte.[368] Mit der Scheidung oder dem Vorliegen der Voraussetzungen von § 1933 S. 1 oder S. 2 BGB beim Tod des Erblassers ist der Ehegatte aber bereits *nach dem Gesetz* nicht mehr in der Erbfolge vorgesehen und kann folglich ab diesem Zeitpunkt nicht mehr durch Verfügung von Todes wegen von dieser ausgeschlossen werden.[369]

Spricht demnach die Orientierung an den Scheidungsfolgen noch nicht einmal für eine Übertragung der Kernbereichslehre auf den Kausalvertrag zum Pflichtteilsverzicht des Ehegatten, so gilt dies erst Recht für den Kausalvertrag zum Pflichtteilsverzicht Verwandter (vgl. insoweit auch oben Teil 2, Kap. 1 § 2. B. I. 1. b)).

---

368 *Staudinger/Haas*, § 2303 Rn. 37.

369 Vgl. *Palandt/Edenhofer*, § 1933 Rn. 10; Soergel/*Dieckmann*, § 2303 Rn. 20.

## *II. Die Anknüpfung an die Schutzbedürftigkeit*

### *1. Ausgangspunkt*

Als ein entscheidender Auslöser für die Durchführung der ehevertraglichen Inhaltskontrolle, und damit für die Anwendung der Kernbereichslehre, wurde schon oben die besondere Schutzbedürftigkeit eines der Vertragspartner benannt. Dabei konnte anhand einiger gesetzlicher Vorschriften aus dem Unterhaltsrecht und den Bestimmungen zum Versorgungsausgleich gezeigt werden, dass der Gesetzgeber selbst für den Bereich der Scheidungsfolgen die Gefahr der Fremdbestimmung des einen durch den anderen Vertragspartner anerkannt hat, wenn er diese durch das Erfordernis notarieller Beurkundung und die Betonung gerichtlicher Kontrolle zu begrenzen versucht (vgl. §§ 1585 c S. 2, 1410 BGB, § 7 Abs. 1, 3 und § 8 Abs. 1 VersAusglG, sowie oben Teil 2, Kap. 1 § 2. B. I. 2.). Darüber hinaus hat offenbar auch der Verfassungsgesetzgeber den betroffenen Ex-Ehegatten hinsichtlich der Folgewirkungen einer geschiedenen Ehe als besonders schutzbedürftig erachtet. Denn nach der Rechtsprechung des BVerfG sind die Ansprüche auf nachehelichen Unterhalt und Versorgungsausgleich grundsätzlich dem Schutz des Art. 6 Abs. 1 GG unterstellt.[370] Das eheliche Pflichtenverhältnis nämlich werde durch die Trennung und Scheidung der Ehe zwar verändert, aber nicht beendet, so dass neben der bestehenden Ehe auch deren Folgewirkungen geschützt seien.[371]

Zudem wurde bereits betont, dass der BGH die Kernbereichslehre offenbar als geeignet ansieht, einem solchen besonderen Schutzbedürfnis auch auf judikativer Ebene zu entsprechen, wenn er diese als Reaktionsinstrument auf solche Eheverträge anwendet, die trotz der gesetzlichen Vorkehrungen noch nach nachträglichem Schutz eines der Vertragspartner rufen (vgl. oben Teil 2, Kap. 1 § 2. B. I. 3.).

Hinsichtlich der Frage nach der Sachdienlichkeit einer Unterwerfung auch des Kausalvertrages zum Pflichtteilsverzicht unter das System der Kernbereichslehre ließen sich daher unter Umständen erste Schlüsse ziehen, wenn bereits anhand entsprechender normativer Indizien geklärt werden könnte, ob der Gesetzgeber auch den auf seinen Pflichtteil Verzichtenden für ähnlich schutzbedürftig erachtet, wie den Ehegatten, der einen Verzicht auf nacheheliche Ansprüche erklärt.

---

370 BVerfGE 53, 257, 297 = NJW 1980, 692, 694; BVerfGE 66, 84 = NJW 1984, 1523; MüKoBGB/*Maurer*, Vor § 1569 Rn. 8.

371 BVerfGE 53, 257, 297 = NJW 1980, 692, 694; BVerfGE 66, 84 = NJW 1984, 1523.

## *2. Vergleich mit dem Verzicht auf das gesetzliche Erbrecht*

Eine solche Schutzbedürftigkeit wurde im Hinblick auf den Kausalvertrag zum Verzicht auf das *gesetzliche Erbrecht,* insbesondere aufgrund der vom Gesetzgeber ausdrücklich vorgesehenen Möglichkeit des Erblassers, das gesetzliche Erbrecht jederzeit, einseitig und grundlos entziehen zu können, im Ergebnis verneint (vgl. oben Teil 2, Kap. 1. § 2. B. I. 2.); ähnliches wurde für den Zuwendungsverzicht erarbeitet (vgl. oben Teil 2, Kap. 1. § 2. B. II.).

Dieses Argument allerdings verfängt beim Verzicht auf das Pflichtteilsrecht gerade nicht. Denn das Recht auf den Pflichtteil als Sicherung einer Mindestbeteiligung am Nachlass ist grundsätzlich unentziehbar.[372] Nur unter den nun vereinheitlichten Voraussetzungen des § 2333 BGB n.F.[373] ist es dem Erblasser möglich, einem seiner potentiellen gesetzlichen Erben den Pflichtteil ohne dessen Einverständnis vorzuenthalten. Diese Voraussetzungen sind zwar infolge des Gesetzes zur Änderung des Erb- und Verjährungsrechts[374] etwas weiter gefasst worden, als sie es nach den §§ 2333 ff. BGB a.F. waren.[375] Insgesamt sind die Änderungen aber als moderat zu bezeichnen, so dass ein Pflichtteilsentziehungsgrund trotz der Reform auch weiterhin nur ausnahmsweise vorliegen wird.[376]

Die Frage, ob normative Indizien für die besondere Schutzbedürftigkeit einer auf ihren Pflichtteil verzichtenden Person sprechen, ist daher jedenfalls nicht so leicht zu verneinen, wie es hinsichtlich des Kausalvertrags zum Verzicht auf das gesetzliche Erbrecht möglich war.

---

372 Vgl, *Palandt/Edenhofer*, § 2303 Rn. 1; *Soergel/Dieckmann*, Vor § 2303, Rn. 1.

373 Die Voraussetzungen für die Pflichtteilsentziehung unterschieden sich nach alter Rechtslage danach, ob der Pflichtteil einem Abkömmling (§ 2333 BGB a.F.), den Eltern (§§ 2334, 2333 Nr. 1, 3, 4 BGB a.F.) oder dem Ehegatten (§ 2335 BGB a.F.) entzogen werden sollte. Diese Differenzierung ist nun aufgehoben; § 2333 n.F. BGB regelt die Voraussetzungen für alle genannten Gruppen einheitlich.

374 BGBl 2009 I, 3142.

375 Im Gegensatz zur alten Rechtslage werden nun insbesondere alle Personen geschützt, die dem Erblasser ähnlich wie ein Ehegatte, Lebenspartner oder Kind nahe stehen, z. B. auch Stief- und Pflegekinder. Eine Pflichtteilsentziehung soll auch dann möglich sein, wenn der Pflichtteilsberechtigte diesen Personen nach dem Leben trachtet oder ihnen gegenüber sonst eine schwere Straftat begeht. Nach alter Gesetzeslage war dies nur bei entsprechenden Vorfällen gegenüber einem viel engeren Personenkreis möglich. So kann nun – anders als nach alter Rechtslage – etwa dem Sohn einer Erblasserin der deren langjährigen Lebensgefährten getötet hat oder die Tochter des Erblassers körperlich schwer misshandelt hat, der Pflichtteil entzogen werden.

376 Vgl. *Muscheler*, ZEV 2008, 105 u. 112; *Kroiß*, FPR 2008, 543, 546; *Langenfeld*, NJW 2009, 3121.

### *3. Verfassungsrechtliche Anhaltspunkte*

Die konkrete Ausformung sowie die generelle Berechtigung des Pflichtteilsrechts waren seit den Vorarbeiten zum BGB und insbesondere in den letzten rund 15 Jahren Gegenstand einer lebhaft geführten rechtspolitischen Debatte,[377] deren Niederschlag in der schon angesprochenen, am 01.01.2010 in Kraft getretenen Erbrechtsreform als recht dürftig erscheint, wenn man sich vor Augen hält, welche Forderungen und Ansichten in ihrem Rahmen zuweilen geäußert wurden. So fanden sich Stellungnahmen, die die nur wertmäßige Beteiligung der nächsten Familienangehörigen als nicht ausreichend erachteten,[378] ebenso wie solche, denen der Kreis der Berechtigten zu weit erschien.[379] Zudem wurde vorgeschlagen, einen Anspruch auf den Pflichtteil nur bei Bedürftigkeit zu gewähren.[380] Die weitgehendsten Äußerungen stellten die Berechtigung einer gesetzlichen Mindesteilhabe überhaupt in Frage[381] oder bezeichneten diese gar als verfassungswidrig.[382] Eine jüngere Entscheidung des Bundesverfassungsgerichts[383] stellte sich solchen Gedanken an eine Abschaffung des Pflichtteilsrechts schließlich entgegen und führte zu einer generellen Beruhigung der Diskussion um das Pflichtteilsrecht.[384] Die in ihr getroffenen Feststellungen hatte nun auch der Reformgesetzgeber zu beachten, woraus sich der Umstand der nur punktuell gebliebenen Veränderungen beim Pflichtteilsrecht zu einem Gutteil erklären lässt.[385]

Denn in seinem Beschluss vom 19.04.2005 erklärte der 1. Senat des BVerfG die grundsätzlich unentziehbare und bedarfsunabhängige wirtschaftliche Mindestbeteiligung der Kinder des Erblassers an dessen Nachlass als durch die Erbrechts-

---

377 Siehe dazu *Bauer*, S. 1 ff; *Obergfell*, Kap. 6. C.; *Otte*, JZ 2005, 1007, 1008; *Lipp*, NJW 2002, 2201, 2205; ferner *Hausmann/Hohloch-Joachim* Kap. 4 Rn. 1 m.w.N. Siehe auch die Verhandlungen zum 49. Deutschen Juristentag 1972 sowie zum 64. Deutschen Juristentag 2002.

378 Vgl. *Huber*, S. 9; als Alternative zur wertmäßigen Beteiligung infolge des Pflichtteilsrecht wurde von Vertretern dieser Ansicht das Noterbenrecht favorisiert, welches eine dingliche Beteiligung am Nachlass vorsieht; vgl. zu dieser bereits bei den Vorarbeiten zum BGB diskutierten Problematik auch *Staudinger/Haas*, Einl zu §§ 2303 ff Rn 38; *Boehmer*, AcP 144 (1938), 32, 59 ff; sowie Mot. V S. 386.

379 Unter Bezug insbesondere auf das Pflichtteilsrecht der Eltern *Klingelhöffer*, ZEV 2002, 293, 295; *Vollmer*, S. 245.

380 So etwa *Kick*, in JJZ 1996, S. 167, 178, 182; ganz ähnlich auch *Dauner-Lieb*, FF 2001, SH, 16, 22.

381 *Dauner-Lieb*, FF 2001, SH, 16, 20; *Petri*, ZRP 1993, 205.

382 *Petri*, ZRP 1993, 205, 206.

383 BVerfG, NJW 2005, 1561.

384 So *Otte*, JZ 2005, 1007, 1008.

385 Vgl. RegE zum Gesetz zur Änderung des Erb- und Verjährungsrecht, S. 1 u. 12 ff.

garantie des Art. 14 Abs. 1 S. 1 iVm Art. 6 Abs. 1 GG gewährleistet.[386] Er stellte damit klar, dass das Pflichtteilsrecht nicht nur nicht verfassungswidrig, sondern in seinem Kern von Verfassungs wegen geboten ist und begab sich damit auf eine Linie mit der wohl h.M. in der zivil- und verfassungsrechtlichen Literatur.[387] Hinsichtlich der konkreten einfachrechtlichen Ausgestaltung billigte das Gericht dem Gesetzgeber einen weiten Gestaltungsspielraum zu, solange eine unentziehbare angemessene Teilhabe der Kinder am Nachlass des Erblassers gewährleistet werde.[388]

Die Entscheidung des Bundesverfassungsgerichts betrifft allerdings nur das Pflichtteilsrecht der Abkömmlinge. Nicht ausdrücklich geklärt erscheint daher, ob sie ebenfalls den Schluss auf die verfassungsrechtliche Gewährleistung auch des Ehegatten- oder Elternpflichtteils zulässt. Leitet das BVerfG jedoch den Schutz der vermögensrechtlichen Mindestbeteiligung auch aus Art. 6 Abs. 1 GG her, so erscheint es nahe liegend, dass sich der verfassungsrechtlich geschützte Adressatenkreis des Pflichtteilsrechts notwendig mit dem des Art. 6 Abs. 1 GG deckt.[389] Inwieweit dies neben dem Ehegattenpflichtteil auch den verfassungsrechtlichen Schutz des Pflichtteilsrechts der Erblasser-Eltern zur Folge hätte, hinge damit vom Verständnis des Begriffes „Familie" in Art. 6 Abs. 1 GG ab. Dieser soll nach verbreiteter Auffassung nur die Kleinfamilie betreffen,[390] so dass sich der verfassungsrechtliche Schutz des Pflichtteilsrechts der Eltern danach bemäße, ob der Erblasser eine eigene Familie begründet hat oder nicht.[391]

In der Gesetzesbegründung zur Erbrechtsreform heißt es im gegebenen Zusammenhang sogar ausdrücklich, die vom BVerfG für den verfassungsrechtlichen Schutz des Kindespflichtteils angeführten Gründe könnten auch Geltung für das Pflichtteilsrecht von Eltern und Ehegatten beanspruchen, weshalb deren Abschaffung ebenfalls ausscheiden müsse.[392] *Obergfell* allerdings lehnt diese Feststellung sowie die mit ihr einhergehende Übertragung der verfassungsrechtlichen Legitimation des Kindespflichtteils auf den Pflichtteil von Ehegatten und Eltern als vor-

---

386 BVerfG, NJW 2005, 1561, 1562 ff; dies war etwa in BVerfGE 91, 346, 349; 67, 329, 342 noch offen gelassen worden.

387 Vgl. etwa *Papier*, in *Maunz/Dürig*, Art. 14 Rn. 300 ff; *Otte*, JZ 2005, 1007, 1008; *Meyer*, FPR 2008, 537, 538; MüKoBGB/*Lange*, § 2303 Rn. 3; m.w.N.; vgl. auch BGH, NJW 1990, 911, 913; a.A. hingegen *Dauner-Lieb* FF 2001, SH, 16, 23 f.

388 BVerfG, NJW 2005, 1561, 1564. Interessant erscheint dabei, dass das Gericht selbst an dieser Stelle ausdrücklich die Möglichkeit der Einführung einer dinglichen Beteiligung am Nachlass nennt.

389 *Haas*, ZEV 2000, 249, 253 f, 260; *Soergel/Stein*, Einl Erbrecht Rn. 8.

390 Vgl. BVerfGE 48, 327, 339; 59, 52, 63; *Hofmann*, in Schmidt-Bleibtreu/Hofmann/Hopfauf, Art. 6 Rn. 29; a.A. *Jarass/Pieroth*, Art. 6 Rn. 4.

391 Vgl. dazu auch *Obergfell*, Kap. 3. B. II. 1. c).

392 RegE zum Gesetz zur Änderung des Erb- und Verjährungsrecht, S. 14.

schnell und unzulässig ab, weil sich deren (historische) Begründungen zu sehr von der des Kindespflichtteils unterschieden.[393]

Im Hinblick auf die Frage nach dem verfassungsrechtlichen Schutz des Ehegattenpflichtteils kann jedoch letztlich dahinstehen, ob die in Rede stehende Entscheidung des BVerfG Bedeutung über die Legitimation des Kindespflichtteils hinaus besitzt. Denn bereits von ihr unabhängig herrschte schon zuvor ein breiter Konsens darüber, dass das Pflichtteilsrecht des Ehegatten ebenfalls verfassungsrechtlichen Schutz genießt.[394] So geht etwa auch *Obergfell* davon aus, dass sich aus dem durch Art. 6 Abs. 1 GG vermittelten Schutz von Ehe und Familie das verfassungsrechtliche Gebot ableiten lasse, eine erbrechtliche Mindestteilhabe des Ehegatten im Kern zu wahren und sieht selbige damit letztlich ebenfalls von Verfassungs wegen garantiert.[395]

Ein verfassungsrechtliches Gebot, eine zwingende bedarfsunabhängige Mindestteilhabe der Eltern am Nachlass ihrer Kinder einfachgesetzlich zu normieren, wurde und wird freilich überwiegend abgelehnt.[396] Vor diesem Hintergrund erscheint die Frage, inwieweit die vom BVerfG zu Legitimation des Kindespflichtteils angeführten Gründe auch für das Pflichtteilsrecht der Eltern gelten, mithin in der Tat von größerer Bedeutung, kann an dieser Stelle jedoch nicht weiter vertieft werden.

Ist das Pflichtteilsrecht der nahen Angehörigen somit (jedenfalls weitgehend) verfassungsrechtlich geschützt, so stellt es sich aber nicht nur als subjektives Abwehrrecht gegen staatlichen Zugriff, sondern zugleich auch als Sicherung gegenüber einer familienfremden Ausübung der Testierfreiheit dar.[397] Das Recht naher Angehöriger auf eine Mindestteilhabe am Nachlass des Erblassers wird somit gerade auch diesem gegenüber durch das Grundgesetz selbst geschützt.

Verzichtet der Vertragspartner des Erblassers also im Rahmen des Pflichtteilsverzichtes auf eine durch die Grundrechte geschützte Position, so spricht dies für ein besonders hohes Maß an Schutzbedürftigkeit. Denn grundrechtliche Verbürgungen stellen zugleich objektiv-rechtliche Wertentscheidungen der Verfassung dar, die für

---

393 *Obergfell*, Kap. 3. B. II. 1. b) und III. 3. a).

394 *Schlüter*, in 50 Jahre BGH (Bd. 1), S. 1047, 1067; *Staudinger/Haas*, Einl zu § 2303 ff Rn. 34a; *Staudinger/Otte*, Einl zum ErbR Rn. 85; *Papier*, in *Maunz/Dürig*, Art. 14 Rn. 300 ff.; *Vollmer*, S. 231; *Haas*, ZEV 2000, 249, 250 u. 253 f. m.w.N.

395 *Obergfell*, Kap. 3. B. II. 1. b); siehe ferner *Hollmann*, S. 200.

396 Vgl. *Obergfell*, Kap. 3. B. II. 1. c), die den Elternpflichtteil bereits in historisch-zivilrechtlicher Hinsicht auf „schwachen Füßen" stehend sieht. Gegen einen zwingenden verfassungsrechtlichen Schutz ferner etwa *Haas*, ZEV 2000, 249, 254; *Otte*, ZEV 1994, 193, 194; *Schlüter*, in 50 Jahre BGH (Bd. 1), S. 1047, 1067; aA *Staudinger/Otte*, Einl zum ErbR Rn. 85.

397 *Staudinger/Otte*, Einl zu §§ 1922 ff. Rn. 71; *Haas*, ZEV 2000, 249, 253.

alle Bereiche der Rechtsordnung gelten und daher neben der Gesetzgebung und Verwaltung auch der Rechtsprechung Richtlinien geben.[398]

Nach der Auffassung des Bundesverfassungsgerichts können sich aus ihnen insbesondere auch verfassungsrechtliche Schutzpflichten ergeben, die es gebieten, rechtliche Regelungen so auszugestalten, dass die Gefahr von Grundrechtsverletzungen eingedämmt bleibt.[399] Wenn aber sogar die Gestaltung von schützenden Normen durch eine solche objektive-Wertentscheidung geboten sein kann, so erscheint der Schluss zulässig, dass durch sie erst Recht das Bedürfnis nach einem judikativen Schutz durch eine besonders hohe Intensität richterlicher Inhaltskontrolle indiziert werden kann. Da die Anwendung der Kernbereichslehre gerade diesem Zweck dient, spricht eine verfassungsrechtliche Betrachtung folglich durchaus für die Sachdienlichkeit der Unterwerfung auch des Kausalvertrages zum Pflichtteilsverzicht unter das System der Kernbereichslehre.

### *4. Einfachgesetzliche Anhaltspunkte*

Wie der nacheheliche Unterhalt – aber anders als das gesetzliche Erbrecht – kann auch der gesetzliche Pflichtteil nicht durch einseitige Erklärung, sondern grundsätzlich[400] nur durch eine gemeinsame Vereinbarung zwischen Erblasser und Pflichtteilsberechtigtem ausgeschlossen werden. Ein solches Konsenserfordernis allein deutet freilich noch nicht auf ein bereits im Gesetz zum Ausdruck kommendes besonderes Schutzbedürfnis einer Vertragspartei hin, da die gemeinsame Vereinbarung letztlich Wesensmerkmal eines jeden Vertragsschlusses ist.

Ebenso wie der Unterhaltsverzicht (vgl. § 1585 c S. 2 BGB), der Verzicht auf den Versorgungsausgleich (§§ 1408 Abs. 2, 1410 BGB und § 7 Abs. 1, 3 VersAusglG) und der Verzicht auf den Zugewinnausgleich (§§ 1408 Abs. 1, 1410 BGB) bedarf der Kausalvertrag zum Pflichtteilsverzicht aber zudem der notariellen Beurkundung gemäß § 128 BGB, da § 2348 BGB zur Vermeidung der Umgehung seines Zweckes auch auf das Verpflichtungsgeschäft Anwendung findet.[401] Dieser Zweck der notariellen Beurkundung besteht dabei auch hier darin, sicherzustellen, dass die Beteiligten über die Auswirkungen des Verzichts sachkundig beraten und belehrt werden sowie vor übereilter und unüberlegter Abgabe der zum Verzicht

---

398 BVerfGE 7, 198, 205; 49, 89, 141 f; 56, 54, 73; *Jarass/Pieroth,* Vorb. vor Art 1, Rn. 3.

399 BVerfGE 49, 89, 142.

400 Zum ausnahmsweise zulässigen einseitigen Pflichtteilsentzug vgl. § 2333 BGB, sowie oben Teil 2, Kap. 1. § 3. B. II 2. c).

401 Ganz h.M. MünchKommBGB/*Wegerhoff*, § 2348 Rn. 2; Soergel/*Damrau*, § 2346 Rn. 2 u § 2348 Rn. 5; KG, OLGZ 1974, 263; Keller, ZEV 2005, 229; *Erman/Schlüter*, § 2348 Rn. 3; *Palandt/Edenhofer*, § 2348 Rn. 1; offen gelassen in BGHZ 37, 319, 328; a.A. *Kuchinke*, NJW 1983, 2358; vgl. i.Ü. schon oben Teil 1, Kap. 1. § 3.

verpflichtenden Erklärung geschützt werden.[402] Einfachgesetzlichen Ausdruck findet diese Schutz- und Warnfunktion der notariellen Beurkundung insbesondere in § 17 BeurkG. So verlangt etwa § 17 Abs. 1 S. 2 BeurkG vom Notar, er solle darauf achten, dass „*unerfahrene und ungewandte Beteiligte nicht benachteiligt werden.*"

In der gesetzgeberischen Entscheidung, ein bestimmtes Rechtsgeschäft dem Formzwang nach § 128 BGB zu unterstellen und damit notwendigerweise die an § 17 BeurkG orientierte Beratung durch den Notar sicherzustellen, wird demnach zugleich seine Einschätzung sichtbar, dass für die Beteiligten gerade dieses Rechtsgeschäfts ein besonders hohes Schutzbedürfnis besteht. Zwar hat der Gesetzgeber dies für den Kausalvertrag zum Pflichtteilsverzicht infolge fehlender gesonderter gesetzlicher Erwähnung nicht ausdrücklich vorgesehen. In Anbetracht der schon lange verbreiteten Ansicht, nach der auch das Grundgeschäft der notariellen Beurkundung bedarf (vgl. soeben), kann ein entsprechender Wille des Gesetzgebers jedoch mangels gegenteiliger gesetzgeberischer Reaktion unterstellt werden.

Ist damit auch auf einfachrechtlicher Ebene ein Indiz für eine erhöhte Schutzbedürftigkeit ausgemacht, so fragt sich dennoch, inwieweit dies für die Beantwortung der Frage nach einer Übertragung der Kernbereichslehre weiter führt. Ließe man nämlich allein den Umstand der durch gesetzlichen Formzwang indizierten Schutzbedürftigkeit zur Begründung der Anwendung der Kernbereichslehre genügen, so müsste man selbige konsequenterweise auch auf sämtliche anderen Rechtsgeschäfte übertragen, für die nach dem Gesetz das Formerfordernis notarieller Beurkundung gilt.[403] Dies allerdings erscheint nicht angebracht und wird – soweit ersichtlich – auch von niemandem gefordert.

Die Erkenntnis allein, dass der Gesetzgeber sowohl verfassungs- als auch einfachrechtlich die Schutzbedürftigkeit des auf seine nachehelichen Ansprüche verzichtenden Ehegatten normativ vergleichbar indiziert, wie das Schutzbedürfnis eines nahen Angehörigen, der erklärt auf seinen Pflichtteil verzichten zu wollen, vermag somit die Möglichkeit der Übertragung der Kernbereichslehre zwar offen zu halten, erzwungen wird sie hierdurch jedoch keineswegs.

### *III. Unterhaltsfunktion des Pflichtteilsrechts?*

Die zentrale Bedeutung gerade der Unterhaltsansprüche für die Entwicklung und Anwendung der Kernbereichslehre als maßgebliche Verzichtsgegenstände im Rahmen eines Ehevertrages wurde im Verlauf der Arbeit bereits aufgezeigt (vgl. oben Teil 2, Kap. 1 § 2. B. I. 3.). Es gilt daher auch im Rahmen einer Untersuchung

402 Vgl. MüKoBGB/*Wegerhoff*, § 2348 Rn. 1.

403 Vgl. §§ 311b Abs. 1, Abs. 3, Abs. 5 S. 2, 873 Abs. 2, 877, 1491 Abs. 2, 1501 Abs. 2, 2033, 2371, 2385 BGB.

der Möglichkeiten zur Übertragung der Kernbereichslehre auf den Kausalvertrag zum Pflichtteilsverzicht die Prämisse, dass eine solche Übertragung insbesondere dann sachdienlich erscheinen könnte, wenn dem Pflichtteilsrecht eine Unterhaltsfunktion zukäme.[404]

### *1. Die Funktion des Pflichtteilsrechts aus Sicht des Redaktors von Schmitt*

Erste Aufschlüsse hinsichtlich dieser Frage ergeben sich möglicherweise bereits aus den Redaktionsarbeiten zum BGB. Bedeutung kommt insoweit insbesondere den Arbeiten des Redaktors des Erb- und Pflichtteilsrechts *Gottfried von Schmitt* zu, dessen erster Entwurf des Erbrechtsbuches auch für die weiteren Kommissionsarbeiten zum BGB maßgeblich blieb.[405]

Im Rahmen der für die Grundlagen des Erbrechts wesentlichen Bestimmung des Verhältnisses der Familiengebundenheit des Erblasservermögens zur Testierfreiheit des Erblassers lehnte von Schmitt ein ausschließliches Familienerbrecht nach Vorbild des alten germanischen Rechtes[406] strikt ab.[407] Vielmehr betonte er die Testierfreiheit als Ausfluss der Willensherrschaft des Individuums im Privatrecht und leitete so letztlich alles Erbrecht aus dem Willen des Erblassers her.[408] Konsequenterweise musste er daher auch das Pflichtteilsrecht ausschließlich über den Willen des Erblassers rechtfertigen.[409] So sah er in dem Umstand der Heirat

404 So auch *Wachter*, ZErb 2004, 238, 244; *Münch*, ZEV 2008, 571, 573; *Wiemer*, S. 172.

405 *Stadler*, S. 34. Als Ergebnis seiner Redaktionsarbeiten legte von Schmitt der Kommission vor: Vorlagen zur Ordnung der Verwandtenerbfolge, zur Testierfreiheit, zur Form letztwilliger Verfügungen (1875), zum Erbanfall (1876), zum Erbeinsetzungsvertrag (1977), zum Erbrecht des überlebenden Ehegatten (1877, zusammen mit *Planck*) und zum Familienfideikommiß (1878, zusammen mit *Johow*), einen Entwurf eines Rechtes der Erbfolge einschließlich der Vorschläge zum Einführungsgesetz mit einer Begründung und zwei Anlagen (1879) und Änderungsvorschläge zum Entwurf von 1879 einschließlich Motive (1886). Sowohl die erste als auch die zweite Kommission nahmen den Entwurf *von Schmitts* im Wesentlichen unverändert an, siehe *Mertens*, S. 101 f.; vgl. ferner auch *Obergfell*, Kap. 2. B. II. 3 a) und b).

406 Soweit im Rahmen des altgermanischen Rechts überhaupt von einem Erbrecht gesprochen werden kann, handelte es sich um ein reines, durch Blutsverwandtschaft vermitteltes Familienerbrecht, dem eine Testierfreiheit nach römischem Vorbild unbekannt war (*Siegel*, S. 134) und dessen Prinzipien in Rechtssprüchen wie „der Erbe wird geboren, nicht gekoren" oder „das Blut rinnt wie das Gut" zum Ausdruck kommen, vgl. *Bauer*, S. 23 f.

407 v. *Schmitt*, S. 52, bei *Schubert*, ErbR Teil 1, S. 168.

408 Vgl. *v. Schmitt*, S. 52-54, bei *Schubert*, ErbR Teil 1, S. 168-170; dazu ferner *Mertens*, S. 34 ff. und 83; *Obergfell*, Kap. 2. B. II. 2 b) (1) und *Stadler,* S. 35.

409 *v. Schmitt*, S. 54, bei *Schubert*, ErbR Teil 1, S. 170.

und Kinderzeugung eine Art willentliche Selbstbindung des Erblassers, aufgrund derer sich dieser eines Teils seiner erbrechtlichen Dispositionsfreiheit begebe.[410]

Die Versorgung durch Pflichtteile lehnte er dagegen als Rechtfertigung für die Beschränkung der Testierfreiheit ausdrücklich ab.[411] Denn da die Alimentationspflicht die Bedürftigkeit des Berechtigten voraussetze und die Ausstattungspflicht nicht den Tod des Erblassers verlange, könne weder der Alimentations-, noch der Ausstattungsgedanke ein Pflichtteilsrecht begründen [412]

Erscheint das Pflichtteilsrecht daher nach dem Konzept seines maßgeblichsten Gestalters nicht durch eine Unterhaltsfunktion begründet, sondern allein als Reflex der aufgrund eigener Willensentscheidung bewusst eingegangenen Bindung von Erblassern, die heiraten und Kinder zeugen, so könnte dies im Rahmen der Ausgangsfragestellung gegen die Sachdienlichkeit einer Anwendung der Kernbereichslehre auf den Kausalvertrag zum Pflichtteilsverzicht sprechen. Ein stichhaltiges Argument ließe sich dem *von Schmitt'schen* Konzept aber tatsächlich nur dann entnehmen, wenn dieses in der Lage wäre, das System der seit Entstehung des BGB im wesentlichen unveränderten Regelungen des Pflichtteilsrechts umfänglich überzeugend und schlüssig zu begründen. Diesbezüglich aber bestehen Zweifel.

Insbesondere erscheint problematisch, wie nach dem allein auf dem Willen des Erblassers aufbauenden Konzept *von Schmitts* das Pflichtteilsrecht der Eltern zu rechtfertigen ist.[413] Gründen die Einschränkungen der Testierfreiheit hiernach nämlich auf selbst gewählten Bindungen (Heirat, Zeugung eines Kindes), und somit letztlich wieder auf dem Erblasserwillen, so vermag diese Sichtweise nicht zu erklären, warum die Dispositionsfreiheit des Erblassers dann auch durch den Elternpflichtteil beschränkt wird. Die Bindung zu seinen Eltern nämlich vermag der Mensch nicht willentlich selbst zu wählen.[414] Zwar lehnte *von Schmitt* selbst insoweit folgerichtig ein Pflichtteilsrecht der Eltern daher auch konsequent ab.[415] Doch lautet die entscheidende Frage hier nicht, ob das *von Schmitt'sche* Konzept in sich stimmig ist. Vielmehr gilt es zu beantworten, ob es das normierte Pflichtteilsrecht, so wie es von der zweiten Kommission letztlich beschlossen wurde[416] und im We-

410 *v. Schmitt*, S. 54, bei *Schubert*, ErbR Teil 1, S. 170; siehe auch *Sturm*, S. 121 f.

411 *Stadler*, S. 42.

412 *v. Schmitt*, S. 54, bei *Schubert*, ErbR Teil 1, S. 170.

413 Vgl. dazu auch *Stadler*, S. 45; *Staudinger/Haas*, Einl zu §§ 2303 ff. Rn 23.

414 So auch *Sturm*, S. 123.

415 *v. Schmitt*, S. 638 ff., bei *Schubert*, ErbR Teil 1, S. 754 ff.; siehe dazu auch *Obergfell*, Kap. 2. B. II. 2. b) (5) und C; *Mertens*, S. 101.

416 Vgl. zur Entscheidung der ersten Kommission für ein Pflichtteilsrecht der Erblassereltern, zu deren Begründung insbesondere das Pietätsgefühl sowie der Wille geltend gemacht wurde, nicht in Widerspruch zu allen in Deutschland geltenden Rechten zu treten, das nach *Mertens*, S. 101 zitierte Protokoll der 12. Sitzung v. 23. Oktober 1875. Die zweite Kommis-

sentlichen bis heute gilt, schlüssig zu begründen vermag. Bestandteil dessen ist nun aber bekanntlich auch die grundsätzliche Pflichtteilsberechtigung der Eltern (vgl. § 2303 Abs. 2 S. 1 BGB; beachte aber auch § 2309 BGB). Da diese jedoch – wie gezeigt – nicht über den Willen des Erblassers zu rechtfertigen ist, versagt das *von Schmitt'sche* Konzept bereits insoweit als vollumfänglich schlüssige Grundlage der Ausgestaltung des geltenden Pflichtteilsrechts.

Doch auch ungeachtet dieses Umstandes beruht die Bindung des Vermögens an die Familie kaum auf einer durch den Willen begründeten Obliegenheit des Erblassers; denn dieser begründet oftmals willentlich zwischenmenschliche Beziehungen zu Personen auch außerhalb der Familie, ohne dass sich daraus pflichtteilsrechtliche Konsequenzen ergäben.[417]

Letztlich birgt die Begründung der willentlichen Selbstbindung als innerer Grund des Pflichtteilsrechts auch einen unauflösbaren Widerspruch in sich, da Voraussetzung des Pflichtteilsrechts doch gerade die entgegengesetzte Willensäußerung des Erblassers in Form einer letztwilligen Verfügung ist. Ungeachtet individueller Bedürfnislagen von Familienangehörigen oder anderweitig auferlegter außerfamiliärer Bindungen des Erblassers wird die von *von Schmitt* sonst als oberstes Prinzip des Erbrechts gehandelte Willensfreiheit so aufgrund angeblich selbst gewählter Bindungen eingeschränkt und damit plötzlich als nachrangig diesen gegenüber eingestuft. Eine Selbstbindung als Ausdruck der Willensfreiheit einerseits und gleichzeitig als Legitimation für die Begrenzung dieser Freiheit andererseits erscheint mithin widersprüchlich und vermag daher nicht zu überzeugen.[418]

Erklärt wird diese Inkonsequenz im Konzept *von Schmitts* über mehrere Ansätze. So wird darauf hingewiesen, dem Redaktor habe sich angesichts seiner Konzentration auf den Erblasserwillen gar keine andere Möglichkeit eröffnet, als auch die Rechtfertigung des Pflichtteilsrechts durch ihn zu untermauern.[419] Zum anderen habe *von Schmitt* eine Begründung über den Versorgungsaspekt um jeden Preis verhindern wollen, um nicht in eine ihm unerwünschte Nähe zu Zeitgenossen wie *Otto von Gierke*[420] gerückt zu werden, die in politisch brisanter Weise gerade über diese Argumentation die „soziale Frage" zu lösen gedachten.[421]

---

sion ließ den Kreis der Pflichtteilsberechtigten unverändert so, wie er von der ersten Kommission beschlossen worden war, vgl. *Obergfell*, Kap. 2 B. II. 2. 3. b) m.w.N.

417 *Staudinger/Haas*, Einl zu §§ 2303 ff. Rn 23; *Soergel/Stein,* Einl § 1922 Rn 83; *Stadler*, S. 46.

418 So zutreffend *Stadler*, S. 46.

419 *Sturm*, S. 134; *Stadler*, S. 45.

420 So formuliert dieser: „Nur in der Verwirklichung der im natürlichen Bau der Familie angelegten Geschlechterfolge, in dem Eintritt der kraft der Gliederung des gesellschaftlichen Körpers hierzu nächstberufenen Individuen in die leer gewordene Stelle liegt die unver-

Schließlich wird angeführt, die umfangreiche Beschäftigung mit dem Rechtsbewusstsein der Bevölkerung und der Rolle des Pflichtteils in den Partikularrechten vor der Zeit des BGB, deute darauf hin, dass auch ein "moralisches Unbehagen" im Hinblick auf eine zu starke Veränderung des Pflichtteilsrechts, wie sie eine Ausrichtung an der Bedürftigkeit zur Folge gehabt hätte, eine Rolle gespielt haben dürfte.[422]

Nach alledem vermag jedenfalls das *von Schmitt'sche* Konzept dem Pflichtteil nicht in überzeugender Weise eine Unterhalts- oder Versorgungsfunktion abzusprechen. Angesichts der soeben gewonnenen Erkenntnis, nach der der Wille des Erblassers offenbar doch nicht in der Lage ist, alle erb- und pflichtteilsrechtlichen Regelungen schlüssig zu erklären, erscheint vielmehr die weit verbreite Begründung des gesetzlichen Erbrechts aus einem typisierten Erblasserwillen heraus nicht mehr überzeugend. Wie schon von *Leipold* treffend formuliert, legitimiert folglich nicht der typisierte mutmaßliche Erblasserwille das gesetzliche Erbrecht – und damit auch das Pflichtteilsrecht –, sondern erscheinen die tatsächlichen familiären und verwandtschaftlichen Beziehungen als Grundlage der gesetzlichen Erbfolge.[423]

Nicht der typisierte mutmaßliche Wille des Erblassers, sondern dessen typisierte Beziehungen innerhalb der engeren Kernfamilie sind es, die dem gesetzlichen Erbrecht zugrunde liegen und die somit letztlich auch verantwortlich für die Gewährung eines Pflichtteilsrechts der nahen Angehörigen sind.[424] Auch *von Schmitt* schien sich dieser Erkenntnis nicht völlig verschließen zu können, wenn er an anderer Stelle seiner Redaktionsarbeiten in gewissem Widerspruch zu seinen vorherigen Ausführungen schreibt, die Pflichtteilsberechtigung beruhe auf der einseitigen Verbindlichkeit des Erblassers, den von ihm gegründeten Stamm fortzuerhalten.[425] Es sind daher die familiären Bindungen des Erblassers zu seinen nahen Angehörigen, die im Hinblick auf eine mögliche Unterhaltsfunktion des Pflichtteilsrechts eingehender Betrachtung bedürfen.[426]

---

gleichlich werthvolle soziale Funktion, liegt die unvergängliche innere Berechtigung des Erbrechts.", *Gierke*, soziale Aufgabe, S. 38 f.

421 *Sturm*, S. 134; *Stadler*, S. 45; vgl. auch *Baron*, AcP 75 (1889), 177, 189; ausführlich zu den sozialpolitischen Implikationen der Erbrechtsentwürfe, *Schröder*, S. 165 ff., 174 ff. 324 ff.

422 Vgl. *Mertens*, S. 84 f; *Obergfell*, Kap. 2. B. II. 2. b) (3); *Stadler*, S. 44; *Kick*, JJZ 1996, 167, 176; *Dauner-Lieb*, DNotZ 2001, 460; siehe in diesem Zusammenhang etwa die Äußerungen v. *Schmitts*, S. 55 f, bei *Schubert*, ErbR Teil 1, S. 171 f.

423 *Leipold*, AcP 180 (1980), 160, 196.

424 Vgl. *Obergfell*, Kap. 2. B. II. 2. d) (2); *Mertens*, S. 103; *Lipp*, NJW 2002, 2201, 2206 m.w.N.

425 *v. Schmitt*, S. 640, bei *Schubert*, ErbR Teil 1, S. 756.

426 In diesem Sinne auch *Sturm*, S. 124.

## *2. Normativ-dogmatische Aspekte*

Diese Bindungen werden neben später noch zu behandelnden soziologischen Aspekten ganz wesentlich durch das Gesetz bestimmt. So findet sich insbesondere im vierten und fünften Buch des BGB eine Vielzahl von Normen, die grundlegende Aspekte familiärer Beziehungen, wie etwa den Grad der Verwandtschaft, gegenseitige Unterhalts- und Fürsorgepflichten, die Schließung und Ausgestaltung einer Ehe oder Art und Ausmaß erbrechtlicher Teilhabe, regeln. Es stellt sich daher die Frage, inwieweit sich den Regeln dieser Bücher normativ-dogmatische Hinweise darauf entnehmen lassen, ob dem gesetzlichen Pflichtteilsrecht eine Unterhaltsfunktion zukommt oder nicht.

### *a) Der sog. Dreißigste (§ 1969 BGB)*

§ 1969 BGB soll den Familienangehörigen des Erblassers, die zur Zeit seines Todes seinem Hausstand angehört und von ihm Unterhalt bezogen haben, für die ersten dreißig Tage nach dem Erbfall den Fortbezug des Unterhalts sowie die Fortdauer der Benutzung der Wohnung und der Haushaltsgegenstände sichern. Daher billigt ihnen die Vorschrift einen entsprechenden schuldrechtlichen Anspruch gegen den Erben in Form eines gesetzlichen Vermächtnisses zu, vgl. § 1969 Abs. 2 BGB. Das Gesetz ordnet somit die Aufrechterhaltung einer Versorgungssituation über den Tod des Verpflichteten an; es bedient sich an dieser Stelle des Erbrechts, um die Versorgung von Personen aufrecht zu erhalten.[427] Ob sich hieraus allerdings auch ein Hinweis auf eine Versorgungs- bzw. Unterhaltsfunktion konkret des Pflichtteilsrechts entnehmen lässt, erscheint fraglich. Anspruchsberechtigt sind nach dem Wortlaut des § 1969 Abs. 1 S. 1 BGB die Familienangehörigen des Erblassers. Der Begriff der Familienangehörigkeit ist im Gesetz nicht näher definiert, wird jedoch allgemein recht weit ausgelegt. Zu den Familienangehörigen iSd Norm gehören daher neben dem Ehegatten und Verwandten des Erblassers auch verschwägerte, sowie sonstige Personen, die wegen ihrer persönlichen Beziehungen zu dem Erblasser in dessen Familiengemeinschaft aufgenommen worden sind (zB Stiefkinder oder nichteheliche Lebenspartner)[428].[429] Der Kreis der Anspruchsberechtigten wird also viel weiter und weniger schematisch gezogen als dies beim Pflichtteilsrecht der Fall ist. Indem von der Vorschrift des § 1969 BGB daher auch

427 *Stadler*, S. 28.

428 OLG Düsseldorf, NJW 1983, 1566; *Palandt/Edenhofer, § 1969 Rn. 1; Staudinger/ Marotzke*, § 1969 Rn. 4; MüKoBGB/*Küpper*, § 1969 Rn. 2; a.A. in Bezug auf den nichtehelichen Lebenspartner *Steinert,* NJW 1986, 683, 686.

429 *Staudinger/Marotzke*, § 1969 Rn. 4.

solche Personen profitieren können, die nicht zum Kreis der Pflichtteilsberechtigten nach § 2303 BGB gehören, wird deutlich, dass § 1969 BGB nicht als Hinweis auf eine Unterhaltsfunktion speziell des Pflichtteils dienen kann.

Darüber hinaus knüpft der Anspruch aus § 1969 BGB – anders als sonstige gesetzliche Unterhaltsansprüche – nicht an eine tatsächliche Bedürftigkeit bzw. eine damit korrespondierende Rechtspflicht des Erblassers an. Allein entscheidend ist der Umstand, dass der Familienangehörige tatsächlich Unterhalt bezogen hat, sei er auch selbst vermögend gewesen.[430] Auch dies verdeutlicht im Kontext der zum Schutze sozial Schwächerer entwickelten Kernbereichslehre die fehlende Aussagekraft des § 1969 BGB für die hier in Rede stehende Frage.

### *b) Der Unterhaltsanspruch der werdenden Mutter eines Erben (§ 1963 BGB)*

§ 1963 BGB billigt der Mutter eines ungeborenen Kindes, welches zum Erbe nach dem Erblasser berufenen ist, einen gesetzlichen Unterhaltsanspruch zu, sofern diese im Zeitpunkt des Erbfalls außerstande ist, sich selbst zu unterhalten. Auch hier also führt eine Vorschrift des 5. Buches zu einem Unterhaltsanspruch.

Dieser Anspruch wird zwar im Interesse des ungeborenen Kindes gewährt und vervollständigt so die in § 1923 Abs. 2 BGB enthaltene erbrechtliche Berücksichtigung des werdenden Lebens.[431] Anspruchsberechtigt ist jedoch die Mutter, und zwar unabhängig davon, ob sie mit dem Erblasser verheiratet war oder nicht.[432] Der Anspruch kann somit wiederum einer Person zustehen, die – etwa als unverheiratete Mutter eines Kindes des Erblassers – nicht zum Kreis der Pflichtteilsberechtigten gehört. Zudem muss die Erbenstellung des ungeborenen Kindes nicht auf Gesetz beruhen, sondern kann vielmehr auch auf Verfügung von Todes wegen zurückzuführen sein,[433] so dass die Norm also auch im Interesse solcher Kinder greift, denen kein gesetzliches Pflichtteilsrecht nach dem Erblasser zusteht. Der besondere Unterhaltsanspruch nach § 1963 BGB ist demnach ebenso wie der Anspruch aus § 1969 BGB in keiner Weise mit der Pflichtteilsberechtigung verknüpft, weshalb sich auch aus ihm kein Hinweis auf eine Unterhaltsfunktion speziell des Pflichtteilsrechts ergibt.

---

430 *Staudinger/Marotzke*, § 1969 Rn. 6.

431 MüKoBGB/*Leipold*, § 1963 Rn. 1; *Staudinger/Marotzke*, § 1963 Rn. 2; *Palandt/Edenhofer*, § 1963 Rn. 1.

432 MüKoBGB/*Leipold*, § 1963 Rn. 2; *Staudinger/Marotzke*, § 1963 Rn. 3; *Leipold*, Rn. 199.

433 MüKoBGB/*Leipold*, § 1963 Rn. 3; *Staudinger/Marotzke*, § 1963 Rn. 4; *Palandt/Edenhofer*, § 1963 Rn. 1.

*c) § 2333 Abs. 1 Nr. BGB*

Eine gewisse Verknüpfung von Unterhalts- und Pflichtteilsrecht sieht allerdings § 2333 Abs. 1 Nr. 3, Abs. 2 BGB vor. Nach dieser Vorschrift kann der Erblasser einer an sich pflichtteilsberechtigten Person den Pflichtteil entziehen, wenn diese eine dem Erblasser gegenüber bestehende Unterhaltspflicht böswillig verletzt hat.

*Wachter* führt diese Regelung anlässlich seiner Beschäftigung mit dem Thema dieser Arbeit zur Verdeutlichung einer Unterhalts- und Versorgungsfunktion des Pflichtteilsrechts an.[434] Zu einer solchen Verdeutlichung taugt die Norm jedoch nicht.[435] Denn der durch sie hergestellte Zusammenhang zwischen Unterhalts- und Pflichtteilsrecht betrifft die Funktionen und Aufgaben der jeweiligen Institute nicht etwa dergestalt, dass er die Zubilligung eines Pflichtteils aus dem Nachlass des Erblassers grundsätzlich als Kompensation für diesem zu Lebzeiten gewährten Unterhalt ansähe, mit der ein solcher Unterhalt quasi zurückgezahlt wird, so dass eine erbrechtliche Kompensation bei einer lebzeitigen Verweigerung von Unterhaltszahlungen unbillig erschiene. Vielmehr stellt der Gesetzgeber die böswillige Unterhaltsverweigerung in eine Reihe mit anderen schweren Verfehlungen gegen den Erblasser, die erkennbar nicht auf dem Gedanken eines finanziellen Ausgleichs beruhen und verdeutlicht so, dass er sie schlicht als einen Umstand erkennt, der die gesetzlich garantierte Mindestteilhabe am Nachlass aufgrund eines erheblichen Fehlverhaltens gegenüber dem Erblasser in Frage stellt.[436] § 2333 Abs. 1 Nr. 3, Abs. 2 BGB bietet also kein Argument für eine Unterhaltsfunktion des Pflichtteilsrechts.

*d) Das Verbot des Verzichts auf zukünftigen Unterhalt (§ 1614 Abs. 1 BGB)*

Im Rahmen der Diskussion um eine Unterhaltsfunktion des Pflichtteilsrechts wird speziell im Kontext der Erörterung einer Übertragung der Grundsätze ehevertraglicher Inhaltskontrolle auch die Vorschrift des § 1614 Abs. 1 BGB herangezogen. So vertreten insbesondere *Kapfer* und *Ludyga* die Ansicht, ein Vergleich von § 1614 Abs. 1 iVm §§ 1360 a Abs. 3 und § 1361 Abs. 4 S. 3 BGB einerseits mit § 2346 Abs. 2 BGB anderseits lasse erkennen, dass Unterhalt und Pflichtteil zwei grundverschiedene Institute seien, weshalb die Anwendung der Kernbereichslehre auf den Pflichtteilsverzicht nicht überzeugend erscheine.[437] Denn während auf den

434 *Wachter*, ZErb 2004, 238, 244.

435 So im Ergebnis auch *Ludyga*, § 5 Rn. 13.

436 Vgl. MüKoBGB/*Lange*, § 2333 Rn. 1 sowie auch RegE zum Gesetz zur Änderung des Erb- und Verjährungsrechts S. 51.

437 *Kapfer*, MittBayNot 2006, 385, 388; *Ludyga*, § 5 Rn. 11.

Verwandten-, Familien-, und Trennungsunterhalt nicht für die Zukunft verzichtet werden könne,[438] sei ein Verzicht auf das ebenfalls stets zukünftige Pflichtteilsrecht vom Gesetzgeber ausdrücklich zugelassen. Essenz dieser Argumentation ist daher offenbar, die Unverzichtbarkeit für die Zukunft sei ein wesentliches Charakteristikum des Unterhalts, weshalb der Umstand der Verzichtbarkeit auf das Pflichtteilsrecht gegen eine Unterhaltsfunktion desselben spreche.

Die genannten Autoren lassen dabei allerdings unverständlicherweise außer Betracht, dass das Verbot des § 1614 Abs. 1 gerade nicht den nachehelichen Unterhalt erfasst,[439] vgl. § 1585 c BGB. Indem also auf die im gegebenen Kontext besonders zentralen Unterhaltsansprüche doch für die Zukunft verzichtet werden kann, wird der obigen Argumentation gleichsam ihre Grundlage entzogen. So ist es eben kein zwingendes Merkmal eines Unterhaltsanspruches, dass auf ihn für die Zukunft nicht verzichtet werden kann. Folglich kann der Umstand der Verzichtbarkeit für die Zukunft auch nicht als Argument gegen eine Unterhaltsfunktion des Pflichtteilsrechts überzeugen.

#### *e) Unterhalt und Pflichtteil als Ausdruck familiärer Solidarität in der Familie*

Ein gesetzlicher Unterhaltsanspruch kommt nur zwischen solchen Personen in Betracht, die in einer rechtlich erfassbaren, besonderen Beziehung zueinander stehen, mithin miteinander verheiratet sind bzw. waren, miteinander verwandt sind oder gemeinsam ein Kind gezeugt haben[440] (vgl. zum Ganzen schon oben Teil 2, Kap. 1 § 2. B. III. 1.). Auch das Pflichtteilsrecht beruht gemäß § 2346 Abs. 1 S. 1 BGB auf dem Status der Verwandtschaft oder der Ehe. Unterhaltsrecht wie Pflichtteilsrecht knüpfen daher grundsätzlich an die gleichen familienrechtlichen Beziehungen der Beteiligten an, um familiär verbundenen Personen einen geldwerten Anspruch zuzubilligen.[441]

Beide Institute sind somit gleichsam Ausdruck einer durch Abstammung und Heirat rechtlich geordneten finanziellen Solidarität.[442] Solidarität allerdings ist kein Rechtsbegriff, sondern meint eine ganze Vielzahl von Formen des Beistands und der Unterstützung, die innerhalb einer Familie gegenseitig gewährt werden kann. So zieht auch das Bundesverfassungsgericht zwar eine Parallele zwischen Unter-

438 Kritisch zur Berechtigung des Verzichtsverbots, *Staudinger/Engler*, § 1614 Rn. 2.

439 Statt vieler MüKoBGB/*Born*, § 1614 Rn. 4.

440 In diesem Zusammenhang zu vernachlässigende Ausnahmen können sich allerdings aus § 1963 BGB, § 1969 oder § 1586 b BGB ergeben.

441 Vgl. zu der Bedeutung dieses Aspekts im Hinblick auf eine Unterhaltsfunktion des Pflichtteils auch *Obergfell*, Kap. 6. D. I. 3. a).

442 *Lipp*, NJW 2002, 2201, 2206.

halts- und Pflichtteilsrecht. Das Pflichtteilsrecht knüpfe wie das Unterhaltsrecht an die familienrechtlichen Bindungen zwischen dem Erblasser und seinen Kindern an und übertrage „*diese regelmäßig durch Abstammung begründete [...] Solidarität zwischen den Generationen in den Bereich des Erbrechts*".[443] Zugleich jedoch stellt das Gericht in derselben Entscheidung ausdrücklich die Bedarfsunabhängigkeit des Kindespflichtteils fest.[444]

So kann aus der soeben gewonnen Erkenntnis auch nicht geschlossen werden, dem Pflichtteilsrecht komme Unterhaltsfunktion zu, weil es Ausdruck familiärer Solidarität ist. Vielmehr erlaubt dieser Vergleich nur den Schluss, dass Unterhaltsrecht und Pflichtteilsrecht sich unter dem Begriff finanzieller Solidarität innerhalb der Familie zusammenfassen lassen.

Ein Hinweis darauf, dass das Pflichtteilsrecht die Rolle eines durch Tod entfallenen Unterhaltsanspruchs übernimmt, ergibt sich daraus jedoch (noch) nicht.

### *f) § 1371 Abs. 4 BGB*

Einen ersten Hinweis darauf, dass dem Erb- und Pflichtteilsrecht eine Unterhaltsfunktion nicht völlig unbekannt ist, liefert jedoch die Vorschrift des § 1371 Abs. 4 BGB.[445] Sie gewährt zum Ausgleich einer erbrechtlichen Benachteiligung unter gewissen Umständen einen funktionell unterhaltsähnlichen[446] Ausbildungsanspruch.[447]

§ 1371 Abs. 4 BGB korrespondiert mit der in § 1371 Abs. 1 BGB angeordneten Erhöhung des Ehegattenerbteils. Diese Erhöhung kann zu schwerwiegenden Folgen für die Abkömmlinge des Erblassers führen, die nicht aus der durch seinen Tod gelösten Ehe stammen. Denn ihr gesetzlicher Erbteil verringert sich durch die Erhöhung des gesetzlichen Erbteils ihres Stiefvaters oder ihrer Stiefmutter, ohne dass ihnen eine Chance auf Partizipierung an deren Vermögen infolge gesetzlicher Erbfolge verbleibt.

Aufgrund von § 1371 Abs. 1 BGB werden sie weitgehend von der Teilhabe am Erbe ihres Vaters oder ihrer Mutter ausgeschlossen und verlieren damit unter Um-

---

443 BVerfG, NJW 2005, 1561, 1564.

444 BVerfG, NJW 2005, 1561, 1563.

445 *Staudinger/Haas*, Einl zu §§ 2303 ff. Rn. 19; *Stadler*, S. 32 f.

446 *Staudinger/Thiele*, § 1371 Rn. 105.

447 Der Anspruch aus § 1371 Abs. 4 BGB hat einen Mischcharakter, er vereint Elemente des ehelichen Güterrechts, des Erbrechts und des Unterhaltsrechts, vgl. *Staudinger/Thiele*, § 1371 Rn. 121; MüKoBGB/*Koch*, § 1371 Rn. 58 f.; für erbrechtliche Natur *Erman/Gamillscheg*, § 1371 Rn. 20; für unterhaltsrechtliche Natur, jurisPK-BGB/*Roth*, § 1371 Rn. 25.

ständen jede Sicherung für die Zukunft;[448] insbesondere partizipieren sie hiernach nicht an der während der Ehe erbrachten Arbeitsleistung ihres verstorbenen Elternteils.[449] § 1371 Abs. 4 BGB verpflichtet nun für den Fall der nach dem Erbfall bestehenden Bedürftigkeit der einseitigen Abkömmlinge des Erblassers den überlebenden Ehegatten, seinen Stiefkindern aus dem zusätzlichen Viertel nach § 1371 Abs. 1 BGB, die Mittel zu einer angemessenen Ausbildung zu gewähren. Geschuldet werden dabei in der Zeit der Ausbildung neben den eigentlichen Ausbildungskosten grundsätzlich auch die allgemeinen Lebenshaltungskosten.[450] Indem die Vorschrift eine erbrechtliche Benachteiligung also durch die Gewährung eines Anspruches mit funktionellem Unterhaltscharakter zu kompensieren versucht, gibt sie zu erkennen, dass dem gesetzlichen Erbrecht der Abkömmlinge durchaus auch Aufgaben der Unterhaltssicherung zufallen können.[451] Für das gesetzliche Pflichtteilsrecht kann dann nichts anderes gelten.

### *g) Die passive Vererblichkeit des Unterhaltsanspruchs des Ehegatten gemäß §§ 1586 b Abs. 1, 1933 S. 3 BGB*

Ein weiterer Hinweis könnte den §§ 1586 b Abs. 1, 1933 S. 3 BGB zu entnehmen sein. Denn diese Vorschriften stellen einen Bedingungszusammenhang zwischen dem Verlust des gesetzlichen Erb- und Pflichtteilsrechts eines Ehegatten und dessen Unterhaltsanspruch gegen den Erben seines ihm unterhaltspflichtigen verstorbenen Ehegatten her.[452]

Abweichend vom Grundsatz des § 1615 Abs. 1 BGB, erlischt der nacheheliche Unterhaltsanspruch infolge des § 1586 b Abs. 1 BGB nicht mit dem Tod des unterhaltspflichtigen ehemaligen Ehegatten, sondern geht als Nachlassverbindlichkeit auf dessen Erben über. Gleiches gilt gemäß § 1933 S. 3 BGB auch dann, wenn die Ehe im Zeitpunkt des Todes des Unterhaltspflichtigen zwar noch nicht geschieden war, aber die Voraussetzungen für eine Scheidung oder Aufhebung der Ehe vorlagen und der Erblasser entweder die Scheidung beantragt, ihr zugestimmt oder die Eheaufhebung beantragt hatte, vgl. § 1933 S.1 und 2 BGB.

Der sog. „verlängerte Unterhaltsanspruch“[453] des überlebenden geschiedenen Ehegatten ist dabei der Höhe nach durch einen fiktiven Pflichtteil begrenzt, d.h. er

---

448 *Staudinger/Thiele*, § 1371 Rn. 91.

449 jurisPK-BGB/*Roth*, § 1371 Rn. 22.

450 MüKoBGB/*Koch*, § 1371 Rn. 79; *Palandt/Diederichsen* § 1371 Rn. 9; differenzierend *Staudinger/Thiele*, § 1371 Rn. 111 f.

451 Ganz ähnlich auch *Obergfell*, Kap. 6. D. I. 3. b).

452 *Sturm*, S. 126.

453 So *Dieckmann*, FamRZ 1992, 633, 634.

ist auf den Betrag beschränkt, der dem Ehegatten als Pflichtteil zugestanden hätte, wenn die Ehe bis zum Tode des Erblassers Bestand gehabt hätte.[454]

Bereits die Wahl dieser Begrenzung gibt nun einen ersten Hinweis auf die mit der Regelung verfolgte Intention des Gesetzgebers. In der Gesetzesbegründung zu § 1586 b BGB nämlich heißt es *„der Zweck der passiven Vererblichkeit des Unterhaltsanspruches ist es allein, den geschiedenen Ehegatten mit seinem Lebensbedarf über den Tod des Verpflichteten hinaus in ähnlicher Weise sicherzustellen, wie dies bei Fortbestand der Ehe durch erbrechtliche Ansprüche erreicht worden wäre.*"[455] Die Versorgung des verwitweten Ehegatten durch erbrechtliche Ansprüche ist aber nur in Höhe des Pflichtteils wirklich sichergestellt, da der Erblasser seinem Ehegatten den gesetzlichen Erbteil jederzeit problemlos durch Verfügung von Todes wegen entziehen kann. Angesichts dieses Umstandes erschien die Begrenzung auf die Höhe des fiktiven Pflichtteils dem Gesetzgeber daher zur Erreichung des oben genannten Zwecks der Vorschrift zurecht nur konsequent.[456]

Indem es also in der Zubilligung eines Unterhaltsanspruches eine Sicherung des Lebensbedarfs *„in ähnlicher Weise*" wie durch einen Pflichtteilsanspruch sieht, gibt das Gesetz zu erkennen, dass es jedenfalls dem Ehegattenpflichtteil bei bestehender Ehe die Funktion künftiger Unterhaltssicherung zuerkennt.[457]

Damit greift es zudem auch einen bereits in § 254 der Redaktorvorlage von *Gottlieb Planck* enthaltenen Grundgedanken auf, der sich über die Kommissionsarbeiten[458] in § 1582 BGB a.F., § 78 EheG 1938 und § 70 EheG 1946 fortsetzte.[459] *Planck* nämlich stellte anders als *Gottfried von Schmitt* von vornherein einen Zusammenhang zwischen Unterhaltsrecht und Erb- und Pflichtteilsrecht her,[460] wenn er eine Beschränkung des Anspruchs auf nachehelichen Unterhalt analog zum ehe-

---

454 Zu Besonderheiten der Berechnung dieses fiktiven Pflichtteils vgl. BT-Drucks. 7/650, S. 153 f.

455 BT-Drucks. 7/650, S. 152; zu § 1933 S. 3 vgl. BT-Drucks. 7/4361, S. 52.

456 Vgl. BT-Drucks. 7/650, S. 152.

457 So auch *Sturm*, S. 131 f.; *Dieckmann*, FamRZ 1992, 633; *Palandt/Brudermüller*, § 1586 b Rn. 8; vgl. ferner *Obergfell*, Kap. 6. D. III. 1. c) (2), die aufgrund dieses Umstandes in der Zuerkennung eines Unterhaltsanspruches gegen den Nachlass auch bei Beendigung der Ehe durch Tod die *„konsequentere und dogmatisch saubere Lösung*" sieht.

458 So führt das Reichsjustizamt in einer Denkschrift zum Entwurf II eines BGB aus: „Da der unschuldige Ehegatte in Folge der Scheidung auch das Erbrecht verliert, welches ihm im Fall der Auflösung der Ehe durch den Tod des anderen Ehegatten die nötige Versorgung gewährt haben würde, so bestimmt der § 1563 Abs. 1, daß die Unterhaltspflicht des schuldigen Ehegatten auf dessen Erben übergeht;[...].", bei *Mugdan* Band IV, FamR, S. 1167.

459 Vgl. *Sturm*, S. 127; zur geschichtlichen Entwicklung der passiven Vererblichkeit des Anspruchs auf nachehelichen Unterhalt siehe ausführlich *Roessink*, S. 3 ff. sowie BT-Drucks. 7/650, S. 152.

460 Vgl. *Stadler*, S. 34.

lichen Unterhalt mit der Begründung ablehnte, es sei zu berücksichtigen, dass, *„wenngleich ohne die Scheidung mit dem Tode des betreffenden Ehegatten der Alimentationsanspruch des überlebenden Ehegatten hinweggefallen wäre, doch ohne die Scheidung an Stelle der Alimentation das Erbrecht des überlebenden Ehegatten getreten sein würde. Aus diesem Grunde dürfte es auch sachlich gerechtfertigt sein, an der aus der sachlichen Natur des Anspruchs sich ergebenden Konsequenz des Übergangs auf die Erben [...]festzuhalten.“*[461] Auch *Planck* sah das Pflichtteilsrecht des Ehegatten daher offenbar als Ersatz des lebzeitigen Unterhaltsanspruches an.

Fraglich erscheint nun, inwieweit sich der §§ 1586 b, 1933 S. 3 BGB entnommene Befund auch auf die Funktion des Pflichtteilsrechts Verwandter übertragen lässt, betreffen die genannten Vorschriften doch ausdrücklich nur das Pflichtteilsrecht des Ehegatten.

Eine den §§ 1586 b, 1933 S. 3 BGB entsprechende Norm existiert für das Verhältnis von Unterhaltsansprüchen zwischen Verwandten und deren Pflichtteilsrecht nicht. Der Anspruch auf Verwandtenunterhalt erlischt nach § 1615 Abs. 1 BGB vielmehr mit dem Tod des Verpflichteten und wird nicht über dessen Tod hinaus verlängert. Möglicherweise bietet dieser Unterschied daher einen normativen Hinweis darauf, dass dem Pflichtteilsrecht Verwandter anders als dem des Ehegatten nach der gesetzgeberischen Einschätzung keine Unterhalts- bzw. Versorgungsfunktion zukommt.

Eine solche Schlussfolgerung wäre jedoch nicht überzeugend. Denn der Grund für die Regelung des § 1586 b BGB liegt darin, dem geschiedenen Ehegatten eine Kompensation für den Verlust seines Pflichtteilsrechts zu gewähren, wie er infolge der Scheidung eintreten kann. Die Verwandten aber werden beim Erbfall ihr Pflichtteilsrecht regelmäßig nicht verloren haben, da das Verwandtschaftsband auch bei Zerrüttung der Verhältnisse nicht zerschnitten werden kann.[462] Daher besteht für eine dem § 1586 b BGB entsprechende Norm schon gar kein tatsächliches Bedürfnis; denn wo nichts wegfällt, da muss auch nichts kompensiert werden.

Das Fehlen einer die passive Vererblichkeit von Verwandtenunterhaltsansprüchen anordnenden Norm deutet insofern also nicht auf eine unterschiedliche normative Bewertung von Ehegattenpflichtteil auf der einen und Verwandtenpflichtteil auf der anderen Seite hin. Gerade umgekehrt lassen sich den Materialien zum Unterhaltsrecht des BGB deutliche Anhaltspunkte für eine Unterhaltsfunktion auch des Pflichtteils der Verwandten entnehmen. So schreibt dessen Redaktor *Planck* zur

---

461 *Planck*, S. 1079, bei *Schubert,* FamR Teil 2, S. 93.

462 Nur ganz ausnahmsweise wird dies infolge einer Pflichtteilsentziehung nach § 2333 BGB anders sein; dann aber erschiene auch die Gewährung eines Unterhaltsanspruches angesichts der schweren Verfehlung gegen den Erblasser unbillig.

Begründung des § 308 seiner Vorlage[463] sinngemäß, eine passive Vererblichkeit von Verwandtenunterhaltsansprüchen sei gerade deshalb nicht erforderlich, weil dem Alimentationsberechtigten in den meisten Fällen gegen den Pflichtigen auch ein Pflichtteilsrecht zustehe, welches in diesen Fällen den Zwecken diene, die auch durch den Alimentationsanspruch erreicht werden sollen.[464]

In den Motiven heißt es zum § 308 der Redaktorvorlage entsprechenden § 1496 S. 1 des ersten Entwurfs ferner: „*Ein Bedürfnis, im Interesse des Berechtigten oder der nach dem Erblasser unterhaltspflichtigen Verwandten oder der Armenverbände durch positive Bestimmung die Unterhaltspflicht für vererblich zu erklären, kann nicht anerkannt werden, zumal im Hinblicke auf § 1485 dem Berechtigten selbst regelmäßig ein gesetzliches Erbrecht bzw. Pflichtteilsrecht gegenüber dem Verpflichteten zusteht und dadurch ein Ersatz für den Wegfall des Unterhaltsanspruchs gewährt wird.*“[465]

Dabei deuten Formulierungen wie „in den meisten Fällen“ und „regelmäßig“ allerdings auch auf eine mögliche Schwachstelle einer solchen Argumentation hin. Durchaus denkbar sind nämlich auch Konstellationen, in denen ein zu Lebzeiten des Erblassers diesem gegenüber unterhaltsberechtigter Verwandter nicht zum Kreis der Pflichtteilsberechtigten gehört, so dass das Gesetz hier gerade nicht die Fortsetzung einer lebzeitigen Unterhaltsverpflichtung über das Pflichtteilsrecht sicherzustellen scheint.[466] Dies kann etwa dann der Fall sein, wenn der Großvater dem Enkel aufgrund mangelnder Leistungsfähigkeit des Vaters (vgl. § 1603 BGB) zu Unterhalt verpflichtet war (vgl. §§ 1601, 1606 BGB), der Enkel aber durch seinen Vater vom Pflichtteil ausgeschlossen wird (vgl. § 2309 BGB).

Es könnte daher der Schluss nahe liegen, hieran zeige sich der Wille des Gesetzgebers, dem Pflichtteil eben doch keine Unterhaltsfunktion zuzuschreiben, da er ansonsten in allen Fällen lebzeitiger Unterhaltsberechtigung auch das Bestehen eines Pflichtteilsrechts anordnen würde.

In den oben angesprochenen Konstellationen – und exemplarisch auch in dem gewählten Beispiel – wird jedoch die Person, welche den Unterhaltsberechtigten vom Pflichtteilsrecht nach § 2309 BGB ausschließt, sehr oft dem Bedürftigen gegenüber nach §§ 1601, 1606 BGB grundsätzlich erstrangig zum Unterhalt verpflichtet sein. Indem sich nun deren Leistungsfähigkeit durch die Gewährung des Erb- oder jedenfalls Pflichtteils erhöht, wird sie sich insoweit nicht mehr auf

463 § 308 der Redaktorvorlage sah das Erlöschen des Anspruchs auf Verwandtenunterhalt mit dem Tode des Verpflichteten vor und entspricht dem heutigen § 1615 Abs. 1 BGB.

464 *Planck* S. 1333 f., bei *Schubert*, FamR Teil 2, S. 347 f.

465 Motive, Band 4, S. 711, bei *Mugdan* Band IV, FamR, S. 377.

466 Eine ähnliche Konstellation ergibt sich gemäß § 1615 l Abs. 3 S. 4 BGB für den Unterhaltsanspruch eines nichtehelichen Elternteils, vgl. dazu sogleich unten h).

§ 1603 BGB berufen können und nun dem vormals gegenüber dem Erblasser unterhaltsberechtigten Verwandten selbst unterhaltspflichtig werden.[467] Auf diese Weise dient der Pflichtteil letztlich also auch in derartigen Konstellationen der weiteren Versorgung von Personen, die dem Erblasser gegenüber unterhaltsberechtigt waren.

Nach der Vorstellung der Verfasser des BGB-Unterhaltsrechts kommt damit ganz offenbar neben dem Ehegattenpflichtteil auch dem Pflichtteilsrecht von Verwandten eine Unterhaltsersatz- bzw. Versorgungsfunktion zu.[468]

In Übereinstimmung hiermit betont auch eine Reihe von Stimmen in der Literatur die Übernahme der unterhaltsrechtlichen Aufgaben durch das Pflichtteilsrecht nach dem Tod des Pflichtigen. So spricht etwa *Gernhuber* vom Pflichtteilsrecht als dem funktionellen Korrelat zur Unterhaltspflicht unter Lebenden.[469] *Kuchinke* betont, zwischen dem Erlöschen des lebzeitigen Unterhaltsanspruchs und der Zuweisung von Pflichtteilsansprüchen bestehe im Hinblick auf § 1586 b BGB ein enger Zusammenhang; der Pflichtteil sei eine im Hinblick auf den Tod des Erblassers pauschalierte Versorgungsleistung und das Erbrecht biete dem Erblasser ein letztes Mal die Gelegenheit, im Wege der Abwicklung seines Vermögens seiner familiären Pflicht der Fürsorge gegenüber seinen Angehörigen nachzukommen.[470] Auch *Wachter* schreibt, an § 1586 b BGB zeige sich, dass dem Pflichtteilsrecht nach der Vorstellung des Gesetzgebers u.a. eine Unterhalts- und Versorgungsfunktion zukäme.[471]

### *h) § 1615 l Abs. 3 Satz 4 BGB*

Als ein normatives Indiz gegen den Unterhaltscharakter des Pflichtteils wird von *Münch* wiederum der § 1615 l Abs. 3 S. 4 BGB angeführt. Seiner Meinung nach spricht der Umstand, dass durch die Norm, trotz des unabdingbaren Unterhaltsanspruchs nach § 1615 l BGB, anstelle eines Pflichtteilsrechts, das Fortbestehen des

---

467 *Planck,* S. 1334, bei *Schubert*, FamR Teil 2, S. 348. Dies gilt selbstverständlich nur dann, wenn der Pflichtteil werthaltig genug ist, um die Leistungsunfähigkeit nach § 1603 BGB zu beenden. Ist er dies nicht, wäre dem Unterhaltsberechtigten aber auch mit der direkten Zuwendung eines dann offenbar sehr geringen Pflichtteils im Hinblick auf eine Unterhaltssicherung kaum geholfen.

468 Dem steht auch die insoweit ablehnende Haltung des Redaktors des Erbrechts, *Gottfried von Schmitt*, aus den oben unter Teil 2, Kap. 1. § 3. B. III. 3. 1. genannten Gründen letztlich nicht entgegen.

469 *Gernhuber*, FamRZ 1960, 326, 329.

470 *Kuchinke*, FPR 2006, 125, 126.

471 *Wachter*, ZErb 2004, 238, 244; so auch *Wiemer*, S. 174.

Unterhaltsanspruches des nichtehelichen Elternteils über den Tod des Verpflichteten hinaus angeordnet wird, gegen eine Unterhaltsfunktion des Pflichtteils.[472]

In der Sache möchte *Münch* damit wohl die These vom Pflichtteilsrecht als Korrelat des lebzeitigen Unterhalts in Zweifel ziehen, wenn er auf eine Norm hinweist, die einen lebzeitigen Unterhaltsanspruch gerade nicht im Pflichtteilsrecht fortsetzt.

Viel näher liegt meines Erachtens jedoch eine genau gegenteilige Schlussfolgerung. Danach ist die Norm so zu verstehen, dass der Gesetzgeber hier – ähnlich wie bei § 1586 b BGB – gerade weil ein nicht verheirateter Elternteil kein Pflichtteilsrecht nach dem anderen Elternteil hat, die Notwendigkeit eines dem Pflichtteilsrecht entsprechenden Ersatzes gesehen hat, welchen er in Form eines fortgesetzten Unterhaltsanspruchs sicherstellen wollte.

Gewährt das Gesetz aber als Ersatz für den Pflichtteil einen Unterhaltsanspruch, so spricht dies eher für als gegen eine Unterhalts(ersatz)funktion des gesetzlichen Pflichtteilsrechts. Gestützt wird diese These im Übrigen auch durch die Gesetzesbegründung zu § 1615 l Abs. 3 BGB, in der zur Rechtfertigung des fortgesetzten Unterhaltsanspruchs der nichtehelichen Muter explizit auf deren fehlende gesetzliche Beteiligung am Nachlass des Vaters hingewiesen wird.[473]

### *i) Keine Bedarfsorientierung des Pflichtteilsrechts*

Als gewichtigstes dogmatisches Argument gegen eine Unterhaltsfunktion des Pflichtteilsrechts kann der Einwand der fehlenden Bedarfsorientierung bezeichnet werden.[474] Denn während sich ein gesetzlicher Unterhaltsanspruch dem Grunde und der Höhe nach, stets an der Bedürftigkeit des Berechtigten orientiert (vgl. oben Teil 2, Kap. 1 § 2. B. III. 1), ist dies beim Pflichtteilsrecht nicht der Fall. Letzteres greift vielmehr völlig unabhängig von der ökonomischen Situation des Berechtigten und hindert den Erblasser sogar den Nachlass zur Gänze nach Bedürfnisge-

---

472 *Münch*, ZEV 2008, 571, 573.

473 BT-Drucks. 5/2370 S. 57, dort heißt es wörtlich: „Der Anspruch soll abweichend von § 1615 BGB [...] nicht mit dem Tode des Vaters erlöschen. Die Mutter soll ihren Anspruch auch in diesem Falle behalten und gegen die Erben des Vaters geltend machen können[...]. Dies erscheint im Interesse der Mutter geboten, da sie im Gegensatz zu der Ehefrau und zu den Kindern des Erblassers weder durch eine gesetzliche Beteiligung an seinem Nachlass noch durch Unterhaltsansprüche gegen Verwandte des Erblassers gesichert ist.“

474 Vgl. dazu etwa *Staudinger/Haas*, Einl zu §§ 2303 ff, Rn. 19; MüKoBGB/*Lange*, § 2303, Rn. 7; *Ludyga*, § 5 Rn. 11, *Otte*, AcP 202 (2002), 317, 348 ff; *Dauner-Lieb*, DNotZ 2001, 460, 463; *Kapfer*, MittBayNot 2006, 385, 388; *Münch*, ZEV 2008, 571, 573; *Wiemer*, S. 172 f.

sichtspunkten zu verteilen.[475] Insbesondere ist der Pflichtteilsanspruch, etwa im Gegensatz zur Regelung des § 396 Abs. 1 Nr. 2 ZGB der DDR[476], auch nicht von einer lebzeitigen Unterhaltsberechtigung gegenüber dem Erblasser abhängig.

Wenn aber der Pflichtteil nach der gesetzlichen Regelung auch Angehörigen zukommen kann, die seiner um ihrer Versorgung willen überhaupt nicht bedürfen, zieht dies eine generelle Unterhalts- oder Versorgungsfunktion stark in Zweifel, wird doch ein Anspruch auf Unterhalt vom Gesetz grundsätzlich nur bei Bedürftigkeit gewährt.[477]

Eine jüngere Äußerung des Bundesverfassungsgerichts bestärkt die auf diesem Argument fußende Ablehnung einer Unterhaltsfunktion des Pflichtteilsrechts, wenn es in der schon oben zitierten Entscheidung schreibt, das Pflichtteilsrecht des Kindes habe die Funktion, die Fortsetzung des ideellen und wirtschaftlichen Zusammenhangs von Vermögen und Familie – unabhängig von einem konkreten Bedarf des Kindes – über den Tod des Vermögensinhabers hinaus zu ermöglichen.[478] Die ausdrückliche Betonung der Bedarfsunabhängigkeit durch den ersten Senat wird dabei als deutlicher Hinweis darauf gewertet, dass das Bundesverfassungsgericht eine Unterhaltsfunktion des Pflichtteilsrechts ablehnt und es stattdessen primär durch den familiären Zusammenhang des Pflichtteilsberechtigten mit dem Erblasser gerechtfertigt sieht.[479] Zum Teil wird aus den Äußerungen des Gerichts gar darauf geschlossen, eine allein auf Versorgung und Bedürftigkeit der Kinder des Erblassers gründende pflichtteilsrechtliche Nachlassteilhabe verstieße gegen die Erbrechtsgarantie und wäre daher verfassungswidrig.[480] *Obergfell* betont jedoch die fehlende präjudizielle Wirkung der Entscheidung für das Pflichtteilsrecht anderer Berechtigter.[481] So weist sie daraufhin, dass dem Versorgungsgedanken bei der Legitimation des Ehegattenpflichtteils im Gegensatz zur Legitimation des Kindespflichtteils eine besondere Bedeutung zukomme, da ersterer letztlich auf der Idee

475 *Dauner-Lieb*, DNotZ 2001, 460, 463.

476 Diese Norm galt für den Pflichtteilanspruch der Eltern und der Abkömmlinge, nicht dagegen für den Ehegatten, dem § 396 Abs. 1 Nr. 1 ZGB einen uneingeschränkten Pflichtteilsanspruch gewährte.

477 *Staudinger/Haas*, Einl zu §§ 2303 ff, Rn. 19.

478 BVerfG, NJW 2005, 1561, 1564.

479 Vgl. *Otte*, JZ 2005, 1007, 1009; differenzierend zwischen der Bedeutung für den Kindespflichtteil und den Pflichtteil anderer Berechtigter, *Obergfell*, Kap. 6. C. IV. 1. a).

480 *Gaier*, ZEV 2006, 2; ebenso *Obergfell*, Kap. 6. C. IV. 1. a); *Palandt/Edenhofer*, § 2303 Rn. 4.

481 *Obergfell*, Kap. 6. D. III. 1. c) (2); ähnlich auch *Otte*, in *Röthel*: Reformfragen des Pflichtteilsrechts, S. 203, 204.

einer Versorgungsgemeinschaft basiere.[482] Damit erscheint die die Bedeutung der angesprochenen Entscheidung im gegebenen Kontext freilich erheblich relativiert.

### *j) Fazit*

Die normativ-dogmatischen Hinweise, die sich dem vierten und fünften Buch des BGB entnehmen lassen, erscheinen nach alledem zunächst widersprüchlich. Insbesondere die von den §§ 1586 b, 1933 S. 3 BGB ausgehenden Hinweise auf eine Unterhaltsfunktion des Pflichtteilsrechts scheinen sich nicht mit dem gegen eine Unterhaltsfunktion sprechenden Aspekt der Bedarfsunabhängigkeit zu vertragen.

Bei näherer Beleuchtung allerdings lässt die vorangehende Betrachtung doch einige Schlüsse zu. So kann angesichts der Ausführungen unter i) sicher nicht davon gesprochen werden, dem Pflichtteilsrecht komme generell eine Unterhaltsfunktion zu. Dieser Befund steht jedoch nicht notwendigerweise im Widerspruch zu den aus der Untersuchung von §§ 1586 b, 1933 S. 3 und auch § 1615 l Abs. 3 S. 4 BGB gewonnenen Erkenntnissen. Denn diese Normen deuten nur darauf hin, dass in Fällen, in denen eine lebzeitige Unterhaltsverpflichtung des Erblassers bestand, dem Pflichtteilsrecht des vormals Unterhaltsberechtigten eine Unterhaltsfunktion zukommt. Da die angesprochenen Normen aber gar nicht zur Anwendung gelangen, wenn ein Pflichtteilsberechtigter zu Lebzeiten des Erblassers diesem gegenüber keine Unterhaltsansprüche hatte, sagen sie umgekehrt auch nichts über den Charakter des Pflichtteilsrechts in dieser Konstellation aus.

Als Ergebnis einer normativ-dogmatischen Betrachtung kann daher folgendes festgehalten werden:

1. Das Pflichtteilsrecht hat weder für den Ehegatten noch für Verwandte generell eine Unterhaltsfunktion. Dies schließt jedoch Situationen nicht aus, in denen das Pflichtteilsrecht doch Unterhaltsfunktionen übernimmt.
2. Diese Situationen bestehen regelmäßig dann, wenn der Pflichtteilsberechtigte schon zu Lebzeiten des Erblassers auf dessen Unterhaltszahlungen angewiesen war.

482 A.A. offenbar *Weidlich* in NotBZ 2009, 149, 158 f. und *Hausmann/Hohloch-Weidlich*, Kap. 15 Rn. 92, der zum Beleg seiner These, dem Erbrecht komme generell nicht die Funktion eines Ausgleichs von zu Lebzeiten eingegangener Nachteile zu, auf die Vorschrift des § 2349 BGB verweist, wonach ein Abkömmling durch Rechtsgeschäft seines Vorfahrens ohne eigenes Zutun sein Pflichtteilsrecht verlieren kann. Dabei verkennt er jedoch, dass damit noch nichts über die Funktion des Ehegattenpflichtteils gesagt ist.

### *3. Sozial-demografische Aspekte*

Die Diskussion um einen möglichen Unterhaltscharakter des Pflichtteils wird insbesondere auch auf einer sozial-demografischen Ebene geführt. In ihrem Rahmen wird ungeachtet der oben behandelten normativ-dogmatischen Aspekte versucht, die Funktion des Pflichtteils anhand gesellschaftlicher Zustände und Entwicklungen zu erfassen, mithin also nicht nur die theoretische, sondern die tatsächliche Relevanz des Pflichtteilsrechts für die nahen Angehörigen im Laufe der Jahre untersucht.

#### *a) Funktion des Pflichtteilsrechts zur Zeit der Entstehung des BGB*

Weit verbreitet ist die Ansicht, das Pflichtteilsrecht habe vor dem Hintergrund der gesellschaftlichen Verhältnisse der Entstehungszeit des BGB ursprünglich einen unterhaltsrechtlichen Charakter gehabt.[483] Zum Beleg dieser These wird dabei immer wieder insbesondere auf folgende drei Aspekte hingewiesen, die zum Teil bereits im Rahmen der Erörterung einer möglichen Unterhaltsfunktion des gesetzlichen Erbrechts angesprochen wurden.[484]

Erstens wird stets auf die demografischen Gegebenheiten abgestellt. So seien die Abkömmlinge des Erblassers infolge der damals noch sehr geringen Lebenserwartung männlicher Neugeborener[485] beim Tode des Vaters regelmäßig noch sehr jung und arbeitsunfähig gewesen, so dass sie zur Absicherung ihrer wirtschaftlichen Existenz auf einen Mindestanteil am Vermögen des Erblassers angewiesen gewesen seien; Gleiches habe auch für die Ehefrau gegolten, die regelmäßig nicht berufstätig gewesen sei und daher ebenfalls des Pflichtteils bedurft habe.[486] Zweitens wird betont, am Ende des neunzehnten Jahrhunderts sei eine Absicherung über öffentliche Sozialversicherungssysteme nur in Ansätzen vorhanden gewesen, was die unterhaltsrechtliche Bedeutung des Pflichtteils zusätzlich unterstreiche.[487]

483 So etwa *Schlüter,* in 50 Jahre BGH, S. 1047, 1050; *Staudinger/Haas*, Einl zu §§ 2303 ff, Rn. 18; MüKoBGB/*Lange*, § 2303, Rn. 7; *Stadler*, S. 29; *Hattenhauer*, S. 224; *Schöpflin*, FamRZ 2005, 2025, 2026; *Huber*, Pflichtteilsrecht, S. 50; *Kick*, in JJZ 1996, S. 167, 172 ff.

484 Vgl. oben Teil 2, Kap. 2. § 2. B. III. 2.

485 So lag die Lebenserwartung männlicher Neugeborener in den siebziger Jahren des 19. Jahrhunderts bei 35, 6 und in den Jahr 1881-1890 bei 37, 2 Jahren, vgl. Statistisches Jahrbuch für die Bundesrepublik Deutschland 1960, 66 (Sterbetafeln 1871-1951); ferner auch *Leipold,* AcP 180 (1980), 160, 220; *Otte*, AcP 202 (2002), 317, 336.

486 *Schlüter*, in 50 Jahre BGB, S. 1047, 1050.

487 *Schlüter*, in 50 Jahre BGB, S. 1047, 1049; vgl. ferner auch *Stadler*, S. 28 f. u. 103 ff; *Huber*, S. 50; *Bauer*, S. 234.

Drittens schließlich sei die Ausbildungsfinanzierung damals noch der privaten Vorsorge überlassen gewesen und daher der Ausstattung mit elterlichem Vermögen als wirtschaftlichem Startkapital eine immense Bedeutung zugekommen.[488]

Die derart untermauerte Annahme, das Pflichtteilsrecht habe vor gut einhundert Jahren faktisch eine Unterhalts- oder Versorgungsfunktion gehabt, ist insbesondere von *Otte* in Zweifel gezogen worden.[489]

So weist dieser mit Blick auf das Argument der geringen Lebenserwartung zurecht daraufhin, dass für die Frage nach der Funktion des Pflichtteils nicht auf die Lebenserwartung der Neugeborenen, sondern derer abgestellt werden müsse, die schon Familie und Vermögen haben. In diesem Fall aber ergebe sich aufgrund der dann eliminierten Säuglings- und Kleinkindersterblichkeit für einen 25-jährigen Mann im Jahre 1871 noch eine Lebenserwartung von 35 Jahren[490], weshalb die Annahme, zur Zeit der Abfassung des BGB seien die Kinder beim Tod des Vaters meist noch im arbeitsunfähigen Alter gewesen, schlicht falsch sei. Vielmehr sei das Pflichtteilsrecht des BGB für Kinder gemacht, die zur Zeit des Erbfalls in der großen Mehrheit schon wirtschaftlich selbständig gewesen seien.

Indirekt wird über diesen Befund nun auch die These von der Wichtigkeit der erbrechtlichen Mindestbeteiligung als wirtschaftliches Startkapital angezweifelt, hatten doch nach den oben genannten Zahlen die meisten Abkömmlinge ihren Berufsstart dann, wenn ihnen der Pflichtteil erwuchs, in der Regel schon längere Zeit hinter sich.

Dem Argument der sozialversicherungsrechtlichen Absicherung allerdings kann der genannte Befund von *Otte* schwerlich entgegengehalten werden. Denn auch ein korrigierter Blick auf die demografischen Verhältnisse zur Entstehungszeit des BGB kann kaum eine Bedeutung für die Situation etwa von Witwen oder behinderten Kindern haben.

### *b) Heutige Funktion des Pflichtteilsrechts*

Weit relevanter als die obige Kontroverse ist im Kontext dieser Arbeit jedoch die Frage, ob dem Pflichtteilsrecht ungeachtet etwaiger früherer Aufgaben heute (noch) eine Unterhaltsfunktion zukommt.

Dabei haben die oben für einen unterhaltsrechtlichen Charakter angeführten Punkte jedenfalls heute einiges an Überzeugungskraft eingebüßt. So stehen Ab-

---

488 *Kick*, in JJZ 1996, 167, 175; *Stadler*, S. 100; *Staudinger/Haas*, Einl zu § 2303 Rn. 18;

489 Vgl. *Otte*, AcP 202 (2002), 317, 335 ff; ähnlich auch *Obergfell*, Kap. 6 . C. IV. 1. a); *Lipp*, NJW 2002, 2201, 2205 f. und *Bauer*, S. 234 f.

490 Vgl. auch Statistisches Jahrbuch für die Bundesrepublik Deutschland 1960, 66 (Sterbetafeln 1871-1951).

kömmlinge zur Zeit des Erbfalls heute typischerweise in der fünften oder sechsten Dekade ihres Lebens,[491] und sind daher in aller Regel längst wirtschaftlich völlig autark von ihren Eltern.[492] Auf Grundlage des SOEP[493] 2001 konnte in diesem Zusammenhang ermittelt werden, dass 38 % der Erbschaften in einem Alter von 50 Jahren oder älter anfielen, während weniger als ein Fünftel der Erbschaften Erben zufielen, die das dreißigste Lebensjahr noch nicht vollendet hatten.[494] Andere Darstellungen sehen sogar die Hälfte aller Erben in einem Alter zwischen 50 und 62 Jahren.[495]

Zudem ist das System der Sozialversicherung seit Ende des neunzehnten Jahrhunderts deutlich ausgebaut worden. Dem überlebenden Ehegatten und den Abkömmlingen, die dem Erblasser gegenüber unterhaltsberechtigt waren, stehen heute in den meisten Fällen Rentenansprüche aus der Sozialversicherung oder beamtenrechtliche Versorgungsansprüche zu.[496] Auch die bereits zitierte Äußerung des BVerfG nach der *„der Gesetzgeber dadurch, dass er die Hinterbliebenenversorgung in das soziale Zwangsversicherungssystem einschloss, dem Einzelnen grundsätzlich die finanzielle Vorsorge für seine Hinterbliebenen abgenommen und sie der Solidargemeinschaft überbürdet [hat]"*,[497] untermauert, dass das Bild von völlig unversorgt bleibenden Witwen und minderjährigen Kindern heute weitgehend seine Überzeugungskraft verloren hat.[498] Ohnehin wird die Berufstätigkeit von Frauen infolge des gewandelten Rollenverständnisses weiter zunehmen, so dass die Gefahr unversorgt bleibender Witwen ohne eigene sozialversicherungsrechtliche Absicherung schon aus diesem Grund abnehmen wird.

Schließlich hat die damals für die weitere Lebensgrundlage angeblich notwendige erbrechtliche Ausstattung der Kinder mit elterlichem Vermögen ihre Schlüsselposition als maßgebliches Startkapital im Laufe der Jahre jedenfalls weitgehend

---

491 Vgl. *Lettke*, ZSE 24 (2004), 277; *Strätz*, FamRZ 1998, 1553, 1556; *Stadler*, S. 91; *Bauer*, S. 209 u. 234 sowie *Leipold*, AcP 180 (1980), 160, 185 jeweils m.w.N.

492 So auch MüKoBGB/*Lange*, § 2303 Rn. 7; *Staudinger/Haas*, Einl zu §§ 2303 ff, Rn. 19; *Leipold*, AcP 180 (1980), 160, 185; *Obergfell*, Kap. 6. B. I. 3. b); *Stadler*, S. 92; *Dauner-Lieb*, DNotZ 2001, 460; 463; *Otte*, ZEV 1994, 193, 194.

493 Sozio-oekonomisches Panel, wird in der Bundesrepublik Deutschland seit 1984 als sozialwissenschaftliche Längsschnittbefragung zur Beobachtung von Lebens – und Arbeitsbedingungen durchgeführt. Seit 1990 wird die Untersuchung durch eine entsprechende Erhebung in den neuen Bundesländern ergänzt. Es handelt sich um ein DFG-gefördertes Projekt des Deutschen Instituts für Wirtschaftsforschung Berlin (DIW).

494 *Obergfell*, Kap. 6. B. I. 3. b) unter Bezug auf die Darstellung bei *Szydlik/Schupp*, KZfSS 56 (2004) 609, 620.

495 Siehe *Braun/Burger/Miegel/Pfeiffer/Schulte*, S. 27.

496 *Huber*, S. 50; *Staudinger/Haas*, Einl zu § 2303 Rn. 19.

497 BVerfGE 48, 346, 360.

498 Vgl. *Stadler*, S. 103 m.w.N.

an die unterhaltsrechtlich abgesicherte Ausbildungsfinanzierung verloren.[499] Finanzielle Unabhängigkeit und ein ausreichender Lebensstandard gehen immer weniger auf die Ausstattung mit Vermögen, als auf Begabung, Fleiß und insbesondere die Qualität der Ausbildung zurück.[500] Auch diese Form des Startkapitals wird zwar regelmäßig von den Eltern finanziert werden; aufgrund der allgemein gestiegenen Lebenserwartung allerdings in Form des Unterhalts zu ihren Lebzeiten.[501] Das Versorgungselement verschiebt sich hinsichtlich der Abkömmlinge somit gleichsam vom Pflichtteilsrecht auf das familienrechtliche Unterhaltsrecht.[502]

Können die für einen ehemals unterhaltsrechtlichen Charakter des Pflichtteils angeführten Gründe nach alledem heute also nicht mehr recht überzeugen, scheint der Schluss nahe zu liegen, dem Pflichtteilsrecht unter einem sozial-demografischen Blickwinkel eine Unterhaltsfunktion nunmehr generell abzusprechen.

Ein völliger Bedeutungsverlust der Hinterbliebenenversorgung durch Pflichtteile ergibt sich aus dieser Entwicklung jedoch nicht zwangsläufig. Denn die soeben angeführten Aspekte beschreiben nur eine allgemeine Entwicklung. Sie dürften im Regelfall zutreffen, vermögen jedoch nicht auszuschließen, dass die wirtschaftliche Existenz von Hinterbliebenen im Einzelfall doch nicht oder jedenfalls nicht ausreichend gesichert ist.

Nach wie vor gilt dies insbesondere für nichtberufstätige Ehegatten und in- oder vor der Ausbildung stehende Kinder, möglicherweise jedoch in zunehmendem Maße auch für die Eltern des Erblassers.

Denn ungeachtet einer allgemeinen Entwicklung werden nach wie vor Abkömmlinge in kindlichem Alter zu Halb- oder Vollwaisen, so dass ihnen der Pflichtteil gerade dann erwächst, wenn sie nicht wirtschaftlich autark sind und die zur Verfügung stehende soziale Absicherung aufgrund der meist geringen Anwartschaften junger Eltern für Hinterbliebene schwächer ist.[503] Andererseits macht auch das im Durchschnitt steigende Alter der Eltern bei der Geburt der Kinder das elterliche Vorversterben vor Eintritt einer wirtschaftlichen Mündigkeit der Kinder wahrscheinlicher, so dass hier vermehrt Bedürftigkeitslagen entstehen können, zu deren Befriedigung ein Erb- oder jedenfalls Pflichtteil genutzt werden könnte.[504]

---

499 So auch *Obergfell*, Kap. 6. B. I. 3. b) (2); zum mitunter beträchtlichen Umfang der elterlichen Pflicht zur Ausbildungsfinanzierung gemäß § 1610 Abs. 2 BGB ausführlich und mit zahlreichen Nachweisen *Stadler*, S. 101.

500 *Staudinger/Haas*, Einl zu § 2303 Rn. 19; *Otte*, ZEV 1994, 193, 194 f; *Huber*, S. 51; *Stadler*, S. 100.

501 Vgl. *Kick*, in JJZ 1996, 167, 174; *Schlüter*, in 50 Jahre BGH, S. 1047, 1050.

502 So auch *Stadler*, S. 127.

503 Vgl. *Leipold*, AcP 180 (1980), 160, 189; *Stadler*, S. 128.

504 *Obergfell*, Kap. 6. B. I. 3. b) (2) und IV. 1. b).

Ebenso wird es unbeschadet allgemeiner Tendenzen weiter die klassische Einverdienerehe geben, in der ein Ehegatte keine selbst erarbeiteten sozialversicherungsrechtlichen Ansprüche hat. Als Kehrseite der gestiegenen Lebenserwartung wird die stark wachsende Zahl hochbetagter Menschen[505] dem Versorgungselement zudem eine ganz neue Bedeutung mit Blick auf die Gruppe der längerlebenden Ehepartner und unter Umständen auch der Erblassereltern verleihen.[506] Denn wenn immer mehr alte Menschen immer älter werden, wird auch der medizinische Fortschritt nicht einen immensen Anstieg von Dauer und Umfang der Pflegebedürftigkeit und somit letztlich auch von Pflegekosten aufhalten können.[507]

Für diese Kosten ist zwar grundsätzlich die Pflegeversicherung installiert worden. Deren Leistungen aber sind nicht auf eine Vollversorgung ausgerichtet, sondern ergänzen lediglich die familiären und sonstigen Leistungen gemäß § 4 Abs. 2 S. 1 SGB XI. Da die Pflegeleistungen zudem grundsätzlich auf einen Höchstbetrag begrenzt sind (vgl. § 36 Abs. 3, 4, § 37 Abs. 1 SGB XI) und auf den im Einzelfall bestehenden Bedarf keine Rücksicht nehmen,[508] müssen die Pflegebedürftigen den Finanzbedarf für ihre Pflege folglich zu einem erheblichen Teil selbst aufbringen. Die Finanzierung dieser oft erheblichen Kosten wird wiederum nur den Wenigsten mit Hilfe wiederkehrender Rentenbezüge möglich sein, so dass eine erbrechtliche Mindestbeteiligung am Vermögen des Ehegatten oder des Abkömmlings hier durchaus versorgende Funktionen übernehmen kann.

So steht dieses Beispiel dann auch exemplarisch dafür, dass die Annahme, die öffentlichen Sozialsysteme hätten private Vorsorge und Erbrecht in ihrer Funktion

---

505 So soll sich das „Schreckenszenario" einer pilzförmigen Alterstruktur der Bevölkerung nach Prognosen der Demografen im Jahre 2040 dann einstellen, wenn die Geburtenstarken 1950er und 1960er Jahrgänge ins Rentenalter eintreten und dazu führen, dass die Zahl der 60-und-mehr-Jährigen von 19,4 Mio. im Jahr 2000 um 42 % auf 27,6 Mio. im Jahr 2040 ansteigt. Darüber hinaus läst sich bereits seit drei Jahrzehnten ein Geburtenrückgang feststellen lässt, der sich in einer zusammengefassten Geburtenziffer von ca. 1,3 bis, 1,4 geborenen Kinder pro Frau manifestiert und der auf lange Sicht dazu führen wird, dass sich die Kindergeneration jeweils im Verhältnis zur Elterngeneration um ein Drittel verringert, vgl. *Obergfell*, Kap. 5. B. I. 1. m.w.N.

506 Ähnlich *Obergfell*, Kap. 6. B. I. 3. b) (1); *Martiny*, 64. DJT, S. A 11, A 20.

507 *Stadler*, S. 95. Gemäß den Daten des vierten Altenberichts 2002 (siehe *Lüscher*, ZEV 2004, 2, 3) waren ca. 3 % der Frauen und Männer im Alter von 65-69 Jahren pflegebedürftig nach SGB XI. Bei den 80 – 84-Jährigen betrugen die Anteile 17 % bei den Männern und 23 % bei den Frauen. Die entsprechende Zahl für die über 90-Jährigen lag bei 42 % bei den Männern und 65 % bei den Frauen. Gleichzeitig nimmt die sog. fernere Lebenserwartung, d.h. diejenige von Menschen, die das 60. Lebensjahr vollendet haben, laut Bundesinstitut für Bevölkerung (siehe auch dazu *Lüscher*, ZEV 2004, 2, Tab. 1) immer mehr zu und wird im Jahre 2040 bereits 26,7 Jahre für Frauen und 21,6 Jahre für Männer betragen.

508 *Udsching*, SGB XI, § 4 Rn. 6; *Waltermann*, Rn. 215.

verdrängt, letztlich die Realität verkennt.[509] Denn betrachtet man die Höhe der durchschnittlichen Rentenbezüge und der Leistungen im Rahmen des Arbeitslosengelds II,[510] wird deutlich, dass eine effektive Existenzsicherung allein auf der Basis der Bezüge aus der Sozialversicherung in vielen Fällen nicht möglich ist.[511] Zudem greifen die meisten Sozialleistungen nur subsidiär[512] oder nur zusätzlich zu den von der Familie zu leistenden Diensten, so dass sie möglicherweise nur einen Teil des Bedarfs im Einzelfall decken.[513] Wirklich sichergestellt ist durch sie mithin nur ein absolutes Minimum an Versorgung, das dem vorher gelebten Standard sehr häufig nicht entspricht. Schließlich ist angesichts notorisch überlasteter öffentlicher Kassen von einem spürbaren Sozialabbau auszugehen, der die Verlässlichkeit einer ausreichenden Versorgung durch staatliche Sozialsysteme zusätzlich in Frage stellen dürfte.[514]

Es erscheint daher angebracht nicht von einer Verdrängung des Pflichtteilsrechts durch das Sozialrecht auszugehen,[515] sondern von einer Komplementarität der Rechtssysteme zu sprechen[516], deren jeweilige Gewichtung sich je nach Einkommens- und Vermögensverhältnissen unterschiedlich gestaltet.

Der erbrechtlichen Mindestteilhabe in Form des Pflichtteils kann daher auch unter sozial-demografischen Gesichtspunkten insoweit eine versorgende Funktion zukommen, als sie – jedenfalls in atypischen Konstellationen – die über das absolute Existenzminimum hinausgehende Versorgung sicherstellen kann.

---

509 Auch *Obergfell*, Kap. 6. C. IV. 1. b) betont aus diesem Grund, dass der Ausbau sozialstaatlicher Versorgungseinrichtungen nicht gegen eine Berücksichtigung des Versorgungsgedankens im Pflichtteilsrecht angeführt werden kann.

510 So lag die durchschnittliche Höhe der gesetzlichen Rente im Jahr 2008 insgesamt bei € 721,-, die durchschnittliche Altersrente für Frauen in Westdeutschland sogar nur bei € 473,-, die Rente für Witwer bei € 230,- und für Witwen bei € 551,- in Westdeutschland, Quelle: http://www.deutsche-rentenversicherung-bund.de (aufgerufen am 14.09.2009). Die Regelleistung im Rahmen des ALG II für volljährige Alleinstehende, Alleinerziehende und Personen mit minderjährigem Lebenspartner (§ 20 Abs. 2 SGB II) beträgt ab dem 01.07.2009 € 359,-, Quelle: www.arbeitsagentur.de (aufgerufen am 14.09.2009). Vgl. zum wachsenden Problem der Altersarmut auch: Die Zeit 36/2007, „Der wahre Altersunterschied“ v. 30.08.2007; Frankfurter Allgemeine Zeitung, „ Einem Zehntel der Selbständigen droht Altersarmut“, S. 10, v. 08.09.2009, sowie Spiegel Online, „30 Prozent der Deutschen droht die Altersarmut“ v. 02.08.2005, aufzurufen unter http://www.spiegel.de/wirtschaft/0,1518,367961,00.html.

511 So zutreffend *Stadler*, S. 126.

512 Vgl. etwa § 2 SGB XII; § 1 BaföG.

513 *Linker*, S. 106, dies gilt allerdings nicht für die Rentenversicherung.

514 Ebenso *Bauer*, S. 235; ähnlich auch *Martiny*, 64. DJT, S. A 11, A 68.

515 So aber *Hattenhauer*, S. 224; ähnlich auch *Gerken*, ZRP 1991, 426, 428.

516 Vgl. *Martiny*, 64. DJT, S. A 11, A 68; *Stadler*, S. 126; ähnlich auch *Leipold*, AcP 180 (1980), 160, 189.

Diese Bedeutung wird dabei insbesondere dann virulent werden, wenn ein Hinterbliebener aufgrund geringer eigener Leistungsfähigkeit bereits zu Lebzeiten auf eine finanzielle Unterstützung durch den Erblasser angewiesen war.

Ähnlich wie im Rahmen der normativ-dogmatischen Betrachtung gilt daher auch unter einem sozial-demografischen Blickwinkel, dass der Pflichtteil zwar nicht generell eine Versorgungsfunktion hat, er eine solche – jedenfalls hinsichtlich einer über das Existenzminimum hinausgehenden Versorgung – aber dennoch in Situationen übernehmen kann, in denen der Hinterbliebene schon zu Lebzeiten auf Unterhaltszahlungen durch den Erblasser angewiesen war.[517]

### *IV. Der Aspekt der Drittbelastung*

Ein weiterer Ansatzpunkt für die Möglichkeit zur Übertragung der Kernbereichslehre auf den Kausalvertrag zum Pflichtteilsverzicht könnte sich aus dem Aspekt der Drittbelastung ergeben.[518]

Denn zu den ersten familienrechtlichen Verträgen, die einer richterlichen Inhaltskontrolle unterzogen wurden, gehörten ehevertragliche Unterhaltsverzichtsvereinbarungen, die sich in sittenwidriger Weise zu Lasten Dritter auswirken konnten.[519] Der Durchführung der richterlichen Inhaltskontrolle von Eheverträgen dient heute die zwischenzeitlich entwickelte Kernbereichslehre.

Die Sachdienlichkeit einer Übertragung der Kernbereichslehre auf den Kausalvertrag zum Pflichtteilsverzicht untermauern würde mithin ein dreifacher Befund, demzufolge (1) auch Pflichtteilsverzichte zu Drittbelastungen führen können, (2) diese spezifischen Drittbelastungen sittenwidrig sind oder sein können und (3) gerade die Kernbereichslehre auch zur Feststellung einer so basierten Sittenwidrigkeit geeignet ist.

---

517 Ebenso *Sturm*, S. 136; *Martiny*, 64. DJT, S. A 11, A 67; *Otte*, ZEV 1994, 193, 195; in diese Richtung ebenfalls *Wiemer*, S. 173 ff.; ganz ähnlich auch VGH Mannheim, NJW 1993, 2953, 2954, welcher in einem sozialhilferechtlichen Zusammenhang ausdrücklich schreibt, dass „das Pflichtteilsrecht partiell die Funktion von Unterhaltsansprüchen über den Tod hinaus übernehmen kann[...] “.

518 Zur Drittbelastung als Ansatzpunkt für eine Übertragung der ehevertraglichen Kontrollgrundsätze auf die Inhaltskontrolle von Erb- und Pflichtteilsverzichtsverträge siehe auch *Menzel*, S. 264 ff.

519 BGH, FamRZ 1983, 137, 139; NJW 1991, 913, 914; NJW 1992, 3164, 3165; OLG Hamm, FamRZ 1989, 398; OLG Köln, FamRZ 1990, 634. vgl. dazu ferner *Eggert*, S. 80, *Traulsen*, S. 83 ff. Für die Zeit vor dem 1. EheRG von 1976 vgl. insoweit bereits LG Ellwangen, FamRZ 1955, 108 ff; OLG Düsseldorf, FamRZ 1955, 293, 294; LG Lüneburg, MDR 1956, 170; LG Bielefeld, NJW 1958, 185.

### *1. Drittbelastung infolge von Pflichtteilsverzichten*

Eine Drittbelastung infolge der Erklärung eines Pflichtteilsverzichtes kommt dann in Betracht, wenn dieser eine Unterstützungsbedürftigkeit beim Verzichtenden herbeiführt, die ohne ihn nicht bestünde und zu deren Kompensation ein Dritter gesetzlich verpflichtet ist. Als ein solcher Dritter kommt zum einen der Staat in Betracht, dessen Pflicht zur Unterstützung sich insoweit nach dem Sozialrecht richtet, zum anderen kann sich eine Pflicht zur Unterstützung aufgrund des bürgerlich-rechtlichen Unterhaltsrechts auch für nahe Angehörige ergeben.

#### *a) Die Drittbelastung im Sozialrecht*

Eine kausal durch den Pflichtteilsverzicht hervorgerufene Belastung des Trägers von Sozialleistungen kann nur dann in Betracht kommen, wenn dieser den Verzichtenden im Falle des Anfalls oder jedenfalls der Geltendmachung eines Pflichtteilsanspruches zur Begründung seiner Leistungsverweigerung im Rahmen des sozialrechtlichen Subsidiaritätsprinzips (vgl. § 2 Abs. 1 SGB XII) auf den Einsatz des Pflichtteils verweisen könnte.[520]

Zur Leistungsverweigerung ist der Träger von Sozialleistungen unter anderem dann berechtigt, wenn der Antragsteller nicht hilfsbedürftig ist (arg e § 7 Abs. 1 Nr. 3 SGB II bzw. § 19 Abs. 1 S. 1 SGB XII). Hilfsbedürftig ist grundsätzlich nicht, wer seinen Lebensunterhalt u.a. aus seinem zu berücksichtigenden Vermögen sichern kann (vgl. § 9 Abs. 1 Nr. 2 SGB II). Mit Ausnahme der in § 12 Abs. 2 SGB II bzw. § 90 Abs. 2 SGB XII genannten Positionen, sind gemäß § 12 Abs. 1 SGB II bzw. § 90 Abs. 1 SGB XII als Vermögen grundsätzlich alle verwertbaren Vermögensgegenstände zu berücksichtigen. Der sozialrechtliche Vermögensbegriff ist kein rechtlicher, sondern ein ökonomischer Begriff.[521] Neben dem Eigentum an Gegenständen umfasst er insbesondere auch geldwerte Forderungen.[522]

Zu diesen geldwerten Forderungen gehört auch der Pflichtteilsanspruch,[523] und zwar unmittelbar ab dem Zeitpunkt seiner Entstehung mit Eintritt des Erbfalls (§ 2317 BGB). Seine Zurechnung zum verwertbaren Vermögen ist daher insbeson-

---

520 Im Interesse einer besseren Lesbarkeit wird im Folgenden nur auf die Regelungen der im Sozialrecht besonders prominenten Bereiche des SGB XII (Sozialhilfe) und SGB II (Grundsicherung für Arbeitssuchende = „ALG II“ oder „Hartz IV“) verwiesen.

521 OLG Zweibrücken, NJW-RR 2001, 436.

522 *Mergler/Zink/Zeitler/Dauber*, SGB II, § 12 Rn. 7; *Grube/Wahrendorf*, SGB XII, § 90 Rn. 10.

523 So zur Vorgängervorschrift § 88 BSHG VGH Mannheim, NJW 1993, 1953, 2955; vgl. ferner auch BGH, JZ 1990, 1025 ff. sowie *Krampe*, AcP 191 (1991), 526, 556 ff.

dere auch nicht – wie dies etwas infolge von § 852 ZPO im Zwangsvollstreckungsrecht der Fall ist – von einer weiteren Willenserklärung des Berechtigten abhängig.

Der Träger von Sozialleistungen kann daher den Pflichtteilsberechtigten zur Begründung seiner Leistungsverweigerung auf die Durchsetzung seines Pflichtteilsrechts verweisen oder in Höhe der bis zur Feststellung und Durchsetzung des Anspruchs geleisteten Zahlungen den Pflichtteilsanspruch nachträglich auf sich überleiten (vgl. § 33 SGB II bzw. § 93 SGB XII).

Ein wirksamer Pflichtteilsverzicht des Antragsstellers bewirkt nun, dass mit dem Erbfall der Pflichtteilsanspruch nicht entsteht. In Ermangelung eines solchen Anspruchs entfällt für den Träger der Sozialleistung daher sowohl die Möglichkeit dem Antragssteller eine Leistung mit dem Hinweis auf die Durchsetzung seines Pflichtteilsanspruches zu verweigern, als auch die Möglichkeit, einen bestehenden Pflichtteilsanspruch nach erfolgter Vorausleistung auf sich überzuleiten.

Der wirksame Pflichtteilsverzicht kann daher also letztlich die Ausschaltung des sozialrechtlichen Subsidiaritätsprinzips bewirken und somit in der Tat eine Hilfebedürftigkeit des Verzichtenden zulasten des Trägers der Sozialleistung herbeiführen.[524]

### *b) Die Drittbelastung im Unterhaltsrecht*

Wie im Sozialrecht, so wäre ein Pflichtteilsverzicht auch im bürgerlich-rechtlichen Unterhaltsrecht nur dann kausal für eine Belastung Dritter, wenn er zu einer Unterhaltsverpflichtung führen könnte, die ohne ihn nicht bestünde.

Ähnlich wie im Sozialrecht, gilt auch im Recht des Geschiedenen- und Verwandtenunterhalts der Grundsatz, dass ein Anspruch auf Unterstützung erst dann in Betracht kommt, wenn die betreffende Person außerstande ist, ihren Lebensbedarf selbst zu bestreiten (vgl. §§ 1569, 1577 BGB für den Geschiedenenunterhalt, § 1602 Abs. 1 BGB für den Verwandtenunterhalt).[525]

Daher sind vor der Inanspruchnahme des Verpflichteten grundsätzlich[526] nicht nur das Erwerbseinkommen und die Vermögenseinkünfte, sondern ist auch der Stamm des Vermögens zur Deckung des Lebensbedarfs zu verwerten.[527]

---

524 Ebenso *Sturm*, S. 104.

525 Eine Ausnahme ergibt sich insoweit für das minderjährige unverheiratete Kind gemäß § 1602 Abs. 2 BGB.

526 Ausnahmen von diesem Grundsatz kommen für den geschiedenen Ehegatten nach § 1577 Abs. 3 BGB in Betracht.

527 MüKoBGB/*Born*, § 1602 Rn. 58; MüKoBGB/*Maurer*, § 1577 Rn. 23; *Göppinger/Wax*, Rn. 17.

Der Unterhaltsberechtigte ist aus diesem Grunde gehalten, ihm zustehende Forderungen – unabhängig davon, ob es sich bei ihnen um Vermögenseinkünfte oder zum Stamm des Vermögens zu rechnende Ansprüche handelt – einzuziehen und zur Deckung seines Lebensbedarfs zu verwenden, sofern deren Realisierung nicht ausnahmsweise unbillig oder unwirtschaftlich erscheint.[528] Ebenso wie einen Anspruch auf Erbauseinandersetzung nach § 2042 BGB, hat der Unterhaltsbegehrende daher seinen Pflichtteilsanspruch geltend zu machen, gegebenenfalls durchzusetzen und die ihm hieraus zufließende Summe zur Deckung seines Lebensbedarfes einzusetzen.[529]

Allein der Bestand eines ohne weiteres realisierbaren Pflichtteilsanspruchs führt mithin schon zur Beseitigung oder Minderung der Unterhaltsbedürftigkeit, weil durchsetzbare Ansprüche eines Unterhaltsberechtigten unabhängig von ihrer tatsächlichen Realisierung bedarfsmindernd anzurechnen sind.[530]

Entsteht nun aber dieser Pflichtteilsanspruch wegen eines zuvor erklärten Pflichtteilsverzichts nach § 2346 Abs. 2 BGB erst gar nicht, kann er die Bedürftigkeit des Unterhaltsberechtigten nicht mindern, bleibt der Verpflichtete weiterhin verpflichtet und führt der Pflichtteilsverzicht somit unmittelbar kausal zu einer Drittbelastung.

Sofern der Pflichtteilsanspruch allerdings wegen der regelmäßig erforderlichen Feststellung des Nachlasswertes – und damit der konkreten Anspruchshöhe – erst geraume Zeit nach dem Erbfall tatsächlich realisierbar ist, wird dieser dem verwertbaren Vermögen des Unterhaltsberechtigten bis zur Durchsetzung des Anspruchs noch nicht zugerechnet, so dass er auch die Unterhaltspflicht eines Dritten zunächst nicht unmittelbar beeinflusst und die Bedürftigkeit unverändert fortbesteht.[531] Ob auch die aus dieser Verzögerung resultierende Unterhaltsbelastung des

---

528 *Göppinger/Wax*, Rn. 628 f.

529 BGH, NJW 1993, 1920, 1921; *Staudinger/Engler*, § 1602 Rn. 124; *Winkler von Mohrenfels*, FamRZ 1981, 521, 523; a.A. OLG Celle, FamRZ 1987, 1038, 1040 f., welches die Zumutbarkeit der Geltendmachung des Pflichtteils jeweils im Einzelfall prüfen will und diese im zu entscheidenden Fall wegen der drohenden Enterbung durch den Pflichtteilsschuldner und der Besonderheit familiärer Beziehungen ablehnt. Der BGH hat die Obliegenheit eines Unterhaltsverpflichteten zur Geltendmachung eines Pflichtteils in einem Fall verneint, in dem das Testament eine Verfallklausel enthielt und die Zahlung des laufenden Unterhalts aus dessen Erwerbseinkommen erfolgen konnte, BGH, NJW 1982, 2771. Diese Rechtsprechung kann aber nicht auf den Verzicht eines Unterhaltsberechtigten übertragen werden. Denn eine Verfallklausel darf den Unterhaltsberechtigten nicht berechtigten, auf die Geltendmachung des Pflichtteilsanspruchs zu verzichten, weil er sich sonst die Erbschaft auf Kosten des Unterhaltsverpflichteten sichern würde.

530 BGH, NJW 1993, 1920, 1921; *Winkler von Mohrenfels*, FamRZ 1981, 521, 523; *Göppinger/Wax*, Rn. 629; *Sturm*, S. 110 f.

531 Vgl. *Staudinger/Engler*, § 1602 Rn. 22;

Dritten in der Zeit zwischen Entstehung und Durchsetzung des Anspruchs dadurch kompensiert wird, dass ihm ein Rückgriff auf den Pflichtteil in Höhe der in der Zwischenzeit gezahlten Unterhaltsleistungen zugebilligt wird, ist angesichts des Fehlens einer dem § 33 SGB II bzw. § 93 SGB XII entsprechenden gesetzlichen Anordnung eines Anspruchsübergangs fraglich.[532]

Bejaht man dies, so ist der wirksame Pflichtteilsverzicht auch in dieser Zeitspanne kausal für eine unterhaltsrechtliche Mehrbelastung der nahen Angehörigen, da deren Rückgriff auf einen später durchgesetzten Pflichtteil nun nicht möglich ist. Entscheidet man sich gegen eine grundsätzliche Rückgriffsmöglichkeit, so ist der Pflichtteilsverzicht zwar nicht kausal für die bis zur hypothetischen Realisierung des Pflichtteilsanspruchs aufgetretene Unterhaltsbelastung der nahen Angehörigen, bleibt es aber selbstverständlich für die darauf folgende Zeit.

### *c) Fazit*

Zusammenfassend lässt sich nach der vorangegangen Betrachtung feststellen, dass der wirksam erklärte Verzicht auf das gesetzliche Pflichtteilsrecht sowohl im Sozial- als auch im Unterhaltsrecht kausal für eine Belastung Dritter sein kann. Dies deshalb, weil durch ihn die an sich infolge des Pflichtteilsanspruchs eintretende Minderung oder Beseitigung der Bedürftigkeit des Berechtigten unterbleibt, welche den Alimentationsverpflichteten – im Sozial- wie im Unterhaltsrecht – berechtigt hätte, seine Leistungen zu kürzen oder einzustellen.

---

532 Auch die Vorschrift des § 1607 Abs. 2 S. 2 BGB regelt diesen Fall nicht, da sie allein den Übergang von Unterhaltsansprüchen gegen einen vorrangig Verpflichteten betrifft, vgl. etwa *Palandt/Diederichsen*, § 1607 Rn. 13.
Grundsätzlich ist für den Unterhaltsanspruch der Zeitraum maßgebend, für den der Unterhalt geleistet wird. Ist der Unterhalt Fordernde nun aufgrund der noch nicht möglichen Realisierbarkeit des Pflichtteilsanspruchs für die Zeitspanne zwischen Entstehung und Realisierung des Anspruchs als bedürftig anzusehen, könnten die Unterhaltszahlungen in dieser Zeit also mit Rechtsgrund erfolgt sein, und eine Kompensation in Ermangelung einer besonderen gesetzlichen Anordnung müsste ausscheiden. Andererseits erscheint es möglich, in einer solchen Situation eine Parallele zum Problem der rückwirkenden Rentenbewilligung zu ziehen. Hierbei geht es um die Kompensation für Unterhaltszahlungen an einen Angehörigen in der Zeit zwischen Rentenbewilligung und tatsächlichem Rentenbezug. Hier erachteten die Gerichte die endgültige unterhaltsrechtliche Belastung der Angehörigen einhellig als unbillig, wenn dem Berechtigten später die Rente für den Zeitraum, in dem er Unterhalt bezogen hat, nachgezahlt wird, so dass sie dem Unterhalt zahlenden Angehörigen stets – wenn auch auf dogmatisch unterschiedlichen Wegen – eine Kompensation zuerkannten, vgl. BGH, NJW 1983, 1481; NJW 1989, 1990; NJW 1990, 709, 712; OLG Düsseldorf, FamRZ 1982, 821; OLG Frankfurt, FamRZ 1987, 1270.

## 2. Die Sittenwidrigkeit der Drittbelastung

### a) Ausgangspunkt

Rechtsgeschäfte zu Lasten Dritter – insbesondere der Sozialhilfe – bilden eine anerkannte Fallgruppe, in der der rechtsgeschäftlichen Gestaltungsfreiheit durch die „guten Sitten" eine Grenze gezogen wird.[533] Auch drittbelastende Unterhaltsverzichtsvereinbarungen zwischen Ehegatten wurden aus diesem Grunde mit dem Verdikt der Sittenwidrigkeit belegt.[534]

So wurde die Sittenwidrigkeit eines drittbelastenden Unterhaltsverzichts im Rahmen einer Scheidungsfolgenvereinbarung zwischen Ehegatten von der Rechtsprechung nicht nur angenommen, wenn dieser in Schädigungsabsicht gegenüber Dritten erfolgte,[535] sondern auch in Fällen bejaht, in denen sich die Belastung Dritter zwangsläufig aus dem Unterhaltsverzicht ergab und dies den Vertragsschließenden nur bewusst war oder sie sich dieser Tatsache grob fahrlässig verschlossen hatten.[536] Großzügiger verfuhren die Gerichte dagegen bei der Beurteilung von rein vorsorgenden Unterhaltsverzichtsvereinbarungen, die sogar bei laufendem Sozialhilfebezug nicht als sittenwidrig erachtet wurden, wenn die Ehegatten mit der Vereinbarung lediglich eine Ehestabilisierung erreichen wollten.[537]

Vor dem Hintergrund der ebenfalls drittbelastenden Folgen eines Pflichtteilsverzichts (vgl. soeben oben) und angesichts der schon erörterten Unterhaltsersatzfunktion des Pflichtteils in bestimmten Konstellationen, könnte die Sittenwidrigkeit von Verzichten auf das gesetzliche Pflichtteilsrecht daher insoweit ähnlich zu beurteilen sein, wie die von ehevertraglichen Unterhaltsverzichtsvereinbarungen.[538]

---

533 OLG Stuttgart, NJW 2001, 3484, 385; *Staudinger/Sack*, § 138, 359ff.; MüKoBGB/*Armbrüster*, § 138, Rn. 45; *Erman/Palm*, § 138 Rn. 84, 100a.

534 Vgl. dazu *Palandt/Heinrichs*, § 138 Rn. 47.

535 Vgl. dazu OLG Düsseldorf, FamRZ 1955, 293, 294 f; LG Bielefeld, NJW 1958, 185 sowie die Nachweise in BGHZ 86, 82, 84 = FamRZ 1983, 137, 138.

536 BGHZ 86, 82, 84 = FamRZ 1983, 137, 139; dazu auch *Köbl*, ZfSH/SGB 1990, 449, 457.

537 So OLG Koblenz FamRZ 1995, 171; ferner BGH, NJW 1991, 913 = FamRZ 1991, 306; BGH, FamRZ 1992, 1403; BGH, NJW 2007, 904; OLG Hamm, NJW-RR 2003, 1659; *Eggert*, S. 81; sowie ausführlich *Traulsen*, S 87 ff. m.w.N.

538 So VGH Mannheim, NJW 1993, 2953, 2954; dafür wohl auch *van de Loo*, MittRhNotK 1989, 233, 250; *Köbl*, ZfSH/SGB 1990, 449, 459; in diese Richtung auch OLG Stuttgart, NJW 2001, 3484, 3485 = ZEV 2002, 367; siehe ferner *Weidlich*, NotBZ 2009, 149, 160 m.w.N.: a.A. LG Aachen, NJW-RR 2005, 307, 308; ausführlich zum Ganzen, *Menzel*, S. 250 ff.

### b) Die Entscheidung des OLG Köln vom 09.12.2009

Höchstrichterlich ist diese Frage noch nicht behandelt.[539] Allerdings hat das OLG Köln jüngst entschieden, die Rechtsprechung des Familiensenats des BGH zur Sittenwidrigkeit drittbelastender Unterhaltsverzichte lasse sich nicht verallgemeinern und den drittbelastenden Pflichtteilsverzicht eines behinderten Kindes folglich für nicht sittenwidrig erachtet.[540] Zur Begründung führt das Gericht aus, anders als bei einem Unterhaltsverzicht, bei welchem dem Verzichtenden bereits ein subjektives Recht zustehe, wisse derjenige, der auf sein Pflichtteilsrecht verzichtet, bei Abgabe der Verzichtserklärung in der Regel noch nicht, ob er beim Erbfall überhaupt einen Pflichtteilsanspruch habe. Da ihm somit lediglich eine ungesicherte Erwerbschance zukomme, sei auch eine Schädigungsabsicht regelmäßig zu verneinen. Gleichwohl hat das OLG die Revision zum BGH wegen der grundsätzlichen Bedeutung der Frage und einer fehlenden höchstrichterlichen Entscheidung zur Sache zugelassen. Es besteht daher nach wie vor Anlass zu weiteren Überlegungen.

### c) Weitergehende Überlegungen

Bei der Beurteilung, ob ein Verstoß gegen die guten Sitten anzunehmen ist, kommt es stets auf die Bewertung der gesamten Umstände des Einzelfalls an.[541] Der eingangs beschriebene Grundsatz, nach dem Rechtsgeschäfte zu Lasten Dritter grundsätzlich nicht unter dem Schutz der Rechtsordnung stehen, sondern wegen Sittenwidrigkeit unwirksam sind, lässt daher auch Raum für Ausnahmen.[542] Für eine solche Ausnahme könnte in Bezug auf den Verzicht auf das gesetzliche Pflichtteilsrecht neben den Argumenten des OLG Köln hier folgendes sprechen:

Einen Pflichtteilsverzicht dann als sittenwidrig anzusehen, wenn er zu einer Drittbelastung führt, kommt einer teleologischen Reduktion des § 2346 BGB gleich, da dieser dem Verzichtenden nach seinem Wortlaut an sich eine völlig freie Dispositionsbefugnis über das Pflichtteilsrecht einräumt. Eine teleologische Reduktion aber ist nur dann zulässig, wenn das Gesetz eine „verdeckte Regelungslücke" aufweist. Eine solche liegt vor, wenn eine gesetzliche Regel entgegen ihrem Wortsinn, aber entsprechend der dem Gesetz immanenten Teleologie einer Einschränkung bedarf, die im Gesetzestext nicht enthalten ist; sie besteht in dem Fehlen einer

539 So jüngst ausdrücklich OLG Köln, ZEV 2010, 85, 88; ferner *Vaupel*, RNotZ 2009, 497, 508.

540 ZEV 2010, 85 m. krit. Anm. *Armbrüster*.

541 OLG Stuttgart, NJW 2001, 3484, 3485 = ZEV 2002, 367.

542 OLG Stuttgart, NJW 2001, 3484, 3485 = ZEV 2002, 367.

Einschränkung.[543] Ihre Ausfüllung erfolgt durch Hinzufügung der sinngemäß geforderten Einschränkung. Sinngemäß gefordert sein kann aber nur eine Einschränkung, die eine planwidrige Unvollständigkeit des dem Gesetz zugrunde liegenden Regelungsplans,[544] ein vom Gesetzgeber nicht gewolltes Manko,[545] durch Restriktion des überschießenden Gesetzeswortlauts korrigiert. Planwidrig wiederum ist eine Unvollständigkeit des Gesetzes insbesondere dann, wenn der Gesetzgeber eine an sich regelungsbedürftige Fallgruppe übersehen hat.[546] Sofern er demgegenüber eine nach der ratio legis an sich regelungsbedürftige Fallgruppe erkannt hat, diese aber ganz bewusst nicht geregelt hat, kann von einer Planwidrigkeit keine Rede sein und ist eine zur Rechtsfortbildung berechtigende Regelungslücke nicht gegeben.[547]

Das Problem der alimentationsrechtlichen Drittbelastung durch einen Verzicht auf das gesetzliche Pflichtteilsrecht aber haben die Gesetzgeber des BGB erkannt.[548] So erwog sowohl der Redaktor des Unterhaltsrechts, als auch der Redaktor des Erbrechts, die aus einem Pflichtteilsverzicht unter Umständen resultierende Unterhaltsbelastung Dritter zu vermeiden, indem man entweder dem nun bedürftigen Verzichtenden einen – mit dem heutigen § 1586 b BGB vergleichbaren – Unterhaltsanspruch gegen den Nachlass zugestehen,[549] oder der mit Alimentationspflichten belasteten „öffentlichen Armenpflege" einen Regressanspruch gegen den Nachlass zubilligen könne.[550] Letztlich aber haben die Gesetzgeber trotz Erkennens der Problematik von einer solchen Regelung bewusst abgesehen, weil sie ihr Entstehen nur in seltenen Fällen vermuteten und den mit einer uneingeschränkten Verzichtbarkeit auf das Pflichtteilsrecht verbundenen Vorteil einer einfachen und praktikablen Lösung, die eine zügige Nachlassauseinandersetzung ermöglicht, höher gewichteten.[551]

Die einer teleologischen Reduktion des § 2346 BGB gleichkommende Annahme der Sittenwidrigkeit drittbelastender Pflichtteilsverzichte erscheint daher ange-

---

543 *Larenz*, Methodenlehre, S. 377; *Bydlinski*, Methodenlehre, S. 480 f.

544 *Larenz*, Methodenlehre, S. 373; *Bydlinski*, Methodenlehre, S. 473.

545 *Bydlinski*, Methodenlehre, S. 473.

546 *Bydlinski*, Methodenlehre, S. 570; *Larenz*, Methodenlehre, S. 370 u. 373.

547 *Larenz* spricht insoweit von einem „beredten Schweigen des Gesetzes", Methodenlehre, S. 370 u. 373; vgl. ferner *Bydlinski*, Methodenlehre, S. 473 u. 570 und *Bender*, JZ 1957, 593, 600, der von einem „qualifizierten Schweigen" spricht.

548 Vgl. v. *Schmitt*, S. 738 f., bei *Schubert*, ErbR Teil 1, S. 855; *Planck*, S. 1334 f., bei *Schubert*, FamR Teil 2, S. 348 f.

549 *Planck*, S. 1334 f., bei *Schubert*, FamR Teil 2, S. 348 f.

550 Vgl. § 278 der Redaktorvorlage *v. Schmitts* (S. 52), bei *Schubert*, ErbR Teil 1, S. 58.

551 *Planck*, S. 1335, bei *Schubert*, FamR Teil 2, S. 349; vgl. auch Motive V, S. 447.

sichts der vom Gesetzgeber sehr wohl erkannten Problematik unter diesem Gesichtspunkt durchaus problematisch.[552]

Sie könnte aber auch aus einem weiteren Grund erheblichen Bedenken begegnen. Kennzeichen einer geglückten – auch durch teleologische Reduktion vorgenommenen – richterlichen Rechtsfortbildung nämlich ist, dass sich die durch sie geschaffene Regelung bruchlos in das „*gegebene Ganze der Rechtsordnung*“ einfügen lässt.[553] Die durch Rechtsfortbildung ersonnene neue Regelung darf mithin nicht in Widerspruch zum gesetzlichen System treten.[554]

Fraglich aber ist, ob sich eine mit der Beschränkung des Anwendungsbereichs von § 2346 BGB allein auf unterhaltsrechtlich neutrale, nicht drittbelastende Pflichtteilsverzichtsvereinbarungen einhergehende Einengung der Dispositionsbefugnis über das Pflichtteilsrecht mit den Wertungen einiger anderer gesetzlicher Vorschriften zum Erb- und Pflichtteilsrecht vereinbaren lässt.

Dabei erscheint insbesondere eine Kongruenz zu der gesetzgeberischen Behandlung der Wirksamkeitsgrenzen von drittbelastenden Erbschaftsausschlagungen (vgl. §§ 1942 ff. BGB) und Erlassverträgen über bereits entstandene Pflichtteilsansprüche von Bedeutung, weil sich auch diese Rechtsgeschäfte in vergleichbarer Weise auf die Belastung Dritter auswirken können[555] wie der Verzicht auf das Pflichtteilsrecht nach § 2346 BGB.[556]

Es ist jedoch äußerst umstritten, welche Vorgaben sich dem Gesetz für die Behandlung dieser Frage entnehmen lassen.

Von einer starken Ansicht werden dabei namentlich die §§ 517, 1432, 1455 BGB, § 83 Abs. 1 InsO und § 852 Abs. 1 ZPO als Beleg dafür angeführt, dass die Entscheidung über die Annahme und Ausschlagung der Erbschaft, bzw. den Erlass des Pflichtteilsanspruchs, in das völlig freie Belieben des Berechtigten gestellt

---

552 So im Ergebnis auch *Sturm*, S. 161.

553 *Larenz*, Rechtsfortbildungen, S. 13.

554 Vgl. *Canaris*, Systemdenken, S. 98 f.

555 Dies gilt hinsichtlich der Erbschaftsausschlagung freilich gemäß §§ 2303 Abs. 2 S. 2 1371 Abs. 3 BGB nicht für im Güterstand der Zugewinngemeinschaft lebende Ehegatten, bei Vorliegen der Voraussetzungen des § 2306 Abs. 1 BGB sowie gemäß § 392 Abs. 4 S. 2 ZGB iVm Art. 235 § 2 S. 2 EGBGB.

556 Die Rechtfertigung eines Vergleichs der Behandlung dieser beiden Rechtsinstitute wird zudem untermauert durch § 1822 Nr. 2 BGB. Nicht aussagekräftig ist für das zu behandelnde Problem hingegen die Rechtsprechung zum sog. „Behindertentestament“, die die Sittenwidrigkeit einer entsprechenden Verfügung von Todes wegen im Wesentlichen wegen der vorliegend gerade nicht zu beachtenden Testierfreiheit des Erblassers verneint. Zudem geht es bei diesen Konstellationen nicht darum, dass ein Hilfsbedürftiger ihm zur Verfügung stehende Mittel nicht ausnützt oder aufgibt, vgl. BGHZ 111, 36 = NJW 1990, 2055; BGHZ 123, 368, 373 ff. = NJW 1994, 248, 250 ff; siehe dazu ausführlich unten Teil 2, Kap. 1. § 3. IV. 2. d).

sei.[557] Diese Normen verdeutlichten insbesondere, dass die Rechtsordnung angesichts der Höchstpersönlichkeit einer solchen Entscheidung[558] die Freiheit des Entschlusses über die Ausschlagung der Erbschaft, bzw. den Erlass eines Pflichtteilsanspruchs, höher bewerte, als das monetäre Interesse Dritter an dem durch eine negative Entscheidung verhinderten Vermögenszuwachs.[559] Für die Ausschlagung einer Erbschaft folge daraus, dass sie unmöglich gegen die guten Sitten verstoßen könne.[560] Dies gelte auch für die Erbschaftsausschlagung eines Sozialhilfeempfängers, die zu einer weiteren Belastung der Sozialkassen führe.[561] Insbesondere verbiete sich insoweit auch eine Gleichbehandlung mit einem nachehelichen Unterhaltsverzicht, da dieser lediglich die Nichtigkeit des Unterhaltsverzichts zur Folge habe, während die nichtige Erbausschlagung zwingend den endgültigen Erwerb der Erbschaft mit allen Aktiva und Passiva bewirke, die den Ausschlagenden mithin in eine Erbenstellung mit allen Konsequenzen zwänge, die ihm aus vielerlei Gründen unerwünscht sein könne; [562] eine Argumentation, die freilich im Hinblick auf eine unterlassene Geltendmachung des Pflichtteilsrecht nicht überzeugen kann.[563]

Darüber hinaus zeigten die Wertungen aus §§ 83 Abs. 1, 295 InsO, dass es sich beim Nachlass während der Ausschlagungsfrist gerade noch nicht um Vermögen des Hilfsbedürftigen handele, dass der Sozialhilfe zustünde, während der Verzichtende beim Verzicht auf den nachehelichen Unterhaltsanspruch bereits ein subjek-

---

557 *Pohl*, AcP 177 (1977), 52, 68 f.; *Kipp/Coing*, § 87 V.; *v. Lübtow*, Bd. 2, S. 653 ff; *Sturm*, S. 162 f.; *Soergel/Stein*, § 1942 Rn. 7; *Muscheler*, S. 235; vgl, speziell zum Nichtbestehen einer insolvenzrechtlichen Pflicht zur Geltendmachung des Pflichtteilsanspruchs jüngst BGH, ZEV 2009, 469, 470.

558 Ausführlich dazu *v. Lübtow*, Bd. 2, S. 654 f.

559 BGH, ZEV 2009, 469, 470; BGHZ 123, 183, 186 = NJW 1993, 2876; BGH, NJW 1997, 2384; *vgl. ferner auch Kipp/Coing*, § 87 V. So kommt zum Schutz der Höchstpersönlichkeit der Entscheidung auch für die Eigengläubiger des Erben, bzw. den Insolvenzverwalter, selbst bei bewusster Gläubigerbenachteiligung eine Anfechtung der Ausschlagung weder nach der InsO noch nach dem AnfG in Betracht und stellt die Ausschlagung im Verfahren der Restschuldbefreiung auch keine Obliegenheitsverletzung gemäß § 296 InsO dar, vgl. *Hausmann/Hohloch-Ruby* Kap. 2 Rn. 151; MüKoInsO/*Schumann*, § 83 Rn. 4 jeweils m.w.N.; ferner schon RGZ 54, 289, 295 ff.

560 *Lange/Kuchinke*, § 8. VII. 1. b); *Hausmann/Hohloch-Ruby* Kap. 2 Rn. 152; *Soergel/Stein*, § 1943 Rn. 7; ausführlich *Pohl*, AcP 177 (1977), 52, 65 ff.; a.A. OLG Stuttgart, NJW 2001, 3484, 3485 = ZEV 2002, 367 m. abl. Anm. *J. Mayer*; zwischen der Ausschlagung durch einen Betreuer und der Ausschlagung durch den Hilfeempfänger selbst differenzierend *Mensch*, BWNotZ 2009, 162, 164 f.

561 So LG Aachen, NJW-RR 2005, 307, 308; *J. Mayer*, ZEV 2002, 369, 370; *Ivo*, FamRZ 2003, 6, 7 ff.

562 *Ivo*, FamRZ 2003, 6, 8.

563 Vgl. *Menzel*, S. 255.

tives Recht inne habe.[564] Schließlich sei es auch nicht die Aufgabe des Erbrechts eine missbräuchliche Inanspruchnahme von Sozialhilfe zu verhindern; dieser sei gegebenenfalls vielmehr mit dem Instrumentarium des Sozialrechts zu begegnen.[565]

Die oben dargestellte Meinung stößt jedoch auch auf Widerspruch in Literatur[566] und Rechtsprechung.[567] Dieser betrifft sowohl die Frage nach der Sittenwidrigkeit von Erbschaftsausschlagungen als auch den Erlass von Pflichtteilsansprüchen zu Lasten des Sozialhilfeträgers. So hat das *OLG Hamm*[568] jüngst entschieden, die Ausschlagung einer werthaltigen Erbschaft durch den Betreuer eines Sozialleistungsempfängers sei wegen Unterlaufens des in § 2 SGB XII verankerten sozialhilferechtlichen Nachrangprinzips sittenwidrig, weshalb die vormundschaftsgerichtliche Genehmigung nach § 1822 Nr. 2 BGB zu verweigern sei. Es ergäbe sich allein aus dem Umstand der Höchstpersönlichkeit der Entscheidung über die Ausschlagung einer Erbschaft keine unmittelbare Einschränkung der Anwendung von § 138 BGB, zumal auch § 1822 Nr. 2 BGB zeige, dass das Ausschlagungsrecht einer Stellvertretung im Willen – anders als andere höchstpersönliche Rechtshandlungen – gerade zugänglich sei. Im Übrigen verwirft das OLG das Argument des besonderen Schutzes des Ausschlagungsrechts vor Fremdinteressen im Familien- und Insolvenzrecht im Wesentlichen mit dem Hinweis darauf, dass es im zu entscheidenden Fall – wegen der eng begrenzten Regressmöglichkeiten für zu Recht erbrachte Sozialleistungen nach § 102 SGB XII – nicht um die Zulässigkeit des Zugriff des Sozialhilfeträgers auf Vermögen des Hilfebedürftigen gehe, *„sondern darum, ob der (bislang) Hilfebedürftige ein ihm anfallendes Vermögen ausschlagen darf, wenn er hierdurch seine Bedürftigkeit aufrechterhält.*“ Dies verneint das Gericht mit Blick auf das Prinzip der Selbstverantwortung als Spiegelbild der sozialstaatlichen Solidarität.

Darüber hinaus hat der BGH in Abweichung von der oben dargestellten Meinung und unter Zustimmung zahlreicher Stimmen in der Literatur[569] auch eine Pflicht des Unterhaltsberechtigten zur Geltendmachung eines Pflichtteilsanspruches angenommen bzw. eine Befugnis des Sozialhilfeträgers zur Geltendmachung des übergeleiteten Anspruchs auch ohne Zustimmung des Berechtigten bejaht[570] (vgl.

---

564 *J. Mayer*, ZEV 2002, 369, 370.

565 LG Aachen, NJW-RR 2005, 307, 308.

566 Vgl. insbesondere *Staudinger/Otte*, § 1942 Rn. 21 ff.; *Leipold*, ZEV 2009, 472, 473; ferner MüKoBGB/*Armbrüster*, § 138 Rn. 45.

567 OLG Stuttgart, NJW 2001, 3484, 3485 f.; vgl. auch VGH Mannheim, NJW 1993, 2953, 2954 (zum Erlassvertrag über einen bereits bestehenden Pflichtteil).

568 OLG Hamm, ZEV 2009, 471, m. zust. Anm. *Leipold*.

569 *Soergel/Dieckmann*, § 2306 Rn. 29; MüKoBGB/*Lange*, § 2317 Rn.17; *Bamberger/Roth-J. Mayer*, § 2317 Rn. 7; *Mensch*, BWNotZ 2009, 162, 165 f.; a.A. *Muscheler*, S. 235.

570 BGH, NJW 1993, 1920, 1921; NJW-RR 2005, 369, 370 f.; NJW-RR 2006, 223, 224.

schon Teil 2, Kap. 1. § 3. IV. 1. a)). Damit hat er die persönliche Entscheidungsfreiheit des Pflichtteilsberechtigten derart eingeengt, dass er die Möglichkeit der Sittenwidrigkeit eines Erlassvertrages über den bereits entstandenen Pflichtteilsanspruch sicher nicht unter Hinweis auf eine aus der Höchstpersönlichkeit der Entscheidung resultierende völlig grenzenlose Entscheidungsfreiheit ablehnen würde.

Die Positionierung im Rahmen dieser Diskussion hängt letztlich davon ab, ob man das erbrechtliche Ausschlagungsrecht, bzw. das Recht den Pflichtteilsanspruch zu erlassen, als gegenüber dem Subsidiaritätsprinzip des § 2 SGB XII vorrangig erachtet, oder aber in letzterem als tragendem Prinzip des Sozialrechts[571] eine so starke rechtliche Wertung sieht, dass es den Begriff der guten Sitten in auch für das erbrechtliche Ausschlagungsrecht bzw. die Entscheidung über den Erlass des Pflichtteilsanspruchs bindender Weise konturiert.

Für die hier zu behandelnde Frage sind die Auswirkungen einer solchen Positionierung jedenfalls im Hinblick auf den Pflichtteilsverzicht zu Lasten des Trägers der Sozialleistungen erheblich.

Denn folgte man dem ersten Standpunkt und sähe es also auch dann dem gänzlich freien Belieben des pflichtteilsberechtigten Erben überlassen, durch eine Ausschlagung der Erbschaft seinen Pflichtteilsanspruch aufzugeben oder den bereits angefallenen Anspruch zu erlassen, wenn er damit bewusst seine Bedürftigkeit zu Lasten des Sozialhilfeträgers aufrechterhält, so wäre es hiermit schwerlich zu vereinbaren, die Dispositionsbefugnis eines Pflichtteilsberechtigten über seinen Pflichtteil an anderer Stelle wegen der Möglichkeit eben dieser Drittbelastung zu beschränken. Eine entsprechende teleologische Reduktion von § 2346 BGB würde sich mithin nicht bruchlos in das „gegebene Ganze der Rechtsordnung“ einfügen lassen, ein Pflichtteilsverzicht könnte sich nicht wegen einer Drittbelastung als sittenwidrig erweisen.

Schlösse man sich demgegenüber der gegenteiligen Ansicht an, so müsste man einer Pflichtteilsverzichtsvereinbarung – wie einer Unterhaltsverzichtsvereinbarung – jedenfalls dann wegen Sittenwidrigkeit die rechtliche Geltung versagen, wenn Sie mit dem Willen oder dem Bewusstsein geschlossen wurde, den sozialrechtlichen Nachranggrundsatz zu unterlaufen.

571 Zu den vielfachen Durchbrechungen dieses Prinzips siehe allerdings BGHZ 123, 376 f. = BGH NJW 1994, 248, 250.

### d) Exkurs: Zur Bedeutung der Diskussion um das sog. Behindertentestament

Die Frage der Sittenwidrigkeit von Drittbelastungen steht auch im Zentrum der Diskussion um das sog. Behindertentestament. Dieser Begriff bezeichnet eine Testamentsform, mit der Eltern die Lebenssituation ihres behinderten, auf Kosten der Sozialhilfe untergebrachten oder unterstützten, Kindes durch hinterlassenes Vermögen zu verbessern suchen, ohne es dem Zugriff des Sozialhilfeträgers auszusetzen. Technisch umgesetzt werden diese Zielvorgaben in der Praxis üblicherweise[572] dadurch, dass das behinderte Kind zu einem Erbteil eingesetzt wird, der knapp oberhalb seines Pflichtteils liegt. Denn würde das Kind enterbt oder auf einen Erbteil gesetzt, der unterhalb des Pflichtteils liegt, so entstünde ein Pflichtteils(rest)anspruch, den der Träger der Sozialhilfe nach § 93 SGB XII auf sich überleiten könnte.[573] Um den Erbteil der Verwaltung des behinderten Kindes bzw. seines Betreuers sowie dem Zugriff des Sozialhilfeträgers zu entziehen, wird außerdem Dauertestamentsvollstreckung angeordnet. Damit das behinderte Kind überhaupt Vorteile aus der Erbeinsetzung erlangt, wird der Testamentsvollstrecker angewiesen, ihm aus den Erträgen der Erbschaft bestimmte Zuwendungen zu machen, die nicht von der Sozialhilfe erbracht, auf diese jedoch auch nicht angerechnet werden (Taschengeld, Geschenke zu Festtagen u.ä.). Schließlich wird das behinderte Kind nicht als (Voll-) Erbe, sondern lediglich als nicht befreiter Vorerbe eingesetzt. Nacherben werden in der Regel sonstige Abkömmlinge des Erblassers. Auf diese Weise wird das Vermögen auch über den Tod des behinderten Kindes hinaus geschützt. Denn der Sozialhilfeträger kann Ersatz für die gewährten Leistungen gem. § 102 SGB XII nur von den Erben des Behinderten verlangen, zu denen derjenige, der als Nacherbe nach den Eltern des Behinderten eingesetzt ist jedoch nicht gehört.[574]

Da die Hauptzielrichtung einer solchen Gestaltung also darin liegt, den Pflichtteilsanspruch des Behinderten dem Zugriff des Sozialhilfeträgers zu entziehen, könnte ihre Beurteilung durch Rechtsprechung und Literatur möglicherweise auch

---

572 Dargestellt wird im Folgenden die „klassische" Erblösung. Daneben wird auch eine sog. Vermächtnislösung angeboten, vgl. dazu *Damrau*, ZEV 1998, 1; *Hausmann/Hohloch-Litzenburger*, Kap. 7 Rn. 98 m.w.N.

573 Das automatische Entfallen der Anordnung von Vor- und Nacherbfolge bei Erbeinsetzung unterhalb der Pflichtteilsquote nach § 2306 Abs. 1 S. 1 BGB a.F. droht nach der Änderung des § 2306 BGB zum 01.01. 2010 nun allerdings nicht mehr.

574 Ausführlich zum Behindertentestament statt vieler etwa *Nieder/Kössinger*, § 21.VII; *Hausmann/Hohloch-Litzenburger*, Kap. 7 Rn. 94 ff.

für die hier interessierende Frage nach der Sittenwidrigkeit drittbelastender Erb- oder Pflichtteilsverzichte wichtige Hinweise geben.

Die Beurteilung der soeben geschilderten erbrechtlichen Gestaltung ist allerdings nicht einheitlich. Während der BGH und die h.M. sie – jedenfalls bei kleineren und mittleren Vermögen – als zulässig ansehen,[575] gehen andere Stimmen durchaus von der Sittenwidrigkeit solcher Behindertentestamente aus;[576] sie stören sich insbesondere an der Anordnung der Vor- und Nacherbschaft, weil sie zur Besserstellung des Behinderten nicht notwendig sei und den in § 102 SGB XII vorgesehenen Kostenersatz aus dem Nachlass des Behinderten zu Lasten der Allgemeinheit vereitele.[577]

Bei genauerer Betrachtung der Problematik des Behindertentestaments wird jedoch deutlich, dass ihre Behandlung für die Frage nach der Sittenwidrigkeit drittbelastender Erb- oder Pflichtteilsverzichte – bzw. der Möglichkeit, die im Rahmen der Behandlung drittbelastender Unterhaltsverzichte entwickelten Grundsätze auf dieses Problem zu übertragen – nur von sehr begrenzter Bedeutung sein kann. Denn beide Problemkreise unterscheiden sich in ihrer Ausgangslage nicht unerheblich voneinander.

So geht es bei der Problematik des Behindertentestaments im Gegensatz zur hier in Rede stehenden Konstellation zum einen nicht darum, dass der Hilfsbedürftige ihm zugängliche Unterhaltsquellen nicht ausschöpft oder aufgibt.[578] Das behinderte Kind verzichtet hier nicht auf einen bereits vorhandenen oder später realisierbaren Vermögensvorteil.[579] Denn über den Pflichtteil hinaus, steht dem behinderten Kind kein Anspruch auf den Nachlass seiner Eltern zu.[580] Der für die Rechtsprechung zur Sittenwidrigkeit drittbelastender Unterhaltsverzichte, wie auch für die Frage nach der Sittenwidrigkeit drittbelastender Erb- und Pflichtteilsverzichte, maßgebliche sozialrechtliche Nachranggrundsatz, demzufolge derjenige, der in der Lage ist, sich aus eigener Kraft zu helfen, mit seinem Wunsch nach staatlicher Hil-

575 Vgl. zur Rspr. zunächst die beiden Grundsatzurteile BGH, NJW 1990, 2055 und NJW 1994, 248; ferner jüngst OLG Köln, ZEV 2010, 85; für das Schrifttum etwa *van de Loo*, NJW 1990, 2852, 2857; *Krampe*, AcP 191 (1991), 526, 560; *Pieroth*, NJW 1993, 173, 178.

576 Vgl. *Mayer-Maly*, AcP 194 (1994), 105, 146; *Staudinger/Sack*, § 138 Rn. 365; MüKoBGB/*Armbrüster*, § 138 Rn. 45 m.W.N.; für die Instanzrechtsprechung LG Flensburg, NJW 1993, 1866; LG Konstanz, FamRZ 1992, 360.

577 LG Konstanz, FamRZ 1992, 360; *G.H. Raiser*, MDR 1995, 237, 238.

578 Vgl. BGH, NJW 1990, 2055, 2056.

579 Zur Bedeutung dieses Umstandes für die Sittenwidrigkeit eines Unterhaltsverzichts und der auf diesem Wege begründeten Differenzierung zur Beurteilung eines Behindertentestament siehe auch *Vaupel*, RNotZ 2009, 497, 508; ähnlich auch *van de Loo*, NJW 1990, 2852, 2857; *Engelmann*, S. 27.

580 BGH, NJW 1994, 248, 250; *Krampe*, AcP 191 (1991), 526, 560.

fe zurücktreten muss und stattdessen grundsätzlich zunächst alle ihm zur Verfügung stehenden eigenen Erwerbsquellen und Unterhaltsmöglichkeiten auszuschöpfen hat, ehe er auf dem Weg über die Sozialhilfe die Allgemeinheit belastet, greift also bei der Problematik des Behindertentestaments nicht in gleicher Weise.[581] Denn hier ist nicht der Alimentationsbedürftige verantwortlich für die Perpetuierung seiner Bedürftigkeit zu Lasten eines Dritten. Vielmehr findet dieser Umstand seinen Grund in der Testamentsgestaltung seiner Eltern.[582]

Damit gelangt man nun zum anderen wesentlichen Unterschied in der Ausgangslage zwischen der Frage nach der Sittenwidrigkeit eines drittbelastenden Erb- oder Pflichtteilsverzichts einerseits und des Behindertentestaments andererseits. Während nämlich dort das sozialrechtliche Subsidiaritätsprinzip gegen die Höchstpersönlichkeit des Rechts zur Ausschlagung einer Erbschaft des Erben oder zum Erlass eines bereits entstandenen Pflichtteilsanspruchs des Pflichtteilsberechtigten abgewogen werden muss, ist hier letztlich die Nachrangigkeit der Sozialhilfe mit der *Testierfreiheit* des Erblassers abzuwägen[583]. In diesem Rahmen gilt es dann zu beurteilen, ob es im Hinblick auf das Subsidiaritätsprinzip anstößig erscheint, wenn Eltern eines behinderten Kindes ihr Vermögen von Todes wegen so weiterleiten, dass die Sozialbehörden keine Möglichkeit haben, ihre Aufwendungen für das Kind daraus zu decken. Diese Fragestellung reicht damit jedoch über die Problematik der Sittenwidrigkeit von drittbelastenden Erb- oder Pflichtteilsverzichten weit hinaus,[584] für welche die Bedeutung der Testierfreiheit des Erblassers ohne Belang ist.

Das Thema „Sittenwidrigkeit von Behindertentestamenten“ liegt daher zwar ebenfalls im Spannungsfeld von sozialrechtlichem Subsidiaritätsprinzips und Privatautonomie im Erbrecht, weist jedoch sowohl in der Ausgangslage als auch seinen wesentlichen Argumentationslinien zu deutliche Unterschiede zur hier interessierenden Frage nach der Sittenwidrigkeit von drittbelastenden Erb- oder Pflichtteilsverzichten auf, als dass ihrer Behandlung gesteigerte Hinweisfunktion zu deren Beantwortung zukommen könnte. Allenfalls der Betonung der vielfachen Durchbrechung des sozialhilferechtlichen Subsidiaritätsprinzips in der einschlägigen

581 BGH, NJW 1990, 2055, 2056.

582 Vgl. *Lambrecht*, S. 83.

583 So ausdrücklich OLG Köln, ZEV 2010, 85, 87; vgl. auch BGH, NJW 1994, 248, 250; *Hausmann/Hohloch-Litzenburger*, Kap. 7 Rn. 94; ausführlich dazu *Pieroth*, NJW 1993, 173.

584 So BGH, NJW 1990, 2055, 2056 zur Bedeutung der Rechtsprechung zur Sittenwidrigkeit drittbelastender Unterhaltsverzichtsvereinbarungen für die Frage nach der Sittenwidrigkeit eines Behindertentestaments.

Rechtsprechung des BGH,[585] mag insoweit – freilich recht abstrakte – Bedeutung zukommen.

Wohl auch deshalb geht auch das OLG Köln in der oben zitierten Entscheidung im Zuge der Wirksamkeitsbeurteilung eines drittbelastenden Pflichtteilsverzichts mit keinem Wort auf den Streitstand zum Behindertentestament ein.[586] Ähnliches gilt – soweit ersichtlich – für die Autoren, die sich bislang mit der Frage der Sittenwidrigkeit drittbelastender Pflichtteilsverzichte beschäftigt haben, da in deren Ausführungen ein Vergleich mit der Thematik des Behindertentestaments, wenn überhaupt, dann allenfalls eine nur untergeordnete Rolle spielt.[587]

### *3. Die Eignung der Kernbereichslehre zur Feststellung der Sittenwidrigkeit wegen Drittbelastung*

Die Frage nach der Sittenwidrigkeit drittbelastender Erb- oder Pflichtteilsverzichte kann unter Umständen jedoch letztlich dahinstehen. Denn neben den Befunden einer denkbaren Drittbelastung durch Pflichtteilsverzichte und der Möglichkeit ihrer Sittenwidrigkeit, setzt die Sachdienlichkeit einer Anwendung der Kernbereichslehre auf derartige Pflichtteilsverzichtsvereinbarungen auch voraus, dass die Grundsätze der Kernbereichslehre überhaupt geeignet sind, eine gerade durch Drittbelastung begründete Sittenwidrigkeit festzustellen.[588] Die oben skizzierte Problematik bedürfte hier mithin nur dann einer Entscheidung, wenn dies der Fall ist.

Die Grundsätze der Kernbereichslehre wurden maßgeblich vom 12. Zivilsenat des BGH in seiner Entscheidung vom 11. Februar 2004 entwickelt.[589] Diese wiederum diente der Umsetzung des Urteils des Bundesverfassungsgerichts vom 6. Februar 2001.[590] Hierin betonte das BVerfG, die durch Art. 2 Abs. 1 GG gewährleistete Privatautonomie setze voraus, dass die Voraussetzungen der Selbstbestimmung auch tatsächlich gegeben seien. Daher sei es Aufgabe des Rechts, in Fällen besonders einseitiger Aufbürdung von vertraglichen Lasten und einer erheblich ungleichen Verhandlungsposition der Vertragspartner, in denen ein Partner ein solches Gewicht habe, dass er den Vertragsinhalt faktisch einseitig bestimmen könne, auf die Wahrung der Grundrechtspositionen beider Vertragspartner hinzuwirken, um zu

585 BGH, NJW 1994, 248, 250 f.

586 OLG Köln, ZEV 2010, 85, 87.

587 Vgl. etwa *Vaupel*, RNotZ 2009, 497, 508; *Menzel*, S. 245 ff.; *Lambrecht*, S. 167 ff.; *Sturm*, S. 115 ff.; *Engelmann*, S. 22 ff.; *J. Mayer*, ZEV 2007, 556, 559; *Köbl*, ZfSH/SGB 1990, 449, 459; eine Ausnahme bildet insofern der Ansatz von *Schumacher*, S. 1 f. und 142 f.

588 Vgl. dazu schon oben Teil 2, Kap. 1. § 3. IV.

589 BGHZ 158, 81, vgl. dazu schon oben ausführlich Teil 1, Kap. 3. § 2. B. und § 3.

590 BVerfGE 103, 89, vgl. dazu schon oben Teil 1, Kap. 3 § 2 A.

verhindern, dass sich für einen Vertragsteil die Selbstbestimmung in eine Fremdbestimmung verkehre. Dies gelte auch für Eheverträge, mit denen Eheleute ihre höchstpersönlichen Beziehungen für die Zeit ihrer Ehe oder danach regelten, weshalb der Staat der Freiheit der Ehegatten, ihre ehelichen Beziehungen und wechselseitigen Rechte und Pflichten mit Hilfe von Verträgen zu gestalten, dort Grenzen zu setzen habe, wo der Vertrag nicht Ausdruck gleichberechtigter Lebenspartnerschaft sei, sondern eine auf ungleichen Verhandlungspositionen basierende einseitige Dominanz eines Ehepartners widerspiegele. So sei es in solchen Fällen gestörter Vertragsparität die Aufgabe der Gerichte, über die zivilrechtlichen Generalklauseln zur Wahrung beeinträchtigter Grundrechtspositionen eines Ehevertragspartners den Inhalt des Vertrages einer Kontrolle zu unterziehen und gegebenenfalls zu korrigieren.[591]

Fordert das BVerfG daher mit seinem Urteil insbesondere den wirksamen gerichtlichen Schutz der Privatautonomie beider Vertragspartner auch auf dem Gebiet der Eheverträge, und entwickelt der BGH in Umsetzung dieser Vorgaben die Grundsätze der Kernbereichslehre, um die auf eine gestörte Vertragsparität und fehlende Selbstbestimmung hinweisende ungerechtfertigte einseitige Lastenverteilung feststellen zu können,[592] so wird ersichtlich, dass der vorrangige Zweck der Kernbereichslehre letztlich im Schutz der Privatautonomie liegt.

Ihr Mechanismus besteht darin, den Ausschluss von gesetzlichen Ansprüchen, die für einen der beiden Vertragspartner typischerweise von enormer, oft existenzieller Bedeutung sind, für den anderen jedoch eine erhebliche Belastung darstellen, als Indiz für eine korrekturbedürftige Unterlegenheit des einen gegenüber dem anderen Partner zu werten.

Eine derart auf den Schutz der Privatautonomie ausgerichtete Kernbereichslehre aber kann nicht das richtige Instrument sein, um Verträge daraufhin zu kontrollieren, ob sie zu einer sittenwidrigen Belastung Dritter führen. Eine sittenwidrige Drittbelastung nämlich ist nicht typischerweise das Ergebnis einer gestörten Vertragsparität oder fehlender Selbstbestimmung, des Übergewichts des einen Vertragspartners über den anderen, sondern eher das Produkt kollusiven Zusammenwirkens der Vertragspartner. Ein kollusives Zusammenwirken der Vertragspartner aber kann – anders als die einseitige Dominanz unter ihnen – nicht durch den Ausschluss von gesetzlichen Ansprüchen indiziert werden, an deren Bestehen eine Partei typischerweise ein besonderes Interesse haben müsste. Die Grundsätze der Kernbereichslehre sind daher nicht geeignet, eine gerade durch Drittbelastung begründete Sittenwidrigkeit festzustellen.

591 BVerfGE 103, 89, 100 f.

592 Vgl. BGHZ 158, 81, 96 f.

### *4. Fazit*

Pflichtteilsverzichtsvereinbarungen können zu einer Drittbelastung sowohl des Sozialhilfeträgers als auch naher Angehöriger führen. Umstritten ist, ob eine solche Drittbelastung sittenwidrig sein kann oder nicht. Angesichts der Ausgangsfragestellung, ob sich aus dem Aspekt der Drittbelastung ein Hinweis für die Sachdienlichkeit einer Übertragung der Grundsätze der Kernbereichslehre auf den Kausalvertrag zum Pflichtteilsverzicht ergibt, braucht dieser Streit jedoch nicht entschieden zu werden. Denn ungeachtet seiner Entscheidung ergibt sich aus dem Aspekt der Drittbelastung hier schon deshalb kein für eine Übertragung der Kernbereichslehre sprechender Hinweis, weil deren auf den Schutz der Vertragspartner ausgerichtete Systematik nicht geeignet ist, eine speziell durch Drittbelastung begründete Sittenwidrigkeit von Kausalverträgen zum Verzicht auf das Pflichtteilsrecht festzustellen.

Der Aspekt der Drittbelastung kann mithin nicht als Hinweis auf die Sachdienlichkeit einer Übertragung der Grundsätze der Kernbereichslehre auf den Kausalvertrag zum Verzicht auf das gesetzliche Pflichtteilsrecht dienen.

## *V. Speziell zum Pflichtteilsverzicht von Ehegatten – Auswirkungen des Pflichtteilsverzichts auf die Ansprüche aus §§ 1586 b, 1933 S. 3 BGB*

Anders als andere Unterhaltsansprüche, erlischt ein nachehelicher Unterhaltsanspruch gegen den geschiedenen Ehegatten gemäß § 1586 b Abs. 1 S. 1 BGB nicht mit dessen Tode, sondern geht als Nachlassverbindlichkeit auf dessen Erben über (vgl. oben Teil 2, Kap. 1 § 3. B. III. 2. g)). Die Haftung der Erben beschränkt sich dabei gemäß § 1586 b Abs. 1 S. 3 BGB auf einen fiktiven (kleinen) Pflichtteil, der dem Berechtigten zustände, wenn die Ehe nicht geschieden worden wäre, dessen Berechnung aber ungeachtet güterrechtlicher Besonderheiten erfolgt. § 1933 S. 3 BGB erweitert diese Regelung und gewährt dem unterhaltsberechtigten Ehegatten unter den in § 1933 BGB genannten Voraussetzungen, also für den Fall des Todes bei laufendem Scheidungsverfahren, einen Anspruch gegen die Erben nach Maßgabe der §§ 1569 – 1586 b BGB.[593]

Gemäß §§ 16 S. 2, 10 Abs. 3 LPartG gilt entsprechendes auch für den nachpartnerschaftlichen Unterhalt.[594]

---

593 *Staudinger/Schotten*, § 2346 Rn. 64.

594 Im Interesse einer besseren Lesbarkeit wird im Folgenden auf eine gesonderte Erwähnung der Regelungen des LPartG sowie den jeweiligen Hinweis auch auf den nachpartnerschaftlichen Unterhaltsanspruch verzichtet.

Die vom Gesetz angeordnete Fortdauer der Verpflichtung zur Gewährung nachehelichen Unterhalts ändert dabei allerdings nichts an deren Rechtsnatur. Ungeachtet der Änderungen, denen der Anspruch infolge von § 1586 b Abs. 1 S. 2 und 3 BGB unterliegt, behält er die Eigenschaft eines Unterhaltsanspruchs.[595] Zwar kommt der Frage der Leistungsfähigkeit des Verpflichteten gemäß § 1586 b Abs. 1 S. 2 BGB nun keine Bedeutung (mehr) zu; diese Bestimmung ist jedoch nur Äquivalent der haftungsmäßigen Beschränkung des Erben auf den fiktiven Pflichtteil.[596] Nach wie vor ist die Bedürftigkeit des geschiedenen Ehegatten ebenso Anspruchsvoraussetzung, wie der Anspruch auch weiterhin bei Wiederverheiratung oder Tod des Berechtigten erlischt.

Sachlich erfasst die Vorschrift des § 1586 b BGB alle Ansprüche auf nachehelichen bzw. nachpartnerschaftlichen Unterhalt nach §§ 1570 ff. BGB,[597] auch den zum engsten Kernbereich des Scheidungsfolgenrechts gehörenden Anspruch auf Betreuungsunterhalt gemäß § 1570 BGB.

Die Bedeutung dieser gesetzlichen Regelungen für die hier zu behandelnde Frage nach der Sachdienlichkeit einer Übertragung der Kernbereichslehre auf den Kausalvertrag zum Verzicht auf das Pflichtteilsrecht ergibt sich nun daraus, dass nach der h.M. in der Literatur, der wirksam erklärte Pflichtteilsverzicht, auch den Verlust des (verlängerten) Unterhaltsanspruchs aus § 1586 b bzw. §§ 1933 S. 3, 1586 b BGB bewirkt.[598] Bewirkt aber der Pflichtteilsverzicht den Verlust der Unterhaltsansprüche aus § 1586 b BGB bzw. §§ 1933 S. 3, 1586 b BGB, und umfassen diese alle, auch die zum engsten Kernbereich der Scheidungsfolgen gehörenden, nachehelichen Unterhaltsansprüche, so kann der Pflichtteilsverzicht letztlich scheinbar problemlos – wenn auch mittelbar – zum Ausschluss von Ansprüchen führen, die der ehevertraglichen Disposition infolge der Kernbereichssystematik nur äußerst begrenzt offen stehen. Der Pflichtteilsverzicht wirkt sich dann zwar nicht wie ein Verzicht auf den nachehelichen Unterhaltsanspruch schlechthin aus, wohl aber wie ein Verzicht auf den fortgesetzten nachehelichen Unterhaltsanspruch

---

595 *Grziwotz*, FamRZ 1991, 1258; MüKoBGB/*Maurer*, § 1586 b, Rn. 4; *Wendl/Staudigl/Pauling*, § 4 Rn. 60

596 *Grziwotz*, FamRZ 1991, 1258; MüKoBGB/*Maurer*, § 1586 b, Rn. 1.

597 MüKoBGB/*Maurer*, § 1586 b Rn. 2; *Dieckmann*, NJW 1980, 2777; *Schwab/Borth*, IV Rn. 1241.

598 *Dieckmann*, NJW 1980, 2777, *ders*., FamRZ 1992, 633; *ders*., FamRZ 1999, 1029; *Frenz*, ZEV 2001, 115; MüKoBGB/*Maurer*, § 1586 b Rn. 2; MüKoBGB/*Leipold*, § 1933 Rn. 23; *Palandt/Brudermüller*, § 1586 b Rn. 8; *Palandt/Edenhofer*, § 1933 Rn. 10; *Erman/Graba*, § 1586 b Rn. 11; *Jauernig/Stürner*, § 1586 b Rn. 3; *Bamberger/Roth-Beutler*, § 1586 b Rn. 4; *Hausmann/Hohloch-Hausmann*, Kap. 3, Rn. 109; *Hausmann/Hohloch-Weidlich*, Kap. 15, Rn. 47; *Schwab/Borth*, IV Rn. 1243; *Wendl/Staudigl/Pauling*, § 4 Rn. 60; *Michalski*, Rn. 482; *Kahlert*, S. 179 ff.; vgl. auch jüngst LG Ravensburg, ZEV 2008, 598, 600.

gegen die Erben,[599] dessen Bedeutung für den Bedürftigen im Falle des Falles identisch ist.

Aus diesem Grund könnte es nicht nur sachdienlich, sondern gar geboten erscheinen, eine Pflichtteilsverzichtsvereinbarung zwischen Ehegatten einer Kontrolle gleicher Intensität zu unterziehen wie einen Ehevertrag und folglich die Grundsätze der Kernbereichslehre auch auf erstere anzuwenden.[600] Denn es wäre möglicherweise wenig überzeugend, den direkten Ausschluss etwa des Anspruchs aus § 1570 BGB in einem Ehevertrag wegen ungerechtfertigter einseitiger Lastenverteilung zu Ungunsten eines Ehegatten als nichtig gemäß § 138 BGB anzusehen, auf der anderen Seite aber einer geschiedenen Ehefrau des kurz nach der Scheidung verstorbenen Mannes – bei ansonsten gleichen Umständen – einen auf § 1586 b BGB gestützten (verlängerten) Betreuungsunterhaltsanspruch gegen die Erben des Mannes unter Hinweis auf einen zuvor erklärten Pflichtteilsverzicht zu verwehren.

Die entsprechende Anwendung der Kernbereichslehre auch auf den Kausalvertrag zum Pflichtteilsverzicht könnte mithin sicherstellen, dass der unmittelbare wie der mittelbare Ausschluss von Ansprüchen, die zum Kernbereich des gesetzlichen Scheidungsfolgenrechts gehören, nach gleichen Maßstäben beurteilt werden, und so die Entstehung des gerade skizzierten Wertungswiderspruchs verhindern.

Basis dieser Überlegungen ist dabei die von der h.M. angenommene unterhaltsrechtliche Fernwirkung des Pflichtteilsverzichts. Diese Fernwirkung ist allerdings bislang noch nicht höchstrichterlich festgestellt worden und daher nicht unumstritten. Der h.M. stellen sich vielmehr auch einige gewichtige Stimmen entgegen, nach denen der Pflichtteilsverzicht eines Ehegatten die Haftung der Erben für den nachehelichen Unterhalt des geschiedenen Ehegatten bzw. den Anspruch des verwitweten Ehegatten aus §§ 1933 S. 3, 1586 b BGB, nicht entfallen lässt.[601] Bliebe der Pflichtteilsverzicht aber ohne Auswirkung auf die Ansprüche aus §§ 1586 b, 1933 S. 3 BGB, so bestünde jedenfalls unter diesem Aspekt die Notwendigkeit zur Übertragung der Kernbereichslehre auch auf die Kontrolle von Kausalverträgen zum Pflichtteilsverzicht – in Abweichung vom Vorgehen nach der h.M. – gerade nicht.

---

599 Vgl. *Dieckmann*, NJW 1980, 2777, 2778.

600 Wohlwollend gegenüber einer über § 1586 b BGB begründeten Übertragung ehevertraglicher Kontrollgrundsätze auch auf den Pflichtteilsverzicht auch *Menz*, S. 268 (dort Fn. 1173), der darauf hinweist, dass der nachehelichen Unterhalt begehrende Ehegatte unabhängig davon schutzwürdig erscheine, ob der Unterhaltsverpflichtete weiterlebt oder verstirbt.

601 *Grziwotz*, FamRZ 1991, 1258 f.; *Pentz*, FamRZ 1998, 1344 ff.; *Staudinger/Schotten*, § 2346 Rn. 66 f.; *Reul*, MittRhNotK 1997, 373, 376; *Bergschneider*, FamRZ 2003, 1049, 1057; *Münch*, ZEV 2008, 571, 576.

Um die Bedeutung der §§ 1586 b, 1933 S. 3 BGB für die Ausgangsfrage beurteilen zu können, ist es mithin erforderlich zu klären, welcher der genannten Ansichten zu folgen ist.

### *1. Die „Einheitslösung" der herrschenden Meinung*

Nach Ansicht der herrschenden Meinung führt ein Verzicht auf das Pflichtteilsrecht durch einen Ehegatten gleichermaßen zum Verlust des Anspruchs aus § 1586 b BGB wie auch des Anspruchs aus §§ 1933 S. 3, 1586 b BGB.

Zur Begründung berufen sich ihre Vertreter zunächst auf den Wortlaut des Gesetzes. So begrenze § 1586 b Abs. 1 S. 3 BGB die Unterhaltsschuld des Erben ausdrücklich auf einen Betrag, *„der dem Pflichtteil entspricht, welcher dem Berechtigten zustände, wenn die Ehe nicht geschieden worden wäre"*. Habe nun aber ein Ehegatte während der Ehe auf sein Pflichtteilsrecht verzichtet, so hätte ihm auch ohne Scheidung ein Pflichtteil in einer bestimmten Höhe nicht zugestanden. Der die Unterhaltserwartungen gegen die Erben begrenzende Bezugsrahmen „fiktiver Pflichtteil" sei mithin „auf null gestellt", weshalb auch ein Anspruch aus § 1586 b BGB entfallen müsse.[602]

Zum Beleg dieser Ansicht wird zudem auf die Gesetzesmaterialien verwiesen. Denn in diesen heißt es, der verlängerte Unterhaltsanspruch werde *„gleichsam als Ersatz"* für die (durch Scheidung) verlorene Nachlassteilhabe[603] bzw. *„zum Ausgleich für den Verlust des Erbrechts und des Voraus"*[604] gewährt. Habe ein Ehegatte aber seine erbrechtliche Teilhabeerwartung aufgrund eines Pflichtteilsverzichts ohnehin verspielt, brauche man sich um den Ersatz nicht mehr zu sorgen.[605] Ein Ersatz sei demjenigen nicht zu bieten, der ohne die Ehescheidung wegen seines Verzichts ohnehin eine erbrechtliche Nachlassteilhabe nicht zu erwarten habe.[606]

Als Einheitslösung wird die h.M. schließlich deshalb bezeichnet, weil sie von ihren Vertretern sowohl unabhängig davon angewendet wird, ob es um die Auswirkungen eines Pflichtteilsverzichts auf den Unterhaltsanspruch eines geschiedenen Ehegatten gemäß § 1586 b BGB oder um die Auswirkungen auf den Unterhaltsanspruch eines verwitweten Ehegatten gemäß §§ 1933 S. 3, 1586 b BGB geht, als

---

602 *Dieckmann*, NJW 1980, 2777, 2778.

603 So die amtliche Begründung zu § 1586 b BGB, BT-Drucks. 7/650, S. 151.

604 So die amtliche Begründung zu § 1933 BGB, BT-Drucks. 7/4361, S. 52.

605 *Dieckmann*, NJW 1980, 2777, 2778.

606 *Dieckmann*, FamRZ 1992, 633.

auch unterschiedslos Anwendung auf den vorbehaltlosen Erbverzicht einerseits und den isolierten Pflichtteilsverzicht[607] andererseits finden soll.

Behält sich der Ehegatte beim Erbverzicht jedoch den Pflichtteil gemäß § 2346 Abs. 1 BGB vor, so verliert er erst mit der Scheidung oder Aufhebung der Ehe seinen Pflichtteilsanspruch, so dass der dem § 1586 b BGB zugrunde liegende Zweck, dem Ehegatten für den durch Scheidung erfolgten Verlust jeglicher erbrechtlicher Erwartungen einen Ersatz zuzubilligen, uneingeschränkt bestehen bleibt. Folgerichtig setzt sich in diesem Fall auch nach der h.M. der Unterhaltsanspruch des geschiedenen oder in Scheidung begriffenen Ehegatten gegen die Erben fort.[608]

### *2. Die Gegenansicht*

Nach einer starken Gegenansicht lässt der Pflichtteilsverzicht eines Ehegatten nach einer späteren Scheidung die Haftung der Erben des unterhaltspflichtigen Ehegatten für nachehelichen Unterhalt hingegen ebenso wenig entfallen, wie er zum Ausschluss des Unterhaltsanspruchs des verwitweten Ehegatten aus §§ 1933 S. 3, 1586 b BGB führt. Die Begründungsansätze dieser Gegenansicht sind dabei vielfältig:

So könne das Argument, der Anspruch aus § 1586 b BGB müsse allein deshalb entfallen, weil bereits der Pflichtteilsverzicht zum Verlust aller Erberwartungen führe, schon deshalb nicht überzeugen, weil es sich bei § 1586 b BGB nicht um einen erb-, sondern um einen unterhaltsrechtlichen Anspruch handele.[609] Die Anknüpfung an den fiktiven Pflichtteil stelle nur eine Begrenzung des genuin unterhaltsrechtlichen Anspruchs, eine mögliche Einwendung dar, die aufgrund der Besonderheit ihrer Berechnung zudem eine völlig isolierte Größe sei, die mit dem wirklichen Pflichtteil nichts zu tun habe.[610] So würden auch die von der h.M angeführten amtlichen Begründungen Pflichtteils- und Unterhaltsrecht nicht verknüpfen, sondern lediglich vergleichen, weshalb sie den von der h.M. gezogenen

---

607 Dem möglichen Einwand, der isolierte Pflichtteilsverzicht könne nicht den Verlust des Anspruchs aus § 1586 b BGB zur Folge haben, weil er durch den fehlenden Verzicht auch auf das gesetzliche Erbrecht nicht zum Verlust aller erbrechtlichen Teilhabeerwartungen führe (so *Rolland*, § 1586 b Rn. 14c), hält die h.M entgegen, dass auch in diesem Fall die Bezugsgröße „fiktiver Pflichtteil" auf null gesetzt sei und im Übrigen der isolierte Pflichtteilsverzicht der Sache nach ohnehin auf einen Erbverzicht hinauslaufe, da er in aller Regel zusammen mit einem Entziehungstestament des Erblassers für den Verzichtenden dasselbe bedeute, wie ein (direkter) Erbverzicht ohne Pflichtteilsvorbehalt, vgl. *Dieckmann*, NJW 1980, 2777, 2779.

608 *Dieckmann*, NJW 1980, 2777, 2778; *Roessink*, S. 92; *Kahlert*, S. 180.

609 *Grziwotz*, FamRZ 1991, 1258; *Staudinger/Schotten*, § 2346 Rn. 66; ähnlich auch *Bergschneider*, FamRZ 2003, 1049, 1057.

610 *Münch*, ZEV 2008, 571, 575.

Schluss gerade nicht zuließen.[611] Überhaupt diene § 1586 b Abs. 1 S. 1 BGB nicht zum Ausgleich für den Wegfall konkreter Erb- und Pflichtteilsrechte, sondern der Vorsorge für den sozial Schwächeren, weshalb es sich bei dem Anspruch um eine Nachwirkung der ehelichen Solidarität handele, die von einem während der Ehe erklärten Pflichtteilsverzicht unberührt bleiben müsse.[612]

Zudem spreche auch die Gesetzesgeschichte gegen die h.M. Denn der gegen die Erben verlängerte Unterhaltsanspruch des Ehegatten sei zwar schon immer nur begrenzt zugesprochen worden. Allerdings zunächst begrenzt auf die Hälfte der Vermögenseinkünfte des Verpflichteten zur Zeit seines Todes (§ 1582 BGB a.F. [1900]), bzw. auf einen Betrag, der bei Berücksichtigung der Verhältnisse des Erben und der Ertragsfähigkeit des Nachlasses der Billigkeit entsprach (§ 78 EheG [1938] bzw. § 70 EheG [1946]),[613] so dass der Unterhaltsanspruch nach beiden Bemessungsregelungen früher auch unabhängig von einem Pflichtteilsverzicht bestanden hätte.[614]

Schließlich werde die Lösung der h.M. regelmäßig auch nicht dem Willen derjenigen gerecht, die an der Verzichtserklärung beteiligt sind. So solle der Pflichtteilsverzicht eines Ehegatten während intakter Ehe meist die Abkömmlinge vor Pflichtteilsansprüchen schützen und im Rahmen einer Scheidungsvereinbarung die von Pflichtteilsrechten des Ehegatten unbeeinträchtigte Verfügungsfreiheit gewährleisten. Beabsichtigt sei jedoch nicht, im Falle einer Scheidung die Erben des Vertragspartners von ihrer Haftung für den nachehelichen Unterhalt zu befreien.[615]

### *3. Stellungnahme*

Die von der Gegenmeinung angeführten Argumente können letztlich nicht überzeugen.

#### *a) Erbrechtlicher Bezug der §§ 1586 b, 1933 S. 3 BGB stärker als von der Gegenmeinung behauptet*

So erscheint es bereits äußerst fraglich, ob der verlängerte Unterhaltsanspruch des Ehegatten tatsächlich derart losgelöst vom Erbrecht zu sehen ist, wie es die Anhänger der Gegenmeinung vertreten. Denn Zweifel hieran kommen insbesondere hinsichtlich des auf §§ 1933 S. 3, 1586 b BGB gegründeten Anspruchs des verwitwe-

611 *Pentz*, FamRZ 1998, 1344, 1345.

612 *Grziwotz*, FamRZ 1991, 1258, 1259.

613 Vgl. zur Geschichte der Regelung, *Roessink*, FamRZ 1990, 924, 925.

614 *Münch*, ZEV 2008, 571, 574; ähnlich auch *Pentz*, FamRZ 1998, 1344, 1346.

615 *Grziwotz*, FamRZ 1991, 1258, 1259; *Pentz*, FamRZ 1998, 1344, 1345 f.

ten Ehegatten auf, der sich ja nie gegen den verstorbenen Ehegatten gerichtet hat, sondern sich von Beginn an ausschließlich gegen die Erben richtet.[616] Nicht zufällig heißt es dann auch in der Begründung dieser Vorschrift ausdrücklich, der Anspruch werde „*zum Ausgleich für den Verlust des Erbrechts gewährt*“[617]; ein Hintergrund, den die Vertreter der Gegenmeinung wohl deshalb nahezu ignorieren, weil er in seiner Eindeutigkeit schwer zu überwinden ist.[618] Doch auch bezüglich des verlängerten Unterhaltsanspruchs des geschiedenen Ehegatten lässt sich die Verbindung zum Erbrecht nicht einfach verdrängen, ist der Anspruch nicht wie ein „normaler“ Unterhaltsanspruch zu behandeln. Denn die für unser Unterhaltsrecht ganz außergewöhnliche Verlängerung des Anspruchs in den Nachlass des verstorbenen früheren Ehegatten bedarf einer besonderen Begründung.[619] Wirft man nun einen Blick auf die Materialien sowohl zu § 1586 b BGB[620] als auch zu dessen Vorgängervorschriften[621], so sieht man die Verlängerung des Unterhaltanspruchs in den Nachlass stets in einen Zusammenhang mit dem Verlust der erbrechtlichen Teilhabe gebracht. Zwar mag deren hypothetisches Ausmaß, wie die Gegenmeinung korrekt betont, nicht stets auch zur Berechnung der konkreten Anspruchshöhe gedient haben. Dennoch aber wird daraus klar, dass nach Ansicht der historischen Gesetzgeber die erforderliche besondere Begründung dieses speziellen Unterhaltsanspruchs offenbar stets im Verlust erbrechtlicher Teilhabe zu sehen war.

Darüber hinaus gibt auch eine jüngere der äußerst raren Entscheidungen des BGH, die sich mit der Vorschrift des § 1586 b BGB befassen, einen Hinweis darauf, dass die Sichtweise der Gegenmeinung, nach der es sich bei beim fiktiven Pflichtteil um eine völlig isolierte Größe handele, die letztlich auch durch andere Grenzen ausgetauscht werden könne, nicht zutreffend ist. Denn in seinem Urteil vom 29. 11. 2000 entschied der BGH, dass in die Berechnung der Haftungsgrenze des § 1586 b Abs. 1 S. 3 auch (fiktive) Pflichtteilsergänzungsansprüche des Unterhaltsberechtigten miteinzubeziehen seien.[622] Zur Begründung führt er aus, durch § 1586 b BGB solle der Lebensbedarf des geschiedenen Ehegatten in ähnlicher Weise sichergestellt werden, wie dies bei Fortbestand der Ehe durch erbrechtliche Ansprüche erreicht worden wäre, weshalb es allein folgerichtig sei, bei der Bemessung der Haftungsgrenze des § 1586 b Abs. 1 S. 3 BGB auch einen dem geschiede-

616 Vgl. *Dieckmann*, FamRZ 1992, 633, 634; *Kahlert*, S. 181 f.

617 BT-Drucks. 7/4361, S. 52.

618 So geht etwa *Grziwotz* mit keinem Wort auf die Gesetzesbegründung zu § 1933 BGB ein.

619 *Dieckmann*, FamRZ 1992, 633, 634.

620 Vgl. BT-Drucks. 7/650, S. 151.

621 Zu § 1582 a. F. [1900] vgl. Protokolle der II. Kommission, bei *Mugdan,* Band IV, FamR, S. 924 ff.; zu § 78 EheG [1938] und dem unverändert übernommenen § 70 EheG [1946] vgl. *Volkmar*, § 78, S. 284; *Roessink*, S. 14 ff.

622 BGHZ 146, 114 = NJW 2001, 828 = ZEV 2001, 113 m. Anm. *Frenz*.

nen Ehegatten dann zustehenden Pflichtteilsergänzungsanspruch zu berücksichtigen.[623] Sieht der BGH aber demnach den Zeck der Vorschrift in der Sicherung des Lebensbedarfs in ähnlicher Weise, wie er bei fingiertem Fortbestand der Ehe durch erbrechtliche Mindestansprüche erfolgt wäre, und stellt er gerade nicht auf eine abstrakte Pflichtteilsquote ab, sondern auf die durch den Pflichtteilsergänzungsanspruch konkretisierten Rechte, so wäre es ebenfalls allein folgerichtig, dann auch einen vom Ehegatten erklärten Pflichtteilsverzicht – welcher die Rechte am Nachlass ja ebenfalls konkretisiert – zu berücksichtigen.[624]

### *b) Aspekt der nachehelichen Solidarität kein Argument gegen Fernwirkung*

Ein weiterer Einwand der Gegenmeinung, demzufolge es sich bei dem Anspruch aus § 1586 b BGB um eine Nachwirkung der ehelichen Solidarität handele, weshalb er nicht aufgrund eines Verzichts auf das gesetzliche Pflichtteilsrecht entfallen könne, geht immerhin von einer zutreffenden Ausgangsposition aus. Denn in der Begründung zur in Rede stehenden Norm heißt es tatsächlich, die als *Nachwirkung der Ehe* geforderte Vorsorge für den sozial Schwächeren, dessen Bedürftigkeit regelmäßig ehebedingt sei, könne mit dem Tode des Verpflichteten nicht ersatzlos enden.[625]

Aus diesem Befund ist allerdings nicht zwangsläufig die Konsequenz zu ziehen, der Anspruch aus § 1586 b BGB dürfe infolge eines Pflichtteilsverzichts nicht entfallen. Denn auf den nachehelichen Unterhalt – der ja ebenfalls Ausdruck nachehelicher Solidarität ist – kann gemäß § 1585 c BGB schon nach dem ausdrücklichen Wortlaut des Gesetzes auch verzichtet werden. Eine hinreichende Beachtung der nachehelichen Solidarität fordert also den Ausschluss der unterhaltsrechtlichen Fernwirkung des Pflichtteilsverzichts dann nicht, wenn der Pflichtteilsverzicht unter Beachtung seiner unterhaltsrechtlichen Auswirkungen zum Gegenstand einer Sittenwidrigkeitskontrolle gleicher Intensität gemacht wird, wie es bei direkten Unterhaltsverzichtsvereinbarungen üblich und anerkannt ist.[626]

---

623 BGHZ 146, 114, 120 f.

624 Ebenso *Frenz*, ZEV 2001, 115; aufgrund der Unbeachtlichkeit güterrechtlicher Besonderheiten wird freilich auch ein derart konkret berechneter fiktiver Pflichtteil häufig nicht exakt dem Betrag des Pflichtteils entsprechen, der bei Beendigung der Ehe durch Tod tatsächlich angefallen wäre.

625 BT-Drucks. 7/650, S. 151.

626 In diese Richtung auch *Dieckmann*, FamRZ 1992, 633, 635.

*c) Fernwirkung des Pflichtteilsverzichts widerspricht nicht dem Willen der Beteiligten*

Schließlich kann auch das Argument der Gegenmeinung nicht überzeugen, die von der h.M. angenommene unterhaltsrechtliche Fernwirkung werde dem Willen der an der Verzichtserklärung Beteiligten nicht gerecht, weil diese zwar den Pflichtteil, aber nicht auch die Ansprüche aus §§ 1586 b, 1933 S. 3 BGB ausschließen wollten.

Augenscheinlich wird dies insbesondere bei Pflichtteilsverzichten im Rahmen von Scheidungsvereinbarungen, deren Sinn nach *Grziwotz* vor allem in der Gewährleistung der vom Ehegatten unbeeinträchtigten erbrechtlichen Verfügungsfreiheit liegen soll.[627] Denn gerade in dieser Konstellation ist der Verlust der gegenseitigen Pflichtteilsrechte der Ehegatten aufgrund der nahenden Scheidung oder des baldigen Eintritts der in § 1933 BGB genannten Voraussetzungen ohnehin zu erwarten. Der Pflichtteilsverzicht wäre mithin ohne die Auswirkungen auf den verlängerten Unterhaltsanspruch für die Beteiligten von nur sehr begrenzter Bedeutung, nämlich nur im Zeitraum zwischen Abschluss der Scheidungsvereinbarung und Eintritt der Voraussetzungen des § 1933 BGB, sofern diese nicht sogar schon zum Abschlusszeitpunkt gegeben sind. Verfolgt der Erblasser also ernsthaft das Ziel, durch die Erlangung unbeeinträchtiger Verfügungsfreiheit seine Erben zu schonen, so wird es ihm – gerade umgekehrt als von *Grziwotz* behauptet – nicht so sehr um den Ausschluss des ohnehin bald entfallenden Pflichtteilsrechts gehen, sondern es wird vor allem seine Intention sein, den Erben vor Unterhaltsansprüchen des Ehegatten bis zur Grenze des fiktiven Pflichtteils zu bewahren.

Nun gibt es zwar sicher auch Konstellationen, in denen es nur dem Interesse einer der Parteien entspricht, durch den Pflichtteilsverzicht auch die Ansprüche aus §§ 1586 b, 1933 S. 3 BGB auszuschließen, während der anderen (sozial schwächeren) Partei an diesem Ausschluss gerade nicht gelegen ist. Diesen Interessengegensatz aber gilt es auszuhandeln.[628] Dafür bedarf es der sachkundigen Beratung, welche aufgrund der Beurkundungsbedürftigkeit des Pflichtteilsverzichts aber sichergestellt ist (vgl. § 2348 BGB). Der beurkundende Notar ist aufgrund von § 17 Abs. 1 BeurkG verpflichtet, das Thema der Fernwirkungen des Pflichtteilsverzichts anzusprechen.[629] Die Parteien mögen dann – etwa in einer Unterhaltsvereinba-

627 *Grziwotz*, FamRZ 1991, 1258, 1259.

628 *Dieckmann*, FamRZ 1992, 633, 636.

629 Dies ergibt sich schon aus dem Wortlaut der Norm, nach der der Notar die Beteiligten über die „rechtliche Tragweite des Geschäfts“ zu belehren hat. Darüber hinaus ist der Notar gemäß § 17 Abs. 1 BeurkG generell verpflichtet, soweit Anhaltspunkte dafür bestehen, dass künftige Entwicklungen nicht mitbedacht wurden, hierauf hinzuweisen und ggf. Regelungsvorschläge zu unterbreiten, vgl. *Huhn/von Schuckmann/Armbrüster*, BeurkG, § 17 Rn. 133.

rung[630] – verabreden was sie wollen, aber die Beratungspflicht zwingt sie, die Frage so oder so zu klären.[631] Die Vereinbarung einer dem Willen der Parteien widersprechenden – weil ihnen unbekannten – Rechtsfolge aber ist damit weitestgehend gebannt.

Wird der Pflichtteilsverzicht während einer intakten Ehe erklärt, so liegt es allerdings tatsächlich nahe, dass die Parteien mögliche unterhaltsrechtliche Fernwirkungen nicht bedenken. Doch auch hier setzt die wirksame Vereinbarung und Erklärung des Verzichts die Beratung durch einen Notar voraus (vgl. § 2348 BGB), dessen Aufgabe es gemäß § 17 BeurkG auch in dieser Konstellation sein wird, die Parteien auf die unterhaltsrechtlichen Auswirkungen eines Verzichts hinzuweisen und sie so zu einer Lösung der Frage zu bewegen.[632] Auch hier ist es jedenfalls aufgrund der notariellen Beratungspflicht ausgeschlossen, dass der Pflichtteilsverzicht zu einem ersatzlosen Ausschluss der Ansprüche aus §§ 1586 b, 1933 S. 3 BGB führt, obwohl eine Partei diese Wirkung gar nicht herbeiführen will.

### *d) Die unterhaltsrechtliche Fernwirkung verhindert Besserstellung des geschiedenen gegenüber dem verheirateten Ehegatten*

Letztlich entscheidend für die h.M., und damit gegen die Gegenansicht, spricht jedoch folgendes:

Bliebe der Verzicht auf das Pflichtteilsrecht ohne Einfluss auf die Ansprüche aus §§ 1586 b, 1933 S. 3 BGB, so stünde ein zum Zeitpunkt des Erbfalls noch glücklich mit dem Erblasser verheirateter Ehegatte schlechter, als ein vom Erblasser geschiedener Ehegatte.[633]

Denn während der beim Erbfall glücklich verheiratete Ehegatte nun weder einen Anspruch auf Unterhalt noch auf eine erbrechtliche Mindestbeteiligung in Form des Pflichtteils hat und somit völlig leer ausgeht, verbliebe dem geschiedenen Ehegatten trotz eines vormals erklärten Pflichtteilsverzichts noch immer der Anspruch aus § 1586 b BGB. Anders formuliert stünde ein Ehegatte, der im Falle der Beendigung der Ehe durch Tod nichts zu erwarten gehabt hätte, bei Beendigung der Ehe durch Scheidung auf einmal möglicherweise weitaus besser da. Er könnte die Scheidung gar im Hinblick hierauf betreiben wollen. Die Regelung des § 1586 b Abs.1 BGB beruht aber neben der Erwägung, dass der geschiedene Ehegatte einen Ersatzanspruch für das infolge der Scheidung weggefallene Erbrecht erlangen soll

630 Vgl. etwa *Hausmann/Hohloch-Weidlich*, Kap. 15 Rn. 47

631 *Dieckmann*, FamRZ 1992, 633, 636; *Kahlert*, S. 183.

632 Vgl. *Huhn/von Schuckmann/Armbrüster*, BeurkG, § 17 Rn. 133.

633 *Wendl/Staudigl/Pauling*, § 4 Rn. 60; *Palandt/Brudermüller* § 1586 b, Rn. 8.

auch darauf, dass der geschiedene Ehegatte grundsätzlich nicht besser gestellt werden soll, als er stände, wenn die Ehe nicht geschieden worden wäre.[634]

Die Gegenmeinung kann zudem nicht erklären, warum ohne Scheidung ein Ehegatte, der auf den Pflichtteil verzichtet hat, nur deshalb am Vermögen seines Gatten partizipieren soll, weil er noch einem berechtigten Scheidungsverlangen seines Partners ausgesetzt war (§ 1933), während der Ehegatte, von dem der Erblasser keine Scheidung wollte und mit dem er glücklich zusammen lebte, nach dem Erbfall leer ausgeht.[635]

Nach alledem bleibt somit als Ergebnis festzuhalten, dass der wirksam erklärte Pflichtteilsverzicht gleichermaßen zum Ausschluss des verlängerten Unterhaltsanspruchs des geschiedenen Ehegatten aus § 1586 b BGB, wie auch des Unterhaltsanspruchs des verwitweten Ehegatten aus §§ 1933 S. 3, 1586 b BGB führt.

### *4. Fazit*

Die unterhaltsrechtliche Fernwirkung des Pflichtteilsverzichts eines Ehegatten führt dazu, dass sich dieser wie ein Verzicht auf den verlängerten nachehelichen Unterhaltsanspruch des geschiedenen Ehegatten aus § 1586 b BGB und den Unterhaltsanspruch des verwitweten Ehegatten aus §§ 1933 S. 3, 1586 b BGB auswirkt. Diese Ansprüche umfassen alle Ansprüche auf nachehelichen bzw. nachpartnerschaftlichen Unterhalt nach §§ 1570 ff. BGB[636], auch den zum engsten Kernbereich des Scheidungsfolgenrechts gehörenden Anspruch auf Betreuungsunterhalt gemäß § 1570 BGB. Die Rechtsgültigkeit des Ausschlusses dieser nachehelichen Ansprüche wird im Rahmen eines Ehevertrags anhand der besonderen Grundsätze der Kernbereichslehre kontrolliert, um eine evident einseitige, nicht zu rechtfertigende Lastenverteilung zu verhindern, die den sozial schwächeren Ehegatten nach einer Scheidung in sittenwidriger Weise benachteiligen würde.

Wenn aber der Pflichtteilsverzicht nun über den Umweg des § 1586 b BGB genauso zum Ausschluss dieser Ansprüche führen kann, so erscheint es nur konsequent den Pflichtteilsverzicht von Ehegatten auch an genau den gleichen Maßstäben zu messen, wie eine ehevertragliche Unterhaltsverzichtsvereinbarung, und folglich die Grundsätze der Kernbereichslehre auch auf ihn anzuwenden.

Dies auch deshalb, weil ein Pflichtteilsverzichtsvertrag zwischen Ehegatten, ebenso wie ein Ehevertrag, auf einer erheblich ungleichen Verhandlungsposition

---

634 BGHZ 146, 114, 121 = NJW 2001, 828, 830 = ZEV 2001, 113, 114; OLG Köln, FamRZ 1983, 1036, 1038; OLG Düsseldorf, FamRZ 2003, 42, 44.

635 *Palandt/Brudermüller*, § 1586 b Rn. 8.

636 MüKoBGB/*Maurer*, § 1586 b Rn. 2; *Dieckmann*, NJW 1980, 2777; *Schwab/Borth*, IV Rn. 1241.

der Vertragspartner beruhen kann, bei der der freie Gebrauch der Privatautonomie des unterlegenen Teils ebenso gefährdet ist, wie beim Abschluss eines Ehevertrages.

Denn wie wollte man einer mittellosen, schlecht ausgebildeten und mittlerweile geschiedenen und alleinerziehenden Mutter von drei Kindern, die vor der Heirat bereits schwanger war, erklären, dass der Notar den Wunsch ihres sehr vermögenden Mannes nach Abschluss einer globalen Unterhaltsverzichtsvereinbarung vor der Hochzeit zwar abgelehnt habe, weil er zu ihrem Schutz als sittenwidrig erachtet worden wäre, der Gedanke an ihren Schutz aber nicht die Gültigkeit eines von ihr vor der Hochzeit auf Verlangen des Mannes erklärten Pflichtteilsverzichts hindere, der für sie nach dem schnellen Tod ihres Mannes nach der Scheidung letztlich die gleichen Konsequenzen wie ein direkter Unterhaltsverzicht hat?

### *VI. Zwischenergebnis*

Als Zwischenergebnis lässt sich als Antwort auf die Ausgangsfrage nach den Möglichkeiten und Grenzen einer Übertragung der Kernbereichslehre auf den Erb- und Pflichtteilsverzicht bis hierher folgendes festhalten:

Eine Übertragung der Grundsätze der Kernbereichslehre kommt weder für das abstrakte Verfügungsgeschäft des Erb- oder Zuwendungsverzichts noch des isolierten Pflichtteilsverzichts in Betracht. Ebenfalls ausscheiden muss eine Anwendung der Kernbereichslehre auf das Verpflichtungsgeschäft zum Verzicht (nur) auf das gesetzliche Erbrecht oder eine letztwillige Zuwendung.

Anders stellt sich die Lage jedoch hinsichtlich des Verpflichtungsgeschäfts zum Verzicht auf das Pflichtteilsrecht dar. Hierbei gilt es allerdings zwischen dem zum Verzicht auf das Pflichtteilsrecht verpflichtenden Vertrag zwischen Verwandten einerseits und Ehegatten andererseits zu unterschieden.

Im Rahmen eines zwischen Verwandten geschlossenen Kausalvertrags zum Pflichtteilsverzicht kommt eine Kontrolle anhand der Grundsätze der Kernbereichslehre grundsätzlich nicht in Betracht. Dies deshalb, weil der einzig überzeugende Ansatzpunkt, der im Bezug auf den Verzicht unter Verwandten für eine Übertragung der Kernbereichlehre sprechen könnte, in einer möglichen Unterhaltsfunktion des Pflichtteilsrechts zu sehen ist.[637] Eine solche Unterhaltsfunktion kommt dem Pflichtteilsrecht aber – insbesondere aufgrund seiner Bedarfsunabhängigkeit – grundsätzlich nicht zu.

Von diesem Grundsatz gibt es jedoch Ausnahmen. Denn soweit der Erblasser dem Verzichtsurheber zu Lebzeiten zu (Verwandten)Unterhalt verpflichtet war,

---

637 Ähnlich *Ludyga*, § 5 Rn. 22.

letzterer also bedürftig ist, kann der Pflichtteil durchaus eine Unterhaltsfunktion übernehmen. Wenn nun aber die gerichtliche Inhaltskontrolle anhand der Kernbereichslehre im Bereich der Eheverträge vor allem den Schutz des Unterhalts und der Versorgung des sozial Schwächeren bezwecken soll,[638] so erscheint es nahe liegend sie auch auf solche Pflichtteilsverzichte anzuwenden, die den Unterhalt und die Versorgung des Verzichtsurhebers in ähnlicher Weise gefährden, wie ein Unterhaltsverzicht eines bedürftigen Ehegatten im Rahmen eines Ehevertrages.

Grundsätzlich erscheint es insoweit also durchaus denkbar, die Grundsätze der Kernbereichslehre auch für solche Kausalverträge zum Pflichtteilsverzicht zwischen Verwandten fruchtbar zu machen, bei denen der Verzichtende gegenüber dem Erblasser unterhaltsberechtigt ist.[639]

Gleiches gilt grundsätzlich auch zwischen Ehegatten, wenn der auf seinen Pflichtteil verzichtende Ehegatte tatsächlich auf den Ehegattenunterhalt des Erblasserehegatten angewiesen ist.

Im Hinblick auf Kausalverträge zum Pflichtteilsverzicht zwischen Ehegatten ist es darüber hinaus aber nicht nur nahe liegend sondern sogar geboten, sie anhand der Grundsätze der Kernbereichslehre zu kontrollieren. Denn aufgrund der unterhaltsrechtlichen Fernwirkung eines Pflichtteilsverzichts unter Ehegatten, die über § 1586 b BGB zum Ausschluss aller nachehelichen Unterhaltsansprüche führen kann, ist der sozial schwächere Ehegatte hier ebenso schutzbedürftig wie beim Abschluss eines Ehevertrages.[640]

## § 4. Der Rang des Pflichtteils in der Kernbereichssystematik

### *A. Ausgangspunkt*

Nachdem erarbeitet wurde, in welchen Konstellationen eine an den Grundsätzen der Kernbereichslehre orientierte Inhaltskontrolle von Kausalverträgen zum Pflichtteilsverzicht grundsätzlich in Betracht kommt, gilt es nun die Parameter für deren konkrete Anwendung zu präzisieren. Entscheidende Bedeutung kommt dabei insbesondere der Einordnung des Pflichtteilsrechts in das System der Kernbereichslehre zu. Denn in diesem System bestimmt sich das Ausmaß der Dispositionsfreiheit der Beteiligten gemäß einer Rangabstufung, die sich in erster Linie danach bemisst,

638 Vgl. *Hahne*, DNotZ 2004, 84, 86; *Wachter*, ZErb 2004, 238, 244.

639 Zur Frage, auf welchen Zeitpunkt es für das Vorliegen einer Unterhaltsfunktion ankommt vgl. unten Teil 2, Kap. 2. § 1. B. I.

640 Zu den spezifischen Rechtsfolgenproblemen einer Anwendung der Kernbereichslehre auf den Pflichtteilsverzicht zwischen Ehegatten vgl. allerdings unten Teil 2, Kap. 2. § 1. B. II.

welche Bedeutung die abbedungene gesetzliche Regelung für den Berechtigten in seiner Lage hat:[641] Je höherrangiger die ausgeschlossene gesetzliche Regelung, desto enger die Grenzen ihrer Disponibilität (vgl. dazu auch oben Teil 1, Kap. 3. § 3. C. I.). Der alleinige Befund, dass die Kernbereichslehre in bestimmten Konstellationen grundsätzlich auch auf den Kausalvertrag zum Pflichtteilsverzicht anwendbar ist, besagt also noch wenig über die tatsächlichen Auswirkungen einer solchen Anwendung. Insbesondere würde sie nur dann zu einer besonderen Kontrolldichte des Pflichtteilsverzichts führen, wenn dem Pflichtteilsrecht ein möglichst hoher Rang zuzusprechen wäre.

In seiner Grundsatzentscheidung zur ehevertraglichen Inhaltskontrolle führt der BGH aus, die Absicherung des laufenden Unterhaltsbedarfs sei für den Berechtigten in der Regel wichtiger als etwa der Zugewinn- oder Versorgungsausgleich.[642] Folgerichtig stellt er die Unterhaltsansprüche auf die oberen Rangstufen, und den Anspruch auf Zugewinnausgleich auf die unterste Stufe im Rangfolgensystem der gesetzlichen Scheidungsfolgen. Letzterer erweise sich ehevertraglicher Disposition u. a. deshalb am weitesten zugänglich, weil das geltende Güterrecht nicht an Bedarfslagen anknüpfe und keine unterhaltsrechtlichen Funktionen habe.[643] Eine bloße bedarfsunabhängige, wechselseitige Vermögensbeteiligung aber fordere das Gebot ehelicher Solidarität nicht.[644]

## *B. Grundsatz: Nachrang gegenüber Zugewinnausgleich*

Vor diesem Hintergrund erscheint es zunächst nahe liegend den Pflichtteil bei einer Rangeinstufung sogar noch hinter dem Zugewinnausgleich anzusiedeln.[645] Denn auch der Pflichtteil bietet nach seiner gesetzlichen Ausgestaltung eine bedarfsunabhängige Vermögensbeteiligung. Beruht aber der bedarfsunabhängige Zugewinnausgleich noch auf der typisierenden – an der Einverdienerehe orientierten – Idee, den Ehegatten mit dem geringeren Zugewinn an den während der Ehe beim anderen Ehegatten eintretenden Vermögensmehrungen deshalb zu beteiligen, weil er durch den Verzicht auf eine eigene Erwerbstätigkeit dem Partner den vollen Einsatz seiner Arbeitskraft im Berufsleben ermöglicht, und so dessen höheren Zugewinn letztlich mitverursacht habe,[646] gewährt der Pflichtteil eine Vermögensteilhabe völ-

---

641 Vgl. BGHZ 158, 81, 97.

642 BGHZ 158, 81, 97.

643 BGHZ 158, 81, 97 f.

644 BGHZ 158, 81, 99.

645 Vgl. *Münch*, ZEV 2008, 571, 576; *Ludyga*, § 5 Rn. 12; *Bengel*, ZEV 2006, 192, 196; siehe auch OLG Koblenz, FamRZ 2004, 805, 806 mit zust. Anm. *Bergschneider*.

646 MüKoBGB/*Koch*, Vor § 1363, Rn. 8; *Gernhuber/Coester-Waltjen*, § 34 I. 2 ff.; *Rauscher*, § 17 I. 1.

lig ohne eigenes Zutun.[647] Denn der Ehegatte wird über den Pflichtteil – anders als im Rahmen des Zugewinnausgleichs – auch an Vermögen beteiligt, das bereits vor der Ehe erworben wurde und auch der Verwandte braucht für die Gewährung eines Pflichtteilsanspruchs nichts weiter zu tun.

Nimmt demnach der Zugewinnausgleich im System der Kernbereichslehre bereits den niedrigsten Rang unter den Scheidungsfolgen ein, und steht er der ehevertraglichen Disposition deshalb sehr weit offen, so könnte die Einordnung des Pflichtteils noch hinter dem Zugewinnausgleich nur die nahezu völlig freie Dispositionsfreiheit bezüglich des Pflichtteilsrechts bedeuten. Eine Sittenwidrigkeit des Kausalvertrags zum Pflichtteilsverzicht käme nur in Extremfällen in Betracht,[648] die Übertragung der Kernbereichslehre hätte keine nennenswert erhöhte Kontrolldichte zur Folge und erwiese sich letztlich als zahnloser Tiger.

## *C. Höherer Rang bei Unterhaltsbezug des Pflichtteils*

Eine solche Betrachtung griffe jedoch zu kurz. Sie trifft allein auf die Konstellationen zu, in denen die Übertragung der Kernbereichslehre auf den Pflichtteilsverzicht ohnehin bereits als nicht sachdienlich abgelehnt wurde, mithin den Pflichtteilsverzicht unter Verwandten, die in keinem akuten Unterhaltsverhältnis zueinander stehen. Begründet der BGH in seiner Grundsatzentscheidung die weite Dispositionsfreiheit bezüglich des Zugewinnausgleichs aber u.a. mit dessen fehlender Unterhaltsfunktion, so spricht dies gerade für eine höhere Einordnung des Pflichtteils im Vergleich mit dem Zugewinnausgleich in solchen Fällen, in denen der Pflichtteil Unterhaltsfunktionen übernimmt oder sich auf Unterhaltsansprüche auswirkt. Dies wiederum trifft in genau den Konstellationen zu, in denen die Übertragung der Kernbereichslehre auf den Kausalvertrag zum Pflichtteilsverzicht grundsätzlich bereits als nahe liegend oder gar geboten erachtet wurde; sowohl im Rahmen eines Pflichtteilsverzicht zwischen Verwandten, die in einem akuten Unterhaltsverhältnis stehen, als auch im Rahmen eines Verzichts zwischen Ehegatten. In beiden Fällen erscheint es daher konsequent, die Dispositionsfreiheit der Beteiligten jedenfalls in größerem Maße eingeengt zu sehen, als es für den Ausschluss des Zugewinnausgleichs in einem Ehevertrag der Fall ist.

---

647 so *Münch*, ZEV 2008, 571, 576.
648 *Münch*, ZEV 2008, 571, 577.

### I. Der Rang des Pflichtteils beim Verzicht unterhaltsberechtigter Verwandter

#### 1. Einheitlichkeit des Verwandtenunterhaltsanpruchs

Übernimmt der Pflichtteil eines Verwandten des Erblassers eine Unterhaltsersatz- oder -ergänzungsfunktion, weil der pflichtteilsberechtigte Verwandte bereits zu Lebzeiten des Erblassers aufgrund eigener Bedürftigkeit auf dessen Unterhaltszahlungen angewiesen war,[649] bereitet eine konkrete Einordnung eines solchen Pflichtteils in das System der Kernbereichslehre einige Schwierigkeiten. Denn die Kernbereichslehre stellt eine Rangfolge speziell der nachehelichen Unterhaltsansprüche her, die den Verwandtenunterhalt nicht berücksichtigt.

Anders als beim nachehelichen Unterhalt hat die Ursache der Bedürftigkeit beim Verwandtenunterhalt grundsätzlich keine Bedeutung.[650] Insbesondere enthalten die §§ 1601 ff. keine den §§ 1570 ff. vergleichbare Regelung mit enumerativer Vorgabe von Bedarfslagen und Einsatzpunkten.[651] Der insoweit einheitliche Anspruch auf Verwandtenunterhalt bündelt vielmehr die verschiedensten Bedarfslagen. Der Anspruch wird unabhängig davon, ob die Bedürftigkeit aufgrund von Alter, Krankheit oder anderen Gründen besteht, stets auf die gleiche Anspruchsgrundlage gestützt. Es ist daher nicht möglich, „den" Anspruch auf Verwandtenunterhalt im System der Kernbereichslehre konkret einzuordnen.

Kann aber der Verwandtenunterhaltsanspruch schon nicht eindeutig im System der Kernbereichslehre verortet werden, so muss dies auch und erst Recht für den ihn ersetzenden Pflichtteil gelten.

#### 2. Rangbestimmung nach dem inneren Grund des Anspruchs?

Angebracht könnte daher eine einzelfallbezogene Betrachtung erscheinen, die den Rang des Pflichtteils nach dem konkreten Grund des Verwandtenunterhaltsanspruchs bemisst, an dessen Stelle er tritt. Bemessungsmaßstab wäre dann, soweit möglich, die Rangordnung nach der Kernbereichssystematik. Bezöge also etwa ein volljähriger Abkömmling von seinem Vater im Verzichtszeitpunkt deshalb Unterhalt, weil er aufgrund von Arbeitslosigkeit bedürftig ist, so stände der Pflichtteil, auf den der Abkömmling gegenüber dem Vater verzichtet, auf einer Stufe mit dem Unterhaltsanspruch aus § 1573 BGB. Hätte die Tochter des Erblassers aufgrund ganz außergewöhnlicher Umstände, im Zeitpunkt des Pflichtteilsverzichts einen

---

649 Vgl. oben Teil 2, Kap. 1 § 3 B. III. 2. i) und 3. b).

650 *Staudinger/Engler*, § 1602 Rn. 10.

651 MüKoBGB/*Born*, § 1602 Rn. 4.

Anspruch auf Verwandtenunterhalt, weil sie ein Kind zu betreuen hat, für dessen Unterhalt der Kindsvater nicht aufkommen kann,[652] so wäre der diesen Anspruch ersetzende Pflichtteil mithin auf eine Stufe mit dem Anspruch aus § 1570 BGB zu stellen.

### *3. Nacheheliche Solidarität und ehebedingter Nachteilsausgleich*

Eine solche auf den ersten Blick recht praktikabel erscheinende Vorgehensweise hält jedoch einer genaueren Betrachtung nicht stand. Die einfache Gleichstellung der eine Unterhaltsberechtigung begründenden Umstände im nachehelichen Unterhaltsrecht einerseits und dem Verwandtenunterhaltsrecht andererseits verkennt nämlich die Bedeutung der für die Rangeinstufung der Scheidungsfolgen im System der Kernbereichslehre ganz wesentlichen Aspekte der nachehelichen Solidarität und des ehebedingten Nachteilsausgleichs.[653]

Der Grundsatz der nachehelichen Solidarität geht davon aus, dass die Beistandspflichten einer auf Lebenszeit angelegten Ehe mit der Scheidung nicht in jedem Falle völlig erlöschen.[654] Insoweit relativiert er das Prinzip der wirtschaftlichen Eigenverantwortung der Ehegatten nach ihrer Scheidung (vgl. § 1569 S. 1 BGB). Hintergrund ist dabei folgende Überlegung:

Die Ehegatten geben mit ihrer Eheschließung regelmäßig ihre bisherige selbständige Lebensgestaltung auf und richten ihren Lebensweg im persönlichen und wirtschaftlichen Bereich weitestgehend aufeinander aus.[655] Im Falle der Scheidung wirkt sich die während der Ehe vorgenommene gemeinsame Lebensgestaltung dann vielfach auf das gesamte weitere Leben aus. In diesem Fall dürfen die Risiken, die von beiden Partnern zuvor gemeinsam übernommen wurden – etwa die Wahl eines bestimmten Ehetyps oder die Entscheidung für Kinder – nicht einseitig einem Ehegatten auferlegt werden, sondern müssen von beiden getragen werden.[656]

Gesetzliche Verankerung findet die nacheheliche Solidarität insbesondere im nachehelichen Unterhaltsrecht.[657] Dieses dient nach seiner Konzeption also nicht der Linderung jeglicher schicksalsbedingter Bedürftigkeit, sondern in erster Linie der Linderung solcher Bedürftigkeitslagen, die – wenn auch nicht im Sinne unmit-

---

652 Vgl. zu dieser Konstellation BGH, NJW 1985, 806; *Staudinger/Engler*, § 1602 Rn. 13 ff.; MüKoBGB/*Born*, § 1602 Rn. 13.

653 Dazu *Sanders*, S. 349 ff. m.w.N.; *Hahne*, in Schwab/Hahne, S. 181, 196.

654 BVerfGE 57, 361, 389 f.

655 *Schwab/Borth*, IV Rn. 143.

656 BGH, NJW 2005, 139, 141; BGH, FamRZ 2007, 450, 451 m. Anm. *Bergschneider*; BT-Drucks. 7/650 S. 121 f.; *Eggert*, S. 116.

657 BVerfGE 57, 361, 389; MüKoBGB/*Maurer*, § 1569 Rn. 10; *Eggert*, S. 116.

telbarer Kausalität – in Verbindung mit der Ehe selbst stehen.[658] Dies verdeutlicht etwa § 1578 b BGB, der für die Bemessung von Zeit und Maß des nachehelichen Unterhaltsanspruchs ausdrücklich darauf abstellt, inwieweit durch die Ehe Nachteile im Hinblick auf die Möglichkeit eingetreten sind, für den eigenen Unterhalt zu sorgen. Solche Nachteile können sich gemäß § 1578 b Abs. 1 S. 3 BGB insbesondere aus der Dauer der Pflege oder Erziehung eines gemeinsamen Kindes, aus der Gestaltung der Haushaltsführung und Erwerbstätigkeit während der Ehe sowie aus der Dauer der Ehe ergeben.[659] Die Norm stellt damit klar, dass eine auf Dauer angelegte, unbeschränkte Versorgungspflicht wirklich nur dann besteht, wenn sie auch tatsächlich durch die konkret gelebte Ehe gerechtfertigt erscheint.[660]

Vor diesem Hintergrund setzt die Gewährung eines nachehelichen Unterhaltsanspruchs also nicht nur Bedürftigkeit des Berechtigten voraus, sondern fordert zudem, dass diese im weitesten Sinne ehebedingt ist, den Verpflichteten also stets eine gewisse Mitverantwortung für die Bedarfslage trifft.[661]

Niederschlag im Kernbereichsranking des BGH findet dieser Gedanke etwa dadurch, dass Krankheits- und Altersunterhalt nur dann zum Kernbereich des Scheidungsfolgenrechts gezählt werden, wenn sie aufgrund eines zeitlichen Zusammenhangs mit der Ehe Ausprägung nachehelicher Solidarität sind, nicht aber, wenn die Ehe erst nach Krankheit oder im Alter geschlossen wird.[662]

Auch werden Scheidungsfolgen, die ihre innere Rechtfertigung aus anderen Rechtsprinzipien, etwa dem Teilhabegedanken, ableiten, am Ende der Kernbereichsskala eingeordnet.[663]

Die Gedanken der nachehelichen Solidarität und des ehebedingten Nachteilausgleichs können jedoch nicht auf die Ansprüche auf Verwandtenunterhalt übertragen werden. Denn Verwandte geben typischerweise nicht aufgrund einer gemeinsamen Entscheidung eine bisherige selbständige Lebensgestaltung auf und richten ihren Lebensweg im persönlichen und wirtschaftlichen Bereich derart aufeinander aus, dass im Falle der Bedürftigkeit des Einen der Andere deshalb zum Unterhalt verpflichtet wäre, weil ein von beiden gemeinsam genommenes Risiko nun auch gerechterweise gemeinsam zu tragen wäre. Es erscheint daher auch nicht angebracht, die Disponibilität über den Verwandtenunterhaltsanspruch in gleicher Weise zu beschränken, wie einen auf den identischen Lebenssachverhalt gestützten

---

658 BT-Drucks. 7/650 S. 121 f.; *Schwab/Borth*, IV Rn. 143.

659 Vgl. dazu BGH, NJW 2009, 989, 991; OLG Celle, NJW 2008, 3575; siehe ferner auch *Wellenhofer*, JuS 2009, 673, 674 f.

660 Vgl. *Palandt/Brudermüller*, § 1578 b, Rn. 6.

661 Vgl. dazu MüKoBGB/*Born*, § 1602 Rn. 13.

662 BGHZ 158, 81, 97.

663 BGHZ 158, 81, 98 f.; *Eggert*, S. 116.

Anspruch auf nachehelichen Unterhalt gegen den früheren Ehegatten. Es fehlt typischerweise schlicht an der – weit verstandenen – Mitverantwortung für die Bedürftigkeit des Verwandten.

Wird die Unterhaltspflicht eines geschiedenen Ehegatten nämlich regelmäßig durch einen eigenen Verursachungsbeitrag bzw. eine zeitliche Nähe zur geschiedenen Ehe gerechtfertigt, kann der Verwandte völlig unabhängig von einer eigenen Beteiligung an der Entstehung der Bedürftigkeit des Unterhaltsgläubigers und grundsätzlich ohne zeitliche Grenze zu entsprechenden Zahlungen verpflichtet werden.[664]

Diese Sichtweise untermauert auch das Urteil BGHZ 93, 123, in dem der BGH über den Unterhaltsanspruch einer erwachsenen Tochter mit nichtehelichen Kindern gegen ihre Eltern zu entscheiden hatte. Hierin stellt der BGH fest, dass die weitgehende Freistellung des ein noch nicht schulpflichtiges Kind betreuenden Ehegatten von der Erwerbsobliegenheit im Recht des nachehelichen Unterhalts gemäß § 1570 BGB [a.F.] ihren Grund in der besonderen Mitverantwortung des anderen Ehegatten für das gemeinsame, auch von ihm abstammende Kind finde. Eine solche gesteigerte Mitverantwortung des Unterhaltsschuldners für das Kind des Unterhaltsgläubigers fehle aber in Fällen des Verwandtenunterhalts, weshalb im Rahmen von Ansprüchen nach §§ 1601 ff. BGB schärfere Anforderungen an die Erwerbsobliegenheit des Unterhaltsberechtigten zu stellen seien, als im Rahmen des nachehelichen Unterhalts.[665]

Können nachehelicher Unterhaltsanspruch einerseits und der Anspruch auf Verwandtenunterhalt andererseits zwar für den Betroffenen in seiner konkreten Lage die identische Bedeutung haben, so folgt daraus nach alledem also dennoch nicht, dass beide allein aufgrund des Beruhens auf dem gleichen Umstand – bspw. der Arbeitslosigkeit – im Rahmen der Kernbereichslehre auch auf der gleichen Stufe stehen müssen. Vielmehr muss das Fehlen der für eine Anspruchsbegründung im nachehelichen Unterhaltsrecht konstitutiven Elemente der nachehelichen Solidarität und des ehebedingten Nachteilsausgleichs im Bereich des Verwandtenunterhaltsrechts dazu führen, dass dem unterhaltspflichtigen Verwandten ein größerer privatautonomer Spielraum über den an die Stelle des Unterhaltsanspruchs tretenden Pflichtteil eingeräumt wird, als dies für einen auf gleiche Umstände gestützten Anspruch im nachehelichen Unterhaltsrecht der Fall ist.

Der Verzicht auf das Pflichtteilsrecht durch die alleinerziehende volljährige Tochter gegenüber ihren Eltern muss folglich auch dann weniger strengen Grenzen unterliegen, als der ehevertragliche Verzicht auf den Anspruch aus § 1570 BGB,

---

664 So kann etwa das längst volljährige Kind auf Grund von Arbeitslosigkeit erneut bedürftig werden und einen Unterhaltsanspruch gegen die Eltern haben.

665 BGHZ 93, 123, 126 f. = NJW 1985, 806, 806 f.

wenn die Tochter im Zeitpunkt des Verzichts gerade wegen der Betreuung eines Kindes gegenüber ihren Eltern unterhaltsberechtigt nach den §§ 1601 ff. BGB ist. Der Pflichtteilsverzicht eines volljährigen Sohnes gegenüber seinen Eltern muss der Disposition der Parteien auch dann weiter offen stehen, als der Verzicht auf den Anspruch aus § 1573 BGB, wenn der Sohn im Verzichtszeitpunkt Unterhalt wegen Erwerbslosigkeit von seinen Eltern bezieht und der Pflichtteil aller Voraussicht nach an dessen Stelle treten wird.

Erst Recht gelten diese Überlegungen für den Verzicht auf den Elternpflichtteil.

### *4. Der Pflichtteil des minderjährigen Abkömmlings*

Besondere Probleme bereitet die Einordnung des Pflichtteils eines Abkömmlings, der dem Erblasser gegenüber im Verzichtszeitpunkt allein aufgrund seiner Minderjährigkeit unterhaltsberechtigt ist.[666] Insofern geht es um die Grenzen der Entscheidungsfreiheit des Familiengerichts, welches den Pflichtteilsverzicht eines unter elterlicher Sorge stehenden Verzichtsurhebers und das entsprechende Kausalgeschäft[667] gemäß § 2347 Abs. 1 S. 1 BGB genehmigen muss.

Der Unterhaltsanspruch des minderjährigen Abkömmlings findet allerdings kein Korrelat im Recht des nachehelichen Unterhalts. Die Unterhaltsbedürftigkeit wegen Minderjährigkeit ist hier als Bedarfslage nicht vorgesehen. Eine präzise Einstufung in die Rangordnung der Kernbereichslehre ist daher von vornherein unmöglich.

Als maßgebliche Parameter für die Rangbestimmung in der Kernbereichssystematik wurden aber bereits herausgearbeitet, (1) die Bedeutung des in Rede stehenden Anspruchs für den Berechtigten und (2) der Grad der Mitverantwortung des Verpflichteten für das Bestehen der Bedürfnislage.

Hält man sich diese vor Augen, so wird zumindest deutlich, dass dem Familiengericht bei der Frage nach der Genehmigung des Verzichts auf einen Pflichtteil, der im Falle des baldigen Todes des Erblassers an die Stelle eines Verwandtenunterhaltsanspruchs wegen Minderjährigkeit träte, recht enge Grenzen zu setzen sind.

Denn zum einen ist der minderjährige Abkömmling typischerweise besonders schutzbedürftig und der Unterhaltsanspruch – bzw. der ihn ersetzende Pflichtteil – für ihn von herausragender Bedeutung, weil er sich in aller Regel noch nicht selbst

666 Abgesehen von dem dann entfallenden familiengerichtlichen Genehmigungserfordernis, gelten die folgenden Ausführungen im Wesentlichen auch für Kinder i.S.d. § 1603 Abs. 2 S. 2 BGB.

667 MüKoBGB/*Wegerhoff*, § 2347 Rn. 6.

ernähren kann.[668] Zum anderen trifft die Eltern des Abkömmlings als den Verzichtsempfängern für die Bedürftigkeit ihres minderjährigen Abkömmlings eine besonders große Verantwortung. So leiteten bereits die Verfasser des BGB aus der natürlichen Stellung und Aufgabe der Eltern, ihre Kinder grundsätzlich durch eigene Kräfte und Mittel zur Selbständigkeit zu bringen, eine besonders intensive Unterhaltspflicht her.[669]

Ausdruck findet diese heute nicht zuletzt in einigen Normen des 4. Buches. So sind Eltern gemäß § 1626 Abs. 1 S. 1 BGB verpflichtet bis zum Eintritt der Volljährigkeit für das Kind zu sorgen und gewährt § 1602 Abs. 2 S. 1 BGB dem minderjährigen unverheirateten Kind – in Abweichung vom sonst geltenden Grundsatz – auch dann eine Unterhaltsberechtigung gegenüber ihren Eltern, wenn sie selbst Vermögen haben.[670] Ferner sind Eltern gemäß § 1603 Abs. 2 S. 1 BGB auch bei Gefährdung ihres eigenen angemessenen Unterhalts verpflichtet, alle verfügbaren Mittel zu ihrem und der minderjährigen unverheirateten Kinder Unterhalt gleichmäßig zu verwenden.

Es erscheint daher nahe liegend, den Verzicht auf einen Pflichtteil, der an die Stelle eines Verwandtenunterhaltsanspruchs wegen Minderjährigkeit träte, jedenfalls ähnlich engen Dispositionsgrenzen zu unterwerfen, wie einen Verzicht auf den Betreuungsunterhaltsanspruch im Rahmen eines Ehevertrages. Denn in beiden Fällen hat der Verzichtsgegenstand für den Verzichtenden typischerweise eine sehr hohe Bedeutung und in beiden Fällen trifft den Verzichtsgegner dafür eine gesteigerte Verantwortung.

### *5. Fazit*

Eine einheitliche Rangbestimmung des Pflichtteils von gegenüber dem Erblasser unterhaltsberechtigten Verwandten ist nicht möglich. Denn ein Verwandtenunterhaltsanspruch, an dessen Stelle der Pflichtteil tritt, kann auf unterschiedlichen Ursachen beruhen, die im Kernbereichsranking aber auf verschiedenen Stufen stehen.

Auch eine präzise Einordnung des Pflichtteils entsprechend dem inneren Grund des Unterhaltsanspruchs, dessen Funktion er übernimmt, scheidet aus. Ein solches Vorgehen würde zum einen die für die Bestimmung der Ränge im Kernbereichsranking wesentlichen Aspekte der nachehelichen Solidarität und des ehebedingten Nachteilsausgleichs nivellieren. Zum anderen versagt ein solches Vorgehen hin-

---

668 Vgl. *Heiß/Born/Deisenhofer*, Kap. 12 Rn. 6.

669 Motive IV, S. 681; *Staudinger/Engler*, § 1602 Rn. 142.

670 Diese Begünstigung besteht allerdings nur gegenüber voll leistungsfähigen Eltern, vgl. § 1603 Abs. 2 S. 3 HS 2 BGB.

sichtlich des im nachehelichen Unterhaltsrecht nicht auftauchenden Unterhaltsanspruchs wegen Minderjährigkeit.

Die Rangordnung der Kernbereichslehre kann für die Kontrolle des Pflichtteilsverzichts eines dem Erblasser gegenüber unterhaltsberechtigtem Verwandten damit nur begrenzt bzw. mittelbar fruchtbar gemacht werden.

Begrenzt ist ihre Aussagekraft insofern, als dass sie keine konkrete Einstufung in die Rangordnung der nachehelichen Unterhaltsansprüche erlaubt. Immerhin aber lassen sich ihr grobe Leitlinien entnehmen, nach denen der einen Unterhaltsanspruch ersetzende Pflichtteil über dem Zugewinnausgleichsanspruch stehen muss, dafür aber grundsätzlich unter einem auf den identischen inneren Grund gestützten nachehelichen Unterhaltsanspruch einzuordnen ist. Ferner erlaubt die Kernbereichssystematik den Schluss, dass der Pflichtteilsverzicht eines unterhaltsberechtigten minderjährigen Abkömmlings vom Familiengericht nur in ähnlich engen Grenzen zu genehmigen ist, wie sie für die Wirksamkeit eines Ausschlusses des Anspruchs aus § 1570 BGB in einem Ehevertrag gelten.

Mittelbar kann der Rangordnung der Kernbereichslehre die Erkenntnis entnommen werden, dass es für die Weite der Dispositionsfreiheit der Parteien einer Erb- oder Pflichtteilsverzichtsvereinbarung ganz wesentlich auf den Wert des Schutzgutes ankommt. Dieser Wert wird dabei maßgeblich anhand von zwei Parametern bestimmt: (1) der Bedeutung des Verzichtsgegenstandes für den Verzichtsurheber und (2) den Grad der Mitverantwortung des Verzichtsgegners für den Bedarf am Verzichtsgegenstand auf Seiten des Verzichtsurhebers.

## *II. Der Rang des Pflichtteils beim Verzicht des Ehegatten*

### *1. Rangbestimmung anhand der konkreten Funktion des Pflichtteils*

Ehegatten sind einander gemäß §§ 1360, 1360 a BGB zu Familienunterhalt verpflichtet. Dieser Unterhaltsanspruch gegen den jeweils anderen Ehegatten setzt auf Seiten des Gläubigers allerdings keine Bedürftigkeit voraus.[671] Grundsätzlich steht er also sowohl gut verdienenden als auch einkommens- und mittellosen Ehegatten zu. Allein der Umstand, dass der Pflichtteilsanspruch eines Ehegatten mit dem Tod des anderen Ehegatten zu genau dem Zeitpunkt entsteht (§ 2317 Abs. 1 BGB), in dem der Familienunterhaltsanspruch gegen denselben erlischt (§§ 1360 a Abs. 3, 1615 Abs. 1 BGB), kann daher nach den obigen Ausführungen noch nicht zu einer Begrenzung seiner Disponibilität führen. Von dem Bestehen des Anspruchs aus

671 BGH, FamRZ 1966, 138, 139; BAG, FamRZ 1986, 573 ff.; MüKoBGB/*Wacke*, § 1360 Rn. 6.

§§ 1360, 1360 a BGB kann noch nicht auf seine Bedeutung für den Ehegatten geschlossen werden. Folglich bedarf es zur Rangbestimmung des an seine Stelle tretenden Pflichtteils eines differenzierteren Blickes.

Dabei muss ungeachtet der formalen Berechtigung aus §§ 1360, 1360 a BGB darauf abgestellt werden, ob der auf seinen Pflichtteil verzichtende Ehegatte des Anspruchs aus §§ 1360, 1360 a BGB tatsächlich bedurfte und gegebenenfalls warum er seiner bedurfte. Denn nur dann, wenn der auf seinen Pflichtteil verzichtende Ehegatte tatsächlich bedürftig war, hat der ihn ersetzende Pflichtteil eine Unterhaltsfunktion (vgl. oben Teil 2, Kap. 1 § 3 B. III. 2. j) und 3. b)). Und nur wenn der Pflichtteil eine Unterhaltsfunktion hat, kommt die Übertragung der Kernbereichslehre überhaupt in Betracht und kann dem Pflichtteil ein Platz im Kernbereichsranking zugewiesen werden.[672] In einem zweiten Schritt ist sodann nach dem inneren Grund der Bedürftigkeit zu fragen. Er entscheidet dann über den konkreten Rang des Pflichtteils, der den Unterhaltsanspruch ersetzt. Im Ergebnis ließe sich der Rang des Ehegattenpflichtteils also danach bemessen, ob, und aus welchem Grund, dem verzichtenden Ehegatten ein nachehelicher Unterhaltsanspruch zustände, wenn die Ehe im Verzichtszeitpunkt geschieden würde.

Nach dieser Vorgehensweise wäre der Pflichtteilsverzicht einer Ehefrau, die zum Verzichtszeitpunkt gemeinsame Kinder betreut, und wegen der so begründeten (teilweisen) Unmöglichkeit eigener Erwerbstätigkeit tatsächlich auf den Familienunterhalt angewiesen ist, gleichen Wirksamkeitsgrenzen unterworfen, wie ein in gleicher Situation erklärter Verzicht auf nachehelichen Unterhalt.

Der Pflichtteil eines Ehemannes, der im Fall der Scheidung im Zeitpunkt des Pflichtteilsverzichts gegen seine vermögende Frau einen Anspruch auf nachehelichen Unterhalt wegen Erwerbslosigkeit gemäß § 1573 BGB hätte, wäre in gleicher Weise Dispositionsschranken ausgesetzt, wie der Anspruch aus § 1573 BGB im Rahmen eines Ehevertrags. Ebenso aber wäre der Pflichtteil eines Ehegatten, der zum Zeitpunkt des Pflichtteilsverzichts zwar wegen Krankheit bedürftig ist, dessen Bedürftigkeit aber nicht ehebedingt ist, weil die Krankheit schon lange vor Eingehung der Ehe aufgetreten war, genauso einer weiteren Disposition zugänglich, wie es der Verzicht auf nachehelichen Unterhalt in dieser Konstellation ist.[673]

Nach der beschriebenen Vorgehensweise träfe mithin auch auf den Pflichtteil des Ehegatten zu, was schon für den Verwandtenpflichtteil erarbeitet wurde. Eine einheitliche Einordnung des Ehegattenpflichtteils ist nicht möglich. Sein Rang im Kernbereichsranking bestimmt sich nach den konkreten Umständen der jeweiligen Ehe im Zeitpunkt des Verzichts. Anders als hinsichtlich des Verwandtenunterhalts

672 Vgl. dazu auch *Eggert*, S. 128.

673 Vgl. BGHZ 158, 81, 97; *Dauner-Lieb*, AcP 201 (2001), 295, 320.

erscheint dann allerdings eine konkrete Einordnung möglich. Denn einerseits können die Aspekte der nachehelichen Solidarität und des ehebedingten Nachteilsausgleichs durch das Abstellen auf einen hypothetischen nachehelichen Unterhaltsanspruch in gleicher Weise beachtet werden, wie dies bei der Rangbestimmung der Unterhaltsansprüche im System der ehevertraglichen Kernbereichslehre der Fall ist.[674] Andererseits tritt auch das besondere Problem der Einordnung des Minderjährigenunterhalts hier nicht auf.

Insgesamt erscheint die einzelfallbezogene, auf den inneren Grund eines lebzeitigen Unterhaltsbedürfnisses abstellende Einordnung des den entsprechenden Unterhaltsanspruch ablösenden Pflichtteils als logische Folge der Ansicht, dass ein Pflichtteilsanspruch dann eine Unterhaltsfunktion hat, wenn der Berechtigte Ehegatte bereits auf Unterhaltszahlungen des Ehegattenerblassers angewiesen war.[675] Denn wenn das Bestehen einer Unterhaltsfunktion des Pflichtteils durch die lebzeitige Unterhaltsbedürftigkeit bestimmt wird, so ist es sachgerecht, auch die konkrete Bedeutung dieses Pflichtteils für den Berechtigten, und damit seine Disponibilität, anhand des Grundes der Bedürftigkeit zu bestimmen, zu deren Kompensation er an die Stelle des Unterhaltsanspruchs tritt.

### *2. Rangbestimmung unter Beachtung der unterhaltsrechtlichen Fernwirkung des Pflichtteilsverzichts*

Ungeachtet der Unterhaltsfunktion des Pflichtteils, ist für die Rangeinstufung des Ehegattenpflichtteils auch die unterhaltsrechtliche Fernwirkung des Verzichts auf ihn zu beachten.[676] Diese wirkt sich zwar nicht unmittelbar auf die Bedeutung des Pflichtteils selbst aus. Der durch sie hergestellte Zusammenhang mit dem verlängerten Unterhaltsanspruch führt jedoch zu einer mittelbaren Auswirkung auf die Bedeutung des Pflichtteils. Denn indem ein Ehegatte durch den Pflichtteilsverzicht auch die Ansprüche aus §§ 1586 b, 1933 S. 3 BGB verliert, wirkt sich der Verzicht auf den Ehegattenpflichtteil wie ein Verzicht auf den verlängerten nachehelichen Unterhaltsanspruch aus. Dieser Unterhaltsanspruch aber kann im Falle des Falles für den unterhaltsbedürftigen früheren Ehegatten eine ebenso große Bedeutung haben, wie der „reguläre" nacheheliche Unterhaltsanspruch, den er gegen die Erben

674 Die Bedeutung gerade der *ehebedingten* Bedürftigkeit für die Bestimmung der Disponibilitätsgrenzen auch des Ehegattenpflichtteilsrechts betont ausdrücklich auch *Wiemer*, S. 175 f.

675 Vgl. oben Teil 2, Kap. 1 § 3 B. III. 2. i) und 3. b).

676 Dazu ausführlich oben Teil 2, Kap. 1. § 3. B. V.

verlängert.[677] Der Verzicht auf den Ehegattenpflichtteil kommt in dieser Konstellation einem Globalverzicht auf nachehelichen Unterhalt gleich. Bewirkt er insofern also auch den mittelbaren Ausschluss der Ansprüche aus dem engsten Kernbereich der Scheidungsfolgen, so liegt es nahe, ihn auch den für den Ausschluss dieser Ansprüche im nachehelichen Unterhaltsrecht geltenden Dispositionsschranken zu unterwerfen. Es erscheint mithin angebracht, den Ehegattenpflichtteil aufgrund seiner unterhaltsrechtlichen Fernwirkung auf die höchste Stufe der Rangfolge der Kernbereichslehre einzuordnen.

### *3. Fazit*

Nimmt man den Gedanken der Möglichkeit zur Übernahme von Unterhaltsfunktionen durch den Ehegattenpflichtteil ernst, so bedeutet dies, seine Disponibilität in diesem Fall auch an der Disponibilität des nachehelichen Unterhaltsanspruchs ausrichten zu müssen, dessen Funktion er im Falle der Beendigung der Ehe durch Tod, statt durch Scheidung, übernimmt. Ungeachtet der Unterhaltsfunktion des Pflichtteils ergibt sich aus der de lege lata richtigerweise anzunehmenden unterhaltsrechtlichen Fernwirkung des Pflichtteilsverzichts eines Ehegatten jedoch ohnehin die Notwendigkeit, den Pflichtteil auf den höchsten Rang im System der Kernbereichslehre einzuordnen. Denn dieser kann sich im Falle des frühen Versterbens des Unterhaltsschuldners nach der Scheidung wie ein Globalverzicht auf nachehelichen Unterhalt auswirken, und muss deshalb hinsichtlich seiner Disponibilität ebenso behandelt werden, wie ein Globalverzicht auf nachehelichen Unterhalt im Rahmen eines Ehevertrages.[678]

## § 5. Gesamtschau der vertraglichen Regelungen

In seinem Grundsatzurteil zur ehevertraglichen Inhaltskontrolle schreibt der BGH, die Sittenwidrigkeit eines Ehevertrages komme regelmäßig nur dann in Betracht, wenn durch ihn Regelungen aus dem Kernbereich des Scheidungsfolgenrechts ganz oder jedenfalls zu erheblichen Teilen abbedungen würden, „*ohne dass dieser Nachteil für den anderen Ehegatten durch anderweitige Vorteile gemildert oder durch die besonderen Verhältnisse der Ehegatten, den von ihnen angestrebten oder geleb-*

677 Vgl. *Brambring*, NJW 2007, 865, 868; siehe auch oben Teil 1, Kap. 1 § 3. B. V. 4.; dies gilt insbesondere bei einem besonders hohen fiktiven Pflichtteil, der u.U. zu einem verlängerten Unterhaltsanspruch über viele Jahre führen kann.

678 Siehe dazu auch *Brambring*, NJW 2007, 865, 868.

*ten Ehetyp oder durch sonstige gewichtige Belange des begünstigten Ehegatten gerechtfertigt [werde].*"[679]

Subjektiv seien im Hinblick auf die Frage der Sittenwidrigkeit zudem die mit der vertraglichen Abrede verfolgten Zwecke, sowie die sonstigen Beweggründe der Parteien zu berücksichtigen.[680]

Der Ausschluss von Regelungen aus dem Kernbereich des Scheidungsfolgenrechts allein reicht also keinesfalls aus, um den Ehevertrag mit dem Verdikt der Sittenwidrigkeit zu belegen. Erforderlich ist vielmehr eine Gesamtschau aller vertraglichen Abreden. Danach ist ein Ehevertrag mithin regelmäßig nur dann sittenwidrig, wenn der Ausschluss von Regelungen aus dem Kernbereich der Scheidungsfolgen nicht entweder anderweitig kompensiert wird, oder aus besonderen Gründen gerechtfertigt erscheint.

Sinngemäß muss dies auch für den Kausalvertrag zum Pflichtteilsverzicht gelten.

## *A. Kompensation durch Abfindung*

Die wohl naheliegendste Möglichkeit, die Sittenwidrigkeit eines Pflichtteilsverzichts auszuschließen, bietet dabei grundsätzlich der Abschluss einer Abfindungsvereinbarung, wie sie der überwiegenden Zahl von Erb- und Pflichtteilsverzichten zugrunde liegt.[681] In dieser wird dem Pflichtteilsanwärter als Entgelt für den Verzicht meist eine Zuwendung unter Lebenden, eine Abfindungssumme, versprochen. Der Abschluss eines Abfindungsvertrags allein besagt dabei freilich noch wenig über das im Hinblick auf die Sittenwidrigkeit entscheidende Ausmaß seiner kompensatorischen Wirkung. Von entscheidender Bedeutung ist insoweit vielmehr die konkrete Höhe der Abfindungssumme. Damit stellt sich sogleich die Frage nach dem Maßstab, anhand dessen zu bestimmen ist, ob eine bestimmte versprochene Abfindung in der Lage ist, den – isoliert betrachtet – sittenwidrigen Verzicht auf das Pflichtteilsrecht zu kompensieren. In Betracht kommen insoweit zwei Größen: Zum Einen – in Abhängigkeit vom Wert des Vermögens des Verzichtsgegners im Zeitpunkt der Abfindungsvereinbarung – die Höhe des hypothetischen Pflichtteils des Verzichtsurhebers, als dem konkreten Verzichtsgegenstand, zum Anderen ein ebenfalls hypothetisch zu bestimmender Betrag, den der Verzichtende als Grundlage für eine angemessene Absicherung seines Unterhalts nach dem Tod des Verzichtspartners voraussichtlich benötigen würde.

---

679 BGHZ 158, 81, 100.

680 BGHZ 158, 81, 100.

681 Statt vieler MüKoBGB/*Wegerhoff*, § 2346 Rn. 21. Siehe zum Verhältnis von abstraktem Verzicht und Kausalvertrag schon oben Teil 1, Kap. 1. § 3.

Wird man sich nun bewusst, dass im Verlauf der Arbeit nicht die verschärfte Kontrolle von Pflichtteilsverzichten generell, sondern vor allem von Verzichten auf solche Pflichtteile befürwortet wurde, die im Falle des Todes des Verzichtsgegners an die Stelle lebzeitiger Unterhaltsansprüche gegen diesen treten würden, so wird deutlich, dass der maßgebliche Bezugsrahmen hier nur durch einen hypothetischen Unterhaltsbedarf des Verzichtenden nach dem Erbfall bestimmt werden kann. Denn wenn der an sich durch den Pflichtteil zu sichernde Unterhalt nun anderweitig gesichert erscheint, besteht auch der Grund für die Einschränkung der Dispositionsbefugnis über diesen Pflichtteil nicht mehr.

Sieht man eine verschärfte Kontrolle von Kausalverträgen zum Pflichtteilsverzicht nur aufgrund von § 1586 b BGB, und damit nur bei Pflichtteilsverzichtsvereinbarungen unter Ehegatten, als angebracht, ist der die Angemessenheit der Abfindung bestimmende Maßstab darin zu sehen, ob die Abfindung die zeitliche Begrenzung eines eventuellen Scheidungsunterhalts infolge der unterhaltsrechtlichen Fernwirkung des Pflichtteilsverzichts hinreichend kompensieren kann.[682]

Ein solches Vorgehen mag erhebliche Berechnungsprobleme und in deren Folge auch Rechtsunsicherheit nach sich ziehen. Dem ist jedoch möglicherweise durch pauschalierte Tabellen Rechnung zu tragen. Denkbar erscheint es zudem, auf die zu § 1585 Abs. 2 BGB entwickelten Grundsätze zurückzugreifen, der für den Bereich des nachehelichen Unterhaltsrechts bereits in Ausnahmefällen eine Kapitalabfindung vorsieht.[683] Weitere Einzelheiten dazu können an dieser Stelle nicht weiter vertieft werden. Deutlich wird jedoch folgendes: Sieht man den Grund für die mögliche Sittenwidrigkeit von Kausalverträgen zum Pflichtteilsverzicht in der denkbaren Unterhaltsfunktion des Pflichtteils oder der Auswirkung auf den Anspruch aus § 1586 b BGB, so ist es zur Kompensation des Verzichts und zur Verhinderung der Sittenwidrigkeit notwendig, aber auch ausreichend, eine Abfindungssumme zu bestimmen, die diesem Unterhaltsaspekt hinreichend Rechnung trägt. Von nur sehr geringer Bedeutung ist damit also grundsätzlich, ob die Abfindungssumme in einem angemessenen Verhältnis zum Vermögen des Verzichtsgegners steht. Dies kann insbesondere bei erheblichen Vermögen eine Rolle spielen, wenn die Abfindungssumme im Verhältnis zum Erblasservermögen sehr gering erscheint, jedoch allemal zur Sicherung einer würdigen Existenz über viele Jahre ausreicht.[684]

Neben der Möglichkeit, der Gefahr der Sittenwidrigkeit der Pflichtteilsverzichtsvereinbarung durch die Vereinbarung einer angemessenen „klassischen" Abfindung in Geld zu begegnen, erscheint es ebenfalls denkbar, den Verzicht auf die

---

682 In diese Richtung auch *Muscheler*, in FS Spiegelberger, S. 1079, 1092.

683 Vgl. *Wiemer*, S. 176 f.; zur Berechnung der Abfindung im Rahmen von § 1585 Abs. 2 BGB *Wendl/Staudigl/Pauling*, § 6 Rn. 616 ff.

684 Siehe auch *Wendt*, ZNotP 2006, 2, 8.

erbrechtliche Mindestteilhabe etwa durch die gleichzeitige Übertragung einer Wohnimmobilie oder die Zuweisung einer Geldrente in einem bindenden erbvertraglichen Vermächtnis zu kompensieren.[685] Entscheidend bleibt dann auch hier, ob die Regelung geeignet ist, den Unterhalt des Verzichtenden nach dem Tod des Erblassers sicherzustellen.

Besonders groß erscheint die Gefahr der Sittenwidrigkeit eines Kausalvertrags zum Pflichtteilsverzicht damit aber natürlich vor allem dann, wenn der Verzichtsurheber zwar auf lebzeitigen Unterhalt des Verzichtsgegners angewiesen ist, aber dennoch keine Abfindung oder anderweitige Kompensation für die Erklärung des Pflichtteilsverzichts vereinbart wird.

## *B. Rechtfertigung durch Umstände oder Zwecke des Verzichts*

Neben der Vereinbarung einer Abfindung können auch besondere Umstände oder Zwecke dem Verzicht auf einen unterhaltsersetzenden Pflichtteil zur Rechtsbeständigkeit verhelfen. Dies ist gerade für einseitige unentgeltliche Kausalverträge zum Pflichtteilsverzicht relevant. Eine abschließende Umschreibung solcher besonderen Umstände wird zwar kaum möglich sein. Von entscheidender Bedeutung aber ist, ob sich aus dem Umstand oder Zweck ergibt, dass dem Verzichtsvertrag von Seiten des Verzichtsgegners keine sittenwidrige Gesinnung zu Grunde lag. Es muss mithin eine Situation vorliegen, aus der sich auch ohne Abfindungsvereinbarung ergibt, dass der Verzichtsgegner den Verzichtsurheber nicht aus zu missbilligenden Motiven unter Druck gesetzt hat. Zu denken ist insoweit etwa an den im Ausnahmefall nur so sicherzustellenden Erhalt eines kleinen Familienunternehmens oder des selbst bewohnten Hausgrundstückes im Familienbesitz. Denkbar erscheint ferner, dass auch der Verzicht eines noch unterhaltsberechtigten Abkömmlings möglicherweise dann im Rahmen einer Gesamtschau als rechtsbeständig beurteilt werden kann, wenn er angesichts einer unmittelbar bevorstehenden Heirat des Verzichtsurhebers erfolgt, die dessen Versorgung dann anderweitig sicherstellt.

Auch die Thematik des Behindertentestaments zeigt, dass es nicht in jedem Falle zum Nachteil des Verzichtenden sein muss, keinen Pflichtteil zu bekommen.

---

685 Beispiele von *Münch*, ZEV 2008, 571, 577.

# 2. Kapitel: Die zweistufige Kontrolle

## § 1. Die Wirksamkeitskontrolle

Die erste Stufe der ehevertraglichen Inhaltskontrolle bildet die Wirksamkeitskontrolle. In ihrem Rahmen hat das Gericht zu prüfen, ob die Vereinbarung schon im Zeitpunkt ihres Zustandekommens offenkundig zu einer derart einseitigen Lastenverteilung für den Scheidungsfall führt, dass ihr – unabhängig von der weiteren Entwicklung der Ehegatten und ihrer Lebensverhältnisse – wegen Verstoßes gegen die guten Sitten die Anerkennung der Rechtsordnung ganz oder teilweise mit der Folge zu versagen ist, dass an ihre Stelle die gesetzlichen Regelungen treten.[686] Es handelt sich bei der Wirksamkeitskontrolle mithin um eine Sittenwidrigkeitskontrolle nach § 138 Abs. 1 BGB, die sich allein auf den Zeitpunkt des Vertragsschlusses bezieht.[687]

### *A. Der abstrakte Verzicht*

#### *I. Der abstrakte Erbverzicht*

Kommt das Gericht im Rahmen der Wirksamkeitskontrolle zu dem Ergebnis, dass der zu prüfende Vertrag gegen die guten Sitten verstößt, so zieht dies die vollständige oder teilweise Nichtigkeit des Vertrages nach sich.

Grundsätzlich unproblematisch erscheint eine Wirksamkeitskontrolle des abstrakten Erbverzichts daher zunächst solange der Erbfall noch nicht eingetreten ist. Problematisch könnte ihre Durchführung allerdings dann sein, wenn sich der Verzichtsurheber oder ein Dritter erst nach dem Erbfall auf die Nichtigkeit des Erbverzichts beruft. Denn im Erfolgsfalle könnte er damit nachträglich die Erbfolge ändern. Nach Ansicht des BGH aber muss die Erbfolge mit dem Tod des Erblassers aus Gründen der Rechtssicherheit auf einer festen Grundlage stehen. Er hat daher die Rückabwicklung eines Erbverzichts gemäß § 313 BGB nach dem Erbfall abgelehnt.[688] Mit dieser Begründung hat die Rechtsprechung auch die Anfechtbarkeit von verfügenden Erbverzichtsverträgen gemäß §§ 119 ff. BGB nach dem Erbfall generell verworfen.[689] Zwar erscheint diese Sichtweise nicht unbedingt überzeugend, hat sich der Gesetzgeber doch in den §§ 2082, 2283 BGB bei gleicher Inte-

686 BGHZ 158, 81, 100.

687 Vgl. *Kapfer*, MittBayNot 2006, 385, 387.

688 BGH, NJW 1999, 789.

689 So BayObLG, MittBayNot 2006, 249, 250; OLG Celle, ZEV 2004, 156, 157; OLG Schleswig, ZEV 1998, 28; OLG Koblenz, NJW-RR 1993, 708, 709.

ressenlage ausdrücklich für die Anfechtbarkeit von Verfügungen von Todes wegen entschieden, und damit die Änderung der Erbfolge nach dem Erbfall trotz Beeinträchtigungen der Rechtssicherheit gerade zugelassen.[690] Zudem ließe sich im hier gegebenen Kontext argumentieren, die Nichtigkeit bestehe genau genommen seit Abschluss des Verzichtsvertrages, so dass es sich gar nicht um eine *nachträgliche* Änderung der Erbfolge handele. Wie sich diese Problematik auf die nach dem Erbfall vorgenommene Wirksamkeitskontrolle des Erbverzichts auswirkt, kann hier jedoch letztlich offen bleiben. Denn bei Lichte betrachtet kommt es im gegebenen Kontext auf diese Frage gar nicht an. Im Raum steht hier nämlich allein die Änderung der Erbfolge aufgrund einer etwaigen Sittenwidrigkeit des abstrakt verfügenden Erbverzichts. Verfügungsgeschäfte aber gelten grundsätzlich als wertneutral und einer sittlichen Bewertung nach § 138 Abs. 1 BGB nicht zugänglich.[691] Dies gilt erst recht für den im Gesetz ausdrücklich vorgesehenen Erbverzicht.[692] Die Frage, inwieweit ein Erbverzicht im Rahmen einer Wirksamkeitskontrolle wegen Sittenwidrigkeit auch nach dem Erbfall noch für nichtig erklärt werden kann, bzw. welche Folgen eine solche Nichtigkeit nach sich zöge, stellt sich demnach erst gar nicht. Denn der abstrakte Erbverzicht kann schlechterdings nicht sittenwidrig sein. Unabhängig von dem Zeitpunkt ihrer möglichen Durchführung, entfällt damit für den abstrakt verfügenden Erbverzicht von vornherein der Ansatzpunkt der Wirksamkeitskontrolle.[693]

### *II. Der abstrakte Pflichtteilsverzicht*

Der abstrakte Pflichtteilsverzicht hat im Gegensatz zum abstrakten Erbverzicht keinen Einfluss auf die dingliche Rechtslage nach dem Erbfall. Hinsichtlich seiner Überprüfung mittels der Wirksamkeitskontrolle bestünden daher unter dem Aspekt der Rechtssicherheit auch nach dem Erbfall von vornherein keine Bedenken. Wie der abstrakte Erbverzicht, ist jedoch auch der abstrakte Pflichtteilsverzicht ein Verfügungsgeschäft und im Gesetz ausdrücklich vorgesehen (§ 2346 Abs. 2 BGB). Auch der abstrakte Pflichtteilsverzicht kann daher unmöglich sittenwidrig sein, so dass seine Überprüfung anhand der Wirksamkeitskontrolle nach § 138 Abs. 1 BGB ebenfalls ausscheidet.[694]

---

690 *Hausmann/Hohloch-Weidlich*, Kap. 15 Rn. 86; *Damrau*, ZEV 2004, 157; *Michalski*, Rn. 491; ähnlich auch *Frank*, § 22 Rn. 6.

691 *Staudinger/Sack*, § 138 Rn. 140; *Larenz/Wolf*, § 41 Rn. 67; *Ludyga*, § 5 Rn. 7.

692 *Kuchinke*, FPR 2006, 125, 127.

693 Vgl. dazu schon oben Teil 2, Kap. 1. § 2. A.

694 Siehe dazu auch *Ludyga*, § 5 Rn. 7.

## B. Das Kausalgeschäft

### I. Allgemeine Überlegungen

Im Gegensatz zu den abstrakt verfügenden Verzichtsvereinbarungen können die ihnen zugrunde liegenden Kausalgeschäfte grundsätzlich durchaus sittenwidrig sein (vgl. schon oben 2. Teil, Kap. 1 § 2. B.). Zudem beeinflussen sie – anders als der abstrakt verfügende Erbverzicht – nicht die dingliche Rechtslage nach dem Erbfall. Im Hinblick auf eine Wirksamkeitskontrolle der Verpflichtungsgeschäfte sowohl zum Erbverzicht als auch zum Pflichtteilsverzicht bestehen daher aus dogmatischer Sicht zunächst keine Besonderheiten.

Der maßgebliche Zeitpunkt für die Wirksamkeitskontrolle ist der Vertragsschluss.[695] Die Frage, ob der Kausalvertrag zum Erb- oder Pflichtteilsverzicht sittenwidrig ist, beurteilt sich daher allein nach den Umständen zu diesem Moment, spätere Entwicklungen sind grundsätzlich unbeachtlich.[696] Zwar schließt dies nicht aus, auch eine zum Abschlusszeitpunkt bereits im Wesentlichen und hinreichend konkret vorgezeichnete Entwicklung in die Wertung einzubeziehen.[697] Dennoch aber besteht so die Möglichkeit, dass ein Kausalvertrag zum Erb- oder Pflichtteilsverzicht auch Jahrzehnte nach seinem Abschluss im Rahmen der Wirksamkeitskontrolle noch für sittenwidrig und damit nichtig zu erklären sein kann, auch wenn die zur Sittenwidrigkeit führenden Gründe und Umstände zu diesem Zeitpunkt längst nicht mehr aktuell sind.

So kann die Wirksamkeitskontrolle vor dem Hintergrund der obigen Ausführungen zur Unterhaltsfunktion des Pflichtteilsrechts[698] beispielsweise zur Folge haben, dass ein mittlerweile sehr vermögender Unternehmer nur deshalb noch – jedenfalls auf schuldrechtlicher Ebene – in den Genuss erbrechtlicher Teilhabe am Nachlass seines Vaters kommen kann, weil er dreißig Jahre zuvor beim Abschluss des Kausalvertrages noch minderjährig und vom Verzichtsgegner als dessen Abkömmling unterhaltsabhängig war. Dieses Ergebnis mag paradox erscheinen. In der Tat wird auf diese Weise ermöglicht, dass der Verzicht auf ein Erb- oder Pflichtteilsrecht möglicherweise unter Hinweis auf eine Funktion dieser Rechte für nichtig erklärt wird, die dem Erb- oder Pflichtteilsrecht im Zeitpunkt der Durchführung der Wirksamkeitskontrolle gar nicht mehr zukommt; der der Wirksamkeitskontrolle

695 *Palandt/Heinrichs*, § 138 Rn. 9; *Soergel/Hefermehl*, § 138 Rn. 79.

696 Vgl. BGHZ 158, 81, 100; kritisch zu diesem starren Beurteilungszeitpunkt *Eggert*, S. 137 ff. Allgemein zum Vertragsabschluss als maßgeblichem Zeitpunkt für eine Sittenwidrigkeitskontrolle *Staudinger/Sack*, § 138 Rn. 79 ff. mwN.

697 *Coester-Waltjen*, in 50 Jahre BGH (Bd. 1), S. 985, 1004.

698 Siehe oben Teil 2, Kap. 1. § 3. B. III. 2. j) und 3. b).

zugrunde liegende Schutzgedanke kann sich zu diesem Zeitpunkt nicht mehr verwirklichen, dennoch wird der Verzicht unter Bezugnahme auf diesen Schutzgedanken für nichtig erklärt.

Mag sich das Rechtsgefühl gegen ein solches Ergebnis zunächst auch sträuben, so bleibt dennoch festzuhalten, dass es eben die logische Folge einer allein auf den Abschlusszeitpunkt abstellenden Wirksamkeitskontrolle ist. Denn die Wirksamkeitskontrolle führt gerade nicht zu einem Fall der schwebenden Unwirksamkeit, welche ein Wiederaufleben des nichtigen Vertrages durch nachträgliche Umstände zuließe.[699] Vielmehr sieht das Gesetz für den Fall der Nichtigkeit einer vertraglichen Vereinbarung an deren Stelle die Geltung der gesetzlichen Regelungen vor. Erst und nur dann, wenn ein Vertrag der an erster Stelle vorzunehmenden Wirksamkeitskontrolle stand hält, kann dieser im Rahmen einer sich im zweiten Schritt anschließenden Kontrolle dahingehend zu unterziehen sein, ob er einem Vertragspartner nach dem Wortlaut eine unzulässige Rechtsausübung ermöglicht.

Für die gestalterische Praxis folgt daraus die Notwendigkeit, die Umstände des Abschlusses eines Kausalvertrages zum Erb- oder Pflichtteilsverzicht nicht nur dann genau im Auge behalten zu müssen, wenn der Abschluss eines solchen unmittelbar bevorsteht, sondern auch im Zuge der Ausgestaltung einer fortgeschrittenen Nachfolgeplanung, die auf einem Jahre zuvor abgeschlossenen Verzicht beruht, stets genau ermitteln zu müssen, unter welchen Gegebenheiten der Verzicht damals erklärt wurde. Insbesondere frühere Unterhaltsverpflichtungen und -abhängigkeiten gilt es zu erforschen, auch wenn sie aus aktueller Perspektive insbesondere aufgrund einer (mittlerweile) guten ökonomischen Situation des Verzichtsurhebers fern liegend oder unbeachtlich erscheinen mögen. Unter Umständen kann es im Interesse einer sicheren Nachfolgeplanung ratsam sein, das erbrechtliche Verzichtsgeschäft erneut abzuschließen.

### *II. Sonderproblem: Unterhaltsrechtliche Fernwirkung bei Verzicht des Ehegatten*

Die ausschließliche Maßgeblichkeit der Umstände zur Zeit des Vertragsschlusses kann über die gerade beschriebenen Probleme hinaus, zu besonderen Komplikationen beim Erb- oder Pflichtteilsverzicht von Ehegatten führen. Diese gründen auf der oben bereits erörterten unterhaltsrechtlichen Fernwirkung des Verzichts eines Ehegatten auf sein gesetzliches Pflichtteilsrecht nach dem anderen Ehegatten. Unerheblich ist insoweit, ob auf den Pflichtteil im Rahmen eines vorbehaltlosen Erbverzichts (vgl. § 2346 Abs. 1 S. 2 HS. 2 BGB) oder eines isolierten Pflichtteilsver-

699 OLG Düsseldorf, FamRZ 2005, 282, 284.

zichts (§ 2346 Abs. 2 BGB) verzichtet wird. Nur bei einem Erbverzicht unter Vorbehalt des Pflichtteilsrechts stellt sich die Problematik nicht.

Der Verzicht auf das gesetzliche Pflichtteilsrecht nach dem Ehegatten führt zum Verlust der Unterhaltsansprüche aus § 1586 b bzw. §§ 1933 S. 3, 1586 b BGB. Da diese Unterhaltsansprüche alle nachehelichen Unterhaltstatbestände der §§ 1570 ff. BGB umfassen, wurde für Pflichtteilsverzichtsvereinbarungen unter Ehegatten oben bereits eine Kontrolle nach gleichen Maßstäben und mit gleicher Intensität befürwortet, wie sie auch bei Unterhaltsverzichtsvereinbarungen in Eheverträgen vorgenommen wird. Es ist mithin durchaus denkbar und sogar wahrscheinlich, dass Vereinbarungen über den Verzicht auf das gesetzliche Pflichtteilsrecht zwischen Ehegatten gerade wegen des Ausschlusses dieser (fortgesetzten) nachehelichen Unterhaltsansprüche für sittenwidrig und daher nichtig erklärt werden.[700]

Problematisch erscheint dabei jedoch folgendes:

Während sich Regelungen über den nachehelichen Unterhalt in Eheverträgen stets auf den Scheidungsfall beziehen und nur dann ihre rechtliche Wirkung entfalten können, mithin also eindeutig vorhersehbar ist, in welcher Situation sie auf welche Weise wirken werden, sieht dies beim Verzicht auf das Pflichtteilsrecht zwischen Ehegatten etwas anders aus. Zwar bezieht sich dieser grundsätzlich auf die Auflösung der Ehe durch den Tod eines der Ehegatten. Aufgrund seiner unterhaltsrechtlichen Fernwirkung kann er jedoch auch bei Beendigung der Ehe durch Scheidung rechtliche Wirkung nach sich ziehen, wenn der zu nachehelichem Unterhalt verpflichtete Ehegatte nach der Scheidung vorverstirbt. Anders als beim Ehevertrag, ist damit bei der Vereinbarung über den Pflichtteilsverzicht zum Abschlusszeitpunkt noch nicht eindeutig vorhersehbar, in welcher Eheauflösungssituation die Verzichtswirkungen nach rechtlicher Geltung verlangen werden. Sie sind zudem sehr unterschiedlich. Führt der Pflichtteilsverzicht bei Lösung der Ehe durch Tod dazu, dass dem Ehegatten kein Pflichtteilsrecht zusteht, entfaltet er bei Lösung der Ehe durch Scheidung allein insofern rechtliche Wirkung, als er einen möglichen Anspruch auf (fortgesetzten) nachehelichen Unterhalt ausschließt. Der innere Grund für die auf der unterhaltsrechtlichen Fernwirkung basierende Sittenwidrigkeit des gesamten Erb- oder Pflichtteilsverzichts aber kommt nur in dieser letzten Konstellation zum tragen. Endet daher die Ehe durch den Tod eines der Ehegatten, so zeitigt die über die unterhaltsrechtliche Fernwirkung begründete Sittenwidrigkeit des Verzichts durch dessen Nichtigkeit rechtliche Wirkungen, obwohl in dieser Situation gar keine (fortgesetzten) nachehelichen Unterhaltsansprüche bestehen können, die durch die Nichtigerklärung des Verzichts auf den Pflichtteil zu schützen wären. Damit aber kann das Paradoxon entstehen, dass wegen eines Verzichts auf

700 Siehe zum Ganzen ausführlich Teil 2, Kap. 1. § 3. B. V. 4.

einen mangels Scheidung niemals aktuellen (fortgesetzten) Unterhaltsanspruch letztlich ein Erb- oder jedenfalls Pflichtteilsrecht zugesprochen wird.[701] Ein solches Ergebnis der Wirksamkeitskontrolle lässt nun – wenn auch in anderem Lichte – wiederum die Privatautonomie in den Fokus rücken.[702] Denn hier bewirkt die Sittenwidrigkeit des Verzichts auf ein bestimmtes Recht nicht etwa das Wiederaufleben allein der gesetzlichen Regelung, deren Ausschluss für sittenwidrig erachtet wird (§§ 1586 b, 1933 S. 3 BGB), sondern führt auch an anderer Stelle zu der Geltung einer gesetzlichen Regelung (§ 2303 Abs. 1 und 2 BGB), über deren Abbedingung sich die Parteien möglicherweise in an sich nicht zu beanstandender Weise geeinigt hatten.

Zur Lösung dieses Problems erscheint es zunächst verlockend, die Prüfung im Rahmen der Wirksamkeitskontrolle danach zu unterscheiden, ob die Ehe durch Tod oder durch Scheidung beendet wurde.[703] Je nachdem könnte der Kontrollmaßstab der konkreten Entwicklung angepasst werden. Die Wirksamkeitskontrolle bezieht sich jedoch allein auf den Abschluss des Vertrages, mithin auf einen Zeitpunkt zu dem gerade noch nicht feststeht, auf welche Weise die Ehe enden wird. Eine Beurteilung der Rechtsgültigkeit des Vertrages in Abhängigkeit von den nach seinem Abschluss eintretenden Entwicklungen ist im Rahmen der Wirksamkeitskontrolle mithin nicht zulässig.

Es muss daher eine andere Lösung gefunden werden. Sie sollte dem Umstand Rechnung tragen, dass bei Abschluss des Kausalvertrags zum Verzicht auf das Pflichtteilsrecht noch nicht vorhersehbar ist, ob sich der Vertrag einmal in erbrechtlicher oder unterhaltsrechtlicher Weise auswirken wird. Es gilt mithin die über die unterhaltsrechtliche Fernwirkung erzeugte Doppelnatur als erbrechtlicher- und unterhaltsrechtlicher Verzicht zu berücksichtigen. Angesichts dieser Erkenntnis liegt eine mögliche Lösung bereits auf der Hand. Sie besteht in der Teilbarkeit der Verzichtserklärungen der Ehegatten in einen erbrechtlichen und einen auf die §§ 1586 b, 1933 S. 3 BGB bezogenen unterhaltsrechtlichen Teil.[704] Hinsichtlich der Frage, ob ein Verzicht auf das Pflichtteilsrecht sittenwidrig und deswegen nichtig ist, sind die teilbaren Erklärungen dann getrennt zu betrachten. Ergibt sich die Sittenwidrigkeit eines Verzichts auf das Pflichtteilsrecht also nur aus seiner unterhaltsrechtlichen Fernwirkung, so bleibt die Rechtsfolge der Nichtigkeit auch nur auf diesen unterhaltsrechtlichen Teil begrenzt. Endet die Ehe dann durch den Tod eines der Ehegatten, verbleibt es bei dem von den Ehegatten gewollten Ausschluss von der erbrechtlichen Mindestteilhabe, während im Falle der Lösung durch Scheidung

701 So *Münch*, ZEV 2008, 571, 577; *Bergschneider*, FamRZ 2008, 1291, 1292.

702 Siehe auch *Bergschneider*, FamRZ 2008, 1291, 1292.

703 In diese Richtung aber *Brambring*, NJW 2007, 865, 868.

704 So auch *Münch*, ZEV 2008, 571, 575.

sämtliche nachehelichen Unterhaltsansprüche im Falle des Falles zum Schutze des schwächeren Ehegatten über § 1586 b BGB fortzusetzen sind; entsprechendes gilt für den Anspruch aus §§ 1933 S. 3, 1586 b BGB.

Ein solches Vorgehen müsste jedoch auch im Lichte des § 139 BGB überzeugen, bietet diese Norm doch eine ausdrückliche gesetzliche Regelung zur Teilnichtigkeit von Rechtsgeschäften, die allerdings nur dann Anwendung findet, wenn sich nicht schon aus der Auslegung des Rechtsgeschäfts entnehmen lässt, welche Rechtsfolgen die Parteien für den Fall der Teilnichtigkeit vorgesehen haben.[705] Ist dies – etwa bei Fehlen einer salvatorischen Klausel – nicht der Fall, so ist weitere Voraussetzung für die Anwendung von § 139 BGB das Vorliegen eines einheitlichen, jedoch teilbaren Rechtsgeschäfts.[706] Einheitlichkeit liegt nicht nur bei Zusammenfassung mehrerer Regelungen in einem Vertrag vor, sondern auch dann, wenn mehrere rechtlich selbständige Rechtsgeschäfte zu einem wirtschaftlich einheitlichen Rechtsgeschäft zusammengefasst sind.[707] Vorliegend können bezüglich der Einheitlichkeit daher keine Zweifel bestehen. Denn beruht die Einheitlichkeit eines Rechtsgeschäfts nach der Konzeption des § 139 BGB üblicherweise (nur) auf dem Willen der Parteien,[708] beruht sie hinsichtlich des Pflichtteilsverzichts unter Ehegatten mit seinem erb- und unterhaltsrechtlichen Teil bereits auf dem Gesetz, vgl. § 1586 b BGB.

Teilbarkeit eines Rechtsgeschäfts liegt dann vor, wenn ein Teil des Rechtsgeschäfts auch ohne den anderen oder beide Teile für sich selbständig bestehen können.[709] Bezogen auf den Pflichtteilsverzicht unter Ehegatten bedeutet dies, dass der erbrechtliche Verzicht auf den Pflichtteil auch ohne den Verzicht auf die Ansprüche aus § 1586 b bzw. §§ 1933 S. 3, 1586 b BGB bestehen können müsste und umgekehrt. Dies ist aufgrund der unterschiedlichen Zielrichtung unproblematisch der Fall.

Ergibt sich also aus der Auslegung der zwischen den Ehegatten geschlossenen Pflichtteilsverzichtsvereinbarung noch kein gemeinsamer Wille bezüglich der Rechtsfolgen einer Teilnichtigkeit, ist der Anwendungsbereich des § 139 BGB grundsätzlich eröffnet. Die Norm sieht nun als Grundregel vor, dass die Teilnichtigkeit eines Rechtsgeschäfts dessen Gesamtnichtigkeit nach sich zieht. Diese Konzeption beruht auf einer nachdrücklichen Anerkennung des Gedankens der Privat-

705 *Erman/H.Palm*, § 139 Rn. 10; *Soergel/Hefermehl*, § 139 Rn. 2.

706 *Soergel/Hefermehl*, § 139 Rn. 1.

707 *Soergel/Hefermehl*, § 139 Rn. 16 f.

708 BGH, NJW 1987, 2004, 2007; NJW 1976, 1931, 1932; *Erman/H.Palm*, § 139 Rn. 21; *Staudinger/Roth*, § 139 Rn. 37 ff.; *Palandt/Ellenberger*, § 139 Rn. 5.

709 RG, JW 1936, 2352; *Soergel/Hefermehl*, § 139 Rn. 25.

autonomie.[710] Denn Ratio der Grundregel des § 139 BGB ist es, den Parteien nicht gegen ihren Willen die nur teilweise Geltung ihres als Ganzes gewollten Geschäfts aufzudrängen.[711] Entgegen dieser Grundregel ist nach § 139 BGB jedoch auch die Aufrechterhaltung des Rechtsgeschäfts ohne den nichtigen Teil möglich, wenn anzunehmen ist, dass es auch ohne diesen Teil vorgenommen sein würde. Dazu ist im Rahmen einer subjektiv orientierten Wertung auf den hypothetischen Willen der Beteiligten abzustellen.[712]

Damit das oben erläuterte Vorgehen nun auch im Angesichte des § 139 BGB überzeugen kann, wäre es daher erforderlich, dass der hypothetische Wille der Ehegatten im Abschlusszeitpunkt der Pflichtteilsverzichtsvereinbarung entgegen der Grundregel des § 139 BGB regelmäßig darauf gerichtet ist, den von der Nichtigkeit nicht unmittelbar betroffenen erbrechtlichen Teil der Pflichtteilsverzichtsvereinbarung aufrecht zu erhalten.

Hiervon wird man bei einer allein durch die unterhaltsrechtliche Fernwirkung begründeten Sittenwidrigkeit ausgehen können. Denn die unterhaltsrechtlichen und erbrechtlichen Wirkungen eines Verzichts auf den Ehegattenpflichtteil können nie gemeinsam auftreten, sie ergänzen sich nicht etwa als verschiedene Mosaiksteine eines einheitlichen Bildes, dass nur in seiner Gesamtheit den Willen der Parteien wiederzuspiegeln vermag, sondern stehen in einem Alternativverhältnis. Mit dem Eintritt der einen rechtlichen Wirkung steht fest, dass es zur anderen nicht mehr kommen wird. Daher ist nicht ersichtlich, warum die Ehegatten in Kenntnis der Nichtigkeit des Ausschlusses der Ansprüche aus den §§ 1586 b, 1933 S. 3 BGB nun auch von dem mit rein erbrechtlicher Zielsetzung erklärten Verzicht auf das Pflichtteilsrecht Abstand nehmen sollten. Durch eine nur auf die unterhaltsrechtlichen Wirkungen bezogene Teilnichtigkeit wird den Parteien mithin keineswegs ein Vertrag aufgezwungen, den sie so nie geschlossen hätten. Auch der hinter der Sanktion der Sittenwidrigkeit liegende Schutzzweck wird so nicht unterlaufen. Denn dieser liegt in der hier behandelten Konstellation allein in der Sicherung der (fortgesetzten) nachehelichen Unterhaltsansprüche, welche durch die Aufrechterhaltung des rein erbrechtlich wirkenden Verzichts auf das Pflichtteilsrecht grundsätzlich nicht tangiert wird.

Überzeugend ist ein solches Vorgehen nicht zuletzt auch deshalb, weil es gerade auch dann eine sachgerechte Lösung ermöglicht, wenn die Ehegatten – wie häufig – einen gegenseitigen Pflichtteilsverzicht vereinbart haben. Denn durch die getrennte Betrachtung der Wirksamkeit des unterhaltsrechtlichen Teils des Pflicht-

---

710 MüKoBGB/*Busche*, § 139 Rn. 7; *Palandt/Ellenberger*, § 139 Rn. 1

711 RG, JW 1908, 445; *Staudinger/Roth*, § 139 Rn. 1; *Soergel/Hefermehl*, § 139 Rn. 1.

712 *Soergel/Hefermehl*, § 139 Rn. 34; *Erman/H.Palm*, § 139 Rn. 10; MüKoBGB/*Busche*, § 139 Rn. 29 ff.

teilsverzichts wird zugleich verhindert, dass die Sittenwidrigkeit des Verzichts auf die Ansprüche aus §§ 1586 b, 1933 S. 3 BGB womöglich sogar dem stärkeren Ehegatten zugute kommt, für den eine nacheheliche Unterhaltsbedürftigkeit nie zur Debatte stand und der daher nicht schutzwürdig ist. Der Eintritt eines solchen Falles wäre nämlich ohne die getrennte Betrachtung dann nicht auszuschließen, wenn die allein durch die unterhaltsrechtliche Fernwirkung begründete Sittenwidrigkeit die Nichtigkeit der gesamten Vereinbarung nach sich zöge, weil sie dann im Falle des Vorversterbens des eigentlich allein schutzwürdigen Ehegatten zu einem Erb- oder Pflichtteilsrecht des stärkeren Ehegatten führen würde.[713]

Als Ergebnis lässt sicher daher folgendes festhalten:

Ergibt sich die Sittenwidrigkeit einer Vereinbarung über den Verzicht auf den Ehegattenpflichtteil allein aus seiner unterhaltsrechtlichen Fernwirkung, ist die Verzichtserklärung in einen erbrechtlichen und einen unterhaltsrechtlichen Teil aufzuspalten und die Nichtigkeitsfolge des § 138 Abs. 1 auf den unterhaltsrechtlichen Teil zu begrenzen. So kann die Entstehung der paradoxen Situation verhindert werden, dass der Ausschluss eines nie aktuell gewordenen Unterhaltsanspruchs zur Gewährung erbrechtlicher Teilhabe führt. Endet die Ehe dann durch den Tod eines der Ehegatten, verbleibt es demnach bei dem mit rein erbrechtlicher Zielsetzung erklärten Pflichtteilsverzicht, während im Falle der Lösung der Ehe durch Scheidung, die Ansprüche aus den §§ 1586 b, 1933 S. 3 BGB dem bedürftigen Ehegatten zugute kommen.

## § 2. Die Ausübungskontrolle

Die zweite Stufe der ehevertraglichen Inhaltskontrolle bildet die sogenannte Ausübungskontrolle nach § 242 BGB. Soweit ein Vertrag der Wirksamkeitskontrolle standhält, hat der Richter in ihrem Rahmen zu prüfen, ob und inwieweit ein Ehegatte die ihm durch den Vertrag eingeräumte Rechtsmacht missbraucht, wenn er sich im Scheidungsfall gegenüber einer vom anderen Ehegatten begehrten gesetzlichen Scheidungsfolge darauf beruft, dass diese durch den Vertrag wirksam abbedungen sei.[714] Dies kann insbesondere dann der Fall sein, wenn die tatsächliche Gestaltung der ehelichen Lebensverhältnisse von der ursprünglichen, dem Vertrag zugrunde liegenden Lebensplanung deutlich abweicht. Hält die Berufung eines Ehegatten auf den vertraglichen Ausschluss der Scheidungsfolge der Ausübungskontrolle nicht stand, so führt dies nicht etwa zur Unwirksamkeit des vertraglich vereinbarten Aus-

---

713 Zu einer ähnlichen Problematik im Rahmen von Eheverträgen, vgl. *Brambring*, NJW 2007, 865.

714 BGHZ 158, 81, 100.

schlusses. Vielmehr hat der Richter diejenige Rechtsfolge anzuordnen, die den berechtigten Belangen beider Parteien in der nunmehr eingetretenen Situation in ausgewogener Weise Rechnung trägt.[715] Die Ausübungskontrolle ist damit kein Mittel zur Wiederherstellung der Selbstbestimmung, sondern ein Instrument zur Bewältigung von Abweichungen der tatsächlichen Lebensführung der Ehegatten von ihrer dem Vertragsschluss zu Grunde gelegten Lebensplanung.[716]

Sie stellt sich mithin als ein auf den Zeitpunkt des Scheiterns der Lebensgemeinschaft bezogenes Mittel nachträglicher richterlicher Vertragsanpassung dar.

## *A. Grundsätzliche Möglichkeit zur Vertragsanpassung*

Bietet die Ausübungskontrolle also ein spezielles Mittel nachträglicher Vertragsanpassung, so kann ihre Anwendung auf den Erb- und Pflichtteilsverzicht von vornherein nur dann in Betracht kommen, wenn dieser überhaupt einer nachträglichen Vertragsanpassung – gleich welcher Art – generell offen steht. Auch hier gilt es wiederum zwischen Verfügungs- und Verpflichtungsgeschäft einerseits, sowie Erb- und Pflichtteilsverzicht andererseits zu differenzieren.

### *I. Das Verfügungsgeschäft*

Neben Kausalgeschäften stehen grundsätzlich auch Verfügungsgeschäfte einer nachträglichen Vertragsanpassung offen.[717] Nach h.M. gilt dies auch für Verfügungsverträge aus dem Bereich des Erbrechts, allerdings nur dann, wenn nicht Besonderheiten des konkreten Rechtsgeschäfts dem entgegenstehen.[718]

Damit wären auch der abstrakte Erbverzicht und der abstrakte Pflichtteilsverzicht einer nachträglichen Anpassung zugänglich, sofern sie nicht gerade entgegenstehende Besonderheiten aufweisen.

#### *1. Der abstrakte Erbverzicht*

Der abstrakte Erbverzicht entfaltet mit dem Erbfall dingliche Wirkung gegenüber jedermann. Er beeinflusst unmittelbar die Erbfolge nach dem Tod des Erblassers. Die nachträgliche Anpassung eines abstrakten Erbverzichts kann daher zu Verände-

---

715 BGHZ 158, 81, 101; siehe ferner oben Teil 1, Kap. 3. § 3. B. II.

716 *Löhnig*, JA 2005, 344, 346.

717 *Bengel*, ZEV 2006, 192, 195; *Ludyga*, § 6 Rn. 2.

718 *Wendt*, ZNotP 2006, 2, 6 f.; *Bengel*, ZEV 2006, 192, 195; *Muscheler*, in FS Spiegelberger, S. 1079, 1088; *Ludyga*, § 6 Rn. 2 und 4; vgl. ferner *Palandt/Grüneberg*, § 313, Rn. 7; abweichend *Kuchinke*, ZEV 2000, 510, 511; *ders.*, FPR 2006, 125, 128.

rungen der Erbfolge führen. Aus diesem Grunde sah sich der BGH dazu veranlasst, die Rückabwicklung eines abstrakten Erbverzichts wegen Wegfalls der Geschäftsgrundlage nach dem Erbfall aus Gründen der Rechtssicherheit abzulehnen, weil die Erbfolge mit dem Tod des Erblassers auf einer festen Grundlage stehen müsse.[719] Auch das OLG Hamm hat in einer jüngeren Entscheidung betont, dass Erb- und Pflichtteilsverzichte einer Anpassung nach den Regeln des Wegfalls der Geschäftsgrundlage nicht zugänglich sind, ohne allerdings zwischen den Zeitpunkten vor und nach dem Erbfall zu differenzieren.[720] Andere Obergerichte haben unter Berufung auf die Begründung des BGH aus Gründen der Rechtssicherheit auch die Möglichkeit der Anfechtung des abstrakten Erbverzichts nach Eintritt des Erbfalls abgelehnt.[721]

Der vom BGH und anderen Obergerichten als wesentliches Argument ins Feld geführte Aspekt der Rechtssicherheit betrifft nun aber neben der Anpassung über § 313 BGB sämtliche Möglichkeiten der nachträglichen Vertragsanpassung des abstrakten Erbverzichts, denn sie alle würden zu einer nachträglichen Änderung der Erbfolge führen. Daher muss der Gedanke der Rechtssicherheit auch ihnen allen in gleicher Weise entgegengehalten werden können. Der abstrakte Erbverzicht ist folglich ab dem Zeitpunkt des Erbfalls generell keiner nachträglichen Anpassung mehr zugänglich.[722] Damit aber muss auch eine Ausübungskontrolle nach § 242 BGB insoweit ausscheiden.

Davon zu trennen ist freilich die Frage, ob der abstrakte Erbverzicht nicht zumindest vor dem Erbfall einer nachträglichen Anpassung unterzogen werden kann. Da der abstrakte Erbverzicht erst mit dem Erbfall dingliche Wirkung gegenüber jedermann entfaltet, gelten die im Hinblick auf den Aspekt der Rechtssicherheit zu beachtenden Besonderheiten, die nach der Rechtsprechung zu einem Ausschluss der Anpassung nach dem Erbfall führen, für diesen Fall zunächst nicht. Denn vor dem Erbfall droht gerade noch keine unzulässige nachträgliche Änderung der Erbfolge. Hieraus wird in der Literatur der Schluss gezogen, dass der abstrakte Erbverzicht vor dem Erbfall einer nachträglichen Anpassung grundsätzlich offen steht.[723]

---

719 BGH, NJW 1999, 789; ebenso OLG Nürnberg, FamRZ 2003, 634, 636 (obiter). Zu Zweifeln an der Überzeugungskraft dieser Argumentation vgl. allerdings *Damrau*, ZEV 2004, 157; *Michalski*, Rn. 491; ferner auch *Frank*, § 22 Rn. 6.

720 OLG Hamm, ZEV 2000, 507, 510, m. zust. Anm. *Kuchinke*.

721 BayOblG, ZEV 2006, 209, 210, m. abl. Anm. *Leipold*; OLG Celle, ZEV 2004, 156, 157; OLG Schleswig, ZEV 1998, 28; siehe auch OLG Koblenz, NJW-RR 1993, 708, 709. Siehe zum Ganzen auch oben Teil 2, Kap. 2. § 1. A. I.

722 H.M., vgl. *Bengel*, ZEV 2006, 192, 195; *Muscheler*, in FS Spiegelberger, S. 1079, 1088; *Wendt*, ZNotP 2006, 2 7; *Kuchinke*, FPR 2006, 125, 128.

723 *Bengel*, ZEV 2006, 192, 195; *Muscheler*, in FS Spiegelberger, S. 1079, 1088.

Allerdings kann nach (umstrittener) Rechtsprechung des BGH ein Erbverzicht bereits nach dem Tod des Verzichtenden nicht mehr durch einen Aufhebungsvertrag zwischen dem Erblasser und den Erben des Verzichtenden beseitigt werden.[724] Zur Begründung dieser Ansicht betont das Gericht zunächst wiederum den Aspekt der Rechtssicherheit. Komme es zu Lebzeiten des Verzichtenden (und des Erblassers) nicht zu einer Aufhebung des Erbverzichts, müsse aus Gründen der Rechtsklarheit mit dem Tod des Verzichtenden feststehen, dass er und sein Stamm endgültig aus der gesetzlichen Erbfolge nach dem Erblasser ausgeschieden sind. Zudem stellt der BGH insbesondere auf die Wirkungen des § 2310 S. 2 BGB ab. So lasse sich eine Befugnis des Erblassers und der Erben des Verzichtenden, die kraft Gesetzes eingetretene Erhöhung der Quote eines Pflichtteilsberechtigten nach dem Tod des Verzichtenden ohne Zustimmung des gemäß § 2310 S. 2 BGB Begünstigten wieder rückgängig zu machen, mit den Grundsätzen des gesetzlichen Erb- und Pflichtteilsrechts nicht vereinbaren.[725] Diese Argumente, die nach Ansicht des BGH gegen die Möglichkeit einer *Aufhebung* des Erbverzichtsvertrags nach dem Tod des Verzichtenden sprechen, müssen dann jedoch konsequenterweise auch hinsichtlich der nachträglichen *Anpassung* des abstrakten Erbverzichtsvertrages nach dem Tod des Verzichtenden gelten. Denn auch sie beeinträchtigt die Rechtsklarheit und auch sie beeinflusst die Rechtsposition des über § 2310 S. 2 BGB Begünstigten. So würde bereits eine nachträgliche Anpassung, die statt zu einem völligen, nur zu einem teilweisen Verzicht auf das gesetzliche Erbrecht führt, über § 2310 S. 2 BGB zu einer Beeinträchtigung der Pflichtteilsberechtigten führen, da der Verzichtende im Rahmen von § 2310 S. 2 BGB dann nur insoweit nicht zu berücksichtigen wäre, wie der Verzicht reicht, und folglich nur insoweit eine (reduzierte) Anwachsung zugunsten der übrigen Pflichtteilsberechtigten stattfände.[726]

Entgegen der zitierten Stimmen in der Literatur wäre daher bei konsequenter Fortführung der Rechtsprechung des BGH davon auszugehen, dass der abstrakte Erbverzicht sich nicht erst ab dem Zeitpunkt des Erbfalls, sondern im Falle des Vorversterbens des Verzichtenden, bereits ab diesem Zeitpunkt einer nachträglichen Anpassung verschließt.

---

724 BGH, NJW 1998, 3117 = ZEV 1998, 304 m. zust. Anm. *Siegmann*, ZEV 1998, 383; im Ergebnis ebenso *Pentz*, MDR 1001, 1002; *Kuchinke*, ZEV 2000, 169, 171 ff.; a.A. OLG München, ZEV 197, 299 [Vorinstanz]; MüKoBGB/*Wegerhoff*, § 2351 Rn. 3; *Quantius*, S. 77 ff.; *Muscheler*, ZEV 1999, 49; *Hausmann/Hohloch-Weidlich*, Kap. 15 Rn. 60 ff.; *Reul*, MittRhNotK 1997, 373, 384.

725 BGH, NJW 1998, 3117, 3118 = ZEV 1998, 304, 305 f.; a.A. *Muscheler*, ZEV, 1999, 49, 51 f., der zwischen der Aufhebbarkeit des Erbverzichts an sich und der Beseitigung seiner Drittwirkungen unterscheidet und die Befugnis zu letzterem auch den Erben und Abkömmlingen des Verzichtenden originär zuspricht.

726 *Staudinger/Haas*, § 2310 Rn. 16.

Zu Lebzeiten beider Parteien des Erbverzichtsvertrages bestehen hingegen keine grundsätzlichen Bedenken gegen eine nachträgliche Anpassung weil der Erbverzichtsvertrag zu diesem Zeitpunkt von den Vertragsschließenden selbst jederzeit gemäß § 2351 BGB aufgehoben werden kann. Insofern führt die Anerkennung einer generellen Anpassungsmöglichkeit zu diesem Zeitpunkt weder zu einer gesteigerten Rechtsunsicherheit, noch zu solchen Auswirkungen auf die Rechtstellung Dritter, die angesichts der Regelung des § 2351 BGB zu missbilligen wären.

### *2. Der abstrakte Pflichtteilsverzicht*

Der abstrakte Pflichtteilsverzicht hat im Gegensatz zum abstrakten Erbverzicht keinen Einfluss auf die dingliche Rechtslage nach dem Erbfall. Er wirkt sich damit nicht unmittelbar auf die Erbfolge nach dem Tod des Erblassers aus. Rechtliche Wirkung kommt ihm primär nur zwischen dem Verzichtenden und dem Erben zu.[727]

Der BGH selbst hat nun in seinem grundlegenden – bereits erwähnten – Urteil zur Unzulässigkeit der nachträglichen Anpassung von abstrakten Erbverzichten nach dem Erbfall betont, dass die Interessen der Rechtssicherheit der Vertragsanpassung nicht entgegenstehen, soweit es nicht um die Erbfolge selbst geht.[728] Hieran orientiert hat das OLG Nürnberg in einer Entscheidung aus dem Jahre 2003 die nachträgliche Anpassung eines abstrakten Pflichtteilsverzichts wegen Wegfalls der Geschäftsgrundlage auch nach dem Erbfall mit der Begründung zugelassen, bei der Rückabwicklung eines abstrakten Pflichtteilsverzichts entstehe nur ein rein schuldrechtlicher Anspruch gegen den bevorzugten Erben, der dessen Erbfolge unberührt lasse.[729] Das Gericht hat der Klägerin daraufhin dem Grunde nach einen Anspruch auf den gesamten Pflichtteil nach § 2303 Abs. 1 S. 1 BGB zugesprochen.

Stehen also der nachträglichen Anpassung eines abstrakten Pflichtteilsverzichts über die Figur des Wegfalls der Geschäftsgrundlage auch nach dem Erbfall keine grundlegenden Bedenken gegenüber, so lässt dies darauf schließen, dass auch einer generellen Anpassungsmöglichkeit des abstrakten Pflichtteilsverzichts jenseits des § 313 BGB keine grundlegenden Bedenken entgegenstehen.[730] Zudem kann es für die Möglichkeit der nachträglichen Anpassung des Pflichtteilsverzichts wegen seines mangelnden Einflusses auf die dingliche Rechtslage nach dem Erbfall dann auch nicht darauf ankommen, ob sie vor oder nach dem Erbfall begehrt wird.[731] Da-

---

727 *Muscheler*, in FS Spiegelberger, S. 1079, 1088.
728 BGH, NJW 1999, 789.
729 OLG Nürnberg, FamRZ 2003, 634, 636 f.
730 A.A. *Kuchinke*, FPR 2006, 125, 128..
731 In sich widersprüchlich dazu *Ludyga*, § 6 Rn. 2 und 5.

rüber hinaus ist hier – anders als beim Erbverzicht – auch unerheblich, ob der Verzichtende bereits verstorben ist, oder nicht. Denn da der abstrakte Pflichtteilsverzicht im Gegensatz zum Erbverzicht von vornherein keine Auswirkungen auf die Höhe der Pflichtteilsberechtigung Dritter hat (vgl. § 2310 BGB), können durch seine nachträgliche Anpassung auch keine Begünstigungen Dritter tangiert werden, deren Beeinträchtigung der BGH bei der Aufhebung eines Erbverzichts nach dem Tod des Verzichtenden noch als mit den Grundsätzen des gesetzlichen Erb- und Pflichtteilsrechts unvereinbar angesehen hat.[732] Der abstrakte Pflichtteilsverzicht ist damit der nachträglichen Vertragsanpassung grundsätzlich uneingeschränkt zugänglich.[733]

## *II. Die Kausalgeschäfte*

Die den abstrakten Verzichten zugrunde liegenden Kausalgeschäfte, und zwar dasjenige zum abstrakten Pflichtteilsverzicht ebenso wie dasjenige zum abstrakten Erbverzicht, sind schuldrechtliche Rechtsgeschäfte, die nur inter partes und nicht gegenüber jedermann wirken.[734] Wie auch der abstrakte Pflichtteilsverzicht, sind sie folglich ohne Einfluss auf die dingliche Rechtslage nach dem Erbfall und haben mithin keine Auswirkungen auf die Erbfolge. Daher stehen auch die Interessen der Rechtssicherheit einer Vertragsanpassung des als Rechtsgrund eines Erb- oder Pflichtteilsverzichts abgeschlossenen Kausalgeschäfts nicht entgegen.[735] Auch über § 2310 BGB führen sie in keiner Weise zu einer Drittwirkung. Die Kausalgeschäfte zum Erb- und Pflichtteilsverzicht stehen damit einer nachträglichen Anpassung grundsätzlich jederzeit – und nicht nur zu Lebzeiten des Erblassers – offen.[736]

## *III. Fazit*

Die vorhergehenden Ausführungen lassen sich nunmehr wie folgt zusammenfassen:

Sowohl die Kausalgeschäfte zum Erb- bzw. Pflichtteilsverzicht als auch der abstrakte Pflichtteilsverzicht selbst stehen einer nachträglichen Vertragsanpassung

---

732 Vgl. BGH, NJW 1998, 3117, 3118 = ZEV 1998, 304, 305 f.

733 *Bengel*, ZEV 2006, 192, 195; *Ludyga*, § 6 Rn. 5; *Wendt*, ZNotP 2006, 2, 7; *Muscheler*, in FS Spiegelberger, S. 1079, 1088.

734 *Muscheler*, in FS Spiegelberger, S. 1079, 1088.

735 Vgl. BGH, NJW 1999, 789; BGHZ 134, 152, 156 f. = ZEV 1997, 69, 70; Vgl. ferner OLG Nürnberg, FamRZ 2003, 634, 636.

736 Ganz h.M., vgl. BGH, NJW 1999, 789; BGHZ 134, 152, 156 f. = ZEV 1997, 69, 70; *Staudinger/Schotten*, § 2346 Rn. 191; *Soergel/Damrau*, § 2346 Rn. 20; *Bengel*, ZEV 2006, 192, 195; *Muscheler*, in FS Spiegelberger, S. 1079, 1088 (jeweils zu § 313 BGB).

wegen ihrer fehlenden dinglichen Wirkung grundsätzlich jederzeit – auch nach dem Erbfall – offen. Dabei macht es hinsichtlich des Verzichts auf den Pflichtteil wirtschaftlich keinen Unterschied, ob man das Grundgeschäft anpasst, insbesondere also die Abfindung erhöht und den Verzichtenden auf diese Weise wirtschaftlich so stellt, als habe er nicht verzichtet, oder aber das Verfügungsgeschäft anpasst und dem Verzichtenden einen Anspruch aus § 2303 BGB zuspricht[737].[738]

Der abstrakte Erbverzicht hingegen ist einer nachträglichen Anpassung nach dem Erbfall nicht mehr zugänglich. Bei konsequenter Fortführung der (umstrittenen) Rechtsprechung des BGH zur Unmöglichkeit der Aufhebung eines Erbverzichts nach dem Tod des Verzichtenden,[739] tritt die Änderungsfestigkeit darüber hinaus auch mit dem Tod des Verzichtenden ein. Damit könnte der abstrakte Erbverzicht nur zu Lebzeiten beider Vertragspartner nachträglich angepasst werden. Eine Anpassung ist nach dem Tod eines Vertragspartners dann allein auf der schuldrechtlichen Ebene des Abfindungsvertrags möglich. Da Erben gemäß §§ 1922 Abs. 1, 1967 Abs. 1 BGB in die vom Erblasser begründeten Rechte und Pflichten aus einem Abfindungsvertrag eintreten, kommt eine Anpassung nach dem Tod der jeweiligen Vertragspartei insoweit also ihnen gegenüber in Betracht.[740]

## *B. Aleatorischer Charakter als Hinderungsgrund für eine Anpassung?*

Der Erb- und Pflichtteilsverzicht bezieht sich auf ein Recht, welches erst zukünftig, nämlich mit dem Tode des Erblassers entstehen wird und dessen Entstehung und Umfang bis dahin ungewiss ist.[741] So kann der Verzichtsgegenstand neben Veränderungen in den Vermögensverhältnissen des Erblassers auch durch andere Ereignisse, die zu einer Veränderung der Erbquote des Verzichtenden geführt hätten, beeinflusst werden. Als solche kommen etwa die Geburt oder der Tod eines Erblasserkindes, die Heirat oder Scheidung des Erblassers, sowie der Tod des Verzichtenden vor dem Erblasser in Betracht.[742]

Die volle wirtschaftliche Bedeutung des Verzichts lässt sich also im Verzichtszeitpunkt regelmäßig noch nicht sicher erkennen, sondern zeigt sich erst beim Erbfall. Die genannten Veränderungsmöglichkeiten sind jedoch gerade typisch für den

737 So OLG Nürnberg, FamRZ 2003, 634.

738 *Muscheler*, in FS Spiegelberger, S. 1079, 1088; *Bengel*, ZEV 2006, 192, 195.

739 BGH, NJW 1998, 3117 = ZEV 1998, 304; vgl. schon oben Teil 2, Kap. 2. § 2. I. 1. a).

740 Vgl. BGHZ 134, 152, 156 f. = ZEV 1997, 69, 70.

741 *Staudinger/Schotten*, § 2346 Rn. 190.

742 Vgl. *Staudinger/Schotten*, Einl zu §§ 2346 ff., Rn. 25.

Erb- und Pflichtteilsverzicht. Er ist daher seinem Wesen nach ein Rechtsgeschäft mit hohem Risiko, ein so genanntes aleatorisches Rechtsgeschäft.[743]

Der aleatorische Charakter des Erb- bzw. Pflichtteilsverzichts wird immer wieder als Argument gegen die Möglichkeit einer nachträglichen Vertragsanpassung angeführt.[744] So sollen insbesondere Änderungen der Vermögensverhältnisse des Erblassers und Ereignisse, die zu einer Verschiebung der Erbquote des Verzichtenden geführt hätten, eine nachträgliche Vertragsanpassung grundsätzlich nicht rechtfertigen können.[745]

Dies ist zutreffend. Eine auf die genannten Umstände gestützte Anpassung des Verzichtsvertrags liefe in der Tat regelmäßig dessen aleatorischem Wesen zuwider. So fragt *Muscheler* insoweit zu Recht, wo denn das Risiko bliebe, wenn der Verzichtende darauf vertrauen könne, dass sich ein für ihn – wie sich später herausstellt – wirtschaftliches schlechtes Geschäft in ein ausgewogenes verwandele.[746] Damit aber muss auch eine nachträgliche Vertragsanpassung über die Figur der Ausübungskontrolle insoweit ausscheiden.

Der genannte Befund besagt jedoch noch nicht, dass sich der Erb- und Pflichtteilsverzicht seines aleatorischen Charakters wegen einer nachträglichen Anpassung völlig verschlösse. Verschlossen ist er dieser vielmehr gerade nur insoweit, wie auch das bei Abschluss des Vertrages übernommene *typische* Risiko des Erb- und Pflichtteilsverzichts reicht.[747] Jenseits dessen müssen für Erb- und Pflichtteilsverzichte grundsätzlich die gleichen Regeln wie für alle anderen Rechtsgeschäfte auch gelten. So hat auch die Rechtsprechung in einzelnen Fällen eine nachträgliche Anpassung des Abfindungsvertrages wegen Wegfalls der Geschäftsgrundlage bejaht. Dies betraf einmal eine Konstellation, in der sich das Vermögen des Erblassers nach Abschluss des Erbverzichtsvertrages durch die unerwartete Wiedervereinigung erheblich erhöhte, weil er Eigentümer von Grundstücken in der DDR war, die bis dahin als wertlos galten, nun aber erheblichen Wert hatten.[748] Hier sah das

---

743 BGH, NJW 1997, 851, 852; *Bengel*, ZEV 2006, 192, 194; *Hausmann/Hohloch-Weidlich*, Kap. 15 Rn. 93; *Soergel/Damrau*, § 2346 Rn. 20; *Kapfer*, MittBayNot 2006, 385, 389; *Muscheler*, in FS Spiegelberger, S. 1079, 1089.

744 Vgl. *Bamberger/Roth/J.Mayer*, § 2346 Rn. 33; *Kapfer*, MittBayNot 2006, 385, 389; *Bengel*, ZEV 2006, 192, 194; *Muscheler*, in FS Spiegelberger, S. 1079, 1089; *Ludyga*, § 6 Rn. 7; *Weidlich*, NotBZ 2009, 149, 159.

745 *Staudinger/Schotten*, § 2346 Rn. 190; *Bamberger/Roth/J.Mayer*, § 2346 Rn. 33.

746 *Muscheler*, in FS Spiegelberger, S. 1079, 1089; ganz ähnlich auch Bengel, ZEV 2006, 192, 196, der formuliert, wer ohne oder mit Gegenleistung auf Rechte verzichtet, könne dies doch nicht in der sicheren Erwartung tun dürfen, ein Gericht werde den Verzicht durch die „Hintertür" der Ausübungskontrolle wieder aufheben.

747 Vgl. BGH, ZEV 1997, 69, 70.

748 OLG Hamm, ZEV 2000, 507.

OLG Hamm die Geschäftsgrundlage in den gemeinsamen Vorstellungen der Parteien über den Bestand der bei Vertragsschluss herrschenden politischen und wirtschaftlichen Verhältnisse, deren Wegfall es auch angesichts des aleatorischen Charakters des Verzichts nicht für unbeachtlich hielt.[749]

Darüber hinaus wurde die Anpassung einer Abfindung dann für möglich gehalten, wenn diese besonders niedrig vereinbart worden war, um dem Übernehmer die Fortführung des elterlichen Hofes zu ermöglichen, der Hof aber von diesem kurz nach dem Erbfall veräußert wurde.[750] Der BGH betont zur Begründung dieser Ansicht, dass zwar eine Anpassung ausscheiden möge, soweit es um das Risiko der Wertentwicklung des Nachlasses gehe, eine solche aber zur Lösung anderer Schwierigkeiten in Betracht komme, insbesondere dann, wenn sich später herausstelle, dass die Vertragsteile den mit dem Vertrag angestrebten Zweck nicht erreichen könnten.[751]

Schließlich bejahte auch das OLG Nürnberg in der bereits zitierten Entscheidung aus dem Jahre 2003[752] die Möglichkeit einer nachträglichen Anpassung eines Pflichtteilsverzichts wegen Wegfalls der Geschäftsgrundlage und erblickte diese im zu entscheidenden Fall in der gemeinsamen Vorstellung der Parteien, man werde nach Abschluss des Verzichtsvertrages noch ein gemeinschaftliches Testament errichten, zu dessen Errichtung es dann aber doch nicht kam.

Auch die h.M. in der Literatur sieht in Ausnahmefällen die Möglichkeit nachträglicher Vertragsanpassung bei Erb- und Pflichtteilsverzichten durchaus als gegeben.[753]

Der Hinweis auf den aleatorischen Charakter von Erb- und Pflichtteilsverzicht darf folglich nicht apodiktisch verstanden werden. Letztlich steht er vor allem einem Anpassungsverlangen entgegen, das sich allein auf die Annahme des Verzichtenden stützt, er habe schlicht ein wirtschaftlich schlechtes Geschäft gemacht. Der Risikocharakter des Erb- und Pflichtteilsverzichts verhindert damit aber die nachträgliche Vertragsanpassung aus anderen Gründen nicht zwingend.

Im gegebenen Kontext interessiert nun insbesondere, ob daher grundsätzlich auch eine nachträgliche Anpassung in Betracht kommen kann, die sich auf eine unerwartete Unterhaltsbedürftigkeit des Verzichtenden bzw. eine nachträglich eingetretene ungerechtfertigte einseitige Lastenverteilung stützt. Gegen eine so begrün-

---

749 OLG Hamm, ZEV 2000, 507, 509.

750 BGH, ZEV 1997, 69.

751 BGH, ZEV 1997, 69, 70.

752 OLG Nürnberg, FamRZ 2003, 634.

753 *Staudinger/Schotten*, § 2346 Rn. 191; *Soergel/Damrau*, § 2346 Rn. 20; *Bamberger/Roth/J.Mayer*, § 2346 Rn. 33; *Jauernig/Stürner*, § 2346 Rn. 7; *Kollhosser*, AcP 194, 231, 254.

dete Anpassungsmöglichkeit ließe sich allerdings einwenden, sie beruhe letztlich auch auf unerwarteten Vermögensentwicklungen, unterscheide sich daher nicht von den oben genannten Konstellationen, in denen eine Anpassung ausscheidet, und müsse folglich ebenso wegen eines Widerspruchs zum Risikocharakter des Erb- und Pflichtteilsverzichts ausscheiden.[754] Letztlich geht es also um die Frage, ob sich das für den Erb- und Pflichtteilsverzicht so typische wirtschaftliche Risiko auch auf das Risiko des Verlustes existenzsichernder Einkünfte erstreckt, oder aber das aleatorische Moment als Argument gegen eine Anpassungsmöglichkeit wegen veränderter Vermögensverhältnisse dort an seine Grenzen stößt, wo es um den Verlust eines im Erbfall an sich unterhaltsersetzenden Pflicht- oder Erbteils geht.

Soweit ersichtlich ist diese Frage in Schrifttum und Rechtsprechung bisher nicht aufgeworfen worden. Immerhin aber nennt *Schotten* als möglichen Ausnahmefall, in dem Veränderungen im Vermögen des Verzichtenden zu einer nachträglichen Anpassung führen könnten, die nach Abschluss der Verzichtsvereinbarung eintretende Verarmung eines zuvor wohlhabenden Verzichtenden.[755] Dies deutet daraufhin, dass jedenfalls er die Grenzen der gegen eine nachträgliche Anpassung gerichteten Argumentationskraft der aleatorischen Rechtsnatur dort erreicht sieht, wo sich der Verzicht auf das gesetzliche Erb- bzw. Pflichtteilsrecht beim Erbfall als Verzicht auf solche Mittel darstellt, die der Verzichtende für seinen laufenden Unterhalt dringend benötigt.

Ferner lassen sich auch dem Grundsatzurteil des BGH zur Inhaltskontrolle von Eheverträgen Ansatzpunkte entnehmen, die gegen eine Gleichbehandlung von Verzichten, die „nur“ zu wirtschaftlichen Einbußen führen, mit solchen, die den Verlust existenzsichernder Mittel zur Folge haben, sprechen. So betont das Gericht zwar einerseits die grundsätzliche Disponibilität der Scheidungsfolgen, und bezeichnet gerade den von einer Bedarfslage unabhängigen Anspruch auf Zugewinnausgleich als der ehevertraglichen Disposition am weitesten zugänglich.[756] Andererseits sieht es dann aber die Abdingbarkeit gerader solcher Ansprüche stark eingeschränkt, die für die Absicherung des laufenden Unterhaltsbedarfs eines Berechtigten besonders wichtig sind.[757] Der BGH erkennt in dem Ziel, den Unterhalt des verzichtenden Vertragspartners zu sichern – anders als in dem Ziel einer grundsätzlich gerechten Vermögensteilhabe – also eine mögliche Legitimation für die Durchbrechung des Grundsatzes pacta sunt servanda. Auch an anderen Schauplätzen des deutschen Familien- und Erbrechts umfasst demnach ein vertraglich

754 In diese Richtung *Muscheler*, in FS Spiegelberger, S. 1079, 1089.

755 *Staudinger/Schotten*, § 2346 Rn. 191.

756 BGHZ 158, 81, 94, 98.

757 BGHZ 158, 81, 97.

übernehmbares Risiko nicht durchgehend auch den Verlust existenznotwendiger Mittel.[758]

Schon so wird deutlich, dass eben nicht nur ein gradueller, sondern ein kategorischer Unterschied zwischen dem Risiko, ein wirtschaftlich nachteiliges Geschäfts abzuschließen und der Gefahr, die zur Sicherung der Existenz notwendigen Mittel durch Vertrag preiszugeben, besteht. Der Verlust dieser Mittel stellt sich gerade nicht nur als ein lediglich gesteigertes wirtschaftliches Minus oder eine besonders starke Äquivalenzstörung dar, sondern als eine Einbuße ganz anderer Qualität. Dies wird zudem durch die Rechtsprechung zur Sittenwidrigkeit drittbelastender Unterhaltsverzichte ebenso verdeutlicht, wie durch das sozialstaatliche Prinzip, aufgrund dessen die öffentliche Hand dem Einzelnen erst – aber stets – dann unter die Arme greift, wenn er die Mittel zur Sicherung des eigenen Lebensbedarfs nicht mehr aufbringen kann.

Richtigerweise ist daher davon auszugehen, dass sich das typische wirtschaftliche Risiko von Erb- und Pflichtteilsverzicht nicht zwangsläufig auch auf solche Schwankungen im Vermögen des Verzichtenden bezieht, die zu seiner Alimentationsbedürftigkeit führen.

Dem Vergleich mit dem Ehevertragsrecht kann an dieser Stelle auch nicht entgegengehalten werden, der Erb- und Pflichtteilsverzicht sei anders als der Ehevertrag per se ein Wagnisgeschäft und trage diesem gegenüber ein strukturell gesteigertes Risiko in sich.[759] Dies mag zwar grundsätzlich der Fall sein, trifft aber eben nur hinsichtlich solcher Vermögensentwicklungen zu, die außerhalb der Existenzgefährdung des Verzichtenden liegen. Der aleatorische Charakter von Erb- und Pflichtteilsverzicht steht daher einer nachträglichen Anpassung, die sich auf die unerwartet eingetretene Unterhaltsbedürftigkeit des Verzichtenden zum Zeitpunkt des Erbfalls stützt, jedenfalls nicht grundsätzlich entgegen.

## *C. Ausübungskontrolle oder Korrektur über § 313 BGB*

### *I. Ausgangspunkt*

Erscheint eine nachträgliche Vertragsanpassung von Erb- und Pflichtteilsverzichten in bestimmten Konstellationen also denkbar, so stellt sich nun die Frage, mit Hilfe welcher zivilrechtlichen Instrumente eine solche rechtstechnisch vorzunehmen ist.

Die gesetzlich normierte Vorsorge für den Störfall der sich nachträglich dramatisch verändernden Vertragsumstände findet sich in § 313 BGB. Es liegt daher na-

---

758 Vgl. auch die Rechtsprechung zur Sittenwidrigkeit drittbelastender Unterhaltsverzichte, jüngst BGH, NJW 2007, 904, 905 f. m. w. N.

759 So aber *Muscheler*, in FS Spiegelberger, S. 1079, 1089; *Ludyga*, § 6 Rn. 7.

he, eine nachträgliche Anpassung des (Kausalvertrags zum) Erb- oder Pflichtteilsverzicht stets dann vorzunehmen, wenn – unter Beachtung der hier modifizierten Risikozuweisung – eine Störung der Geschäftsgrundlage vorliegt. Wie oben bereits angeklungen, hat auch die Rechtsprechung eine nachträgliche Anpassung von Erb- oder Pflichtteilsverzichten bisher stets mit Hilfe der Figur der Störung bzw. des Wegfalls der Geschäftsgrundlage vorgenommen.[760]

Ausgangspunkt dieser Arbeit ist allerdings die Frage nach der Übertragbarkeit der speziellen Grundsätze der ehevertraglichen Inhaltskontrolle auf den Erb- bzw. Pflichtteilsverzicht. In seiner diesbezüglichen Grundsatzentscheidung zur Inhaltskontrolle von Eheverträgen hat der BGH nun aber die Anwendung der Regeln über die Störung der Geschäftsgrundlage bei nachträglicher Änderung der Verhältnisse abgelehnt und stattdessen eine Ausübungskontrolle anhand von § 242 BGB vorgenommen.[761] Fraglich ist daher, ob das Institut der Störung der Geschäftsgrundlage zur nachträglichen Anpassung von Erb- und Pflichtteilsverzichten – insbesondere vor dem Hintergrund einer sich nach dem Verzicht entwickelnden Unterhaltsbedürftigkeit des Verzichtenden – ausreichend und abschließend ist, oder aber die Gründe, die den BGH in seinem Grundsatzurteil dazu bewogen haben, eine nachträgliche Anpassung von Eheverträgen über die Figur der Ausübungskontrolle vorzunehmen, auch hinsichtlich eines Erb- oder Pflichtteilsverzichts vorliegen können.

### *II. Vorrang und Grenzen der Anwendung von § 313 BGB*

Grundsätzlich hat die Anwendung des § 313 BGB als gesetzlich normierte Störfallvorsorge Vorrang vor der Ausübungskontrolle anhand von § 242 BGB.[762]

Die Ausübungskontrolle kann daher überhaupt nur in solchen Konstellationen in Betracht kommen, in denen eine nachträgliche Vertragsanpassung anhand von § 313 BGB ausscheiden muss.[763]

Ausscheiden muss eine nachträgliche Vertragsanpassung anhand von § 313 BGB zunächst in Fällen, in denen der Vertragsteil, der eine Anpassung nach § 313 BGB verlangt, die Änderung wesentlicher Vertragsumstände selbst herbeigeführt oder mitbewirkt hat.[764] Nach ständiger Rechtsprechung kann nämlich derjenige, der

760 Vgl. soeben oben Teil 2, Kap. 2. § 2. I. 1. b) und II.

761 BGHZ 158, 81, 93 f., 100.

762 So BGH, NJW 2005, 139, 140; *Münch*, DNotZ 2005, 819, 823 f.; *Löhnig*, JA 2005, 342, 346; siehe auch *Dauner-Lieb*, JZ 2004, 1027, 1028. Das Verhältnis der Ausübungskontrolle zu § 313 BGB ist allerdings nicht als abschließend geklärt zu bezeichnen, vgl. dazu *Münch*, FamRZ 2005, 570, 572 m. w. N.

763 Vgl. *Löhnig*, JA 2005, 342, 346; *Hahne*, in Schwab/Hahne, S. 181, 201; *Eggert*, S. 160; *Münch*, FamRZ 2005, 570, 572.

764 *Sanders*, FF 2006, 242, 244

die entscheidende Änderung der Verhältnisse selbst verursacht hat, aus dem dadurch herbeigeführten Wegfall der Geschäftsgrundlage keine Rechte herleiten.[765]

Ausscheiden muss eine nachträgliche Vertragsanpassung anhand von § 313 BGB ferner insbesondere dann, wenn die Vertragsparteien die eingetretene Entwicklung, derentwegen eine Anpassung des Vertrages begehrt wird, auch nur für möglich gehalten und dennoch eine bewusst abschließende Regelung getroffen haben.[766] Ausgeschlossen ist die Anwendung der Grundsätze über den Wegfall der Geschäftsgrundlage somit in den Fällen der vertraglichen Risikoübernahme, also dann, wenn eine oder beide Parteien sehenden Auges ein Risiko eingehen.[767]

Mit dieser Begründung lehnt auch der BGH in seinem Grundsatzurteil zur ehevertraglichen Inhaltskontrolle eine Anpassung über § 313 BGB ab[768] und bezieht sich dabei auf die grundlegenden Überlegungen von *Dauner-Lieb*.[769] So führt diese aus, gerade die Geburt eines Kindes und die dadurch veranlasste Aufgabe der Berufstätigkeit durch einen Ehegatten als Ursache für die später eintretende Unterhaltsbedürftigkeit, seien regelmäßig vorhersehbar, weshalb ein auf diesen Umstand gestützter Rückgriff auf den Wegfall der Geschäftsgrundlage nach allgemeinen Grundsätzen versperrt sei.[770] Auch andere Fälle der nachehelichen Bedürftigkeit, etwa wegen Erwerbslosigkeit oder Alter, werden die Ehegatten im Zeitpunkt des Abschlusses eines Ehevertrags häufig nicht für ausgeschlossen halten. Denn warum sollten die Ehegatten den Ausschluss von Ansprüchen vereinbaren, deren Entstehung sie von vornherein als unmöglich ansehen. Auch insoweit erscheint der § 313 BGB also als Reaktionsinstrument ungeeignet. Erst durch diese Untauglichkeit des § 313 BGB zur nachträglichen Anpassung in derartigen Konstellationen sieht der BGH sich nun veranlasst, zur Abmilderung der harten Konsequenzen einer grundsätzlich vollen Ehevertragsfreiheit auf das Institut der Ausübungskontrolle zurückzugreifen.[771]

---

765 BGH, NJW- RR 1993, 880; NJW 1995, 2028, 2031; ferner *Palandt/Grüneberg*, § 313 Rn. 22.

766 BGHZ 158, 81, 93; *Dauner-Lieb*, AcP 201 (2001), 295, 327; *Hahne*, in Schwab/Hahne, S. 181, 200 f.; *Bengel*, ZEV 2006, 192, 195.

767 *Münch*, DNotZ 2005, 819, 824.

768 Vgl. BGHZ 158, 81, 93, 100.

769 Siehe *Dauner-Lieb*, AcP 201 (2001), 295, 326 ff.; Vgl. zur Rolle der Vorarbeiten von *Dauner-Lieb* auch *Langenfeld*, Rn. 42.

770 *Dauner-Lieb*, AcP 201 (2001), 295, 327.

771 Vgl. BGHZ 158, 81, 93, 100

### *III. Zum Anwendungsbereich der Ausübungskontrolle beim Erb- und Pflichtteilsverzicht*

Ein Anwendungsbereich für die Ausübungskontrolle beim Erb- und Pflichtteilsverzicht könnte sich folglich in Kongruenz zur BGH-Rechtsprechung vor allem dann eröffnen, wenn dessen Parteien die Unterhaltsbedürftigkeit des Verzichtenden im Zeitpunkt des Erbfalls bereits beim Vertragsschluss ebenso für möglich halten, wie die Parteien eines Ehevertrags dies im Hinblick auf den Zeitpunkt der Scheidung regelmäßig tun. Dann nämlich müsste auch hier eine auf diesen Umstand gestützte Vertraganpassung über § 313 BGB mit der Folge ausscheiden, dass der Weg zur Ausübungskontrolle frei wäre weil der Verzichtende insofern ein bewusstes Risiko eingegangen wäre.

Umgekehrt wäre ein Anwendungsbereich für die Ausübungskontrolle beim Erb- und Pflichtteilsverzicht noch nicht eröffnet, wenn die Verzichtsparteien die Möglichkeit der Unterhaltsbedürftigkeit des Verzichtenden beim Erbfall regelmäßig nicht im Blick haben und stattdessen wie selbstverständlich vom Gegenteil ausgehen.[772] Denn in diesem Fall gingen sie gerade nicht bewusst ein Risiko ein, welches der Anwendung von § 313 BGB entgegenstünde. Allerdings könnte eine Anpassung über § 313 BGB auch in diesem letzten Fall noch dadurch ausgeschlossen sein, dass die Parteien des Erb- oder Pflichtteilsverzichts die Änderung des bei Vertragsschluss als selbstverständlich angesehenen Umstands einer nicht bestehenden Unterhaltsbedürftigkeit des Verzichtenden im Zeitpunkt des Erbfalls selbst zu verantworten haben.

Ob die Parteien beim Abschluss eines Erb- oder Pflichtteilsverzichts die Möglichkeit der Unterhaltsbedürftigkeit des Verzichtenden beim Erbfall tatsächlich regelmäßig im Blick haben und der Verzichtende insoweit also in der Tat ein bewusstes Risiko eingeht, wird nicht pauschal für alle denkbaren Konstellationen beantwortet werden können. Auch die Antwort auf die Frage, inwieweit die Parteien den Wegfall von Umständen, die Geschäftsgrundlage des Verzichts waren, selbst zu verantworten haben, entzieht sich einer allgemeingültigen Antwort. Vielmehr wird man auch bei der im Rahmen dieser Arbeit gebotenen typisierenden Betrachtung jedenfalls zwischen der Situation beim Verzicht eines Ehegatten einerseits und eines Abkömmlings des Erblassers andererseits unterscheiden müssen.

772 Zur Geschäftsgrundlageneigenschaft von Umständen, über die sich die Parteien beim Vertragsschluss keine konkreten Vorstellungen gemacht haben, die sie aber als selbstverständlich vorausgesetzt haben siehe BGH, NJW 1996, 990, 992; BGH, NJW-RR 1987, 1412; *Prölls/Armbrüster*, DtZ 1992, 203, 205; *Palandt/Grüneberg*, § 313 Rn. 4.

### *1. Raum für die Ausübungskontrolle beim Verzicht des Ehegatten?*

Ausgehend von der Prämisse, dass eine Ausübungskontrolle anhand von § 242 BGB nur dort überhaupt in Betracht kommen kann, wo § 313 BGB als Mittel zur Reaktion auf Veränderungen wesentlicher Vertragsumstände ausfallen muss, kann ein Anwendungsbereich für die Ausübungskontrolle beim Erb- oder Pflichtteilsverzicht von Ehegatten insbesondere dann eröffnet sein, wenn die Ehegatten das Risiko der Unterhaltsbedürftigkeit beim Erbfall bewusst eingegangen sind oder ihre Bedürftigkeit durch einen bewussten Entschluss letztlich selbst herbeigeführt haben.

#### *a) Bewusstes Risiko des späteren Unterhaltsbedarfs*

Der BGH geht bei seinem Grundsatzurteil zur Inhaltskontrolle von Eheverträgen davon aus, dass die Ehegatten bzw. Verlobten auch beim Abschluss eines Ehevertrages, der sämtliche nachehelichen Unterhaltsansprüche ausschließt, regelmäßig eine Entwicklung zumindest für möglich halten, in deren Zuge ein Ehegatte seine Berufstätigkeit aufgibt und aus diesem oder einem anderen Grund unterhaltsbedürftig wird. Deswegen sieht das Gericht den Weg für eine auf diesen Umstand gestützte Anwendung von § 313 BGB versperrt.[773]

Wenn aber die Ehegatten derartige Überlegungen beim Abschluss eines Ehevertrages regelmäßig im Blick haben sollen, so erscheint fraglich, ob dann nicht ebenfalls davon auszugehen ist, dass sie derartige Gedanken auch in vielen Fällen beim Abschluss eines Erb- oder Pflichtteilsverzichtsvertrages hegen.

Ebenso wie ein Ehegatte sich beim Verzicht auf alle nachehelichen Unterhaltsansprüche bewusst machen wird, dass er nun im Scheidungsfalle trotz möglicher Bedürftigkeit eventuell völlig unversorgt bleiben wird, so wird nämlich auch demjenigen Ehegatten, der auf seinen Pflichtteil verzichtet – insbesondere wenn er dies unentgeltlich tut – bewusst sein, dass er im Falle des Vorversterbens seines Ehegatten möglicherweise völlig ohne finanzielle Versorgung dastehen wird. Gerade Ehegatten, deren künftige Unterhaltsbedürftigkeit – etwa wegen aktueller Schwangerschaft – im Verzichtszeitpunkt bereits absehbar ist, werden sich Gedanken hierüber machen und nicht zuletzt auch vom Notar auf die Problematik hingewiesen werden, dass ihnen nun bei Vorversterben des versorgenden Ehegatten die völlige finanzielle Mittellosigkeit drohen kann, weil in diesem Fall auch dessen Unterhaltsverpflichtung nach §§ 1360, 1360 a BGB erlischt (vgl. §§ 1360 a Abs. 3, 1615

773 Vgl. BGHZ 158, 81, 93 sowie schon oben Teil 2, Kap. 2. § 2. C. II.

Abs. 1).[774] Anders stellt sich die Situation freilich beim Erb- oder Pflichtteilsverzicht von Ehegatten dar, die sich aufgrund erheblichen eigenen Vermögens oder bereits erworbener Versorgungsansprüche ohnehin nicht in der Gefahr sehen, jemals auf finanzielle Unterstützung durch ihren Ehegatten angewiesen zu sein. Betreffen dürfte dies insbesondere Ehegatten, die sich im Verzichtszeitpunkt schon in fortgeschrittenem Alter befinden. Sie werden in der Erklärung eines Verzichts auf ihre erbrechtliche (Mindest)Teilhabe am Vermögen des Ehegatten kaum die Eingehung des bewussten Risikos erblicken, bei dessen Tod wegen eigener Unterhaltsbedürftigkeit völlig mittellos dazustehen. Gleiches gilt dann auch für den Verzicht dieser Vertragspartner auf nachehelichen Unterhalt im Rahmen eines Ehevertrages.[775]

Die Umstände beim Abschluss eines Erb- oder Pflichtteilsverzichts zwischen Ehegatten sind daher grundsätzlich mit denen beim Abschluss eines Ehevertrages vergleichbar. Damit aber ist davon auszugehen, dass in all jenen Konstellationen, in denen im Bereich des Ehevertrags eine Anwendung von § 313 BGB wegen bewusster Eingehung eines Risikos ausscheidet, auch eine Anpassung des Erb- oder Pflichtteilsverzichts nach § 313 BGB, die sich auf die Unterhaltsbedürftigkeit des Verzichtenden beim Erbfall stützt, wegen bewusster Inkaufnahme dieses Risikos nicht in Betracht kommen kann.

Konsequenterweise muss in diesen Konstellationen der Anwendungsbereich der Ausübungskontrolle nach § 242 BGB dann grundsätzlich ebenso eröffnet sein, wie der BGH dies in den insoweit vergleichbaren Fällen zur Inhaltskontrolle von Eheverträgen angenommen hat.

### *b) Parteiverantwortung für die Änderung der Umstände*

Eine Vertragsanpassung über § 313 BGB scheidet auch dann mit der Folge aus, dass der Anwendungsbereich für die Ausübungskontrolle grundsätzlich eröffnet ist, wenn die Partei die veränderten Umstände, auf welche sie sich zur Begründung ihres Anpassungsbegehrens beruft, selbst herbeigeführt hat. In zahlreichen Fällen wird aber eine zum Zeitpunkt des Erbfalls bestehende Unterhaltsbedürftigkeit des Ehegatten, der auf sein Erb- oder Pflichtteilsrecht verzichtet hat, auf seinem oder jedenfalls dem gemeinsamen Entschluss der Ehegatten beruhen.

Dies gilt etwa für die Unterhaltsbedürftigkeit wegen der Betreuung eines gemeinsamen Kindes. Denn ein derartiger Unterhaltsbedarf geht letztlich oftmals auf einen gemeinsamen, in Kenntnis des Pflichtteilsverzichts gefassten Beschluss zu-

774 Zu beachten bleiben freilich Ansprüche auf Versorgungs- und Zugewinnausgleich. Allerdings können diese ebenfalls abbedungen oder wertlos sein.

775 Vgl. *Langenfeld*, Rn. 93.

rück, ein Kind bekommen zu wollen. Selbst wenn ein Kind nicht „geplant" sein sollte, so wird ein Ehegatte, der bei Abschluss des Erb- oder Pflichtteilsverzichts noch davon ausging, aufgrund eigener ununterbrochener Berufstätigkeit niemals unterhaltsbedürftig zu werden, des Betreuungsunterhalts auf längere Sicht nur deshalb bedürfen, weil er sich zur eigenen Betreuung des Kindes mit den damit verbundenen finanziellen Einbußen in Kenntnis des Erb- oder Pflichtteilsverzichts bewusst entschlossen hat. Auch in einer solchen Konstellation gehen damit die veränderten Umstände auf den Entschluss eines oder beider Ehegatten zurück.

Ähnliches gilt dann auch für die Fälle, in denen der verzichtende Ehegatte im Zeitpunkt des Erbfalls auf Unterhalt angewiesen ist, weil er wegen seiner bewussten Entscheidung zur Tätigkeit als Hausfrau oder -mann auf dem Berufsmarkt nicht mehr Fuß fassen kann. So sieht dann auch *Sanders* in § 313 BGB zu Recht nicht das richtige Institut, um auf Veränderungen zu reagieren, die infolge der einverständlichen Gestaltung der Ehe entstehen und spricht sich stattdessen für eine Anwendung von § 242 BGB aus, um Veränderungen gerecht zu werden, die ihren Ursprung in der gemeinschaftlichen Gestaltung der Partnerschaft und der ehelichen Arbeitsteilung haben.[776]

Daraus ergibt sich zugleich, dass diese Überlegungen freilich dann nicht gelten, wenn der Umstand, der den verzichtenden Ehegatten im Zeitpunkt des Erbfalls zum Unterhalt berechtigt, auf Gründen beruht, die unabhängig vom Willen der Ehegatten, also gleichsam von „außen", eintreten,[777] wie dies etwa bei Krankheit der Fall ist.

### *2. Raum für die Ausübungskontrolle beim Verzicht von Verwandten?*

#### *a) Bewusstes Risiko der Unterhaltsbedürftigkeit beim Erbfall*

Inwieweit eine Anpassung des Erb- oder Pflichtteilsverzichts von Verwandten über § 313 BGB dadurch ausgeschlossen erscheint, dass sich der verzichtende Verwandte – Abkömmling oder Elternteil – schon im Verzichtszeitpunkt des Risikos bewusst ist, im Falle des Todes seines Elternteils bzw. Abkömmlings möglicherweise auf dessen Unterhalt angewiesen zu sein, lässt sich – anders als bezüglich des Verzichts von Ehegatten – kaum anhand eines direkten Vergleichs mit der Situation beim Abschluss eines Ehevertrags beurteilen. Entscheidend ist aber auch hier, ob die Parteien schon beim Verzichtsabschluss eine Entwicklung zumindest für mög-

776 *Sanders*, FF 2006, 242, 244 f.; vgl. dazu auch *Langenfeld*, Rn. 88 ff.
777 *Sanders*, FF 2006, 242, 245.

lich gehalten haben, welche die Unterhaltsbedürftigkeit beim späteren Erbfall begründet.

Dies ist naturgemäß eine Frage des Einzelfalls. Dennoch lassen sich einige Parameter nennen, die für die Beantwortung dieser Frage beim Verzicht von Verwandten auf ihre erbrechtliche (Mindest) Teilhabe regelmäßig von Bedeutung sein dürften.

So werden insbesondere das Alter, die berufliche Situation und der Gesundheitszustand des Verzichtenden eine wichtige Rolle spielen. Denn je stärker diese Aspekte den Verzichtsparteien Anlass zu der Vorstellung geben, der Verzichtende werde noch lange, immer wieder oder in naher Zukunft des Unterhalts eines Elternteils bzw. seines Abkömmlings bedürfen, desto eher wird eine Anwendung von § 313 BGB mit der Begründung ausscheiden müssen, dass der Verzichtende insoweit bewusst das Risiko eingegangen ist, eben auch im Zeitpunkt des Erbfalls auf Verwandtenunterhaltszahlungen des Verstorbenen angewiesen zu sein. In diesen Fällen wäre daher der Anwendungsbereich der Ausübungskontrolle durchaus eröffnet.

### *b) Parteiverantwortung für die Änderung der Umstände*

Wann eine Anpassung über § 313 BGB beim Erb- oder Pflichtteilsverzicht eines Verwandten deswegen ausscheiden muss, weil die Unterhaltsbedürftigkeit des Verzichtenden im Zeitpunkt des Erbfalls auf dessen bewusstem Entschluss oder einem gemeinsamen Willen der Vertragsparteien basiert, kann hier ebenfalls nicht mit Allgemeingültigkeit abstrakt bestimmt werden. Bezugspunkt der diesbezüglichen Beurteilung muss aber auch hier die spezifische Verantwortung für die Abweichung von der ursprünglich geplanten Entwicklung darstellen. Regelmäßig wird dabei allerdings eine einverständliche Änderung der ursprünglich zwischen den Verzichtsparteien besprochenen Lebensgestaltung nicht in dem Maße virulent werden, wie dies bei Ehegatten anzunehmen ist. Eltern und ihre Abkömmlinge dürften ihre gemeinsame Lebens- und Berufsplanung nur in seltenen Fällen derart eng aufeinander abstimmen und hierüber miteinander entscheiden. Denkbar erscheint dies ausnahmsweise etwa dann, wenn ein Abkömmling nach Erklärung eines Erb- oder Pflichtteilsverzichts unter Verlust seines beruflichen Einkommens die Pflege seiner altersschwachen Eltern übernimmt. Im Übrigen aber wird darauf abzustellen sein, wie autonom der Entschluss des Verwandten, der seine Unterhaltsbedürftigkeit beim Erbfall nach sich zieht, gefasst werden konnte. So wird eine Anpassung nach

§ 313 BGB nur dann in Betracht kommen können, wenn unvorhersehbare Umstände den Verzichtenden zu dem Entschluss geradezu gezwungen haben.[778]

Solange von einem solchen äußeren Zwang aber nicht ausgegangen werden kann, der verzichtende Verwandte also eine mehr oder minder autonome Entscheidung trifft, wird der zur Unterhaltsbedürftigkeit führende Entschluss des Verzichtenden zur Folge haben, dass eine Anpassung über die Störung der Geschäftsgrundlage ausscheiden muss. So wird beispielsweise ein beim Abschluss des Verzichts noch gut verdienender Sohn, sich auf den Wegfall der Geschäftsgrundlage des Erb- oder Pflichtteilsverzichts nicht berufen können, wenn er seine berufliche Stellung zugunsten einer gemeinnützigen Tätigkeit aufgegeben hat, in deren Zuge er sein gesamtes Vermögen verloren hat.

### *3. Fazit*

Die Aufgabe der vorangehenden Ausführungen bestand darin, den denkbaren Anwendungsbereich der Ausübungskontrolle anhand der von BGH und Literatur vorgegebenen Prämisse zu beleuchten, dass ein Raum für ihre Durchführung nur dort bestehen kann, wo eine nachträgliche Vertragsanpassung anhand von § 313 BGB ausscheiden muss.[779] Dabei wurde bereits im Rahmen der nur skizzenhaften Erörterung hinreichend visibel, dass auch bezüglich der Vereinbarung von Erb- oder Pflichtteilsverzichten durchaus schwerwiegende Veränderungen der grundlegenden Vertragsumstände eintreten können, auf die nach allgemeinen Grundsätzen aber nicht mit dem Institut der Störung der Geschäftsgrundlage reagiert werden kann. Der potentielle Anwendungsbereich für die Ausübungskontrolle scheint daher nicht gering zu sein.

## *D. Durchführung der Ausübungskontrolle*

Die Eröffnung des Anwendungsbereichs der Ausübungskontrolle infolge des Befundes, dass die Störung der Geschäftsgrundlage nach § 313 BGB tatbestandlich nicht greift, determiniert jedoch keineswegs das Ergebnis ihrer Durchführung, besagt also noch nichts darüber, ob die Erb- oder Pflichtteilsverzichtsvereinbarung der richterlichen Ausübungskontrolle standhält oder nicht. Denn auch hier bleibt Ausgangspunkt aller Überlegungen, dass es nicht die Vertragsfreiheit ist, welche einer besonderen Legitimation bedarf, sondern deren Begrenzung.[780]

---

778 Vgl. BGH-NJW-RR, 1993, 880, 881; ferner NJW 1995, 2028, 2031.

779 BGH, NJW 2005, 139, 140; BGHZ 158, 81, 93, 100; *Münch*, DNotZ 2005, 819, 823 f.; *Löhnig*, JA 2005, 342, 346; siehe auch *Dauner-Lieb*, JZ 2004, 1027, 1028.

780 Vgl. *Staudinger/Rehme*, § 1408 Rn. 73.

Der BGH wendet die Ausübungskontrolle zur Abmilderung untragbarer Konsequenzen einer grundsätzlich vollen Ehevertragsfreiheit an.[781] Daran orientiert formuliert er den Prüfungsrahmen, anhand dessen bestimmt werden soll, ob ein Vertrag der Ausübungskontrolle standhält oder nicht. Die Gründe, welche die ausnahmsweise Vertragsanpassung seiner Ansicht nach auch jenseits der Voraussetzungen des § 313 BGB rechtfertigen, liegen mithin nur dann vor, wenn die durch diesen Prüfungsrahmen geforderten Vorgaben erfüllt sind. Damit aber wird auch für den Erb- oder Pflichtteilsverzicht nur dann von untragbaren – und deshalb zur Anpassung jenseits von § 313 BGB berechtigenden – Konsequenzen der grundsätzlichen Freiheit zum Abschluss eines solchen Verzichts auszugehen sein, wenn die vom BGH in seinem Prüfungsrahmen verlangten Umstände auch bezogen auf die Erb- oder Pflichtteilsverzichtsvereinbarung vorliegen. Passt man daher die Formulierungen zum Prüfungsrahmen der Ausübungskontrolle beim Ehevertrag an den Erb- oder Pflichtteilsverzicht an, so ergibt sich folgendes Prüfungsprogramm.

Danach wird der Richter zu prüfen haben, ob und inwieweit der Erblasser – bzw. sein Erbe – die ihm durch den Verzicht eingeräumte Rechtsmacht missbraucht, wenn er – bzw. sein Erbe – sich beim Erbfall gegenüber dem Begehren des Pflichtteilsberechtigten auf Auszahlung des Pflichtteils darauf beruft, dass ein solcher Anspruch durch den Verzicht wirksam ausgeschlossen sei. Maßgebend dafür sind dann nicht nur die Verhältnisse im Zeitpunkt des Vertragsschlusses, sondern vor allem, ob sich nun – im Zeitpunkt des Erbfalls – aus dem Verzicht auf die erbrechtliche Mindestbeteiligung am Vermögen des Erblassers eine evident einseitige Lastenverteilung ergibt, die hinzunehmen für den verzichtenden Pflichtteilsberechtigten auch bei angemessener Berücksichtigung der Belange des Erblassers – bzw. des Erben – und seines Vertrauens in die Geltung der Verzichtsvereinbarung sowie bei verständiger Würdigung des Wesens der Beziehung zwischen Erblasser und verzichtendem Pflichtteilsberechtigen unzumutbar ist. Ein solcher Fall wird dabei insbesondere dann vorliegen, wenn eine tatsächliche einvernehmliche Gestaltung der Lebensverhältnisse der Verzichtsparteien von einer möglicherweise ursprünglich dem Verzicht zugrunde liegenden gemeinsam erdachten Lebensplanung grundlegend abweicht.

Insgesamt wird sich die Abwägung dabei an den Determinanten zu orientieren haben, die infolge der Übertragung der Kernbereichslehre auf den Erb- und Pflichtteilsverzicht bereits oben erarbeitet wurden.[782] Je höherrangig der konkrete Pflichtteil des Verzichtenden danach im Einzelfall einzuordnen ist, desto gewichtiger werden die Gründe sein müssen, die für den Bestand seines Ausschlusses sprechen.

---

781 Vgl. BGHZ 158, 81, 93, 100; ferner *Goebel*, FamRZ 2003, 1513, 1519 f.; *Grziwotz*, FF 2001, 41, 43 f.

782 Siehe Teil 2, Kap. 1. § 4.

### *I. Der Wegfall des Verzichtsgegners als Hindernis der Ausübungskontrolle?*

Bei der Ausübungskontrolle von Erb- oder Pflichtteilsverzichten ergibt sich verglichen mit der ehevertraglichen Ausübungskontrolle eine besondere Problematik, welche durch die Wahl der obigen Formulierungen bereits angedeutet wurde. Der maßgebliche Zeitpunkt für die Durchführung der Ausübungskontrolle einer Erb- oder Pflichtteilsverzichtsvereinbarung kann nur der Erbfall als Zeitpunkt des Eintritts der maßgeblichen Rechtswirkungen des Verzichts sein.[783] Mit dem Erbfall aber existiert der Vertragspartner der zu kontrollierenden vertraglichen Abreden nicht mehr. Problematisch könnte daher zum einen erscheinen, dass der Erblasser als Vertragspartner des Verzichtenden sich nun unmöglich noch auf vertragliche Abreden berufen kann. Zum anderen und insbesondere erscheint darüber hinaus fraglich, welche Belange des Erblassers denn nun – nach seinem Tod – noch zu berücksichtigen sein sollten.

Die erstgenannte Problematik löst sich bei Lichte betrachtet rasch auf. Denn der Erbe des Verzichtsgegners rückt infolge des Prinzips der Universalsukzession (§ 1922 BGB) in sämtliche vererbbaren Rechte und Pflichten (vgl. § 1967 BGB) des Verzichtsgegners ein.[784] Vererbbar sind im Zweifel alle Vermögensrechte des Erblassers.[785] Daher sind auch die Rechte und Pflichten aus Schuldverhältnissen, die nicht auf eine vom Schuldner höchst persönlich zu erbringende Leistung gerichtet sind, grundsätzlich vererblich.[786] Als Vollrechtsnachfolger des Erblassers erwirbt der Erbe neben dessen Haupt- und Nebenleistungsansprüchen auch Hilfsansprüche, Ersatzansprüche bei Leistungsstörungen, Gestaltungs- und Kündigungsrechte.[787]

Damit aber erwirbt der Erbe des Verzichtsgegners konsequenterweise auch das Recht, gegenüber dem Verzichtsurheber die Erfüllung behaupteter Pflichtteilsansprüche unter Berufung auf den Erb- oder Pflichtteilsverzicht zu verweigern. Der Erbfall löst damit im Ergebnis keine Besonderheiten bezüglich der Berufungsmöglichkeiten auf die Wirksamkeit und die Rechtswirkungen des Erb- oder Pflichtteilsverzichts aus.

Die Frage nach den zu berücksichtigenden Belangen des Erblassers nach dem Erbfall stellt ebenfalls kein grundsätzliches Hindernis für eine Ausübungskontrolle

783 Zur Maßgeblichkeit des Zeitpunkts des Eintritts der Rechtswirkungen, vgl. *Eggert*, S. 158.

784 *Hausmann-Hohloch/Hausmann*, Kap. 1 Rn. 24, 30; MüKoBGB/*Leipold*, § 1922 Rn. 16.

785 Vgl. OLG Hamm, OLGZ 1979, 44, 45; jurisPK-BGB/*M.Schmidt*, § 1922 Rn. 17; *Hausmann-Hohloch/Hausmann*, Kap. 1 Rn. 44.

786 BGH, NJW 1985, 3068; BGHZ 104, 369, 371 f. = NJW 1989, 1601.

787 *Hausmann/Hohloch-Hausmann*, Kap. 1 Rn. 48 m.w.N.

des Erb- oder Pflichtteilsverzichts dar, die sich an dem zum Ehevertrag entwickelten Prüfungsrahmen orientiert. Denn die spezifischen Belange, die der Erblasser mit dem Abschluss eines Erb- oder Pflichtteilsverzicht regelmäßig verfolgen wird, entfallen nicht etwa mit dem Erbfall, sondern beanspruchen gerade mit ihm erst ihre Beachtung. So wird der Erblasser insbesondere ein hohes Interesse an der Planungssicherheit seiner Nachfolgeregelungen haben.[788] Dies gilt gerade dann, wenn die gesamte erbrechtliche Nachfolgeplanung bei einer nachträglichen Vertragsanpassung zusammen zu brechen droht,[789] was etwa dann geschehen kann, wenn die Ausübungskontrolle zur Gewährung von Pflichtteilsansprüchen führen würde, die den Erben zur Veräußerung von solchen Werten zwänge, deren ungeteilter Erhalt gerade das mit dem Verzicht verfolgte Anliegen des Erblassers war.[790]

## *II. Evident einseitige Lastenverteilung als Wesensmerkmal des abstrakten Verzichts*

Der abstrakte Verzicht nach § 2346 Abs. 1 oder Abs. 2 BGB ist nach seiner gesetzlichen Regelung geradezu ein Muster an einseitig belastender Regel,[791] sieht seine normative Ausgestaltung doch allein den Verlust eines Rechts des Verzichtenden vor, ohne diesem im Gegenzug einen eigenen Anspruch gegen den Erblasser zu gewähren. Insofern kommt es beim Erbfall, als dem Zeitpunkt des Eintritts der Rechtswirkungen, stets zu einer einseitigen Belastung des Verzichtenden, da der Erbe – jedenfalls im Falle des isolierten Pflichtteilsverzichts[792] – über die Verringerung seiner Pflichtteilslast in diesem Moment allein begünstigt ist.

Soll daraus jedoch folgen, dass der abstrakte Verzicht wegen der ihm geradezu immanenten einseitigen Lastenverteilung stets einer erhöhten „Gefahr" der Ausübungskontrolle ausgesetzt ist? Dies kann schwerlich richtig sein. So ist es doch gerade das Wesen von abstrakt-verfügenden Rechtsgeschäften, sich auf die inhaltliche Änderung, Übertragung, Belastung oder Aufhebung eines Rechts zu reduzie-

788 Vgl. *Bengel*, ZEV 2006, 192, 196; *Muscheler*, in FS Spiegelberger, S. 1079, 1090.

789 *Bengel*, ZEV 2006, 192, 196.

790 Zur so begründeten Motivation des Erblassers auf den Abschluss eines Erb- oder Pflichtteilsverzichts hinzuwirken vgl. *Lange/Kuchinke*, § 7 I. 4. *Hausmann/Hohloch-Weidlich*, Kap. 15 Rn. 3; *Frenz*, in FS 50 Jahre DAI, S. 387, 392; speziell zum Erhalt von Unternehmen *Damrau*, Erbverzicht S. 67 ff.; *v. Oppeln-Bronikowski*, in Schlecht & Partner/Taylor Wessing, S. 253 ff.; *Wiemer*, S. 163.

791 Vgl. auch *Bengel*, ZEV 2006, 192, 196.

792 Vgl. § 2310 S. 2 BGB, demzufolge von einem Erbverzicht unter Umständen auch weitere Pflichtteilsberechtigte durch Erhöhung ihrer Pflichtteilsquote profitieren können; § 2310 S. 2 BGB gilt nach ganz h.M aber nicht für den Pflichtteilsverzicht, vgl. statt vieler *Soergel/Dieckmann*, § 2310 Rn. 11.

ren, ohne dabei in direkter Abhängigkeit von dem Bestehen oder dem Ausmaß einer Gegenleistung zu stehen. Niemand käme schließlich auf den Gedanken die Übereignung eines Gegenstandes einer Ausübungskontrolle zu unterziehen, obwohl auch sie, isoliert betrachtet, ein einseitig belastendes Rechtsgeschäft darstellt, bei dem eine Partei einen Vermögenszuwachs erlangt, während die andere durch den Akt der Übertragung ausschließlich einen Verlust davonträgt. Schauplatz möglicher Anpassungsbegehren kann auch hier nur das schuldrechtliche Grundgeschäft mit dem in seinem Rahmen zu bewertenden Verhältnis von Leistung und Gegenleistung sein.[793] Die Ausübungskontrolle eines abstrakten Erb- oder Pflichtteilsverzichts wird damit jedoch zugleich als eine bloße Arabeske theoretischen Durchdeklinierens enttarnt, weshalb sie hier nicht weiter verfolgt werden soll.

Das Vorliegen einer evident einseitigen Lastenverteilung beim Erbfall ist daher allein anhand des Kausalgeschäfts zu beurteilen, welches dem abstrakten Verzicht zugrunde liegt.[794]

### *III. Ausübungskontrolle des Kausalvertrags*

Auch hinsichtlich des Kausalgeschäfts zum Erb- oder Pflichtteilsverzicht gilt, dass es seinem Inhalt nach im Zeitpunkt des Erbfalls – jedenfalls ganz regelmäßig – zu einer einseitigen Belastung des Verzichtenden führt, weil auch eine etwaige Abfindung meist vor dem Erbfall gewährt worden sein wird.

Von Bedeutung für die Frage, ob sich daraus aber auch ein Zustand ergibt, der nach Anpassung der vertraglichen Abrede verlangt, sind nach den abgewandelten Prüfungsvorgaben des BGH zur Ausübungskontrolle nun insbesondere die folgenden Kriterien:

- Wäre der Pflichtteil ohne den Verzicht an die Stelle eines lebzeitigen Unterhaltsanspruchs getreten?
- Welches Schutzniveau ergibt sich aus dem Rang des substituierten Unterhaltsanspruchs für den Pflichtteil?
- Ist die Unterhaltsbedürftigkeit des Verzichtenden beim Erbfall auf eine tatsächliche einvernehmliche Gestaltung der Lebensverhältnisse der Verzichtsparteien zurückzuführen, die von der ursprünglichen, dem Verzicht zugrunde liegenden gemeinsam erdachten Lebensplanung grundlegend abweicht? Welche Verantwortung trifft den Erblasser an der nun bestehenden Bedürftigkeit?

---

793 So auch *Kuchinke*, FPR 2005, 125, 127.

794 Nichts anderes gilt im Übrigen für den Bereich der ehevertraglichen Inhaltskontrolle, vgl. *Kuchinke*, FPR 2005, 125, 127.

- Wie groß und ausschlaggebend ist das Vertrauen des Erblassers in den Bestand des Verzichts (Planungssicherheit)?
- Ist eine Abfindung gezahlt worden, und wenn ja, in welcher Höhe?

### *1. Bedeutung des Pflichtteils für den Verzichtenden beim Erbfall*

Eine Vertragsanpassung über die Figur der Ausübungskontrolle wird nach den bisherigen Ausführungen in dieser Arbeit sowie den gerade aufgezählten Kriterien ausschließlich dann in Betracht kommen können, wenn der Pflichtteil, auf den verzichtet wurde, beim Erbfall an die Stelle eines lebzeitigen Unterhaltsanspruchs gegen den Erblasser getreten wäre. Irrelevant sind insoweit sämtliche Änderungen in den Vermögensverhältnissen von Erblasser und Verzichtendem, die jenseits dieses Kriteriums liegen. Insbesondere kann daher allein die enorme Vermehrung des Erblasservermögens nach dem Abschluss des Kausalvertrags zum Verzicht auf das Pflichtteilsrecht keinesfalls zur Anpassung über die Ausübungskontrolle führen.[795]

Ist von einer hypothetischen Unterhaltsersatzfunktion des Pflichtteils auszugehen, so kommt es weiter darauf an, worauf der zu Lebzeiten gegen den Erblasser bestehende Unterhaltsanspruch gründete. Hierbei ist die Bedeutung des diesen Unterhaltsanspruch substituierenden Pflichtteilsanspruchs für den Berechtigten und die aus ihm abgeleitete Argumentationskraft für das Bedürfnis nach richterlicher Anpassung danach zu bestimmen, in welchem Rang sich ein auf den identischen Umstand gestützter nachehelicher Unterhaltsanspruch in der Kernbereichsskala befunden hätte, wenn die Ehe nicht durch Tod sondern durch Scheidung gelöst worden wäre.[796] So wird dem Pflichtteil eines Ehegatten, der an die Stelle eines Anspruchs auf Betreuungsunterhalt getreten wäre, eine größere Bedeutung zukommen, als einem Pflichtteil, der nach dem Erbfall ohne den Verzicht die Funktion eines Anspruchs auf Ausbildungsunterhalt nach § 1575 BGB übernommen hätte.

Die Bedeutung des Pflichtteils eines Verwandten wird folglich nach dem inneren Grund des Verwandtenunterhaltsanspruchs bestimmt, an dessen Stelle er tritt; insoweit kann hier auf die Ausführungen oben in Teil 2, Kap. 1. § 4 C. I. verwiesen werden.

795 Insoweit zutreffend auch *Bamberger/Roth/J.Mayer*, § 2346 Rn. 33; *Kapfer*, MittBayNot 2006, 385, 389; *Muscheler*, in FS Spiegelberger, S. 1079, 1089; *Ludyga*, § 6 Rn. 7.

796 Siehe dazu ausführlich Teil 2, Kap. 1 § 4.

### *2. Verantwortung des Erblassers für die Bedürftigkeit im Zeitpunkt des Erbfalls*

Wurde das Pflichtteilsrecht vertraglich ausgeschlossen, so kommt eine als rechtsmissbräuchlich erscheinende Berufung des Erben auf diesen Ausschluss nur dann in Betracht, wenn sich der Verzichtende in einer Bedürftigkeitslage befindet, die durch den Erblasser zumindest im weitesten Sinne mitverursacht wurde.[797]

Erscheint daher eine Anpassung über die Ausübungskontrolle nach der Ermittlung der Bedeutung des Pflichtteils für den Verzichtenden nicht ausgeschlossen, so muss die Klärung der Erblasserverantwortung für die Bedürftigkeit des Verzichtenden den Gegenstand des nächsten Prüfungsschritts bilden.

#### *a) Ehegatten*

In Bezug auf den Erb- oder Pflichtteilsverzicht von Ehegatten kann dabei direkt auf die Leitlinien zurückgegriffen werden, die bereits für die Ausübungskontrolle von Eheverträgen entwickelt worden sind.

Wurde das Recht auf den Pflichtteil vertraglich ausgeschlossen, kann ein Anpassungsbedarf also insbesondere dann bestehen, wenn dem verzichtenden Ehegatten als Folge eines einverständlichen Abweichens von der ursprünglich dem Verzicht zugrunde liegenden Lebensplanung *ehebedingte Nachteile* entstanden sind, die zu seiner Unterhaltsbedürftigkeit geführt haben und beim Erbfall wegen des Pflichtteilsverzichts nicht hinreichend kompensiert werden.[798] Solche Nachteile sind nicht nur wegen der Betreuung gemeinsamer Kinder[799], sondern auch wegen der Pflege hilfsbedürftiger Schwiegereltern oder Stiefkinder, des wechselnden Aufenthalts im Ausland an der Seite eines Diplomaten oder Geschäftsmanns[800] oder der unentgeltlichen Mitarbeit im ehelichen Geschäft denkbar.[801]

Anders kann sich die Lage darstellen, wenn eine Sekretärin den vermögenden Rechtsanwalt heiratet und sich danach vornehmlich aus Bequemlichkeit aus dem Berufsleben zurückzieht, ohne dass ihr Ehemann sie zu diesem Schritt gedrängt hätte oder sonstwie von deren so entstehenden Nachteilen in Vermögensbildung

---

797 Vgl. *Sanders*, S. 349 (zur ehevetertraglichen Ausübungskontrolle).

798 So auch *Wiemer*, S. 175 f.; vgl. ferner OLG Düsseldorf, FamRZ 2006, 347; OLG Hamm, FamRZ 2006, 1034, 1036; zur Bedeutung des Ausgleichs ehebedingter Nachteile im Rahmen der ehevertraglichen Ausübungskontrolle auch *Sanders*, FF 2006, 242, 243; *Grziwotz*, DNotZ 2007, 130 f.

799 Vgl. etwa BGH, NJW 2005, 139; FamRZ 2005, 1149; OLG Düsseldorf, FamRZ 2006, 347; OLG Koblenz, NJW-RR 2009, 939.

800 Vgl. *Hahne*, in Schwab/Hahne, S. 181, 197 f.

801 Vgl. die Beispiele bei *Sanders*, S. 350.

und Erwerbsbiographie profitiert. Ebenso wenig wird ein kompensationsbedürftiger ehebedingter Nachteil vorliegen, wenn der Ehegatte deshalb bedürftig ist, weil er sich während der Ehe seiner Ausbildung oder einer „brotlosen Kunst" gewidmet hat[802], oder gar seine gesicherte berufliche Stellung aufgibt, um als nunmehr überzeugter Globalisierungsgegner eine berufliche Alternativlösung zu suchen.[803]

### *b) Verwandte*

Ob und inwieweit der Erblasser für die Unterhaltsbedürftigkeit seines verzichtenden Verwandten beim Erbfall Verantwortung trägt, und diese Bedürftigkeit auf eine tatsächliche einvernehmliche Gestaltung der Lebensverhältnisse der Verzichtsparteien zurückzuführen ist, die von einer ursprünglichen, dem Verzicht zugrunde liegenden gemeinsam erdachten Lebensplanung grundlegend abweicht, kann zwar nicht unter unmittelbarer, immerhin aber unter mittelbarer Rekurrierung auf die Leitlinien aus dem Bereich der ehevertraglichen Ausübungskontrolle beurteilt werden.

So kann in diesem Rahmen naturgemäß zwar nicht von ehebedingten Nachteilen gesprochen werden. Orientiert an ihnen erscheint es aber möglich, solche Nachteile als besonders relevant einzustufen, die der Verzichtende zum Wohle des Erblassers eingegangen ist und zu denen er sich aufgrund der Eigenart seiner Beziehung zum Erblasser verpflichtet gefühlt hat.

Ergibt sich der Unterhaltsbedarf eines verzichtenden Abkömmlings daher etwa aus dem Umstand langjähriger zeitintensiver Pflege seiner bettlägerigen Eltern, in deren Folge er seinen Arbeitsplatz verloren hat, so kann die nachträgliche Anpassung eines unentgeltlichen Pflichtteilsverzichts, der zeitlich vor Eintritt der Pflegebedürftigkeit zu einem Zeitpunkt abgeschlossen wurde, in dem der Verzichtende finanziell völlig autark war, durchaus angebracht erscheinen. Umgekehrt wird aber ein Abkömmling, der im Zeitpunkt des Erbfalls vor allem deswegen unterhaltsbedürftig ist, weil er bereits seit sechzehn Semestern wenig motiviert studiert, kaum auf eine Anpassung eines unentgeltlichen Verzichts auf seine erbrechtliche Mindestteilhabe nach seinen Eltern hoffen können.

Vergleichbares gilt dann auch für die Fälle des Pflichtteilsverzichts von Eltern gegenüber ihren Abkömmlingen. Hier wird sich die Frage nach der nachträglichen Anpassung zwar seltener stellen. Möglich erscheint dies allerdings insbesondere dann, wenn die Eltern des Erblassers zu ihrer Alterssicherung auf Unterhaltsleistungen des Erblasserabkömmlings angewiesen sind, der bei seinem Tod mitten im

---

802 *Sanders*, S. 350.

803 Vgl. das Beispiel von *Hahne*, in Schwab/Hahne, S. 181, 197.

Berufsleben stand.[804] Insoweit wird es dann auch hier darauf ankommen, ob die Bedürftigkeit eines Elternteils darauf zurück zu führen ist, dass er wegen der Erziehung, Pflege oder sonstigen Unterstützung des Erblassers daran gehindert war eigenes Vermögen und eigene Anwartschaften zur Altersversorgung zu erwerben. Dabei wird die „normale" Erziehungstätigkeit, etwa bis zur Einschulung, nicht ausreichen können. Vielmehr werden nur extreme Fälle in Betracht kommen, wie etwa die Mutter, die nach der Erziehung jahrelang unentgeltlich und zeitintensiv bei dem Aufbau der beruflichen Existenz des Abkömmlings behilflich war.

Verstirbt der Abkömmling bereits in jungen Jahren und hat er nach Abschluss der Pflichtteilsverzichtsvereinbarung mit seinen Eltern, etwa durch Schenkung, Erbschaft oder aber aufgrund einer besonderen Begabung – etwa als Musiker – ausnahmsweise bereits sehr früh ein beträchtliches Vermögen angehäuft, wird sich möglicherweise auch hier die Frage nach der nachträglichen Anpassung stellen. Freileich wird sie nur in äußerst seltenen Fällen tatsächlich ernsthaft in Betracht kommen können. Denn zum einen müsste der Elternteil beim Erbfall finanziell vom Vermögen oder den Einkünften des Abkömmlings abhängig sein, was nur ganz ausnahmsweise der Fall sein wird.

Zum anderen müsste diese Abhängigkeit in Anlehnung an das Erfordernis des ehebedingten Nachteils gerade durch Umstände begründet sein, die in der Eigenart der Beziehung zwischen Elternteil und Abkömmling liegen.

Denkbar erscheint dies etwa dann, wenn die alleinerziehende Mutter ihren minderjährigen Sohn – einen virtuosen Klavierspieler – jahrelang auf sämtlichen Konzertreisen begleitet und deshalb ihren eigenen Beruf aufgibt. Nicht vorliegen wird eine „beziehungsbedingte" Bedürftigkeit dagegen dann, wenn die Eltern auch ohne ihr Kind nicht in der Lage wären, für ihren Unterhalt zu sorgen oder sich ihre Abhängigkeit vom Kindesvermögen aus schlichter Bequemlichkeit ergibt.

Jenseits von Extremfällen wie dem gerade genannten Beispiel wird die nachträgliche Anpassung eines Erb- oder Pflichtteilsverzichts von Eltern gegenüber ihren noch sehr jungen Abkömmlingen daher regelmäßig abzulehnen sein.

### *3. Entgegenstehende Erblasserbelange – Planungssicherheit*

Ergibt die richterliche Überprüfung eines Erb- oder Pflichtteilsverzichts, dass der Pflichtteil im konkreten Fall in der Tat an die Stelle eines zum Kernbereich zählenden Unterhaltsanspruchs träte und ist die Bedürftigkeit, die diesen Anspruch rechtfertigt, „ehe- oder beziehungsbedingt", so ist weitere Voraussetzung für die Anpas-

---

804 Vgl. zur wachsenden Bedeutung dieser Konstellation *Martiny*, 64. DJT, S. A 11, A 20; sowie *Stadler*, S. 95; siehe ferner oben, Teil 2, Kap. 1. § 3. B. III. 3. b).

sung infolge der Ausübungskontrolle, dass nicht die entgegenstehenden Belange des Erblassers – insbesondere sein Vertrauen in den Bestand des Verzichts – das Gericht zur Aufrechterhaltung des Verzichts in seiner ursprünglichen Form zwingen. Namentlich das Interesse des Erblassers an Planungssicherheit bezüglich seiner Nachfolgeregelungen wird im Rahmen der gerichtlichen Beurteilung als Gegengewicht zu den Interessen des Verzichtenden die wesentliche Rolle spielen.[805] So skizziert etwa *Bengel* das „Horrorszenario", demzufolge bei Wegfall eines Verzichts über die Ausübungskontrolle die gesamte erbrechtlichte Nachfolgeplanung, etwa über Vorausvermächtnisse oder Teilungsanordnungen, zusammenbrechen könne.[806] Oben wurde zudem bereits das Beispiel genannt, dass die Ausübungskontrolle womöglich zur Gewährung von Pflichtteilsansprüchen führen könnte, die den Erben zur Veräußerung von solchen Werten zwänge, deren ungeteilter Erhalt gerade das mit dem Verzicht verfolgte Anliegen des Erblassers war.[807]

Die Bedrohung der Planungssicherheit des Erblassers durch die Ausübungskontrolle eines Erb- oder Pflichtteilsverzichts ist jedoch bei genauer Betrachtung weitaus geringer, als dies dem ersten Anschein nach der Fall ist. Hält nämlich die Berufung des Erben auf den Pflichtteilsverzicht der Ausübungskontrolle nicht stand, so führt dies – bei Übertragung der Maßstäbe des Grundsatzurteils zur ehevertraglichen Ausübungskontrolle[808] – im Rahmen von § 242 BGB nicht zur Unwirksamkeit des Erb- oder Pflichtteilsverzichts mit der Folge der vollen Gewährung des regulären Pflichtteilsanspruchs nach § 2303 BGB. Vielmehr hat der Richter diejenige Rechtsfolge anzuordnen, die den berechtigten Belangen beider Parteien in der nunmehr eingetretenen Situation in ausgewogener Weise Rechnung trägt.

Ruft man sich nun ins Gedächtnis, dass eine Ausübungskontrolle nach den Ausführungen in dieser Arbeit ohnehin nur dann in Betracht kommen kann, wenn der Verzichtende den Pflichtteil als Ersatz für einen Unterhaltsanspruch gegen den Erblasser benötigt, wird folgendes ersichtlich:

Gründet die eventuelle Korrektur infolge der Ausübungskontrolle insbesondere auf dem Bedürfnis des Verzichtenden nach Unterhaltssicherung, so wird deren Ergebnis nur darin liegen können, dem Verzichtenden die Mittel zuzusprechen, die er zu eben dieser Sicherung benötigt;[809] freilich gedeckelt durch die Höhe des hypo-

---

805 Vgl. *Muscheler*, in FS Spiegelberger, S. 1079, 1090; *Bengel*, ZEV 2006, 192, 196; siehe auch oben Teil 2, Kap. 2. § 2. D. I.

806 *Bengel*, ZEV 2006, 192, 196.

807 Vgl. Teil 2, Kap. 2. § 2. D. I.

808 BGHZ 158, 81, 101.

809 Vgl. zur insoweit vergleichbaren Situation bei der Ausübungskontrolle eines Ehevertrages, *Sanders*, S. 353 f, die zu Recht darauf hinweist, dass ehebedingte Nachteile zwar die Legitimation für die Anpassung des Ehevertrags liefern, die Anpassung selbst aber dennoch nicht zu einem vollständigen Ausgleich *aller* ehebedingten Nachteile führen könne, sondern

thetischen Pflichtteils. Keinesfalls automatisch wird das Ergebnis der Ausübungskontrolle daher in der Zuerkennung eines Anspruchs in Höhe des vollen Pflichtteils liegen, wie er dem Verzichtenden ohne Erklärung des Verzichts beim Erbfall zustände.[810]

Der Unterschied zwischen diesen beiden Größen aber kann beträchtlich sein. Gerade bei hohen Nachlasswerten wird eine erhebliche Diskrepanz zwischen dem regulären Pflichtteil und dem Unterhaltsbedarf des Verzichtenden bestehen.[811] So erscheint eine Notwendigkeit zur Zerschlagung von Unternehmen aufgrund der Unterhaltsverpflichtung gegenüber einer einzelnen Person kaum denkbar. Auch der Erhalt eines Familienheims wird durch eine laufende Unterhaltsverpflichtung weit weniger gefährdet sein, als aufgrund eines sofort fälligen Pflichtteilsanspruchs in voller Höhe. Derartige Gefahren scheinen selbst dann gemindert, wenn man dem Verzichtenden die Mittel zur Bestreitung seines Unterhalts grundsätzlich im Wege einer – ebenfalls durch die Höhe des hypothetischen Pflichtteils begrenzten – Kapitalabfindung zusprechen wollte, deren Berechnung sich an den zu § 1585 Abs. 2 BGB entwickelten Grundsätzen orientiert.[812] Denn abgesehen davon, dass deren Höhe jedenfalls bei hohen Nachlasswerten oftmals geringer als die des Pflichtteils ausfallen wird, erscheint es im Rahmen des flexiblen Instruments der Ausübungskontrolle auch jenseits der im Zuge der Erbrechtsreform[813] bereits erweiterten Möglichkeiten des § 2331a BGB denkbar, Ratenzahlungen und stufenweise Stundungen anzuordnen, und so die Belastung des Erben im Vergleich mit dem sofort und in voller Höhe entstehenden Pflichtteilsanspruch deutlich zu mindern.[814]

Vor diesem Hintergrund ist die Planungssicherheit zwar ein beachtenswerter Belang des Erblassers. Sieht wird durch eine Ausübungskontrolle des Erb- oder Pflichtteilsverzichts jedoch nur selten derart bedroht sein, dass sie den Ausschlag gegen eine im Übrigen angezeigte Vertragsanpassung geben wird.

---

eine Anpassung nur insoweit erfolgen kann, wie sie im Interesse der Absicherung des Ehepartners unbedingt erforderlich ist.

810 So auch *Wiemer*, S. 176; in diese Richtung ebenfalls *Wendt*, ZNotP 2006, 2, 8.

811 Vgl. dazu auch *Wendt*, ZNotP 2006, 2, 8.

812 Vgl. dazu bereits oben Teil 2, Kap. 1. § 5. A.

813 Gesetz zur Änderung des Erb- und Verjährungsrechts, BGBl 2009 I, 3142; in Kraft getreten am 01.01.2010.

814 Zur Neufassung des § 2331a BGB und der Belastung durch den sofort fälligen Pflichtteilsanspruch, vgl. BT-Drucks. 16/8954, S. 21; ferner *Langenfeld*, NJW 2009, 3121, 3123; *Meyer*, FPR 2008, 537, 540.

### *4. Die Bedeutung einer Abfindung*

Die Anpassung eines Erb- oder Pflichtteilsverzichts über die Figur der Ausübungskontrolle setzt das Vorliegen einer evident einseitigen Lastenverteilung im Zeitpunkt des Erbfalls voraus. Im Bereich der Eheverträge scheidet eine Korrektur infolge der Ausübungskontrolle im Scheidungszeitpunkt daher insbesondere dann regelmäßig aus, wenn der Ehevertrag eine angemessene Kompensation für den Verzicht auf die gesetzlichen Unterhalts- und sonstigen vermögenswerten Ansprüche vorsieht, welche die Versorgung des bedürftigen Ehegatten nach der Scheidung anderweitig sichert. Dies kann etwa durch die Gewährung eines vertraglichen Anspruchs auf nachehelichen Unterhalt[815] und die Verpflichtung von Einzahlungen in eine auf den Ehegatten abgeschlossene Lebensversicherung geschehen. Verhindert wird die Anpassung infolge einer gerichtlichen Ausübungskontrolle ferner häufig dadurch, dass der Unterhaltsverzicht unter die auflösende Bedingung der Geburt eines gemeinsamen Kindes gestellt wird.[816]

Es erscheint daher nahe liegend, im Bereich der Erb- oder Pflichtteilsverzichtsverträge eine äquivalente Funktion in einer etwaigen Abfindungszahlung zu suchen und in ihr einen die evident einseitige Lastenverteilung ausschließenden Umstand zu erblicken. Im Rahmen der Wirksamkeitskontrolle wurde einer Abfindungszahlung die Eignung als kompensatorisches Moment für den Verzicht auf den Pflichtteil bereits zugesprochen.[817] Die Frage nach der Zuerkennung einer solchen Eigenschaft auch im Rahmen der Ausübungskontrolle stellt sich jedoch komplizierter dar.

Denn Abfindungsansprüche, die als Kompensation für die Erklärung des Erboder Pflichtteilsrechts gewährt worden sind, werden in aller Regel bereits (lange) vor dem Erbfall erfüllt. Im Gegensatz zu den üblichen ehevertraglichen Mechanismen, die eine evident einseitige Lastenverteilung trotz Ausschlusses der nachehelichen Unterhaltsansprüche zu vermeiden helfen, besteht der Abfindungsanspruch für den Erb- oder Pflichtteilsverzicht also nicht erst mit Eintritt der Bedürftigkeit, sondern bereits vorher und von ihr unabhängig. Die Abfindung für einen Erb- oder Pflichtteilsverzicht kann daher beim Erbfall insbesondere auch bereits verbraucht

815 Vgl. zu einer solchen ehevertraglichen Gestaltung jüngst die Entscheidung OLG Karlsruhe, FamRZ 2010, 34, in der das Gericht einen Ehevertrag trotz Ausschlusses des Versorgungsausgleichs und eines Globalverzichts auf gesetzliche Unterhaltsansprüche nach der Scheidung deswegen für weder sittenwidrig noch anpassungsbedürftig erachtet, weil der Vertrag zugleich vertragliche Unterhaltsansprüche der Ehefrau für den Fall der Scheidung vorsah, in denen das Gericht ausdrücklich eine ausreichende Kompensation der ausgeschlossenen gesetzlichen Ansprüche sieht.

816 Siehe dazu etwa *Langenfeld*, Rn. 74.

817 Siehe oben Teil 2, Kap. 1. § 5. A.

sein. Aufgrund ihrer mangelnden Abhängigkeit von der Bedürftigkeit des Verzichtenden kann sie folglich nicht mit gleicher Sicherheit der Gefahr einer beim Erbfall bestehenden Unterhaltsbedürftigkeit des Verzichtenden vorbeugen, wie es die als Kompensation für den Verzicht auf gesetzliche Ansprüche vereinbarten ehevertraglichen Abreden können.

Für die Ausübungskontrolle des Kausalgeschäfts zum Verzicht auf das gesetzliche Pflichtteilsrecht stellt sich somit die besondere Frage, welche Bedeutung einer Abfindungszahlung zukommt, die sich im Zeitpunkt des Vertragsschlusses als durchaus angemessen darstellte, im Zeitpunkt des Erbfalls aufgrund ihres zwischenzeitlichen Verbrauchs aber nicht mehr zur nun benötigten Kompensation von lebzeitigen Unterhaltsansprüchen des Verzichtenden gegen den Erblasser zur Verfügung steht.

Da nach den Ausführungen dieser Arbeit eine Ausübungskontrolle nur dann zur nachträglichen Vertragsanpassung führen kann, wenn der Verzichtende beim Erbfall des Vertragspartners unterhaltsbedürftig ist, ist zunächst darauf hinzuweisen, dass es insoweit also nicht um die Frage der Kompensationsfähigkeit der Abfindung in einem eng verstandenen Sinne gehen kann. Denn mit dem die Ausübungskontrolle auslösenden Befund der Bedürftigkeit des Verzichtenden beim Erbfall steht ja gerade fest, dass die Abfindung zur Kompensation des Verzichts auf einen beim Erbfall unterhaltsersetzenden Pflichtteil nicht mehr zur Verfügung steht. Steht sie aber noch zur Verfügung, so ist der Verzichtende nicht unterhaltsbedürftig und eine Anpassung infolge der Ausübungskontrolle kommt von vornherein nicht ernsthaft in Betracht.

Zu fragen ist daher, ob die Zahlung einer angemessenen Abfindung auch dann als Argument gegen das Bedürfnis nach Anpassung des Kausalvertrags infolge der Ausübungskontrolle herangezogen werden kann, wenn die Abfindung im Zeitpunkt des Erbfalls keinen Beitrag mehr zur Minderung der Bedürftigkeit des Verzichtenden leisten kann.

Diese Frage ist, soweit ersichtlich, in der noch übersichtlichen Literatur zur Thematik dieser Arbeit bisher nicht gestellt worden.

Einer Abfindungszahlung, die dem nun unterhaltsbedürftigen Verzichtenden im Zeitpunkt des Erbfalls nicht mehr zur Verfügung steht, jegliche Auswirkung auf die Bestandskraft des Kausalvertrags im Rahmen der Ausübungskontrolle zu versagen, erscheint auf den ersten Blick schwerlich überzeugend. Denn grundsätzlich gilt es zu verhindern, dass derjenige, der gegen eine angemessene Gegenleistung auf den Pflichtteil verzichtet, dies in der sicheren Erwartung tun kann, ein Gericht werde ihm durch die Ausübungskontrolle dann noch einen weiteren (teilweisen) Ersatz für diesen Pflichtteil zusprechen, wenn er die eigentlich als Ersatz gedachte

Abfindungszahlung im Zeitpunkt des Erbfalls bereits verbraucht hat und (unter anderem) deswegen unterhaltsbedürftig ist.[818] Eine solche Rechtslage würde den Verzichtenden möglicherweise sogar dazu bewegen, die Abfindung kurz vor dem Erbfall noch zu verschleudern, weil er nur so in den Genuss zusätzlicher Teilhabe am Nachlass käme, die ihm sonst verwehrt bliebe.

Andererseits können aber allein solche Bedürfnislagen eine Anpassung über die Ausübungskontrolle rechtfertigen, die *ehe- bzw. beziehungsbedingt* sind, für die der Erblasser also eine weit verstandene Mitverantwortung trägt. Insoweit also führt die reine Bedürfnislage allein noch nicht zur nachträglichen Gewährung eines weiteren Anteils am Nachlass des Erblassers. Damit aber wird das Argument, es gelte einer Verschwendung vorzubeugen, entkräftet. Denn im Falle der Verschwendung der Abfindung kann der Verzichtende bereits nach den bisher dargestellten Grundsätzen ohnehin nicht auf eine Anpassung des Vertrags hoffen.

Ist der Verzichtende daher beim Erbfall trotz der Abfindungszahlungen des Erblassers auf dessen Unterhaltszahlungen angewiesen, so verbleibt es auch dann unverändert bei der maßgeblichen Frage, ob diese Angewiesenheit ehe- bzw. beziehungsbedingt ist. Ist dies zu bejahen, so ändert auch eine einmal gezahlte Abfindung nichts mehr an dem Bedarf nach nachträglicher Vertragsanpassung, impliziert doch der Befund der ehe- bzw. beziehungsbedingten Bedürftigkeit bereits, dass der Verzichtende eben auch auf die Abfindung aus ehe- bzw. beziehungsbedingten Gründen nicht mehr zurückgreifen kann. Die Bedeutung der Abfindung für die Beurteilung der evident einseitigen Lastenverteilung im Rahmen der Ausübungskontrolle liegt also im Wesentlichen darin, dass sie die Wahrscheinlichkeit einer beim Erbfall bestehenden Bedürftigkeit durch den Zuwachs an finanziellen Mitteln auf Seiten des Verzichtenden verringert. Besteht jedoch dennoch eine solche Bedürftigkeit, so führt der Umstand, dass zuvor eine Abfindungszahlung geleistet wurde nicht zu weitergehenden Besonderheiten. Nach wie vor ist zu fragen, ob die nun vorliegende Bedürftigkeit ehe- oder beziehungsbedingt ist. Nur hat der Verzichtende nun zusätzlich darzulegen, dass ihm auch die Abfindungszahlung aus ehe- bzw. beziehungsbedingten Gründen nicht mehr zu Sicherung seines Unterhalts zur Verfügung steht.

Die Sicherung der Kontrollfestigkeit von Kausalverträgen zum Erb- oder Pflichtteilsverzicht über eine Abfindungszahlung ist daher nur begrenzt möglich.

Um die „Gefahr" der gerichtlichen Ausübungskontrolle auszuschließen, muss daher auf andere Mechanismen zurückgegriffen werden. In Anlehnung an Entwicklungen im Bereich der ehevertraglichen Kautelarjurisprudenz wird dabei in erster Linie an Abreden zu denken sein, die das Entstehen eines Anspruchs des Verzich-

---

818 Im Grundsatz ähnlich, wenngleich zu pauschal *Bengel*, ZEV 2006, 192, 196.

tenden (1) erst mit dem Erbfall und (2) nur im Falle der Bedürftigkeit vorsehen. Zu denken wäre daher etwa an die erbvertragliche, vertragsmäßige (§ 2278 Abs. 2 BGB) Gewährung eines Rentenvermächtnisses, welches durch die Bedürftigkeit des Verzichtenden beim Erbfall bedingt ist und dessen Höhe sich an der Berechung der entsprechenden gesetzlichen Unterhaltsansprüche (§§ 1570 ff. BGB bzw. §§ 1601 ff. BGB) orientiert.

## *E. Zusammenfassung*

Die Ausübungskontrolle ist ein Instrument nachträglicher Vertragsanpassung. Einer solchen nachträglichen Vertragsanpassung grundsätzlich jederzeit zugänglich sind zunächst die Kausalgeschäfte zum Erb- oder Pflichtteilsverzicht sowie der abstrakt-verfügende Pflichtteilsverzicht. Hingegen scheidet die nachträgliche Anpassung eines abstrakt-verfügenden Erbverzichts jedenfalls nach dem Tod einer der Vertragsparteien aus; bei konsequenter Fortführung der umstrittenen Rechtsprechung des BGH zur Aufhebung eines Erbverzichts gilt dies auch nach dem Tod des Verzichtenden.

Der regelmäßig als gewichtiges Argument gegen die Möglichkeit der nachträglichen Vertragsanpassung bemühte aleatorische Charakter des Erb- oder Pflichtteilsverzichts steht seiner nachträglichen Anpassung stets – aber auch nur – in den Fällen entgegen, in denen sich die zur Begründung des Anpassungsbegehrens vorgetragenen Veränderungen im Vermögen der Parteien im Rahmen des typischen Risikos des Erb- oder Pflichtteilsverzichts bewegen. Dieses dem Verzicht immanente Risiko umfasst jedoch nicht ohne weiteres auch das besondere Risiko des Verlustes existenzsichernder Mittel auf Seiten des Verzichtenden, denn der Verlust dieser Mittel stellt sich nicht als eine lediglich graduell verstärkte Vermögensveränderung dar. Vielmehr tritt mit Übertretung der Schwelle, jenseits derer der Einzelne nicht mehr in der Lage ist seinen Unterhalt selbst aufzubringen, eine Vermögensveränderung einer ganz anderen Kategorie ein, die vom typischen Risiko des Erb- oder Pflichtteilsverzichts nicht notwendigerweise umfasst ist. Trotz seines aleatorischen Charakters kommt daher eine nachträgliche Anpassung des Erb- oder Pflichtteilsverzichts – jedenfalls grundsätzlich – dann in Betracht, wenn der Verzichtende im Zeitpunkt des Erbfalls alimentationsbedürftig ist.

Liegt diese Voraussetzung vor, so wird die Durchführung einer Ausübungskontrolle in Kongruenz zur insoweit maßgeblichen Grundsatzrechtsprechung des BGH zur ehevertraglichen Ausübungskontrolle nur dann angezeigt sein, wenn der an sich vorrangige § 313 BGB tatbestandlich nicht greift. Dies ist insbesondere dann der Fall, wenn eine Vertragspartei bewusst ein Risiko übernommen hat oder aber die wesentliche Veränderung der Vertragsumstände selbst zu verantworten hat. Da derartige Konstellationen auch im Bereich der Erb- oder Pflichtteilsverzichtsverträge durchaus denkbar sind, verbleibt für die Ausübungskontrolle ein nicht unerheblicher potentieller Anwendungsbereich.

Im Rahmen der Durchführung der Ausübungskontrolle ergibt sich aus der hier im Vergleich zur ehevertraglichen Ausübungskontrolle bestehenden Besonderheit, dass notwendigerweise bereits ein Vertragspartner verstorben sein muss, kein grundlegendes Hindernis. Darüber hinaus ist zu betonen, dass die Ausübungskontrolle von abstrakten Erb- oder Pflichtteilsverzichten aufgrund ihrer Eigenart als abstrakte Verfügungsgeschäfte nicht weiter führt. Als Schauplatz für die Durchführung der gerichtlichen Ausübungskontrolle verbleibt daher das Kausalgeschäft zum Erb- oder Pflichtteilsverzicht. Ihr Ergebnis wird freilich nur in den Fällen tatsächlich in der richterlichen Vertragsanpassung liegen, in denen die auf den Erb- oder Pflichtteilsverzicht übertragenen Prüfungsvorgaben aus der Grundsatzrechtsprechung des BGH zur ehevertraglichen Ausübungskontrolle erfüllt sind.

Danach ist zunächst erforderlich, dass der dem Verzichtenden nach den gesetzlichen Bestimmungen an sich zustehende Pflichtteil, ohne den Verzicht die Funktion eines lebzeitigen Unterhaltsanspruchs gegen den Erblasser übernommen hätte. Dieser durch den Pflichtteil an sich substituierte Unterhaltsanspruch müsste zudem in der Kernbereichssystematik als besonders hochrangig einzustufen sein. Für Ehegatten kommt es daher darauf an, auf welche Norm des Anspruchskatalogs der §§ 1570 ff. BGB sich ein Anspruch des Ehegatten gestützt hätte, wenn die Ehe statt durch Tod, durch Scheidung geendet hätte.[819] Für Verwandte ist insoweit der innere Grund des durch den Pflichtteil substituierten Unterhaltsanspruchs und dessen an der Kernbereichssystematik orientierte Einstufung maßgeblich.[820]

Erscheint die Notwendigkeit einer nachträglichen Vertragsanpassung nach diesen Prüfungsschritten angezeigt, wird das Interesse des Erblassers an der Planungssicherheit seiner Nachfolgeregelungen der gerichtlichen Anpassung nur in seltenen Fällen entscheidend entgegenstehen. Die erbrechtlichen Planungen werden nämlich durch den Umstand, dass die nachträglichen Belastungen des Erben im Wege des Ausübungskontrolle auf die Mittel begrenzt sind, die der Verzichtende zur Bestreitung seines Unterhalts benötigt, nur ausnahmsweise gefährdet sein weil diese Belastung in Höhe und Art insbesondere bei größeren Vermögen deutlich niedriger ausfallen wird als dies bei der Verpflichtung zur Zahlung des gesetzlichen Pflichtteils der Fall wäre.

Schließlich verhindert auch eine bereits (lange) vor dem Erbfall gezahlte Abfindung an den Verzichtenden die Anpassung des Kausalvertrags zum Erb- oder Pflichtteilsverzicht im Wege einer Ausübungskontrolle wegen evident einseitiger

819 Vgl. dazu noch einmal oben Teil 2, Kap. 1. § 4. C. II. 1.

820 Vgl. oben Teil 2, Kap. 1. § 4 C. I.

Lastenverteilung beim Erbfall nicht per se. Allein maßgeblich bleibt auch in diesem Fall die Frage, ob der Verzichtende beim Erbfall aus ehe- bzw. beziehungsbedingten Gründen vom Erblasser unterhaltsabhängig ist. Allerdings verlangt ihre Beantwortung dann auch Ausführungen dazu, dass auch der Abfindungsbetrag gerade aus ehe- bzw. beziehungsbedingten Gründen nicht mehr zur Verfügung steht. Um der richterlichen Ausübungskontrolle sicher vorzubeugen, sollte daher auf andere Abreden zurückgegriffen werden, die einen Anspruch des Verzichtenden auf Alimentation erst beim Erbfall und nur im Falle seiner ehe- bzw. beziehungsbedingten Bedürftigkeit vorsehen.

# 3. Teil: Korrelierende Ehe- und Erb- und Pflichtteilsverzichtsverträge

Eheverträge werden in der Praxis häufig mit Erb- oder Pflichtteilsverzichtsverträgen kombiniert.[821] Zwar wird dabei nicht immer hinreichend deutlich, ob es sich um rechtlich voneinander unabhängige Vereinbarungen handelt, oder beide Vereinbarungen auch in rechtlicher Sicht als Einheit anzusehen sind.[822] Jedenfalls aber dann, wenn von einer solchen rechtlichen Einheit auszugehen ist,[823] stellt sich die Frage, wie sich die ehevertraglichen und die erbrechtlichen Teile eines solchen Rechtsgeschäfts zueinander verhalten und sich gegenseitig in ihrer Wirksamkeit beeinflussen.[824]

## 1. Kapitel: Der Erb- und Pflichtteilsverzicht in der Gesamtschau ehevertraglicher Vereinbarungen

Im Rahmen der Inhaltskontrolle von Eheverträgen nimmt die Rechtsprechung vor allem auf der ersten Stufe der Wirksamkeitskontrolle eine Gesamtschau aller ge-

---

821 *Brambring*, NJW 2007, 865, 868; *Wachter*, ZErb 2004, 238, 244; *Bamberger/Roth/J.Mayer*, § 2346 Rn. 38; *Muscheler*, in FS Spiegelberger, S. 1079, 1085; vgl. auch OLG Frankfurt, DNotZ 2003, 861, 863.

822 *Wachter*, ZErb 2004, 238, 244; vgl. dazu auch *Muscheler*, in FS Spiegelberger, S. 1079, 1084 f.

823 Davon, dass das Vorliegen eines einheitlichen Rechtsgeschäfts im Sinne des § 139 BGB zumindest nicht zwangsläufig eine Voraussetzung für die folgenden Überlegungen ist, scheinen auch *Brambring*, NJW 2007, 865, 868 sowie *Münch*, ZEV 2008, 571, 577 auszugehen, die die Frage nach dem Bestehen eines einheitlichen Rechtsgeschäfts i.S.d. § 139 BGB im Rahmen ihrer Ausführungen zur hier behandelten Frage gar nicht erwähnen; dezidiert gegen ein solches Erfordernis *Wachter*, ZErb 2004, 238, 244.

824 Vgl. auch *Wendt*, ZNotP 2006, 2, 3.

troffenen Vereinbarungen vor.[825] Auf diesem Wege könnte daher auch ein Erb- oder Pflichtteilsverzicht in die Gesamtabwägung der ehevertraglichen Vereinbarungen miteinzubeziehen sein.[826] Nach *Wendt* liegt es sogar auf der Hand, dass sich familienrechtliche und erbrechtliche Gestaltungen bei der Kontrolle wechselseitig beeinflussen können.[827]

Fraglich erscheint damit zum einen, ob Erb- oder Pflichtteilsverzichtsvereinbarungen – unabhängig von den bisherigen Ausführungen dieser Arbeit – jedenfalls dann, wenn sie im Zusammenhang mit einem Ehevertrag abgeschlossen werden, auch nach der gleichen Systematik zu kontrollieren sind wie der Ehevertrag selbst. Zum anderen stellt sich die Frage, welche Auswirkungen sich aus der Berücksichtigung eines Erb- oder Pflichtteilsverzicht im Rahmen der Gesamtschau ehevertraglicher Regelungen auf deren Bestand ergeben können.

## § 1. Kontrollintensität des Erb- und Pflichtteilsverzichts bei Kombination mit einem Ehevertrag

Die Diskussion um eine an den Grundsätzen der ehevertraglichen Inhaltskontrolle orientierte Überprüfung von Erb- und Pflichtteilsverzichten wurde maßgeblich angestoßen durch einen Aufsatz von *Wachter* aus dem Jahre 2004.[828] Hierin äußert er die Ansicht, ein Erb- und Pflichtteilsverzicht dürfe aufgrund der erforderlichen Gesamtschau zumindest dann einer gerichtlichen Inhaltskontrolle unterliegen, wenn er zusammen mit ehevertraglichen Regelungen abgeschlossen worden sei.[829] Ob diesem Gedanken gefolgt werden sollte, erscheint jedoch fraglich. *Wachter* geht mit dieser These nämlich bereits im Ansatz von einer Differenzierung zwischen Pflichtteilsverzichten, die im Zusammenhang mit Eheverträgen vereinbart werden, und solchen, die isoliert stehen, aus. Eine differenzierte Betrachtung dieser beiden Gruppen von Pflichtteilsverzichten wird jedoch kaum zu stimmigen Ergebnissen führen. Sie hätte die wenig überzeugende Anwendung unterschiedlicher Kontrollmaßstäbe zur Folge, die möglicherweise auch zu unterschiedlichen Ergebnissen im Hinblick auf die Rechtsbeständigkeit eines Erb- oder Pflichtteilsverzichts führte.

---

825 Vgl. etwa BGHZ 158, 81, 100; BGH, NJW 2006, 2331; 2008, 1076; 2008, 3426; siehe ferner *Bamberger/Roth/J.Mayer*, § 2346 Rn. 38; *Kapfer*, MittBayNot 2006, 385, 389; *Münch*, ZEV 2008, 571, 577; *Muscheler*, in FS Spiegelberger, S. 1079, 1085.

826 Vgl. *Wachter*, ZErb 2004, 238, 244; *Kapfer*, MittBayNot 2006, 385, 389.

827 *Wendt*, ZNotP 2006, 2, 3.

828 ZErb 2004, 238 ff. und 306 ff.

829 *Wachter*, ZErb 2004, 238, 244.

So unterläge eine Pflichtteilsverzichtsvereinbarung unter Ehegatten nur dann einem strengen Kontrollmaßstab, wenn sie im Zusammenhang mit einem Ehevertrag geschlossen wurde, während sie bei isoliertem Abschluss einer deutlich weniger strengen Kontrolle ausgesetzt wäre. Auch der Pflichtteilsverzicht unter Verwandten unterläge folglich allein deshalb einem weniger strengen Kontrollmaßstab, weil zwischen ihnen nicht auch ein Ehevertrag geschlossen werden kann.[830] All dies kann jedoch nicht überzeugend sein. *Muscheler* führt die von *Wachter* angedeutete Differenzierung gar dazu, einen Verstoß gegen das Gleichheitsgebot des Art. 3 Abs. 1 GG als nicht fern liegend zu bezeichnen.[831] Aber auch jenseits derartiger verfassungsrechtlicher Bedenken erscheint eine solch grundsätzliche Differenzierung zu pauschal und nicht sachgerecht, nach der womöglich etwa der isolierte Pflichtteilsverzicht einer mittellosen Verlobten nur deshalb weniger strengen Kontrollmaßstäben unterläge, weil sie nicht auch einen Ehevertrag geschlossen hat, während der Verzicht der gut verdienenden Unternehmensberaterin, die zugleich einen Ehevertrag abschließt, strenger kontrolliert werden müsste. Ebenso wäre es wenig überzeugend, den Pflichtteilsverzicht eines gerade volljährigen und noch unterhaltsabhängigen Abkömmlings gegenüber seinen Eltern mit geringerer Intensität zu kontrollieren, als den Verzicht auf den Ehegattenpflichtteil durch eine seit 15 Jahren verbeamtete Ehefrau, die auch einen Ehevertrag abschließt. Der Umstand, dass ein Pflichtteilsverzicht im Zusammenhang mit einem Ehevertrag abgeschlossen wurde, muss daher ohne Einfluss auf die gerichtliche Kontrolldichte bleiben. Er bietet kein Argument für oder gegen die Möglichkeit der Übertragung ehevertraglicher Kontrollgrundsätze auf den Pflichtteilsverzicht.

Vielmehr muss die Kontrolldichte für alle Pflichtteilsverzichte grundsätzlich identisch sein, unabhängig davon, ob sie mit einem Ehevertrag kombiniert sind oder nicht.[832] Die Ausgangsthese, nach der eine Inhaltskontrolle eines Pflichtteilsverzichts zumindest dann in Betracht kommen soll, wenn er zusammen mit ehevertraglichen Regelungen abgeschlossen worden ist, führt jedenfalls in die Irre.

## § 2. Belastungskumulation im Rahmen der Gesamtschau?

Aufgrund der vom BGH im Rahmen der ehevertraglichen Inhaltskontrolle vorgenommenen Gesamtschau aller vertraglichen Vereinbarungen kann der Fall eintreten, dass allein die Gesamtzahl von für sich isoliert betrachtet jeweils wirksamen

830 *Muscheler*, in FS Spiegelberger, S. 1079, 1086.
831 *Muscheler*, in FS Spiegelberger, S. 1079, 1086.
832 Ganz ähnlich auch *Eggert*, S. 128.

Verzichten die Gesamtvereinbarung unwirksam werden lässt.[833] Möglicherweise kann daher auch der Verzicht auf den Ehegattenpflichtteil dazu führen, die Benachteiligungen eines ebenfalls erklärten ehevertraglichen Unterhaltsverzichts derart zu verstärken, dass das Ergebnis der Gesamtschau aller vertraglichen Vereinbarungen in der Sittenwidrigkeit des gesamten Rechtsgeschäfts zu sehen wäre.[834]

Da sich die Wirkungen eines Erb- oder Pflichtteilsverzichts – wie oben bereits erarbeitet – in einen erb- und einen unterhaltsrechtlichen Teil aufspalten lassen[835] erscheint es angebracht bei der Erörterung des Einflusses eines Pflichtteilsverzichts auf ehevertragliche Vereinbarungen auch zwischen dessen erbrechtlichen Wirkungen einerseits und den unterhaltsrechtlichen Wirkungen andererseits zu trennen.

### *A. Belastungskumulation durch erbrechtliche Wirkung?*

Der Behandlung bedarf daher zunächst die Frage, ob die erbrechtliche Wirkung eines Pflichtteilsverzichts, also der Verlust des eigentlichen Pflichtteilsrechts, die Belastungen eines ehevertraglichen Unterhaltsverzichts zu verstärken vermag.

Bei nur kursorischer Betrachtung scheint dies in der Tat denkbar, sollte man doch meinen, dass der Verzicht auf ein weiteres gesetzlich vorgesehenes Ehegattenrecht zwangsläufig auch eine stärkere Belastung bedeutet.

Eine solche Betrachtung ließe jedoch die grundsätzlich unterschiedliche Zielrichtung von ehevertraglichen Verzichten einerseits und Erb- und Pflichtteilsverzicht andererseits unberücksichtigt. Denn die ehevertraglichen Regelungen beziehen sich regelmäßig nur auf den Scheidungsfall, nicht aber auf die Auflösung der Ehe durch Tod.[836] Der Erb- oder Pflichtteilsverzicht hingegen bezieht sich nur auf den Todesfall in einer intakten Ehe, aber grundsätzlich nicht auf den Scheidungsfall.[837] Da die Ehe jedoch nur alternativ entweder durch Tod oder durch Scheidung endet, können die Nachteile durch den Verlust des Pflichtteilsrechts und den Ver-

---

833 Vgl. BGH, NJW 2006, 2331; ferner *Münch*, ZEV 2008, 571, 577; *Muscheler*, in FS Spiegelberger, S. 1079, 1092.

834 Vgl. auch *Muscheler*, in FS Spiegelberger, S. 1079, 1092.

835 Vgl. Teil 2, Kap. 2. § 1. B. II.

836 *Münch*, ZEV 2008, 571, 576; eine Ausnahme kann für den Ausschluss des Zugewinnausgleichs gelten.

837 Vgl. *Kapfer*, MittBayNot 2006, 385, 389. Auch im Fall der Scheidung relevant werden kann der Erb- oder Pflichtteilsverzichts allein über seinen Einfluss auf den Anspruch aus § 1586 b BGB. Zur Belastung durch diese vom Verlust des Anspruchs aus § 2303 BGB zu trennende unterhaltsrechtliche Fernwirkung vgl. aber sogleich 3. Teil, Kap. 1. § 2.

lust der nachehelichen Unterhaltsansprüche jedenfalls nicht einfach addiert werden.[838]

Der Verzicht auf den nur beim Erbfall während intakter Ehe entstehenden Pflichtteil nach § 2303 Abs. 2 BGB kann somit die Belastungen ehevertraglicher Verzichtswirkungen grundsätzlich nicht verstärken.[839] Die erbrechtliche Wirkung des Pflichtteilsverzichts wird im Rahmen der Gesamtschau der ehevertraglichen Vereinbarungen daher nicht den Ausschlag für die Sittenwidrigkeit des gesamten Vertragswerks geben können.

## *B. Belastungskumulation durch unterhaltsrechtliche Fernwirkung?*

Nachdem nun geklärt wurde, dass die erbrechtlichen Wirkungen eines Pflichtteilsverzichts nicht kumulativ sondern stets alternativ zu den Nachteilen aus ehevertraglichen Verzichten auftreten und daher bei Lichte betrachtet nicht zur Sittenwidrigkeit des Gesamtvertrages führen können, bleibt zu fragen, welchen Einfluss die Beachtung der unterhaltsrechtlichen (Fern) Wirkungen des Erb- oder Pflichtteilsverzichts auf den Bestand der ehevertraglichen Regelungen haben kann.

Die unterhaltsrechtliche Fernwirkung des Verzichts auf das gesetzliche Pflichtteilsrecht ergibt sich daraus, dass dieser Verzicht nach zutreffender Ansicht den gegen die Erben fortgesetzten Anspruch des verzichtenden Ehegatten auf nachehelichen Unterhalt aus § 1586 b BGB entfallen lässt;[840] entsprechendes gilt zudem für den Anspruch des Ehegatten aus §§ 1933 S. 3, 1586 b BGB.[841] Da diese Ansprüche sämtliche nachehelichen Unterhaltstatbestände der §§ 1570 ff. BGB umfassen,[842] ist eine Belastungsintensivierung zum Nachteil eines Ehegatten, der bereits auf nacheheliche Unterhaltsansprüche verzichtet hat, nicht ausgeschlossen.

---

838 *Münch*, ZEV 2008, 571, 576 f.; dies übersieht offenbar *Eggert*, S. 128. Allein ein Ausschluss des Zugewinnausgleichs und die erbrechtliche Wirkung des Pflichtteilsverzichts können zeitlich kongruent eingreifen, wenn die Ehe durch Tod gelöst wird, vgl. auch *Wiemer*, S. 164.

839 *Wiemer*, S. 164.

840 *Dieckmann*, NJW 1980, 2777, *ders.*, FamRZ 1992, 633; *ders.*, FamRZ 1999, 1029; *Frenz*, ZEV 2001, 115; MüKoBGB/*Maurer*, § 1586 b Rn. 2; *Palandt/Brudermüller*, § 1586 b Rn. 8; *Erman/Graba*, § 1586 b Rn. 11; *Jauernig/Stürner*, § 1586 b Rn. 3; *Bamberger/Roth-Beutler*, § 1586 b Rn. 4; *Hausmann/Hohloch-Hausmann*, Kap. 3, Rn. 109; *Hausmann/Hohloch-Weidlich*, Kap. 15, Rn. 47; *Schwab/Borth*, IV Rn. 1243; *Wendl/Staudigl/Pauling*, § 4 Rn. 60; *Michalski*, Rn. 482; *Kahlert*, S. 179 ff.; vgl. auch jüngst LG Ravensburg, ZEV 2008, 598, 600. Ausführlich dazu oben Teil 2, Kap. 1, § 3. B. V.

841 *Palandt/Edenhofer*, § 1933 Rn. 10; MüKoBGB/*Leipold*, § 1933 Rn. 23.

842 MüKoBGB/*Maurer*, § 1586 b Rn. 2; *Dieckmann*, NJW 1980, 2777; *Schwab/Borth*, IV Rn. 1241.

Insbesondere kann die aus der unterhaltsrechtlichen Fernwirkung resultierende Belastung – anders als die rein erbrechtlich wirkende Belastung des Verzichts auf das Pflichtteilsrecht nach § 2303 BGB – bei Lösung der Ehe durch Scheidung auch kumulativ zu den Nachteilen ehevertraglicher Unterhaltsverzichte auftreten.[843]

Eine solche Belastungskumulation kann dabei freilich dann nicht in Betracht kommen, wenn der Ehegatte bereits einen Globalverzicht auf alle nachehelichen Unterhaltsansprüche erklärt, der aufgrund der Umstände des Ehevertrags – insbesondere der wirtschaftlichen Verhältnisse der Ehegatten – wirksam ist. In diesem Fall nämlich kann der Verlust des Anspruchs aus § 1586 b BGB unmöglich zu einer verstärkten Belastung führen, weil bereits keine Ansprüche mehr bestehen, deren Fortsetzung gegen die Erben durch den Pflichtteilsverzicht ausgeschlossen würden; die unterhaltsrechtliche Fernwirkung geht hier also gewissermaßen ins Leere.

Anders könnten die Dinge dagegen in Fällen liegen, in denen ein Ehegatte zwar auf einige, nicht aber auf sämtliche nachehelichen Unterhaltsansprüche verzichtet und zudem noch einen Verzicht auf das gesetzliche Pflichtteilsrecht erklärt. So könnte eine Belastungsintensivierung durch die unterhaltsrechtliche Fernwirkung etwa dann auftreten, wenn die eigentlichen ehevertraglichen Regelungen einer Inhaltskontrolle (noch) standhalten, weil etwa „nur" auf Alters- und Aufstockungsunterhalt sowie den Zugewinn- und Versorgungsausgleich verzichtet wird, und die Ehegatten zusätzlich noch einen Pflichtteilsverzicht erklären. Stirbt nämlich nun der unterhaltsverpflichtete Ehegatte kurz nach der Scheidung, könnte der unterhaltsberechtigte Ehegatte noch nicht einmal mehr für den Zeitraum bis zur Aufzehrung des fiktiven Pflichtteils den ihm nach den ehevertraglichen Regelungen noch verbleibenden Betreuungsunterhalt von den Erben verlangen.

Käme das Gericht daher in Konstellationen wie dieser dazu, in der unterhaltsrechtlichen Fernwirkung des Pflichtteilsverzichts tatsächlich eine Belastungssteigerung zu Ungunsten eines Ehegatten anzunehmen, welche die Grenze zur Sittenwidrigkeit wegen einseitiger Lastenverteilung für den Scheidungsfall überschreitet, so verbliebe noch zu klären, wie weitgehend die Folgen eines solchen Befundes sein sollten. Nach der rein ehevertraglichen Arithmetik des BGH müssten diese in der Gesamtnichtigkeit aller vertraglichen Abreden liegen. Denn bei einer aus der Gesamtschau folgenden Sittenwidrigkeit eines Ehevertrags lehnt der BGH dessen Teilnichtigkeit grundsätzlich ab.[844]

Die Konsequenz einer Anwendung dieses Grundsatzes auch auf Eheverträge, die mit Erb- oder Pflichtteilsverzichten kombiniert sind, läge folglich darin, auch

843 Vgl. auch *Münch*, ZEV 2008, 571, 577.

844 BGH, NJW 2006, 2331; 2008, 3426; vgl. ferner *Münch*, ZEV 2008, 571, 577; *Brambring*, NJW 2007, 865 ff.

den Verzicht auf den Pflichtteil mit der Folge als nichtig anzusehen, dass dem Verzichtenden nun doch ein Pflichtteilsrecht, und im Falle eines vorbehaltlosen Erbverzichts unter Umständen sogar ein gesetzliches Erbrecht zustände.[845] Infolge der nur auf den Abschlusszeitpunkt bezogenen Wirksamkeitskontrolle wäre es damit möglich, dass einem Ehegatten bei Beendigung der Ehe durch Tod ein Erb- oder Pflichtteilsrecht mit der Begründung zuerkannt würde, sein Verzicht auf nie relevant gewordene nacheheliche Unterhaltsansprüche sei sittenwidrig gewesen. Ein – wie *Bergschneider* zu Recht meint – fürwahr paradoxes Ergebnis,[846] bewirkte das Verdikt der Sittenwidrigkeit hier doch nicht allein das Wiederaufleben der auf den Scheidungsfall bezogenen gesetzlichen Regelungen, deren Ausschluss allein für sittenwidrig erachtet wird (§§ 1570 ff, 1586 b, 1933 S. 3 BGB), sondern griffe es auch an einer Stelle in die privatautonome Vertragsgestaltung der Parteien ein, mit der diese in rechtlich nicht zu beanstandender Weise Vorsorge für einen völlig anderen Lebenssachverhalt – Beendigung der Ehe durch Tod – treffen wollten.[847]

Zur Bestimmung der Rechtsfolgen einer sittenwidrigen Kumulation von ehevertraglichen Unterhaltsverzichten mit der unterhaltsrechtlichen Fernwirkung eines Pflichtteilsverzichts wird ein aus Ehevertrag und Pflichtteilsverzicht kombiniertes Rechtsgeschäft daher in einen unterhaltsrechtlichen und einen erbrechtlichen Teil aufzuspalten sein.[848] Die Wirksamkeit dieser beiden Teile könnte dann unabhängig voneinander beurteilt werden.[849] Die aus der Sittenwidrigkeit der kumulierten Unterhaltsverzichte resultierende Nichtigkeitsfolge ergriffe so nur den unterhaltrechtlichen Teil der Gesamtvereinbarung. Endete die Ehe dann durch den Tod eines der Ehegatten, verbliebe es bei dem von den Ehegatten gewollten und rechtlich unbedenklichen Ausschluss von der erbrechtlichen Mindestteilhabe, während sich die nachehelichen Unterhaltsansprüche im Falle der Lösung der Ehe durch Scheidung nach den normalen gesetzlichen Regelungen bestimmten.[850] Mit einer solchen Vorgehensweise könnte mithin der unterschiedlichen Zielrichtung der Verzichte – einerseits Lösung der Ehe durch Scheidung, andererseits Lösung der Ehe durch Tod – Rechnung getragen werden und der Eingriff in die Privatautonomie der Parteien auf das notwendige Maß reduziert werden.

---

845 Vgl. zu dieser Vorgehensweise LG Ravensburg, ZEV 2008, 598 = FamRZ 2008, 1289.

846 *Bergschneider*, FamRZ 2008, 1291, 1292; so auch *Münch*, ZEV 2008, 571, 577.

847 Gegen eine solche Lösung wohl auch *Kapfer*, MittBayNot 2006, 385, 388; vgl. dazu auch die ähnlichen Überlegungen oben in Teil 2, Kap. 2. § 1. B. II.

848 Ähnlich auch *Münch*, ZEV 2008, 571, 577.

849 Vgl. *Bergschneider*, FamRZ 2008, 1291, 1292.

850 Vgl. dazu nochmals die auf den gleichen Erwägungen beruhenden Ausführungen zur Konsequenz der Sittenwidrigkeit der unterhaltsrechtlichen Fernwirkung im Zuge der isolierten Wirksamkeitskontrolle eines Pflichtteilsverzichts in Teil 2, Kap. 2. § 1. B. II.

# 2. Kapitel: Wirksamkeitsdependenzen bei Teilnichtigkeit

## § 1. Problemstellung

Im vorangegangenen Abschnitt wurde zuletzt der Frage nachgegangen, zu welchen Rechtsfolgen der Befund eines Gerichtes führen sollte, demzufolge die unterhaltsrechtliche Fernwirkung eines Pflichtteilsverzichts, die isoliert betrachtet noch wirksamen ehevertraglichen Benachteiligungen eines Ehegatten derart verstärkt, dass sie im Rahmen einer Gesamtschau der Vereinbarungen zu einer sittenwidrigen einseitigen Lastenverteilung für den Scheidungsfall führt.

In Fällen aber, in denen das Gericht die unterhaltsrechtliche Fernwirkung für geeignet erachten könnte, wirksame ehevertragliche Benachteiligungen zur Sittenwidrigkeit des unterhaltsrechtlichen Teils der Gesamtvereinbarung zu verdichten, erscheint es ebenso denkbar, dass das Gericht bereits allein die unterhaltsrechtliche Fernwirkung des Pflichtteilsverzichts auch ohne Addition der ehevertraglichen Belastungen als sittenwidrig und nichtig betrachtet. Nach Ansicht etwa von *Bengel*[851], *Muscheler*[852] und *Kapfer*[853] hat das Gericht nämlich auch dann, wenn Ehevertrag und Pflichtteilsverzicht in Verbindung stehen, eine isolierte Prüfung der Wirksamkeit der Verzichtsvereinbarungen vorzunehmen und zwar so, als bestünden Ehevertrag und Pflichtteilsverzichtsvertrag völlig unabhängig voneinander.[854] Nach den Ausführungen dieser Arbeit hat das Gericht jedoch bei isolierter Kontrolle des Pflichtteilsverzichts zu beachten, dass der Pflichtteilsverzicht im Fall des frühen Vorversterbens des unterhaltsverpflichteten Ex-Gatten nach der Scheidung aufgrund seiner unterhaltsrechtlichen Fernwirkung einem Globalverzicht auf nachehelichen Unterhalt gleichkommen kann.[855] Da die Gefahr des Eintritts einer solchen Situation nun aber unabhängig davon besteht, ob zudem die gesetzlichen nachehelichen Unterhaltsansprüche in einem Ehevertrag eingeschränkt wurden oder nicht, wird das Gericht den unterhaltsrechtlichen Teil des Pflichtteilsverzichts möglicherweise bereits völlig unabhängig von insoweit irrelevanten ehevertraglichen Abreden für nichtig erklären.

Im Falle eines derartigen gerichtlichen Vorgehens lautet die entscheidende Frage damit dann aber nicht etwa, ob die Wirkungen eines Pflichtteilsverzichts die Wirkungen des Verzichts auf nacheheliche Ansprüche zu verstärken vermögen.

851 ZEV 2006, 192, 196.

852 In FS Spiegelberger, S. 1079, 1085.

853 MittBayNot 2006, 385, 389.

854 So ausdrücklich *Muscheler*, in FS Spiegelberger, S. 1079, 1085.

855 Vgl. oben Teil 2, Kap. 1. § 3. B. V. 4. sowie Teil 2, Kap. 1. § 4. C. II. 2; siehe ferner *Brambring*, NJW 2007, 865, 868.

Vielmehr gilt es dann zu beantworten, wie sich die Nichtigkeit der unterhaltsrechtlichen Fernwirkung des Pflichtteilsverzichts auf den Bestand der ehevertraglichen Regelungen auswirkt, wobei insoweit danach zu differenzieren sein wird, ob sich die Sittenwidrigkeit des Pflichtteilsverzichts eines Ehegatten nur aus der unterhaltsrechtlichen Fernwirkung oder auch aus seiner erbrechtlichen Wirkung ergibt.

Mehr Beachtung als diese bisher – soweit ersichtlich – nahezu unbehandelte Problematik hat in der Literatur die entgegengesetzte Fragestellung erhalten, welchen Einfluss die Sittenwidrigkeit der ehevertraglichen Regelungen auf die Wirksamkeit eines Pflichtteilsverzichts hat, der mit ihnen in rechtlicher Einheit steht.[856] Nach Entwicklung der besonderen Kontrollsystematik für Eheverträge, in deren Folge die Gefahr ihrer Unwirksamkeit zugenommen hat, drängt sich diese Frage angesichts der häufigen Kombination von Eheverträgen mit Erb- und Pflichtteilsverzichten in der Tat geradezu auf. Ihre praktische Relevanz ergibt sich dabei insbesondere daraus, dass sie sich unabhängig davon stellt, ob man die Übertragung der besonderen Systematik zur Inhaltkontrolle von Eheverträgen auf die gerichtliche Überprüfung von Erb- und Pflichtteilsverzichten übertragen möchte oder nicht. Denn sie stellt sich unverändert auch –und gerade dann – wenn man eine strengere Inhaltskontrolle des Pflichtteilsverzichts ablehnt und ihn bei isolierter Betrachtung folglich nur ganz ausnahmsweise für unwirksam hält.

In beiden geschilderten Konstellationen gleichermaßen stellt sich damit jedoch das Problem der Teilnichtigkeit bei einem aus Ehevertrag und Pflichtteilsverzicht kombinierten Rechtsgeschäft.

## § 2. Die Regelung des § 139 BGB als Ausgangspunkt

§ 139 BGB bildet die gesetzlich normierte Vorsorge für den Fall, dass ein Unwirksamkeitsgrund nur einen Teil eines Rechtsgeschäfts berührt. In Abkehr von dem gemeinrechtlichen Grundsatz *utile per inutile non vitiatur*[857] sieht die Norm als Folge der Nichtigkeit eines Teils eines Rechtsgeschäfts im Zweifel die Nichtigkeit des gesamten Rechtsgeschäfts vor.[858] Diese Regelung beruht auf der Erwägung, dass den Beteiligten, die einen einheitlichen umfassenden Rechtserfolg zu verwirk-

---

856 Vgl. die zumeist allerdings recht knappen Ausführungen von *Bengel*, ZEV 2006, 192, 196 f.; *Kapfer*, MittBayNot 2006, 385, 389; *Brambring*, NJW 2007, 865, 868; *Münch*, ZEV 2008, 571, 577 f.; *Muscheler*, in FS Spiegelberger, S. 1079, 1085 und 1092 ff. *Gageik*, FPR 2005, 122, 129; *Palandt/Edenhofer*, § 2346 Rn. 17; *Bamberger/Roth/J.Mayer*, § 2346 Rn. 38.

857 Hierzu *Seiler*, in FS Kaser, S. 127, 144 ff.

858 *Palandt/Ellenberger*, § 139 Rn. 1.

lichen bezweckten, eine nur teilweise Verwirklichung dieses Erfolges nicht gegen ihren Willen aufgedrängt werden soll.[859] Damit will § 139 BGB der Durchsetzung der Privatautonomie dienen und verhindern, dass die Parteien an einen Restbestand des Rechtsgeschäfts gebunden werden, den sie als selbständigen Teil so nicht vereinbart hätten.[860] Aus diesem Zweck der Vorschrift ergibt sich jedoch zugleich, dass ihre widerlegliche Nichtigkeitsvermutung nur für den Fall gilt, dass die Feststellung des hypothetischen Parteiwillens ausnahmsweise zu keinem Ergebnis führt[861] (vgl. auch den Wortlaut des § 139 HS. 2 BGB). Für die Entscheidung darüber, ob die Teilnichtigkeit eines Rechtsgeschäfts auch die Nichtigkeit des gesamten Rechtsgeschäfts zur Folge hat, kommt es daher in erster Linie darauf an, welche Entscheidung die Parteien bei Kenntnis der Sachlage nach Treu und Glauben sowie vernünftiger Abwägung getroffen hätten.[862] Weitgehende Einigkeit besteht ferner darüber, dass der Anwendungsbereich des § 139 BGB in dem Sinne subsidiär ist, dass der Schutzzweck von Nichtigkeitsnormen vorgeht.[863] Demzufolge ist zunächst ist immer zu fragen, ob nicht der innere Grund, derentwegen die rechtsgeschäftliche Regelung zum Teil nichtig ist, nach ihrem Sinn zugleich darüber bestimmt, ob die Nichtigkeit das ganze Rechtsgeschäft oder nur den fraglichen Teil ergreift.[864]

Auf die in § 139 BGB formulierte Grundregel kann also nur dann abgestellt werden, wenn sich weder aus hypothetischem Willen der Parteien, noch aus dem inneren Grund der Teilnichtigkeit ein Hinweis auf die Beantwortung der Frage nach Teil- oder Gesamtnichtigkeit einer Vereinbarung ergibt.[865]

## § 3. Indizfunktion verwandter Rechtsprechung?

Im Rahmen der in Rede stehenden Problematik erscheint es nahe liegend, zunächst auf die Rechtsprechung zu zwei Konstellationen zu rekurrieren, die sich in deren thematischem Umfeld bewegen. So hat sich der BGH zu der Frage von Teil- und Gesamtunwirksamkeit bereits im Bezug auf ein aus Ehe- und Erbvertrag bestehen-

859 So schon RG, JW 1908, 445.

860 *Larenz/Wolf*, § 45 Rn. 1; *Staudinger/Roth*, § 139 Rn. 1.

861 *Staudinger/Roth*, § 139 Rn. 2; MüKoBGB/*Busche*, § 139 Rn. 1 und 29 ff.; *Flume*, Rechtsgeschäft, S. 581; *Larenz/Wolf*, § 45 Rn. 21 ff.

862 BGH, WM 1997, 625, 627 = NJW-RR 1997, 684; *Staudinger/Roth*, § 139 Rn. 2; *Palandt/Ellenberger*, § 139 Rn. 14.

863 *Staudinger/Roth*, § 139 Rn. 3.

864 *Flume*, Rechtsgeschäft, S. 576; ferner, *Roth*, JZ 1989, 411, 415.

865 Allgemein zur Abkehr von der Grundkonzeption des § 139 BGB in Rechtsprechung und Schrifttum vgl. MüKoBGB/*Busche*, § 139 Rn. 2; *Roth*, JZ 1989, 411, 418 f.; *Hager*, S. 107 ff.

des Rechtsgeschäft, als auch im Bezug auf einzelne Klauseln eines reinen Ehevertrages geäußert. Möglicherweise lassen sich den insoweit einschlägigen Entscheidungen daher bereits erste Anhaltspunkte entnehmen, wie hinsichtlich eines aus Ehevertrag und Erb- oder Pflichtteilsverzicht kombinierten Rechtsgeschäfts mit dem Problem von Teil- und Gesamtnichtigkeit zu verfahren ist.

### *A. Rechtsprechung zur Wirksamkeitsdependenz von Ehe- und Erbvertrag*

Gelegenheit zur Äußerung dazu, wie die Unwirksamkeit eines Erbvertrages den Bestand eines mit ihm im Zusammenhang abgeschlossenen Ehevertrags beeinflusst, hatte der BGH in einer Entscheidung aus dem Jahre 1958.[866] Im zu entscheidenden Fall hatten Eheleute vor einem Notar in einer einzigen Verhandlung durch Ehevertrag den Güterstand der allgemeinen Gütergemeinschaft vereinbart und gleichzeitig einen Erbvertrag abgeschlossen, für den sie allerdings einen Rücktrittsvorbehalt vereinbarten. Später trat der Ehemann wirksam nach § 2293 BGB vom Erbvertrag zurück. Fraglich war nun, ob auch die Wirksamkeit der Gütertrennung von diesem Rücktritt tangiert wurde. Dies verneinte der BGH und maß dem Rücktritt vom Erbvertrag somit keinen Einfluss auf den Bestand der allgemeinen Gütergemeinschaft zu. Wendet man sich nun der Begründung dieser Entscheidung zu, so wird allerdings deutlich, dass sie nur geringe Aussagekraft für die hier zu beantwortende Frage hat. So stellt der BGH zunächst fest, dass ohnehin nur eine entsprechende Anwendung des § 139 BGB in Betracht komme, da keine der beiden Teilregelungen von Anfang an nichtig gewesen sei, sondern es um die Unwirksamkeit infolge eines Rücktritts gehe. Ob die Nichtigkeit einer ihrer Bestandteile die Nichtigkeit der Gesamtvereinbarung im zu entscheidenden Fall theoretisch nach sich zöge, lässt der BGH im Folgenden jedoch ausdrücklich offen, da die Beantwortung dieser Fragestellung für den zu entscheidenden Fall ohne Belang sei. In der Vereinbarung des Rücktrittsvorbehalt bezüglich des Erbvertrags nach § 2293 BGB komme nämlich der Wille der Vertragsparteien zum Ausdruck, dass der Rücktritt von diesem Teil des Gesamtvertrages offen bleiben soll, ohne dadurch den damit verbundenen Ehevertrag zur Aufhebung zu bringen. Gegen eine Auswirkung des Rücktritts vom Erbvertrag auch auf den Bestand des Ehevertrags spreche zudem, dass das Gesetz die Frage, inwieweit ein Erblasser an Verfügungen von Todes wegen, die er in einem Erbvertrag getroffen hat, gebunden ist, abschließend regelt. Dieses gesetzliche Regelungskonzept drohe aber unterlaufen zu werden, wenn ein Erbvertrag mit einem anderen Vertrag derart gekoppelt sei, dass er hinsichtlich seiner Aufhebbarkeit das rechtliche Schicksal dieses mit ihm verknüpften

866 BGHZ 29, 129 = NJW 1959, 625.

Vertrages teile. Daher müsse ein Erbvertrag hinsichtlich der in ihm enthaltenen letztwilligen Verfügungen, auch wenn er mit einem anderen Vertrag gekoppelt werde, seine volle Selbständigkeit bewahren, also ausschließlich nach den insoweit für ihn geltenden gesetzlichen Bestimmungen beurteilt werden.

Die Begründung zur Entscheidung dieser Fallkonstellation kann damit aber kaum auf die hier interessierende Frage, wie sich die Sittenwidrigkeit des einen Teils eines aus Ehevertrag und Erb- oder Pflichtteilsverzicht kombinierten Rechtsgeschäfts auf die Gesamtvereinbarung auswirkt, übertragen werden. Denn erstens geht es dort um die Unwirksamkeit wegen Rücktritts, hier aber um die Unwirksamkeit wegen Sittenwidrigkeit. Zweitens lässt der BGH gerade ausdrücklich offen, wie sich die Nichtigkeit einer Teilregelung im zu entscheidenden Fall auswirken würde. Drittens schließlich betont das Gericht die Gefahr, die Bindungswirkung von vertragsmäßigen erbvertraglichen Verfügungen jenseits des gesetzlichen Konzeptes aufzuweichen, was für die Beurteilung der Wirksamkeit eines Erb- oder Pflichtteilsverzichts als Rechtsgeschäft unter Lebenden jedoch irrelevant ist, zumal dessen Aufhebbarkeit nach § 2351 BGB kein vergleichbares Regelungskonzept zugrunde liegt.

Von Bedeutung kann die Entscheidung für das hier in Rede stehende Problem daher allein insoweit sein, als dass der BGH in ihr zum einen den Vorrang des hypothetischen Parteiwillens vor der Grundregel des § 139 BGB demonstriert und zum anderen erkennen lässt, dass er die Wirksamkeit eines Ehevertrags auch unabhängig von dem Bestand eines mit ihm zusammen abgeschlossenen erbrechtlichen Geschäfts grundsätzlich für möglich hält[867].

## B. Rechtsprechung zur Teilnichtigkeit ehevertraglicher Vereinbarungen

Die Frage nach den Konsequenzen der Teilnichtigkeit eines Ehevertrages hat die Rechtsprechung bereits mehrfach beschäftigt. In seiner Grundsatzentscheidung zur ehevertraglichen Inhaltskontrolle hatte der BGH noch offen gelassen, ob die Nichtigkeit einer ehevertraglichen Vereinbarung zur Gesamtnichtigkeit des Ehevertrags nach § 139 BGB führt.[868] Daraufhin wurde die Frage der teilweisen oder vollstän-

867 Vgl. dazu auch die Entscheidung OLG Frankfurt, DNotZ 2003, 861 = ZEV 2004, 207 in der das Gericht dem Rücktritt von einem Erbvertrag, der mit einem Ehevertrag zusammen abgeschlossen worden war, ebenfalls keine Auswirkung auf den Bestand des Ehevertrags zumisst und zur Begründung dieser Ansicht auf den Sinn und Zweck der vertraglichen Regelungen abstellt, § 139 BGB wird in dieser Entscheidung nicht angesprochen. Siehe ferner auch *Muscheler*, in FS Spiegelberger, S. 1079, 1085.

868 Vgl. die Formulierung in BGHZ 158, 81, 100, nach der der Tatrichter im Rahmen der Wirksamkeitskontrolle zu prüfen hat, ob der Vereinbarung schon im Zeitpunkt ihres Zustande-

digen Nichtigkeit von Eheverträgen in der Literatur unterschiedlich beantwortet.[869] In einem Urteil aus dem Jahre 2005[870] stellte der BGH jedoch klar, dass seine Grundsatzentscheidung verkannt werde, soweit man aus ihr entnähme, der Senat erwöge bei Eheverträgen entgegen § 139 BGB generell nur eine Teilnichtigkeit oder eine geltungserhaltende Reduktion. Vielmehr führe die Nichtigkeit einzelner Regelungen gemäß § 139 BGB in der Regel zur Nichtigkeit des gesamten Ehevertrags, wenn nicht anzunehmen sei, dass er auch ohne die nichtigen Klauseln geschlossen sein würde, was sich insbesondere aus anderweitigen Parteivereinbarungen wie salvatorischen Klauseln ergeben könne.[871] Ein späterer Beschluss aus dem Jahre 2006[872] legt es auf den ersten Blick sogar nahe, dass der BGH die Möglichkeit einer Teilnichtigkeit des Ehevertrags überhaupt ausschließt.[873] Dort heißt es bereits im Leitsatz: „*Ergibt bereits die Gesamtwürdigung eines Ehevertrags, dessen Inhalt für eine Partei ausnahmslos nachteilig ist und dessen Einzelregelungen durch keine berechtigten Belange der anderen Partei gerechtfertigt werden, dessen Sittenwidrigkeit (§ 138 Abs. 1 BGB), so erfasst die Nichtigkeitsfolge notwendig den gesamten Vertrag; für eine Teilnichtigkeit bleibt in einem solchen Fall kein Raum.*"

Mit der Formulierung „*in einem solchen Fall*" beschränkt der BGH die zwingende Rechtsfolge der Totalnichtigkeit jedoch nur auf solche Konstellationen, in denen gerade der Gesamtcharakter des Vertrages nach seiner Qualifikation als sittenwidrig verlangt.[874] Eine Teilnichtigkeit des Ehevertrages kommt also weiterhin dann in Betracht, wenn die Sittenwidrigkeit nicht auf dem Gesamtcharakter des Vertrages sondern auf dem Ausschluss einzelner Ansprüche beruht, während der Ausschluss anderer Ansprüche in dem konkreten Vertrag für sich gesehen unbedenklich und durch berechtigte Belange des anderen Ehegatten gerechtfertigt ist.[875] Maßgeblich ist dann, ob die Parteien den restlichen Vertrag auch bei Kenntnis des nichtigen Teils gewollt hätten.

---

kommens die Anerkennung *ganz oder teilweise* mit der Folge zu versagen ist, dass an ihre Stelle die gesetzlichen Regelungen treten.

869 Für Teilnichtigkeit etwa *Rauscher*, DNotZ 2004, 524, 542; *Kornexl*, FamRZ 2004, 1609, 1610; gegen Teilnichtigkeit *Langenfeld*, ZEV 2004, 311, 314; *Bergschneider*, FamRZ 2004, 1757; *Gageik*, FPR 2005, 122, 124; differenzierend *Brambring*, FPR 2005, 130; *Sanders*, FF 2004, 249.

870 BGH, NJW 2005, 2386 = FamRZ 2005, 1444.

871 BGH, NJW 2005, 2386, 2388 = FamRZ 2005, 1444, 1447.

872 BGH, NJW 2006, 2331 = FamRZ 2006, 1097

873 So *Brambring*, NJW 2007, 865.

874 Vgl. *Wiemer*, S. 247 ff.; *Brambring*, NJW 2007, 865.

875 Vgl. **OLG Celle,** NJW-RR 2009, 1302, 1304; *Wiemer*, S. 247; *Brambring*, NJW 2007, 865; missverständlich hierzu allerdings BGH, FPR 2008, 574, 577 m. insoweit krit. Anm. *Kesseler*.

Reduziert man diese Rechtsprechung also auf das Wesentliche, so wird deutlich, dass sie bezüglich des § 139 BGB keine Besonderheiten für den Bereich des Ehevertrags statuiert. Denn bei Lichte betrachtet beschränkt sie sich auf die selbstverständliche Aussage, dass für eine Teilunwirksamkeit dann kein Raum ist, wenn sich der innere Grund der Sittenwidrigkeit nicht auf einen abtrennbaren Vertragsteil beschränkt, sondern vielmehr erst im Zusammenspiel von Vertragsumständen – insbesondere der Zwangslage einer Vertragspartei[876] – und dem gesamten Vertragsinhalt zu Tage tritt.

Gerade der Beschluss aus dem Jahre 2006 betrifft damit aber weniger die eigentliche Problematik der Auswirkung der Nichtigkeit eines abgrenzbaren Teils einer Gesamtvereinbarung auf den Bestand eben dieser, sondern vielmehr die davon zu trennende Frage, ob bei einer erst aus der Gesamtschau ergebenden Sittenwidrigkeit eines Ehevertrages eine geltungserhaltende Reduktion auf das gerade noch zulässige Maß an Belastung in Betracht kommt.[877]

Für die Frage nach den Auswirkungen der Sittenwidrigkeit des ehevertraglichen Teils einerseits oder des Erbverzichts andererseits auf eine aus diesen beiden Elementen bestehende Gesamtvereinbarung hat diese Rechtsprechung daher keinen eigenen Mehrwert und in Ermangelung eines solchen keine Indizfunktion für die Lösung des hier zu behandelnden Problems.

## § 4. Teil- oder Gesamtnichtigkeit bei Nichtigkeit eines Teils der Gesamtvereinbarung

Weder der Blick auf die Norm des § 139 BGB allein, noch die Hinzuziehung höchstrichterlicher Rechtsprechung zu verwandten Fragestellungen vermochte bis hierhin einen deutlichen Hinweis darauf zu geben, wie sich die Teilnichtigkeit eines aus Ehevertrag und Erb- oder Pflichtteilsverzicht kombinierten Rechtsgeschäfts auf den Bestand der Gesamtvereinbarung auswirkt. Zur Lösung dieser Frage wird daher gemäß des auch sonst im Hinblick auf § 139 BGB praktizierten Vorgehens

876 Vgl. dazu etwa BGH, NJW 2007, 907.

877 Siehe zur Abgrenzung von Teilnichtigkeit und geltungserhaltender Reduktion etwa *Roth*, JZ 1989, 411, 416, 419; *Medicus*, BGB AT, Rn. 505; vgl. ferner die Worte des BGH in NJW 1989, 2681, 2682 „*Es ist nicht Aufgabe des Richters, für die Parteien anstelle des sittenwidrigen Rechtsgeschäfts eine Vertragsgestaltung zu finden, die den beiderseitigen Interessen gerecht wird und die Folge der Sittenwidrigkeit vermeidet. [...] Bei dem i. S. des § BGB § 139 BGB teilbaren Rechtsgeschäft liegt es aber anders. Hier ist für eine richterliche Vertragsgestaltung kein Raum, weil der sittenwidrige Teil des Vereinbarten genau bestimmt und damit einwandfrei ausgesondert werden kann*“.

insbesondere darauf abzustellen sein, welchen hypothetischen Willen die Vertragsparteien hierzu regelmäßig haben werden und welche Schlüsse sich aus dem jeweiligen inneren Grund der Nichtigkeit einer Teilregelung hierzu ziehen lassen. Dabei sind folgende Situationen auseinanderzuhalten:

## *A. Nichtigkeit des Erb- oder Pflichtteilsverzichts*

Im Rahmen dieser Arbeit wurde bereits herausgearbeitet, dass sich der Erb- oder Pflichtteilsverzicht von Ehegatten in einen erbrechtlichen und einen unterhaltsrechtlichen Teil aufspalten lässt und deshalb auch die Unwirksamkeit des Erb- oder Pflichtteilsverzichts allein auf den Teil des Verzichts beschränkt werden kann, der für sittenwidrig befunden wird.[878] Es erscheint daher angebracht, auch bei der Behandlung der Folgen der Nichtigkeit eines Erb- oder Pflichtteilsverzichts für die Gesamtvereinbarung danach zu differenzieren, ob dessen unterhaltsrechtlicher oder erbrechtlicher Teil nichtig ist.

### *I. Nichtigkeit des erbrechtlichen Teils*

Konstellationen, in denen der erbrechtliche Teil eines Erb- oder Pflichtteilsverzichts wegen Sittenwidrigkeit nichtig ist, kommen insbesondere dann in Betracht, wenn dem Ehegattenpflichtteil – wie in dieser Arbeit befürwortet – die Eigenschaft zuerkannt wird, zumindest in bestimmten Situationen Unterhaltsfunktionen zu übernehmen. Diese Situationen bestehen regelmäßig dann, wenn der pflichtteilsberechtigte Ehegatte schon während bestehender Ehe zu Lebzeiten des Erblasserehegatten auf dessen Unterhaltszahlungen angewiesen war.[879] Dabei ist die Gefahr der Nichtigkeit des erbrechtlichen Teils eines Erb- oder Pflichtteilsverzichts umso größer, je höher der innere Grund für die Unterhaltsbedürftigkeit des Ehegatten während bestehender Ehe auf der Kernbereichsskala einzustufen ist, da dieser dann auch die Dispositionsgrenzen des Verzichts auf den Pflichtteil bestimmt, welcher an die Stelle eben dieses Unterhaltsanspruchs tritt.[880]

Bei Sachverhalten, die auf diesem Wege zur Sittenwidrigkeit des erbrechtlichen Teils des Erb- oder Pflichtteilsverzichts führen, wird freilich häufig auch die unterhaltsrechtliche Fernwirkung aufgrund der durch sie drohenden Auswirkung als Globalverzicht auf nachehelichen Unterhalt sittenwidrig sein. Die Frage nach den Konsequenzen der Nichtigkeit allein des erbrechtlichen Teils des Erb- oder

---

878 Vgl. Teil 2, Kap. 2. § 1. B. II.

879 Vgl. Teil 2, Kap. 1. § 3. B. III. 2. j).

880 Siehe dazu oben Teil 2, Kap. 1. § 4. C. II. 1.

Pflichtteilsverzichts für die Gesamtvereinbarung wird sich daher nach den in dieser Arbeit vertretenen Positionen kaum jemals stellen können. Da sie jedoch insbesondere dann relevant werden kann, wenn man mit zahlreichen Stimmen der Literatur die unterhaltsrechtliche Fernwirkung des Verzichts auf den Ehegattenpflichtteil gänzlich ablehnt,[881] bedarf sie im Rahmen einer umfassenden Bearbeitung der Thematik dennoch der Behandlung.

Die erbrechtliche Wirkung des Erb- oder Pflichtteilsverzichts eines Ehegatten, namentlich also der Verlust der erbrechtlichen Mindestteilhabe beim Tod des Ehegatten während bestehender Ehe, steht funktional auf einer anderen Ebene als ein Ehevertrag.[882] Denn während erstere auf einen Ausschluss der Vermögensteilhabe bei Beendigung der Ehe durch Tod und damit unabhängig von einer Scheidung oder Ehekrise zielt, werden ehevertragliche Bestimmungen in aller Regel gerade im Hinblick auf Scheidung und Ehekrise getroffen, nicht aber um die Folgen der Beendigung der Ehe durch Tod zu regeln.[883] Stellt sich nun der erbrechtliche Teil eines Pflichtteilsverzichts als sittenwidrig und daher nichtig heraus, so berührt dies die auf einer anderen funktionalen Ebene liegenden ehevertraglichen Regelungen also grundsätzlich nicht.

Es ist daher nicht zu vermuten, dass die Parteien dann, wenn sie von der Nichtigkeit des erbrechtlichen Teils des Erb- oder Pflichtteilsverzichts gewusst hätten, die ehevertraglichen Regelungen nicht mehr hätten aufrechterhalten wollen. Vielmehr wird regelmäßig davon auszugehen sein, dass ihr hypothetischer Wille dahingeht, wenn schon nicht den Vermögensausschluss für den Fall der Ehebeendigung durch Tod, dann doch wenigstens die privatautonome Regelung für den Fall der Ehebeendigung durch Scheidung aufrecht zu erhalten. Aufgrund der unterschiedlichen Zielrichtung der erbrechtlichen Wirkung des Erb- oder Pflichtteilsverzichts einerseits und der ehevertraglichen Regelungen andererseits besteht insbesondere auch nicht die Gefahr, dass den Ehegatten bei Aufrechterhaltung des ehevertraglichen Teils eine Regelung aufgedrängt würde, die sie so nicht getroffen hätten. Denn für den Fall der Scheidung wäre die erbrechtliche Wirkung des Erb- oder Pflichtteilsverzichts ohnehin ins Leere gelaufen. Ihre Nichtigkeit greift also von vornherein in keiner Weise in das von den Ehegatten für den Fall der Scheidung in privatautonomer Entscheidung vereinbarte Regelungskonzept ein. Die Nichtigkeit des erbrechtlichen Teils des Erb- oder Pflichtteilsverzichts wird also regelmäßig

881 So etwa *Grziwotz*, FamRZ 1991, 1258; *Pentz*, FamRZ 1998, 1344, 1345; *Staudinger/Schotten*, § 2346 Rn. 66; *Bergschneider*, FamRZ 2003, 1049, 1057; *Münch*, ZEV 2008, 571, 575;

882 Vgl. dazu *Muscheler*, in FS Spiegelberger, S. 1079, 1092.

883 Eine Ausnahme mag für den Zugewinnausgleich gelten, vgl. *Münch*, ZEV 2008, 571, 576 (Fn. 72).

nicht die Gesamtnichtigkeit eines aus Erb- oder Pflichtteilsverzicht und Ehevertrag kombinierten Rechtsgeschäfts nach sich ziehen, sondern vielmehr ohne Einfluss auf die ehevertraglichen Regelungen bleiben.

### *II. Nichtigkeit der unterhaltsrechtlichen Fernwirkung*

Die Gefahr der Nichtigkeit des unterhaltsrechtlichen Teils einer Erb- oder Pflichtteilsverzichtsvereinbarung zwischen Ehegatten liegt darin begründet, dass er nach zutreffender Ansicht die Fortsetzung aller nachehelichen Unterhaltsansprüche gegen die Erben des verpflichteten Ex-Gatten über § 1586 b BGB verhindern kann und somit bei dessen frühem Vorversterben nach einer Scheidung unter Umständen wie ein Globalverzicht auf alle nachehelichen Unterhaltsansprüche wirkt.[884]

Der Fall, dass der unterhaltsrechtliche Teil eines Erb- oder Pflichtteilsverzichts von Ehegatten daher aus diesem Grunde in Anlehnung an die Kernbereichssystematik des BGH für sittenwidrig befunden wird, wurde im Verlauf der Arbeit bereits im Rahmen der Wirksamkeitskontrolle eines isolierten Erb- oder Pflichtteilsverzichts, ohne Verbindung zu einem Ehevertrag, behandelt.

Dabei wurde verdeutlicht, dass die erbrechtliche Wirkung des Verzichts von der Sittenwidrigkeit seiner unterhaltsrechtlichen Fernwirkung unbeeinflusst bestehen bleiben sollte, insoweit also die Teilnichtigkeit in dieser Konstellation nicht zur Gesamtnichtigkeit des Verzichts führt.[885]

Vor diesem Hintergrund erscheint nun fraglich, wie sich die Nichtigkeit des unterhaltsrechtlichen Teils eines Erb- oder Pflichtteilsverzichts zwischen Ehegatten auf den Bestand ehevertraglicher Regelungen auswirkt, die mit dem Erb- oder Pflichtteilsverzicht kombiniert wurden.

Im Gegensatz zur soeben behandelten erbrechtlichen Wirkung betrifft die unterhaltsrechtliche Fernwirkung des Verzichts auf das Pflichtteilsrecht des Ehegatten nicht eine funktional unterschiedliche Ebene als ein Ehevertrag. Vielmehr kommen sowohl unterhaltsrechtliche Fernwirkung als auch die typischerweise in einem Ehevertrag enthaltenen Abreden gleichermaßen im Falle der Lösung der Ehe durch Scheidung zum Tragen.[886]

Stellt sich nun die unterhaltsrechtliche Fernwirkung des Pflichtteilsverzichts als sittenwidrig und daher nichtig heraus, so führt dies dazu, dass die nachehelichen Unterhaltsverpflichtungen des Ex-Gatten – anders als im Fall der Wirksamkeit der unterhaltsrechtlichen Fernwirkung – bei dessen Vorversterben bis zur Höhe eines fiktiven Pflichtteils auf seine Erben übergehen. Die Konsequenz der Teilnichtigkeit

884 Siehe oben Teil 2, Kap. 1. § 3. V. 4.

885 Vgl. Teil 2, Kap. 2. § 1. B. II.

886 Siehe dazu auch *Münch*, ZEV 2008, 571, 577.

liegt also allein darin, dass die nachehelichen Unterhaltsansprüche, so wie sie sich nach den Bestimmungen des Ehevertrags darstellen, nicht mit dem Tode des Verpflichteten entfallen. Entscheidend kommt es daher darauf an, ob die Parteien dem Ehevertrag, und insbesondere den darin unter Umständen enthaltenen Unterhaltsabreden, einen anderen Inhalt gegeben oder ihn gar überhaupt nicht geschlossen hätten, wenn sie sich darüber bewusst gewesen wären, dass dem ebenfalls vereinbarten Erb- oder Pflichtteilsverzicht wegen Sittenwidrigkeit keine unterhaltsrechtliche Fernwirkung zukommt.

Hiervon wird jedoch in aller Regel nicht auszugehen sein. Zwar werden die Eheleute über die unterhaltsrechtliche Fernwirkung des Pflichtteilsverzichts aufgrund der notariellen Belehrungspflicht nach § 17 Abs. 1 BeurkG regelmäßig informiert sein.[887] Ungeachtet dessen, werden sie ihre Gesamtvereinbarung im Regelfall aber kaum darauf ausrichten. Einfluss auf den Inhalt des Ehevertrags könnte der unterhaltsrechtlichen Fernwirkung ohnehin nur dergestalt zukommen, dass die Ehegatten im Hinblick auf sie das Maß des nachehelichen Unterhalts höher ansetzen, um so das durch die unterhaltsrechtliche Fernwirkung unter Umständen vorverlegte Ende der Unterhaltsberechtigung zu kompensieren. Ferner erscheint es zumindest theoretisch denkbar, dass sich der wirtschaftlich stärkere Vertragspartner nur aufgrund der unterhaltsrechtlichen Fernwirkung überhaupt zur Vereinbarung von nachehelichen Unterhaltsansprüchen bereit erklärt, weil er durch sie die Gefahr der Beeinträchtigung seines Vermögens von vornherein gehörig limitiert sieht. Solche Beweggründe erscheinen bei näherer Betrachtung jedoch als reichlich lebensfern. Denn bei Abschluss der Gesamtvereinbarung fehlt den Ehegatten noch jede Gewissheit darüber, ob und wann denn der später möglicherweise zur Zahlung von nachehelichem Unterhalt Verpflichtete tatsächlich vorverstirbt.[888] Stets und vor allem müssen die Vertragspartner daher eine Entwicklung im Auge haben, in deren Verlauf beide Ehepartner nach der Scheidung noch lange leben und die unterhaltsrechtliche Fernwirkung des Verzichts auf den Ehegattenpflichtteil daher nie Bedeutung erlangt. Sie werden den Inhalt eines Ehevertrages mithin höchstens in Ausnahmekonstellationen unter Berücksichtigung der unterhaltsrechtlichen Fernwirkung bestimmen, sondern regelmäßig vielmehr unter der Annahme vereinbaren,

---

887 Vgl. Dies ergibt sich schon aus dem Wortlaut der Norm, nach der der Notar die Beteiligten über die „rechtliche Tragweite des Geschäfts" zu belehren hat. Darüber hinaus ist der Notar gemäß § 17 Abs. 1 BeurkG generell verpflichtet, soweit Anhaltspunkte dafür bestehen, dass künftige Entwicklungen nicht mitbedacht wurden, hierauf hinzuweisen, vgl. *Huhn/von Schuckmann/Armbrüster*, BeurkG, § 17 Rn. 133; ferner dazu schon oben Teil 2, Kap. 1. § 3. V. 3. c).

888 Vgl. *Münch*, ZEV 2008, 571, 577 der ebenfalls schreibt, der Wegfall der Ansprüche aus §§ 1586 b, 1933 S. 3 BGB sei bei Ehevertragsschluss meist nicht vorhersehbar.

dass sie an seine Bestimmungen für den Scheidungsfall unter Umständen über viele Jahre gebunden sein werden.[889]

Da dem unterhaltsrechtlichen Teil eines Erb- oder Pflichtteilsverzichts unter Ehegatten daher ganz regelmäßig jeder Einfluss auf die Ausgestaltung der mit ihm im Zusammenhang stehenden ehevertraglichen Regelungen fehlen wird, sollte auch seine Nichtigkeit nicht nur ohne Einfluss auf den erbrechtlichen Teil eines Pflichtteilsverzichts bleiben, sondern auch für den Inhalt des ehevertraglichen Teils der Gesamtvereinbarung ohne Bedeutung sein. Die Teilnichtigkeit der unterhaltsrechtlichen Fernwirkung des Erb- oder Pflichtteilsverzichts unter Ehegatten führt daher nicht zur Gesamtnichtigkeit eines aus Erb- oder Pflichtteilsverzicht und Ehevertrag kombinierten Rechtsgeschäfts.

## *B. Nichtigkeit des ehevertraglichen Teils*

Die Gefahr der Nichtigkeit allein des ehevertraglichen Teils einer aus Ehevertrag und Erb- oder Pflichtteilsverzicht bestehenden Gesamtvereinbarung liegt bereits nach der nunmehr gefestigten Rechtsprechung zur ehevertraglichen Inhaltskontrolle nahe, ohne dass es dazu der Übertragung ihrer Grundsätze auf die Kontrolle eines Erb- oder Pflichtteilsverzichts bedürfte. Umso dringlicher stellt sich daher die Frage nach den Auswirkungen einer solchen Unwirksamkeit auf den Bestand eines Erb- oder Pflichtteilsverzichts unter Ehegatten, der mit den ehevertraglichen Regelungen im Zusammenhang steht.

Auf die besondere Bedeutung des hypothetischen Parteiwillens für die Beantwortung dieser Frage wurde bereits hingewiesen.[890] Entscheidend ist daher zunächst, ob die Ehegatten den Erb- oder Pflichtteilsverzichtsvertrag auch dann geschlossen hätten, wenn sie von der Nichtigkeit ihrer ehevertraglichen Vereinbarungen gewusst hätten.

Zur umgekehrten Frage nach den Auswirkungen der Nichtigkeit des erbrechtlichen Teils des Pflichtteilsverzichts auf den Bestand eines Ehevertrags wurde bereits herausgearbeitet, dass Ehevertrag und Erb- und Pflichtteilsverzicht grundsätzlich auf unterschiedlichen funktionalen Ebenen stehen, da erster auf die Regelung der Ehelösung durch Scheidung zielt, zweiter jedoch in erster Linie die Beendigung der Ehe durch Tod betrifft. Der Erb- und Pflichtteilsverzichtsvertrag wird daher nach dem hypothetischen Willen der Parteien regelmäßig unabhängig von dem Be-

889 Zu Modifikationsmöglichkeiten des Anspruchs aus § 1586 b BGB im Rahmen eines Ehevertrages siehe *Bergschneider*, FamRZ 2003, 1049, 1057.

890 Siehe oben Teil 3, Kap. 2. § 2.

stand der ehevertraglichen Abreden gelten sollen.[891] Die Annahme eines dahingehenden hypothetischen Parteiwillens wird auch durch eine weitere Überlegung gestützt. Häufig wird die Motivation für den Abschluss einer umfassenden Gesamtvereinbarung zwischen Ehegatten darin liegen, den wirtschaftlich schwächeren Ehegatten von der Teilhabe am Vermögen des stärkeren bei Beendigung der Ehe weitestgehend auszuschließen.[892] Da dieses Ziel bei Nichtigkeit der ehevertraglichen Regelungen durch den Bestand des Erb- oder Pflichtteilsverzichts nun aber zumindest noch teilweise erreicht werden kann, wird der hypothetische Parteiwille auch aus diesem Grunde häufig für die Annahme der Teilnichtigkeit der Gesamtvereinbarung und damit die Aufrechterhaltung des Erb- oder Pflichtteilsverzichts sprechen.

Legt also eine Betrachtung unter dem Blickwinkel des hypothetischen Parteiwillens die Annahme nur einer Teilnichtigkeit nahe, begegnet ein solches Resultat im Hinblick auf den inneren Grund der Sittenwidrigkeit ehevertraglicher Abreden jedoch Bedenken.[893]

Das mit der erhöhten Kontrolldichte im Bereich der Eheverträge verfolgte Ziel ist der Schutz des schwächeren Ehegatten.[894] Um seines Schutzes willen wird gerade und in erster Linie ein Globalverzicht auf nachehelichen Unterhalt besonders streng kontrolliert und im Falle der Sittenwidrigkeit an seiner statt den gesetzlichen Regelungen zur Geltung verholfen. Hielte man aber nun den Erb- und Pflichtteilsverzicht von der Unwirksamkeit eines ehevertraglichen Unterhaltsverzichts unbeeinflusst aufrecht, so drohte dieser Schutz unterlaufen zu werden. Denn das Ziel, an die Stelle des nichtigen Unterhaltsverzichts die gesetzlichen Regelungen zu treten lassen, wird bei einem solchen Vorgehen nur unvollkommen erreicht.[895] Ausschlaggebend dafür ist die unterhaltsrechtliche Fernwirkung des Erb- oder Pflichtteilsverzichts. Man denke an folgende Konstellation: Die geschiedene Ehefrau verzichtet in einem Ehevertrag auf jeglichen nachehelichen Unterhalt. Nach der Scheidung betreut Sie ein gemeinsames Kind und verlangt Unterhalt nach § 1570 BGB. Der Ehevertrag wird maßgeblich wegen des Verzichts auf den Betreuungsunterhalt wegen ungerechtfertigter einseitiger Lastenverteilung für sittenwidrig erklärt. Kurz darauf verstirbt der jetzt unterhaltspflichtige Ex-Ehemann.

891 So *Muscheler*, in FS Spiegelberger, S. 1079, 1085; *Münch*, ZEV 2008, 571, 577; MüKoBGB/*Wegerhoff*, § 2346 Rn. 37.

892 Vgl. *Wiemer*, S. 163.

893 Zur Bedeutung des Grundes der Teilnichtigkeit für die Frage nach der Gesamtnichtigkeit vgl. *Staudinger/Roth*, § 139 Rn. 3; *Flume*, Rechtsgeschäft, S. 576; *Roth*, JZ 1989, 411, 415; siehe ferner schon oben Teil 3, Kap. 2. § 2.

894 Vgl. *Hahne*, DNotZ 2004, 84, 86; *Wachter*, ZErb 2004, 238, 244.

895 *Brambring*, NJW 2007, 865, 869.

Hielte man den Pflichtteilsverzicht samt seiner unterhaltsrechtlichen Fernwirkung nun ungeachtet der Nichtigkeit der ehevertraglichen Abreden für wirksam, so bewirkte dies den Ausschluss des fortgesetzten Betreuungsunterhaltsanspruchs gegen die Erben des Mannes, obwohl der BGH den Anspruch auf Betreuungsunterhalt der *ehevertraglichen* Disposition der Ehegatten weitestgehend entzogen hat.[896]

Ein solches Vorgehen führte also dazu, die zum Kernbereich des nachehelichen Unerhaltsrechts zählenden Ansprüche der ehevertraglichen Disposition in erheblichem Maße zu entziehen, sie über den Pflichtteilsverzicht einer solchen Disposition gleichsam durch die Hintertür aber doch wieder zugänglich zu machen. Der innere Grund für die Sittenwidrigkeit des Ehevertrags – der Schutz des schwächeren Ehegatten – aber droht so konterkariert zu werden. Er zwingt mithin dazu, der Teilnichtigkeit des ehevertraglichen Teils auch Einfluss auf den Bestand des Erb- oder Pflichtteilsverzichts zuzugestehen.

Im Rahmen dieser Einflussgewährung gilt es allerdings wiederum den Eintritt einer Situation zu verhindern, in der der Verzicht auf den später möglicherweise nie aktuell werdenden fortgesetzten nachehelichen Unterhaltsanspruch dazu führt, einem Ehegatten ein Erb- oder Pflichtteilsrecht für den Fall zuzugestehen, dass die Ehe statt durch Scheidung durch Tod gelöst wird.[897] Genau dies drohte jedoch, wollte man aus den eben dargestellten Gedanken auf die Notwendigkeit der vollständigen Nichtigkeit auch des Erb- oder Pflichtteilsverzichts schließen.

Die Absicht dies zu verhindern, führt nun zugleich zu einer Lösung, die einen sachgemäßen Ausgleich zwischen dem anfangs dargestellten hypothetischen Parteiwillen einerseits und den entgegengesetzten Zwängen der soeben erörterten Problematik bietet. Sie wurzelt auch hier in der Teilbarkeit des Erb- und Pflichtteilsverzichtsvertrags zwischen Ehegatten in einen unterhaltsrechtlichen und einen erbrechtlichen Teil.

Die Konsequenz der Nichtigkeit der ehevertraglichen Regelungen, insbesondere eines darin enthaltenen Globalverzichts auf nachehelichen Unterhalt, sollte danach nur den unterhaltsrechtlichen Teil der Erb- oder Pflichtteilsverzichtsvereinbarung infizieren, ihren erbrechtlichen Teil jedoch unbeeinflusst bestehen lassen.[898] Auf diese Weise kann einerseits dem hypothetischen Parteiwillen Rechnung getragen werden, demzufolge die Parteien den Ausschluss von der erbrechtlichen (Mindest) Teilhabe in aller Regel auch in Kenntnis der Unwirksamkeit der ehevertraglichen Regelungen vereinbaren würden. Andererseits wird durch die so erreichte Unwirksamkeit der unterhaltsrechtlichen Fernwirkung des Erb- oder Pflichtteils-

896 Vgl. *Brambring*, NJW 2007, 865, 869.

897 So aber LG Ravensburg, ZEV 2008, 598 = FamRZ 2008, 1289; kritisch dazu *Bergschneider*, FamRZ 2008, 1291, 1292; *Münch*, ZEV 2008, 571, 577.

898 In diese Richtung ebenfalls *Münch*, ZEV 2008, 571, 577.

verzichts sichergestellt, dass der durch die ehevertragliche Inhaltskontrolle verfolgte Zweck, den schwächeren Ehegatten für den Scheidungsfall zu schützen, auch tatsächlich umfänglich erreicht wird. Schließlich wird durch eine solch differenzierte Betrachtung auch verhindert, dass aufgrund eines nie relevant gewordenen Unterhaltsverzichts im Falle der Ehebeendigung durch Tod letztlich ein Erb- oder Pflichtteilsrecht zugesprochen wird.

Die Beurteilung der Wirksamkeitsdependenzen im Rahmen einer Gesamtvereinbarung sollte mithin unter der Prämisse der Existenz zweier voneinander unabhängiger Ebenen erfolgen; einerseits dem Gesamtregelungsmodell für den Fall der Scheidung, andererseits dem Regelungsmodell für den Fall der Ehelösung durch Tod.[899] Die Teilnichtigkeit einer Einzelregelung wird dann nur die Nichtigkeit der Regelungen der Ebene nach sich ziehen, zu der auch die nichtige Regelung selbst zählt, während sie die andere Ebene davon unbeeinflusst bestehen lässt.

899 Ganz ähnlich auch *Wiemer*, S. 164.

# Zusammenfassung

## Übertragung der Grundsätze ehevertraglicher Inhaltskontrolle

Die erste in dieser Arbeit zu behandelnde Aufgabe bestand darin, zu klären, ob und inwieweit sich die besonderen Grundsätze der ehevertraglichen Inhaltskontrolle auch auf die gerichtliche Überprüfung von Erb- und Pflichtteilsverzichten übertragen lassen. Geprägt wird die Inhaltskontrolle von Eheverträgen zum einen durch die Kernbereichssystematik, zum anderen durch das zweistufige Prüfungsmodell in Form von Wirksamkeits- und Ausübungskontrolle.

### I. Kernbereichssystematik

Im Hinblick auf eine Fruchtbarmachung der Kernbereichssystematik zur Inhaltskontrolle von Erb- und Pflichtteilsverzichtsvereinbarungen gilt es zunächst zwischen dem Verzicht auf das gesetzliche Erbrecht an sich, dem Verzicht auf eine letztwillige Zuwendung und dem Verzicht auf das Pflichtteilsrecht ebenso zu trennen, wie zwischen dem jeweiligen abstrakt-verfügenden Verzichtsgeschäft einerseits und dem entsprechenden Verpflichtungsgeschäft andererseits.

Eine Anwendung der zur Feststellung von Sittenwidrigkeit entwickelten Kernbereichssystematik auf jegliche der hier interessierenden abstrakt-verfügenden Verzichtsgeschäfte scheidet dabei von vornherein deshalb aus, weil sie zum einen als wertneutral gelten und zum anderen ausdrücklich vom Gesetz vorgesehen sind.

Im Hinblick auf eine Übertragung der Kernbereichssystematik auf die entsprechenden Kausalgeschäfte fehlt es bezüglich der Kausalverträge zum Verzicht (nur) auf das gesetzliche Erbrecht sowie zum Zuwendungsverzicht an einem überzeugenden Ansatzpunkt.

Anderes gilt jedoch für das Kausalgeschäft zum Pflichtteilsverzicht. Zwar handelt es sich auch beim Pflichtteilsrecht nicht um eine gesetzliche Scheidungsfolge. Zum einen aber indiziert bereits die normative Ausgestaltung des einfachen-, wie des Verfassungsrechts, ein den gesetzlichen Scheidungsfolgen vergleichbar hohes

Schutzbedürfnis des Pflichtteilsrechts der nahen Angehörigen. Zum anderen bietet die zentrale Stellung der Unterhaltsansprüche im System der Kernbereichslehre hier einen überzeugenden Ansatzpunkt für deren Anwendung im Rahmen der Inhaltskontrolle des Kausalvertrags zum Pflichtteilsverzicht. Denn dem Pflichtteilsrecht kommt zwar – insbesondere aufgrund seiner Bedarfsunabhängigkeit – keine generelle Unterhaltsfunktion zu. Ungeachtet dieses Umstands konnte jedoch sowohl eine normativ-dogmatische Betrachtung als auch eine Beurteilung aus einem sozial-demografischen Blickwinkel zeigen, dass das Pflichtteilsrecht immer dann, wenn derjenige, der auf seinen Pflichtteil nach dem Erblasser verzichtet hat, beim Erbfall von diesem unterhaltsabhängig war, eine Unterhaltsersatzfunktion übernimmt. In Fällen also, in denen eine solche Unterhaltsersatzfunktion des Pflichtteils im Raume steht, erscheint es durchaus denkbar, die Grundsätze der Kernbereichssystematik auch für die Inhaltskontrolle eines Kausalvertrags zum Verzicht auf das Pflichtteilsrecht fruchtbar zu machen; dies gilt für den Verzicht eines Verwandten des Erblassers zunächst ebenso wie für den Verzicht seines Ehegatten.

Keinen überzeugenden Ansatzpunkt für eine Anwendung der Kernbereichslehre im Rahmen der Inhaltskontrolle von Kausalverträgen zum Pflichtteilsverzicht bietet hingegen eine Betrachtung unter dem Blickwinkel einer möglichen Drittbelastung. Denn ungeachtet der schwierigen Frage, ob eine Drittbelastung infolge eines Pflichtteilsverzichts überhaupt sittenwidrig sein kann, bietet die Kernbereichssystematik jedenfalls kein geeignetes Instrumentarium eine durch Drittbelastung begründete Sittenwidrigkeit festzustellen, da diese typischerweise nicht das Resultat gestörter Vertragsparität, sondern vielmehr kollusiven Zusammenwirkens der Vertragspartner ist.

Hinsichtlich des Kausalgeschäfts zum Pflichtteilsverzicht speziell eines Ehegatten liegt eine Kontrolle anhand der Grundsätze der Kernbereichslehre schließlich nicht nur nahe sondern ist gar geboten. Denn nach zutreffender, wenn auch umstrittener, Sichtweise kommt dem Pflichtteilsverzicht eines Ehegatten eine unterhaltsrechtliche Fernwirkung auf die Ansprüche aus § 1586 b, bzw. §§ 1933 S. 3, 1586 b BGB zu. Der Verzicht auf das Pflichtteilsrecht bewirkt, dass auch die durch diese Normen bestimmte Verlängerung eines nachehelichen Unterhaltsanspruchs gegen die Erben des zu nachehelichem Unterhalt verpflichteten Ex-Gatten entfällt. Da die Ansprüche aus § 1586 b, bzw. §§ 1933 S. 3, 1586 b BGB jedoch alle nachehelichen Unterhaltstatbestände der §§ 1570 ff. BGB umfassen, wirkt der Pflichtteilsverzicht im Falle des frühen Vorversterbens des unterhaltspflichtigen Ex-Gatten nach der Scheidung folglich wie ein Globalverzicht auf nachehelichen Unterhalt. Aus diesem Grunde ist der sozial schwächere Ehegatte hier ebenso schutzbedürftig wie beim Abschluss eines Ehevertrages.

Die tatsächliche Bedeutung der Anwendung der Kernbereichslehre auf Pflichtteilsverzichtsverträge lässt sich jedoch erst dann erkennen, wenn geklärt ist, in welchem Rang der Pflichtteil in der Kernbereichssystematik steht. Aufgrund seiner generellen Bedarfsunabhängigkeit scheint dabei eine Rangeinstufung noch hinter dem bereits auf der untersten Stufe der Kernbereichsleiter stehenden Anspruch auf Zugewinnausgleich nahe liegend. Eine solche Einordnung griffe jedoch zu kurz, weil sie nur in denjenigen Konstellationen sachgerecht erscheint, in denen eine Anwendung der Kernbereichslehre ohnehin nicht in Betracht kommt; namentlich also dann, wenn eine Unterhaltsfunktion des Pflichtteils nicht im Raume steht und der Pflichtteilsverzicht sich auch nicht auf nacheheliche Unterhaltsansprüche auswirkt.

Liegt ein solcher Unterhaltsbezug jedoch vor, so ist es nur konsequent, den Pflichtteil im System der Kernbereichslehre auch entsprechend höher anzusiedeln. Zur näheren Präzisierung des konkreten Rangs ist dann allerdings zwischen dem Verwandtenpflichtteil und dem Ehegattenpflichtteil zu differenzieren.

Hinsichtlich des Verwandtenpflichtteils kommt es insoweit entscheidend darauf an, auf welchem inneren Grund der durch ihn substituierte Verwandtenunterhaltsanspruch beruhte. Die entsprechende Bedürftigkeitslage ist dann, wenn möglich, ins System der auf den nachehelichen Unterhalt zugeschnittenen Kernbereichslehre einzuordnen. Eine wirklich präzise Einordnung scheitert jedoch daran, dass die für die Rangbestimmung der nachehelichen Unterhaltsansprüche ganz wesentlichen Aspekte der nachehelichen Solidarität und des ehebedingten Nachteilsausgleichs nicht direkt übertragbar sind. Auch lässt sich der Unterhaltsanspruch wegen Minderjährigkeit nur mittelbar in das System der nachehelichen Unterhaltsansprüche einordnen.

Die Kernbereichssystematik ist daher für die Bestimmung der Dispositionsgrenzen des Verwandtenpflichtteils nur beschränkt brauchbar. Immerhin aber lässt sich ihr entnehmen, dass diese Grenzen umso enger zu ziehen sind, je größer die Bedeutung des Pflichtteils für den Verzichtenden ist und je stärker der Erblasser als Verzichtsempfänger (mit)verantwortlich für die entsprechende Bedürftigkeitslage ist.

Der Ehegattenpflichtteil hingegen lässt sich präziser in die Rangleiter der Kernbereichslehre einstufen. Denn nimmt man den Gedanken der Möglichkeit zur Übernahme von Unterhaltsfunktionen durch den Ehegattenpflichtteil ernst, so muss sich sein Rang – und damit der Umfang seiner Disponibilität – nach dem Rang des nachehelichen Unterhaltsanspruchs richten, dessen Funktion er im Falle der Beendigung der Ehe durch Tod, statt durch Scheidung, übernimmt. Insbesondere können auf diese Weise auch die so wichtigen Aspekte der nachehelichen Solidarität und des ehebedingten Nachteilsausgleichs angemessen berücksichtigt werden.

Ungeachtet der Unterhaltsfunktion des Pflichtteils ergibt sich aus der de lege lata richtigerweise anzunehmenden unterhaltsrechtlichen Fernwirkung des Pflichtteilsverzichts eines Ehegatten jedoch ohnehin die Notwendigkeit, den Pflichtteil des Ehegatten in den höchsten Rang im System der Kernbereichslehre einzuordnen.

Denn aufgrund seiner unterhaltsrechtlichen Fernwirkung wirkt sich der Pflichtteilsverzicht im Falle des frühen Vorversterbens des Unterhaltsschuldners nach der Scheidung wie ein Globalverzicht auf nachehelichen Unterhalt aus und umfasst damit auch die zum engsten Kernbereich zählenden Unterhaltsansprüche. Hinsichtlich seiner Disponibilität muss er daher ebenso behandelt werden, wie ein entsprechender Globalverzicht auf nachehelichen Unterhalt im Rahmen eines Ehevertrages.

Um die Sittenwidrigkeit eines Verzichts auf den Pflichtteil zu verhindern, liegt in erster Linie die Vereinbarung einer Abfindung nahe. Deren kompensatorische Wirkung bemisst sich dabei ausschließlich daran, ob sie geeignet erscheint, den Verzichtenden in die Lage zu versetzen, seinen Unterhalt nach dem Tod des Verzichtsempfängers aus ihr zu bestreiten. Irrelevant ist daher, ob die gezahlte Abfindungssumme im Vergleich zum Vermögen des Erblassers und einem danach zu bestimmenden hypothetischen Pflichtteil angemessen erscheint.

## II. Die zweistufige Kontrolle

### *1. Wirksamkeitskontrolle*

Unter Anwendung der Grundsätze der Kernbereichslehre dient die Wirksamkeitskontrolle der Feststellung der Sittenwidrigkeit vertraglicher Abreden. Ihre Anwendung auf die abstrakt-verfügenden Verzichtsgeschäfte muss daher ausscheiden, weil diese aus oben bereits genannten Gründen nicht sittenwidrig sein können.

Hinsichtlich einer Wirksamkeitskontrolle der Kausalgeschäfte zum isolierten Pflichtteilsverzicht oder vorbehaltlosen Erbverzicht bestehen hingegen zunächst keine Besonderheiten. Zu beachten ist jedoch, dass sich die Wirksamkeitskontrolle stets allein auf den Zeitpunkt des Vertragsschlusses bezieht. Im gegebenen Kontext ist es daher insbesondere denkbar, dass sich die Nichtigkeit eines Kausalvertrags zum Erb- oder Pflichtteilsverzicht erst anlässlich eines viele Jahre später eintretenden Erbfalls herausstellt, obwohl die zur Annahme der Sittenwidrigkeit führenden Gründe nun längst nicht mehr vorliegen. Die Aufgabe des Rechtsberaters wird daher auch im Rahmen einer fortgeschrittenen, auf einem Jahre zuvor erklärten Erb- oder Pflichtteilsverzicht beruhenden Nachfolgeplanung darin bestehen, die genauen Umstände des damals erklärten Verzichts zu erforschen, um der Gefahr der Sittenwidrigkeit im Interesse einer sicheren Nachfolgeregelung begegnen zu können.

Eine besondere Problematik kann sich zudem im Rahmen der Wirksamkeitskontrolle eines von Ehegatten geschlossenen Kausalvertrags zum Verzicht auf das Pflichtteilsrecht stellen. Sie wurzelt in der durch die unterhaltsrechtliche Fernwirkung begründeten Doppelnatur des Pflichtteilsverzichts als erbrechtlicher Verzicht einerseits und unterhaltsrechtlich wirkender Verzicht andererseits. Denn so erschiene es denkbar, dass ein nur aufgrund der unterhaltsrechtlichen Fernwirkung für sittenwidrig erachteter Kausalvertrag zum Pflichtteilsverzicht im Falle der Ehelösung durch Tod letztlich zur Zuerkennung erbrechtlicher Teilhabe führt, obwohl die unterhaltsrechtliche Fernwirkung hier nie relevant geworden ist. Um dieses paradoxe Ergebnis zu vermeiden, ist die Erklärung zum Pflichtteilsverzicht in einen erbrechtlichen- und einen unterhaltsrechtlichen Teil aufzuspalten und jeder dieser beiden Teile hinsichtlich seiner Wirksamkeit getrennt zu beurteilen.

### *2. Ausübungskontrolle*

Als besondere Form einer nachträglichen Vertragsanpassung setzt die Anwendung der Ausübungskontrolle zunächst die generelle Möglichkeit zur nachträglichen Korrektur der ihr unterworfenen Rechtsgeschäfte voraus. Für die hier interessierenden Kausalgeschäfte bestehen dabei keine Besonderheiten. Gleiches gilt für den abstrakt-verfügenden Pflichtteilsverzicht. Der Erbverzicht allerdings ist jedenfalls nach dem Erbfall aus Gründen der Rechtssicherheit einer solch nachträglichen Anpassung verschlossen.

Der immer wieder als Argument gegen die Ausübungskontrolle bemühte aleatorische Charakter von Erb- oder Pflichtteilsverzichtsverträgen hindert eine nachträgliche Anpassung nur soweit, wie das durch diesen Begriff beschriebene typische Risiko des Erb- oder Pflichtteilsverzichts reicht. Dieses umfasst jedoch nicht ohne weiteres auch den Verlust der zur Existenzsicherung notwendigen Mittel auf der Seite des Verzichtenden. Der aleatorische Charakter von Erb- und Pflichtteilsverzichten steht daher einer nachträglichen Anpassung, die sich auf die unerwartet eingetretene Unterhaltsbedürftigkeit des Verzichtenden zum Zeitpunkt des Erbfalls stützt, jedenfalls nicht grundsätzlich entgegen.

Ausgehend von der Prämisse, nach der eine Ausübungskontrolle anhand von § 242 BGB (nur) dort in Betracht kommen kann, wo eine nachträgliche Vertragsanpassung anhand von § 313 BGB ausscheiden muss, konnte gezeigt werden, dass ein derart beschriebener potentieller Anwendungsbereich der Ausübungskontrolle auch beim Erb- oder Pflichtteilsverzicht durchaus vorhanden ist. Die nach ehevertraglichem Vorbild durchgeführte Ausübungskontrolle eines abstrakt-verfügenden Erb- oder Pflichtteilsverzichts kommt dabei allerdings nicht ernsthaft in Betracht.

Für die Durchführung der Ausübungskontrolle des Kausalvertrags lässt sich der vom BGH bezüglich der Ausübungskontrolle von Eheverträgen abgesteckte Prüfungsrahmen jedoch entsprechend umformulieren. Im Rahmen einer daran orientierten Prüfung ist zunächst entscheidend, ob der Pflichtteil beim Erbfall die Funktion eines lebzeitigen Unterhaltsanspruchs gegen den Erblasser übernommen hätte. Ist dies der Fall, so bestimmt sich der Rang des Pflichtteils im Kernbereichssystem auch hier nach dem Rang des durch ihn substituierten Unterhaltsanspruchs, für den nicht zuletzt auch der Grad der (Mit)Verantwortung des Erblassers an der Bedürftigkeit des Verzichtenden beim Erbfall entscheidend ist.

Als im Rahmen der Ausübungskontrolle zu beachtender Belang des Erblassers erscheint insbesondere dessen Interesse an Planungssicherheit bezüglich seiner Nachfolgeregelungen. Da das Ergebnis einer Ausübungskontrolle jedoch allenfalls in der Zubilligung der Mittel liegen wird, die der Verzichtende zur Bestreitung seines Lebensunterhalts benötigt – keineswegs zwangsläufig also in der Zuerkennung eines sofort fälligen Pflicht- oder gar Erbteils in voller Höhe – wird die Nachfolgeregelung nur in seltenen Ausnahmefällen tatsächlich bedroht sein. Insbesondere erscheint die Notwendigkeit einer Unternehmenszerschlagung oder der Verkauf eines Familienheims aus diesem Grunde höchst unrealistisch.

Eine bei Vertragsschluss gezahlte Abfindung bietet schließlich – auch wenn sie im Verzichtszeitpunkt durchaus angemessen war – keine vollständige Sicherheit vor einem gerichtlichen Eingriff im Rahmen der Ausübungskontrolle, insbesondere weil sie beim Erbfall auch aus ehe- bzw. beziehungsbedingten Gründen nicht mehr zur Verfügung stehen kann. Um der gerichtlichen Ausübungskontrolle wirksam vorzubeugen, sollten daher Mechanismen vorgesehen werden, die eine Kompensation des Verzichtenden erst beim Erbfall und nur im Falle seiner ehe- bzw. beziehungsbedingten Bedürftigkeit vorsehen; etwa ein erbvertraglich bindendes und durch die entsprechende Bedürftigkeit des Verzichtenden bedingtes Rentenvermächtnis.

## Korrelierende Ehe- und Erb- oder Pflichtteilsverzichtsverträge

Die zweite zur Bearbeitung gestellte Problematik betraf das Verhältnis von miteinander korrelierenden Eheverträgen einerseits und Erb- oder Pflichtteilsverzichtsverträgen andererseits.

In diesem Rahmen wurde zunächst erarbeitet, dass sich die Intensität der richterlichen Kontrolle eines Erb- oder Pflichtteilsverzichts nicht – wie teilweise in der Literatur vertreten – danach bemessen kann, ob er zusammen mit einem Ehevertrag abgeschlossen wurde oder nicht.

Hinsichtlich der Frage, ob ein zusätzlich zu dem (teilweisen) Ausschluss nachehelicher Ansprüche vereinbarter Erb- oder Pflichtteilsverzicht die ehevertraglichen Verzichtswirkungen zur Sittenwidrigkeit der Gesamtvereinbarung zu verdichten vermag, gilt es wiederum zwischen den erbrechtlichen und unterhaltsrechtlichen Wirkungen des Erb- oder Pflichtteilsverzichts zu unterscheiden. Nicht in Betracht kommt eine Belastungskumulation durch die nur im Erbfall relevanten erbrechtlichen Wirkungen. Zumindest denkbar erscheint dies jedoch bezüglich der unterhaltsrechtlichen Fernwirkung. In diesem Fall müsste allerdings wiederum der erbrechtliche Teil des Erb- oder Pflichtteilsverzichts bestehen bleiben, um auch hier zu verhindern, dass nicht im Falle der Lösung der Ehe durch Tod eine erbrechtliche Teilhabe aufgrund eines nie relevanten Unterhaltsverzichts gewährt wird.

Die Unterscheidung zwischen dem erbrechtlichen und dem unterhaltsrechtlichen Teil eines Erb- oder Pflichtteilsverzichts unter Ehegatten bildet schließlich auch den Schlüssel zur Behandlung der Wirksamkeitsdependenzen bei der Nichtigkeit nur eines Teils einer aus Ehevertrag und Erb- oder Pflichtteilsverzicht bestehenden Gesamtvereinbarung. Im Ergebnis ist eine solche Gesamtvereinbarung in zwei Regelungsmodelle aufzuspalten: eines für den Fall der Lösung der Ehe durch Scheidung, ein weiteres für den Fall der Lösung der Ehe durch Tod. Die Nichtigkeit einer Einzelregelung infiziert dann nur die weiteren Regelungen des Regelungsmodells, zu dem sie auch selbst zählt, während das andere Regelungsmodell hiervon unbeeinflusst bestehen bleibt.

# Fazit

Eine Übertragung der Grundsätze ehevertraglicher Inhaltskontrolle auf die gerichtliche Überprüfung von Erb- oder Pflichtteilsverzichtsverträgen wird in der Literatur bisher weitgehend abgelehnt. Die Ergebnisse dieser Arbeit sprechen jedoch zum Teil eine andere Sprache. Sie wenden sich insbesondere gegen eine allzu pauschale Beurteilung. So konnten sie zeigen, dass eine an den Grundsätzen ehevertraglicher Inhaltskontrolle orientierte richterliche Überprüfung von Kausalverträgen zum Verzicht auf das gesetzliche Pflichtteilsrecht nicht nur möglich, sondern oft auch angebracht erscheint, wenn zwischen den Verzichtsparteien bei Vertragsschluss oder beim Erbfall Unterhaltsabhängigkeiten bestehen.

Für den Kausalvertrag zum Pflichtteilsverzicht zwischen Ehegatten ist eine solche Kontrolle – insbesondere aufgrund der unterhaltsrechtlichen Fernwirkung eines Pflichtteilsverzichts – sogar geboten. Insofern nämlich wäre nach den Ausführungen der Arbeit nicht einzusehen, weshalb der für den Bereich der Eheverträge geltende Gedanke, „abdingbare Teilhabe – unabdingbare Verantwortung“[900], nicht auch hier Geltung beanspruchen sollte.

Hinsichtlich der Wirksamkeitsdependenzen bei einer Gesamtvereinbarung aus Ehevertrag und Erb- oder Pflichtteilsverzicht bleibt festzuhalten, dass die Sittenwidrigkeit des Verzichts auf nacheheliche Unterhaltsansprüche ebenso wenig zur Zuerkennung erbrechtlicher Teilhabe führen muss, wie die Sittenwidrigkeit des Verzichts auf eben diese erbrechtliche Teilhabe den Bestand der für den Fall der Scheidung getroffenen Regelungen tangieren wird.

Insgesamt erscheint es nach den Ergebnissen dieser Arbeit somit nicht ausgeschlossen, dass die Geschichte der richterlichen Inhaltskontrolle in absehbarer Zeit um ein entsprechendes Kapitel erweitert werden wird. Vor diesem Hintergrund sollte die Kautelarpraxis in Zukunft daher insbesondere drei Punkte beachten:

1. Dem Erb- oder Pflichtteilsverzicht eines Ehegatten sollte im notariellen Vertrag ausdrücklich jede Auswirkung auf die Ansprüche aus §§ 1586 b BGB, bzw. §§ 1933 S. 3, 1586 b BGB abgesprochen werden, zumindest aber die Frage ei-

900 So *Dauner-Lieb/Sanders*, FPR 2005, 141 und *Münch*, DNotZ 2005, 819.

nes gegen die Erben fortgesetzten nachehelichen Unterhaltsanspruchs ausdrücklich geregelt werden.

2. Sowohl vor Abschluss eines Erb- oder Pflichtteilsverzichts als auch im Rahmen einer fortgeschrittenen Nachfolgeplanung, die auf einem bereits zuvor erklärten Verzicht basiert, ist höchste Aufmerksamkeit auf die Frage zu lenken, ob zwischen den Verzichtsparteien akute Unterhaltsabhängigkeiten bestehen oder bestanden.
3. Um der Gefahr einer nachträglichen Vertragsanpassung infolge richterlicher Ausübungskontrolle vorzubeugen, kann es angezeigt sein, dem Verzichtenden zeitgleich mit der Erklärung des Erb- oder Pflichtteilsverzichts ein erbvertraglich bindendes und durch eine entsprechende Bedürftigkeit bedingtes Rentenvermächtnis auszusetzen.

# Literaturverzeichnis


*Armbrüster,* Christian: Anmerkung zum Urteil des OLG Köln vom 09. 12. 2009 – 2 U 46/09, ZEV 2010, 88.

*Bamberger*, Georg/*Roth*, Herbert: Kommentar zum Bürgerlichen Gesetzbuch, Band 3, München 2003 (zit.: *Bamberger/Roth-Bearbeiter*)

*Barnert*, Thomas: Die formelle Vertragsethik des BGB im Spannungsverhältnis zum Sonderprivatrecht und zur Judikativen Kompensation der Vertragsdisparität, Heidelberg 1999, (zit.: *Barnert*)

*Baron*, Julius: Das Erbrecht in dem Entwurf eines Bürgerlichen Gesetzbuches für das Deutsche Reich, AcP 75 (1889), 177.

*Bauer*, Andreas: Die innere Rechtfertigung des Pflichtteilsrechts – Eine rechtsgeschichtliche, rechtsvergleichende und soziologische Betrachtung –, Bielefeld 2008 (zit.: *Bauer*)

*Baumbach*, Adolf/*Hueck*, Alfred: GmbH-Gesetz, Kurzkommentar, 15. Auflage, München 1988 (zit.: *Baumbach/Hueck-Bearbeiter*)

*Becker*, Michael: Vertragsfreiheit, Vertragsgerechtigkeit und Inhaltskontrolle, WM 1999, 709.

*Bender*, Bernd: Zur Methode der Rechtsfindung bei der Auslegung und Fortbildung gesetzten Rechts, JZ 1957, 593.

*Bengel*, Manfred: Die gerichtliche Kontrolle von Pflichtteilsverzichten, ZEV 2006, 192.

*Bergschneider*, Ludwig: Der Tod des Unterhalsverpflichteten – Praktische Anmerkungen zu § 1586b BGB, FamRZ 2003, 1049.

*ders*:. Anmerkung zum Urteil des LG Ravensburg vom 31.1.2008 – 2 O 338/07, FamRZ 2008, 1289.

*ders.*: Zur Inhaltskontrolle bei Eheverträgen – Das Urteil des BVerfG v. 6. 2. 2001 und seine Konsequenzen für die Praxis, FamRZ 2001, 1337.

*ders.*: Anmerkung zum Urteil des OLG Koblenz vom 13.1.2004 – 11 UF 713/02, FamRZ 2004, 807.

*ders.*: : Eheverträge und Scheidungsvereinbarungen, FamRZ 2004, 1757.

*Blomeyer*, Wolfgang: Die „Billigkeitskontrolle" der abändernden Betriebsvereinbarung über betriebliche Ruhegelder, JA 1984, 926.

*Boecken*, Winfried: BGB – Allgemeiner Teil, Stuttgart 2007 (zit.: *Boecken*)

*Boehmer*, Gustav: Zur Rechtsform des Pflichtteilsrechts, AcP 144 (1938), 32.

*Boemke-Albrecht*, Burkhard: Rechtsfolgen unangemessener Bestimmungen in allgemeinen Geschäftsbedingungen, München 1989 (zit.: *Boemke-Albrecht*)

*Bork*, Reinhard: Allgemeiner Teil des Bürgerlichen Gesetzbuches, 2. Auflage, Tübingen 2006 (zit.: *Bork*)

*Brambring*, Günter: Teil- oder Gesamtnichtigkeit beim Ehevertrag, NJW 2007, 865.

*ders.*: Anmerkung zum Urteil des BGH vom 20. 2. 1986 – VII ZR 318/84, DNotZ 1986, 613.

*ders.*: Führt die Teilnichtigkeit zur Gesamtnichtigkeit von Eheverträgen?, FPR 2005, 130.

*Braun*, Reiner/*Burger*, Florian/*Miegel*, Meinhard/*Pfeiffer*, Ulrich/*Schulte*; Karsten: Erben in Deutschland, Köln 2002

*Brehm*, Wolfgang: Allgemeiner Teil des BGB, 6. überarbeitete Auflage, Stuttgart 2008 (zit.: *Brehm*)

*Brox*, Hans: Fragen der rechtsgeschäftlichen Privatautonomie, JZ 1966, 761.

*Brox*, Hans/*Rüthers*, Bernd/*Henssler*, Martin: Arbeitsrecht, 17. Auflage, Stuttgart 2007 (zit.: *Brox/Rüthers/Henssler*)

*Busche*, Jan: Privatautonomie und Kontrahierungszwang, Tübingen 1999 (zit.: *Busche*)

*Bydlinski*, Franz: Juristische Methodenlehre und Rechtsbegriff, 2. Auflage, Wien 1991 (zit.: *Bydlinski*, Methodenlehre)

*Canaris*, Claus-Wilhelm: Wandlungen des Schuldvertragsrechts – Tendenzen zu seiner „Materialisierung", AcP 2000 (200), 273.

*ders.*: Systemdenken und Systembegriff in der Jurisprudenz – entwickelt am Beispiel des deutschen Privatrechts, 2. Auflage, Berlin 1983 (zit.: *Canaris*, Systemdenken)

*Coester-Waltjen,* Dagmar: Inhaltskontrolle von Verträgen außerhalb des AGBGB, AcP 190 (1990), 1.

*dies.*: Liebe – Freiheit – gute Sitten Grenzen autonomer Gestaltung der Ehe und ihre Folgen in der Rechtsprechung des Bundesgerichtshofs, in: 50 Jahre Bundesgerichtshof, Festgabe aus der Wissenschaft, Band 1, München 2000 (zit.: *Coester-Waltjen*, in 50 Jahre BGH (Bd. 1))

*Coing*, Helmut: Grundlagenirrtum bei vorweggenommener Erbfolge, NJW 1967, 1777.

*ders.*: Empfiehlt es sich, das gesetzliche Erbrecht und Pflichtteilsrecht neu zu regeln?, in: Verhandlungen des 49. Deutschen Juristentages, München 1972 (zit.: *Coing*, Verhandlungen des 49. DJT)

*Damm*, Reinhard: Kontrolle von Vertragsgerechtigkeit durch Rechtsfolgenbestimmung, JZ 1986, 913.

*Damrau*, Jürgen: Der Erbverzicht als Mittel Zweckmäßiger Vorsorge für den Todesfall, Bielefeld 1966 (zit.: *Damrau*, Erbverzicht)

*ders.*: Praxiskommentar Erbrecht, Angelbachtal 2004 (zit.: *Damrau/Bearbeiter*) *ders.:* Anmerkung zum Beschluss des OLG Celle vom 8. 7. 2003 – 6 W 63/03 –, ZEV 2004, 157.

*ders.:* Das Behinderten-Testament mit Vermächtnislösung, ZEV 1998, 1.

*Dauner-Lieb*, Barbara: Reichweite und Grenzen der Privatautonomie im Ehevertragsrecht, AcP 201 (2001), 295.

*dies.:* Bedarf es einer Reform des Pflichtteilsrechts?, DNotZ 2001, 460.

*dies.:* Das Pflichtteilsrecht – Ketzerische Fragen an ein altehrwürdiges Institut –, FF SH 2001, 16 ff.

*dies.:* Anmerkung zum Urteil des BGH vom 11. 2. 2004 – XII ZR 265/02, JZ 2004, 1027.

*Dauner-Lieb*, Barabara/*Sanders*, Anne: Abdingbare Teilhabe – unabdingbare Verantwortung? – Grenzen güterrechtlicher Vereinbarungen im Lichte der Rechtsprechung des BVerfG und des BGH, FPR 2005, 141.

*Dieckmann*, Albrecht: Zur Auswirkung eines Erb- oder Pflichtteilsverzichts auf die nachehelichen Unterhaltsansprüche eines (früheren) Ehegatten, NJW 1980, 2777.

*ders.:* Pflichtteilsverzicht und nachehelicher Unterhalt, FamRZ 1992, 633.

*ders.:* Kein nachehelicher Unterhaltsanspruch gegen den Erben nach Erb- oder Pflichtteilsverzicht – Eine Erwiderung, FamRZ 1999, 1029.

*Ebenroth*, Carsten Thomas: Erbrecht, München 1992 (zit.: *Ebenroth*)

*Edenfeld*, Stefan: Europäische Entwicklungen im Erbrecht, ZEV 2001, 457.

*Eggert*, Clemens: Die Inhaltskontrolle von Eheverträgen, Konstanz 2007 (zit.: *Eggert*)

*Engelmann*, Jacqueline: Letztwillige Verfügungen zugunsten Verschuldeter oder Sozialhilfebedürftiger, 2. Auflage, Köln 2001 (zit.: *Engelmann*)

*Erman*, Walter: Handkommentar zum BGB Band I, §§ 1-758, 12. Auflage, München 2008; Band II, §§ 759-2385, 12. Auflage, München 2008 (zit.: *Erman/Bearbeiter*)

*Fastrich*, Lorenz: Richterliche Inhaltskontrolle im Privatrecht, München 1992 (zit.: *Fastrich*)

*Flume*, Werner: Allgemeiner Teil des Bürgerlichen Rechts, 2. Band, Das Rechtsgeschäft, 4. Auflage, Berlin 1992 (zit.: *Flume*, Rechtsgeschäft)

*ders.:* Rechtsgeschäft und Privatautonomie, in: Hundert Jahre Deutsches Rechtsleben, Festschrift zum hundertjährigen Bestehen des Deutschen Juristentages, Karlsruhe 1960 (zit.: *Flume*, FS DJT)

*Frank*, Rainer: Erbrecht, 4. Auflage, München 2007 (zit.: *Frank*)

*Frenz*, Norbert: Einzelprobleme der Gestaltung von Pflichtteilsverzichten, in: Bundesrechtsanwaltskammer, Bundesnotarkammer (Hrsg.), Festschrift 50 Jahre Deutsches Anwaltsinstitut e.V, Recklinghausen 2003 (zit.: *Frenz*, in FS 50 Jahre DAI)

*Frieser*, Andreas: Kompaktkommentar Erbrecht, 2. Auflage, Neuwied 2007 (zit.: KK-Erbrecht/*Bearbeiter*)

*Gageik*, Astrid: Wirksamkeits- und Ausbübungskontrolle von Eheverträgen unter Berücksichtigung der aktuellen Rechtsprechung seit der Entscheidung des BGH vom 11.02.2004, FPR 2005, 122.

*Gaier*, Reinhard: Die Bedeutung der Grundrechte für das Erbrecht, ZEV 2006, 2.

*Gerken*, Ulrich Zur Familien und Lebenssituation alter Menschen – Wandel in den Grundlagen des Erbrechts, ZRP 1991, 426.

*Gernhuber*, Joachim: Testierfreiheit, Sittenordnung und Familie, FamRZ 1960, 326.

*v. Gierke*, Otto: Die soziale Aufgabe des Privatrechts, Berlin 1889 (zit.: *Gierke*, soziale Aufgabe)

*Goebel*, Joachim: In guten, nicht in schlechten Tagen? – Sechs Thesen zur richterlichen Kontrolle von Unterhaltsverzichten – , FamRZ 2003, 1513.

*Göppinger*, Horst: Unterhaltsrecht, 9. Auflage, *Wax*, Peter: Bielefeld 2008 (zit.: *Göppinger/Wax*)

*Grube*, Christian/*Wahrendorf*, Volker: SGB XII – Sozialhilfe, Kommentar, München 2005 (zit.: *Grube/Wahrendorf*, SGB XII)

*Grziwotz*, Herbert: Pflichtteilsverzicht und nachehelicher Unterhalt, FamRZ 1991, 1258.

*ders.:* Sittenwidrigkeit und Ausübungskontrolle als Grenzen von Eheverträgen, FF 2001, 41.

*ders.:* Anmerkung zum Urteil des BGH vom 25. 10. 2006 – XII ZR 144/04, DNotZ 2007, 130.

*Haas*, Ulrich: Ist das Pflichtteilsrecht verfassungswidrig?, ZEV 2000, 249.

*Habersack*, Mathias: Richtigkeitsgewähr notariell beurkundeter Verträge, AcP 189 (1989), 403.

*Hager*, Johannes: Gesetzes- und sittenkonforme Auslegung und Aufrechterhaltung von Rechtsgeschäften, München 1983 (zit.: *Hager*)

*Hahne*, Meo-Micaela: Grenzen ehevertraglicher Gestaltungsfreiheit, DNotZ 2004, 84.

*dies.:* Vertragsfreiheit im Familienrecht, in: Schwab/Hahne (Hrsg.), Familienrecht im Brennpunkt, Bielefeld 2004 (zit.: *Hahne*, in Schwab/Hahne)

*Hattenhauer*, Hans: Grundbegriffe des Bürgerlichen Rechts, 2. Auflage, München 2000 (zit.: *Hattenhauer*)

*Hausmann*, Rainer/*Hohloch*, Gerhard: Handbuch des Erbrechts, Berlin 2008 (zit.: *Hausmann/Hohloch – Bearbeiter*)

*Heinrich*, Christian: Formale Freiheit und materielle Gerechtigkeit, Tübingen 2000 (zit.: *Heinrich*)

*Heinrichs*, Helmut: Umsetzung der EG-Richtlinie über missbräuchliche Klauseln in Verbraucherverträgen durch Auslegung und Erweiterung des Anwendungsbereichs der Inhaltskontrolle, NJW 1995, 153.

*Heiß*, Beate/*Born*, Winfried: Unterhaltsrecht – Ein Handbuch für die Praxis, Loseblattsammlung, 35. Lieferung, Stand: Januar 2009, München 2009 (zit.: *Heiß/Born/Bearbeiter*)

*Hesse*, Konrad: Verfassungsrecht und Privatrecht, Heidelberg 1988 (zit.: *Hesse*)

*Hönn*, Günther: Entwicklungslinien des Vertragsrechts, JuS 1990, 953.

*ders.*: Inhaltskontrolle von Gesellschaftsverträgen, JA 1987, 337.

*ders.*: Wirksamkeitskontrolle als Instrument des allgemeinen Privatrechts zur Bewältigung von Ungleichgewichtslagen, JZ 1983, 677.

*ders.*: Kompensation gestörter Vertragsparität, München 1982 (zit.: *Hönn*, Vertragsparität)

*Hollmann*, Claus: Henning Pflichtteilsrecht und Familienzusammenhang, Baden-Baden 2007 (zit.: *Hollmann*)

*v. Hoyningen-Huene*, Gerrick: Die Billigkeit im Arbeitsrecht, Ein Beitrag zur rechtsdogmatischen Präzisierung der Billigkeit im Zivilrecht – dargestellt am Beispiel des Arbeitsrechts, München 1978 (zit.: *v. Hoyningen-Huene*)

*Huber*, Hans Christian: Das Pflichtteilsrecht – aus positivrechtlicher, rechtsvergleichender und rechtspolitischer Sicht, Aachen, 1999 (zit.: *Huber*)

*Hüffer*, Uwe: 100 Bände BGHZ: Personengesellschaftsrecht, ZHR 151 (1987), 396.

*Huhn*, Dieter/*von Schuckmann*, Hans Joachim: Beurkundungsgesetz und Dienstordnung für Notare, 4. Auflage, Berlin 2003 (zit.: *Huhn/von Schuckmann/Bearbeiter*)

*Ivo*, Malte: Die Erbschaftsausschlagung eines Sozialhilfeempfängers, FamRZ 2003, 6.

*Jarass*, Hans/*Pieroth,* Bodo: Grundgesetz für die Bundesrepublik Deutschland. Kommentar, 9. Auflage, München 2007 (zit.: *Jarass/Pieroth*)

*Jauernig*, Othmar: Bürgerliches Gesetzbuch, 12. Auflage, München 2007 (zit.: *Jauernig/Bearbeiter*)

Juris Praxiskommentar: Bürgerliches Gesetzbuch, Band 2, Schuldrecht, 4. Auflage, Saarbrücken 2008 Band 5, Erbrecht, 4. Auflage, Saarbrücken 2008 (zit.: jurisPK-BGB/*Bearbeiter*)

*Kahlert*, Oliver: § 1586b BGB in der Rechtspraxis - Die passive Vererblichkeit des nachehelichen Unterhaltsanspruchs -, Münster 1997 (zit.: *Kahlert*)

*Kapfer*, Anja: Gerichtliche Inhaltskontrolle von Erb- und Pflichtteilsverzichtsverträgen?, MittBayNot 2006, 385.

*Keim*, Christopher: Erb- und pflichtteilsrechtliche Regelungen in Scheidungsfolgenvereinbarungen, FPR 2006 , 145.

*Keller*, Hilmar: Die Form des Erbverzichts, ZEV 2005, 229.

*Kesseler,* Christian: Anmerkung zum Urteil des BGH vom 09.07.2008 – XII ZR 6/07 -, FPR 2008, 577.

*Keuk,* Brigitte: Der Erblasserwille post testamentum – Zur Unzulässigkeit der testamentarischen Potestativbedingung, FamRZ 1972, 9.

*Kick*, Sabine: Ist das Pflichtteilsrecht noch zeitgemäß?, in: Jahrbuch junger Zivilrechtswissenschaftler 1996 – Das deutsche Zivilrecht 100 Jahre nach Verkündung des BGB – Erreichtes Verfehltes Übersehenes –, S. 167, Stuttgart 1996 (zit.: *Kick*, in JJZ 1996)

*Kipp*, Theodor/*Coing*, Helmut: Erbrecht, 14. Auflage, Tübingen 1990 (zit.: *Kipp/Coing*)

*Kittner*, Michael: Die Rechtsprechung des BVerfG Zur „Wiederherstellung gestörter Vertragsparität im Licht der ökonomischen Analyse des Rechts und von Deregulierungspostulaten, in: Festschrift für Thomas Dieterich zum 65. Geburtstag, München 1999 (zit.: *Kittner*, FS Dieterich)

*Klingelhöffer*, Hans: Empfiehlt es sich, die rechtliche Ordnung finanzieller Solidarität zwischen Verwandten im Bereich des Pflichtteilsrechts neu zu gestalten?, ZEV 2002, 293.

*Knobel*, Ulrike: Wandlungen im Verständnis der Vertragsfreiheit, Berlin 2000 (zit.: *Knobel*)

*Köbl*, Ursula: Schranken der Privatautonomie aufgrund Sozialhilferechts – eine grundsätzliche Orientierung, ZfSH/SGB 1990, 249.

*Köhler*, Wolfgang/*Luthin*, Horst: Handbuch des Unterhaltsrechts, 8. Auflage, München 1993 (zit.: *Köhler/Luthin*)

*Kollhosser*, Helmut: Aktuelle Fragen der vorweggenommenen Erbfolge, AcP 194 (1994), 231.

*Kornexl*, Thomas: Ehevertragsgestaltung als Störfallvorsorge, FamRZ 2004, 1609.

*Krampe*, Christoph: Testamentsgestaltung zugunsten eines Sozialhilfeempfängers, AcP 191 (1991), 526.

*Kroiß*, Ludwig: Die Reform des Pflichtteilsentziehungsrechts – Der Wegfall des Entziehungsgrundes des "ehrlosen und unsittlichen Lebenswandels", FPR 2008, 543.

*Krug*, Walter: § 1371 BGB – Ist die erbrechtliche Lösung gerecht und zeitgemäß?, FPR 2007, 164.

*Kuchinke*, Kurt: Unterhalt und Erb- oder
Pflichtteilsverzicht, FPR 2006, 125.

*ders.:* Bedarf der dem Erbverzicht zugrunde liegende Verpflichtungsvertrag notarieller Beurkundung? – Zugleich zur Heilung und Umdeutung nichtiger Verpflichtungsverträge, NJW 1983, 2358

*ders.:* Anmerkung zu OLG Hamm, Urteil vom 03.08.1999 – 10 U 3 /99 – , ZEV 2000, 512.

*ders.:* Zur Aufhebung eines Erbverzichts mit Drittwirkung, ZEV 2000, 169.

*Kühle*, Ulrich: Nachehelicher Unterhalt: Der Rang im Paarverhältnis in der Unterhaltsreform, in; Löhnig/Gietl (Hrsg.), Beiträge zur Reform des Familien- und Erbrechts, Norderstedt 2007 (zit.: *Kühle*, in *Löhnig/Gietl*)

*Lambrecht*, Bernhard: Der Zugriff des Sozialhilfeträgers auf den erbrechtlichen Erwerb, München 2001 (zit.: *Lambrecht*)

*Lange*, Heinrich: Der entgeltliche Erbverzicht, in: Festschrift für Hermann Nottarp zum 75. Geburtstag, S. 119 -132, Karlsruhe 1961 (zit.: *Lange*, in FS Nottarp)

*Lange*, Heinrich/*Kuchinke,* Kurt: Lehrbuch des Ebrechts, 5. Auflage, München 2001 (zit.: *Lange/Kuchinke*)

*Langenfeld*, Gerrit: Das Gesetz zur Änderung des Erb- und Verjährungsrechts – Inhalt und Praxisfolgen, NJW 2009, 3121.

*ders.:* Die Ehevertragsgestaltung auf dem Prüfstand der richterlichen Inhaltskontrolle, ZEV 2004, 311.

*ders.:* Zur gerichtlichen Kontrolle von Eheverträgen, DNotZ 2001, 272.

*ders.:* Handbuch der Eheverträge und Scheidungsvereinbarungen, 5. Auflage, München 2005 (zit.: *Langenfeld*)

*Larenz*, Karl: Methodenlehre der Rechtswissenschaft, 6. Auflage, Berlin 1991 (zit.: *Larenz*, Methodenlehre)

*ders.:* Kennzeichen geglückter richterlicher Rechtsfortbildungen, Karlsruhe 1965 (zit.: *Larenz*, Rechtsfortbildungen)

*ders.:* Lehrbuch des Schuldrechts, Erster Band, Allgemeiner Teil, 11. Auflage, München 1976 (zit.: *Larenz*, Schuldrecht I)

*Larenz*, Karl/*Wolf*, Manfred: Allgemeiner Teil des Bürgerlichen Rechts, 8. Auflage, München 1997 (zit.: *Larenz/Wolf*)

*Leipold*, Dieter: Erbrecht, 17. Auflage, Tübingen 2009 (zit.: *Leipold*)

*ders.:* Wandlungen in den Grundlagen des Erbrechts?, AcP 180 (1980), 161.

*ders.:* Anmerkung zu OLG Hamm, Beschluss vom 16.07.2009 – 15 Wx 85/09, ZEV 2009, 472.

*ders.:* Anmerkung zu BayOblG, Beschluss vom 04.01. 2006 – 1 Z BR 97/03, ZEV 2006, 212

*Lettke*, Frank: Subjektive Bedeutungen des Erbens und Vererbens – Ergebnisse des Konstanzer Erbschafts-Surveys, ZSE 24 (2004), 277.

*Lieb,* Manfred: Sonderprivatrecht für Ungleichgewichtslagen? Überlegungen zum Anwendungsbereich der sogenannten Inhaltskontrolle privatrechtlicher Verträge, AcP 178 (1978), 196.

*ders.:* Schutzbedürftigkeit oder Eigenverantwortlichkeit? – kritische Überlegungen zur richterlichen Rechtsfortbildung im Privatrecht – , DNotZ 1989, 274.

*Lieb,* Manfred/*Jacobs*, Matthias: Arbeitsrecht, 9. Auflage, Heidelberg 2006 (zit.: *Lieb/Jacobs*)

*Linker,* Anja Celina: Zur Neubestimmung der Ordnungsaufgaben im Erbrecht in rechtsvergleichender Sicht, Tübingen 1999 (zit.: *Linker*)

*Löhnig,* Martin: Die neuen Leitlinien des BGH für die Kontrolle von Eheverträgen, JA 2005, 344.

*Loo,* Oswald: van de Die Gestaltung der Verfügung von Todes wegen zugunsten des betroffenen Behinderten, MittRhNotK 1989, 233.

*ders.:* Die letztwillige Verfügung von Eltern behinderter Kinder, NJW 1990, 2852.

*Looschelders,* Dirk: Schuldrecht, Allgemeiner Teil, 7. Auflage, Köln 2009 (zit.: *Looschelder*s, SchuldR AT)

*Lorenz,* Stephan: Der Schutz vor dem unerwünschten Vertrag, München 1997 (zit.: *S. Lorenz*)

*Ludyga*, Hannes: Inhaltskontrolle von Pflichtteilsverzichtsverträgen, Bonn 2008 (zit.: *Ludyga*, Pflichtteilsverzicht)

*von Lübtow*, Ulrich: Erbrecht – Eine systematische Darstellung, 1.u .2. Halbband, Berlin 1971 (zit.: *Lübtow*)

*Lüderitz*, Alexander/*Dethloff*, Nina: Familienrecht, 28. Auflage, München 2007 (zit.: *Lüderitz/Dethloff*)

*Lüscher*, Kurt: Widersprüchliche Mannigfaltigkeit: Ehe, Familie und Verwandtschaft im aktuellen gesellschaftlichen und erbrechtlichen Kontext heute, ZEV 2004, 2.

*Maunz*, Theodor/*Dürig*, Günter: Grundgesetz, Kommentar, Loseblattsammlung, Band 1, GG-Text – Art. 5 GG, 53. Lieferung, Stand: Oktober 2008, München 2009 Band II, Art. 6 – Art. 16a GG, 54. Lieferung, Stand: Januar 2009, München 2009 (zit.: *Bearbeiter*, in Maunz/Dürig)

*Mayer*, Jörg: Die Auswirkungen der Erbrechtsreform auf die Kautelarpraxis, ZEV 2010, 2.

*ders.:* Unliebsame Folgen des Pflichtteilsverzichts, ZEV 2007, 556.

*ders.:* Anmerkung zu OLG Celle, Beschluss vom 15.01.1998 – 22 W 115/97, ZEV 1998, 433.

*ders.:* Anmerkung zu OLG Stuttgart, Beschluss vom 25.06.2001 – ZEV 2002, 369.

*Mayer-Maly*, Theo: Was leisten die guten Sitten, AcP 194 (1994), 105.

*Medicus*, Dieter: Allgemeiner Teil des BGB, 9. Auflage, Heidelberg 2006 (zit.: *Medicus*, BGB AT)

*ders.:* Zur gerichtlichen Inhaltskontrolle notarieller Verträge, München 1989 (zit.: *Medicus*, Inhaltskontrolle)

*ders.:* Abschied von der Privatautonomie im Schuldrecht?, Köln, 1994 (zit.: *Medicus,* Privatautonomie)

*ders.:* Der Grundsatz der Verhältnismäßigkeit im Privatrecht, AcP 192 (1992), 35.

*Mensch*, Sebastian: Sozialrechtliche Fragestellungen im Problemkreis der notariellen Praxis, BWNotZ 2009, 162.

*Menzel*, Ralf: Entschließungsfreiheiten im Erbrecht und Drittinteressen, Baden-Baden 2008 (zit.: *Menzel*)

*Mergler*, Otto/*Zink*, Günther: Handbuch der Grundsicherung und Sozialhilfe, Teil I, SGB II – Grundsicherung für Arbeitssuchende – , Loseblatt, Stand: Oktober 2008 (zit.: *Mergler/Zink*, SGB II)

*Mertens*, Hans Georg: Die Entstehung der Vorschriften des BGB über die gesetzliche Erbfolge und das Pflichtteilsrecht, Berlin 1970 (zit.: *Mertens*)

*Meyer*, Thomas: Erbrechtsreform als Reaktion auf die gesellschaftlichen Veränderungen, FPR 2008, 537.

*Michalski*, Lutz: BGB-Erbrecht, 3. Auflage, Heidelberg 2006 (zit.: *Michalski*) Motive zu dem Entwurf eines Bürgerlichen Gesetzbuches für das Deutsche

Reich, Band 2, Recht der Schuldverhältnisse, amtliche Ausgabe, Berlin/Leipzig 1888 (zit.: Motive II) Band 4, Familienrecht, amtliche Ausgabe, Berlin/Leipzig 1888 (zit.: Motive IV) Band 5, Erbrecht, amtliche Ausgabe, Berlin/Leipzig 1888 (zit.: Motive V)

*Münch*, Christof: Infiziert der Ehevertrag erbrechtliche Verzichte oder Verfügungen?, ZEV 2008, 571.

*ders.:* Notar und Parität – Die Bedeutung notarieller Beurkundung im Rahmen der Inhaltskontrolle von Eheverträgen – , DNotZ 2004, 901.

*ders.:* Inhaltskontrolle von Eheverträgen – BGH zum Ausgleich ehebedingter Nachteile – ,FamRZ 2005, 570.

*ders.:* Inhaltskontrolle von Eheverträgen – Zurück auf festerem Boden - zur neuesten Rechtsprechung des BGH – , DNotZ 2005, 819.

Münchener Kommentar: Bürgerliches Gesetzbuch Band 1, Allgemeiner Teil, 1. Halbband, 5. Auflage, München 2006; Band 2, Schuldrecht, Allgemeiner Teil, 5. Auflage, München 2007; Band 7, Familienrecht I, 4. Auflage München 2000; Band 8, Familienrecht II, 4. Auflage, München 2002; Band 9, Erbrecht, 5. Auflage, München 2010 (zit.: MüKoBGB/*Bearbeiter*) Insolvenzordnung Band 1, §§ 102-102, 2. Auflage, München 2007 (zit.: MüKoInsO/*Bearbeiter*)

*Mugdan*, Benno: (Hrsg.) Die gesammelten Materialien zum Bürgerlichen Gesetzbuch für das Deutsche Reich, Band IV: Familienrecht, Berlin 1899 (zit.: *Mugdan* Band IV, FamR)

*Muscheler*, Karlheinz: Die geplanten Änderungen im Erbrecht, Verjährungsrecht und Nachlassverfahrensrecht, ZEV 2008, 105.

*ders.:* Universalsukzession und Vonselbsterwerb – Die rechtstechnischen Grundlagen des deutschen Erbrechts, Tübingen 2002 (zit.: *Muscheler*)

*ders.:* Inhaltskontrolle im Erbrecht, in: Riesenhuber/Karakostas (Hrsg.), Inhaltskontrolle im Nationalen und europäischen Privatrecht, Berlin 2009 (zit.: *Muscheler*, in *Riesenhuber/ Karakostas*)

*ders.:* Inhaltskontrolle bei Erbverzichts- und Pflichtteilsverzichtsverträgen, in: Wachter (Hrsg.) Festschrift für Sebastian Spiegelberger zum 70. Geburtstag, Angelbachtal 2009 (zit.: *Muscheler*, in FS Spiegelberger)

*ders.:* Aufhebung des Erbverzichts nach dem Tod des Verzichtenden, ZEV 1999, 49.

*Nieder*, Heinrich/*Kössinger*, Reinhard/*Kössinger*, Winfried: Handbuch der Testamentsgestaltung, 3. Auflage, München 2008 (zit.: *Nieder/Kössinger*)

*Nowak*, Rainer: Die Kontrolle missbräuchlicher Vertragsklauseln, Berlin 2004 (zit.: *Nowak*)

*Obergfell*, Eva Inés: Pflichtteil und Privatautonomie – Zwischen Familienbindung und Testierfreiheit: Eine Untersuchung zur Flexibilisierung des deutschen Pflichtteilsrechts unter Berücksichtigung zwingender Familienerbrechte in Europa – Ort ??, 2010 (zit.: *Obergfell*)

*Oppeln-Bronikowski*, Christoph: von Erb- und Pflichtteilsverzichte zur Absicherung der Unternehmensnachfolge, in: Schlecht Partner/Taylor Wessing (Hrsg.), Unternehmensnachfolge - Handbuch für die Praxis -, Berlin 2004 (zit.: *v. Oppeln-Bronikowski*, in Schlecht & Partner/ Taylor Wessing)

*Otte*, Gerhard: Das Pflichtteilsrecht – Verfassungsrechtsprechung und Rechtspolitik, AcP 202 (2002), 317.

*ders.:* Um die Zukunft des Pflichtteilsrechts, ZEV 1994, 193.

*ders.:* Anmerkung zu BVerfG, Beschluss vom 19.04.2005 – 1 BvR 1644/00, JZ 2005, 1007.

*ders.:* Die Bedeutung der „Hohenzollern“-Entscheidung des Bundesverfassungsgerichts für die Testierfreiheit, ZEV 2004, 393.

*ders.:* Pflichtteilsrecht als Unterhaltssicherung, in: *Röthel* (Hrsg.), Reformfragen des Pflichtteilsrechts, Köln 2007, S. 203-205. (zit.: *Otte*, in *Röthel*: Reformfragen d. Pflichtteilsrechts)

*Palandt*, Otto: Bürgerliches Gesetzbuch 69. Auflage, München 2010 (zit.: *Palandt/Bearbeiter*)

*Pentz*, Adolf: Nachehelicher Unterhalt trotz Pflichtteilsverzichts, FamRZ 1998, 1344.

*ders.:* Aufhebung eines Erbverzichts nur zu Lebzeiten des Verzichtenden, MDR 1997, 1001.

*Petri*, Klaus: Die Pflicht zum Pflichtteil, ZRP 1993, 205.

*Pieroth*, Bodo: Grundgesetzliche Testierfreiheit, sozialhilferechtliches Nachrangprinzip und das sogenannte Behindertentestament, NJW 1993, 173.

*Pohl*, Karl Wilhelm: Mängel bei der Erbschaftsannahme und Ausschlagung, AcP 177 (1977), 52.

*Prölls*, Jürgen/*Armbruster*, Christian: Wegfall der Geschäftsgrundlage und deutsche Einheit, DtZ 1992, 203.

*Quantius*, Markus J. : Die Aufhebung des Erbverzichts, Berlin 2001. (zit.: *Quantius*)

*Raiser*, Günther H. : Sittenwidriges Behindertentestament und unerträgliche Belastung der Allgemeinheit, MDR 1995, 237.

*Raiser*, Ludwig: Vertragsfreiheit heute, JZ 1958, 1.

*ders.:* Vertragsfunktion und Vertragsfreiheit, in: Hundert Jahre Deutsches Rechtsleben, Festschrift zum hundertjährigen Bestehen des Deutschen Juristentages, Karlsruhe 1960 (zit.: *Raiser*, FS DJT)

*ders.:* Das Recht der Allgemeinen Geschäftsbedingungen, Bad Homburg 1961 (zit.: *Raiser, AGB*)

*Rakete-Dombek*, Ingeborg: Das Ehevertragsurteil des BGH – Oder: Nach dem Urteil ist vor dem Urteil, NJW 2004, 1273.

*Rauscher*, Thomas: Reformbedarf im Erbrecht?, FF Sonderheft 2 2004, 141.

*ders.:* Familienrecht, Heidelberg 2001 (zit.: *Rauscher*)

*ders.:* Ehevereinbarungen: Die Rückkehr der Rechtssicherheit, DNotZ 2004, 24.

*Reimann*, Wolfgang: Hohenzollern und kein Ende: Wie das ehemalige Kaiserhaus zur Rechtsfortbildung in Deutschland beiträgt, in: Wachter (Hrsg.), Festschrift für Sebastian Spiegelberger zum 70. Geburtstag, Bonn 2009 (zit.: *Reimann*, in FS Spiegelberger)

*Reimann*, Wolfgang/*Bengel*, Manfred/*Mayer*, Jörg: Testament und Erbvertrag, Kommentar mit Erläuterungen, Checklisten und Gestaltungsvorschlägen, 5. Auflage, Neuwied 2006 (zit.: *Bearbeiter*, in *Reimann/Bengel/J.Mayer*)

*Reul*, Adolf: Erbverzicht, Pflichtteilsverzicht, Zuwendungsverzicht, MittRhNotK 1997, 373.

*Riehm*, Thomas: Aktuelle Fälle zum Bürgschaftsrecht, JuS 2000, 138 ff. und 241 ff.

*Roessink*, Uta: Die passive Vererblichkeit des Unterhaltsanspruchs des geschiedenen Ehegatten gemäß § 1586b BGB, Köln 1990 (zit.: *Roessink*)

*dies.*: Zur Berechtigung der Erbenhaftung für den Geschiedenenunterhalt gemäß § 1586 b BGB, FamRZ 1990, 924.

*Rolland*, Walter: Das neue Ehe- und Familienrecht: 1. EheRG; Kommentar zum 1. Eherechtsreformgesetz, 2. Auflage, Neuwied 1982 (zit.: *Rolland*)

*Roth*, Herbert: Geltungserhaltende Reduktion im Privatrecht, JZ 1989, 411.

*Rüthers*, Bernd/*Stadler*, Astrid: Allgemeiner Teil des BGB, 15. Auflage, München 2007 (zit.: *Rüthers/Stadler*)

*Sanders*, Anne: Statischer Vertrag und dynamische Vertragsbeziehung – Wirksamkeits- und Ausübungskontrolle von Gesellschafts- und Eheverträgen –, Bielefeld 2008 (zit.: *Sanders*)

*dies.*: Schwangere Braut und Karrierefrau, Anmerkung zu den Urteilen des BGH zur Inhaltskontrolle von Eheverträgen vom 25.5.2005 unter Berücksichtigung der neuesten BGH-Rechtsprechung, FF 2006, 242.

*dies.*: Ein bisschen sittenwidrig? – Rechtsfolgen der Sittenwidrigkeit von Eheverträgen, FF 2004, 249.

*Savigny*, Friedrich Carl: von System des heutigen römischen Rechts, Band 3, Berlin 1840 (zit.: *Savigny*, System III)

*Schervier*, Joachim: Anmerkung zum Urteil des BVerfG vom 6. 2. 2001 – 1 BvR 12/92 –, MittBayNot 2001, 213.

*Seiler*, Hans Hermann: Utile per inutile non vitiatur – Zur Teilunwirksamkeit von Rechtsgeschäften im römischen Recht, in: Medicus (Hrsg.), Festschrift für Max Kaser zum 70. Geburtstag, München 1976 (zit.: *Seiler*, in FS Kaser)

*Schlosser*, Peter/*Coester-Waltjen*, Dagmar: Kommentar zum Gesetz zur Regelung des Rechts der

*Graba,* Hans Ulrich: Allgemeinen Geschäftsbedingungen, Bielefeld 1977 (zit.: *Schlosser/Bearbeiter*)

*Schlüter*, Wilfried: Die Änderung der Rolle des Pflichtteilsrechts im sozialen Kontext, in: 50 Jahre Bundesgerichtshof – Festgabe aus der Wissenschaft, Band 1, München 2000 (zit.: *Schlüter* in, 50 Jahre BGH (Bd. 1))

*Schmidt,* Jürgen: Vertragsfreiheit und Schuldrechtsreform, Berlin 1985 (zit.: *Schmidt*, Vertragsfreiheit)

*Schmidt-Bleibtreu*, Bruno/*Hofmann*, Hans/*Hopfauf*, Axel: Kommentar zum Grundgesetz, 11. Auflage, Köln 2008

*Schmidt-Rimpler,* Walter: Grundlagen einer Erneuerung des Vertragsrechts, AcP 147 (1941), 130.

*ders.:* Zum Vertragsproblem, in: Funktionswandel der Privatrechtsinstitutionen – Festschrift für Ludwig Raiser zum 70. Geburtstag, Tübingen 1974 (zit.: *Schmidt-Rimpler*, FS Raiser)

*Schmitt*, Gottfried: von: Begründung des Entwurfes eines Rechtes der Erbfolge für das Deutsche Reich und des Entwurfes eines Einführungsgesetzes, Berlin 1879, abgedruckt bei Schubert, Werner (Hrsg.), Die Vorlagen der Redaktoren für die erste Kommission zur Ausarbeitung des Entwurfes eines Bürgerlichen Gesetzbuches, Erbrecht 1, Berlin 1984 (zit.: *v. Schmitt*, bei *Schubert* ErbR Teil 1)

*Schöpflin*, Martin: Verfassungsmäßigkeit des Pflichtteilsrechts und der Pflichtteilsentziehung, FamRZ 2005, 2025.

*Schröder*, Rainer: Der Funktionsverlust des bürgerlichen Erbrechts, in: Mohnhaupt (Hrsg.), Zur Geschichte des Familien- und Erbrechts – Politische Implikationen und Perspektiven, Frankfurt am Main 1987 (zit.: *Schröder*, in Mohnhaupt (Hrsg.))

*ders.:* Abschaffung oder Reform des Erbrechts, Ebelsbach 1981 (zit.: *Schröder*)

*Schumacher*, Franziska: Rechtsgeschäfte zu Lasten der Sozialhilfe im Familien- und Erbrecht, Andernach 2000 (zit.: *Schumacher*)

*Schwab*, Dieter: From Status to Contract? – Aspekte der Vertragsfreiheit im Familienrecht im Lichte seiner Reformen – , DNotZ-Sonderbeilage, S. 9.

*ders.:* Anmerkung zum Urteil des BVerfG v. 6. 2. 2001 – BvR 12/92, FamRZ 2001, 349.

*ders.:* Handbuch des Scheidungsrechts, 4. Auflage, München 2000 (zit.: *Schwab/Bearbeiter*)

*Siegel*, Heinrich: Das deutsche Erbrecht nach den Rechtsquellen des Mittelalters in seinem inneren Zusammenhang dargestellt, Neudruck der Ausgage Heidelberg 1853, Aalen 1969 (zit.: *Siegel*)

*Siegmann*, Matthias: Anmerkung zum Urteil des BGH vom 24.06.1998 – IV ZR 159/97 –, ZEV 1998, 383.

*Soergel*, Hans Theodor: Bürgerliches Gesetzbuch Band 1, Allgemeiner Teil 1, 13. Auflage, Stuttgart 2000; Band 2, Allgemeiner Teil 2, 13. Auflage, Stuttgart 1999; Band 21, Erbrecht 1, 13. Auflage, Stuttgart 2001; Band 23, Erbrecht 3, 13. Auflage, Stuttgart 2002 (zit.: Soergel/*Bearbeiter*)

*Stadler*, Katrin: Das Versorgungselement im gesetzlichen Pflichtteilsrecht – mit Bezug zum englischen Erbrecht, Frankfurt a. M. 2004 (zit.: *Stadler*)

*Staudinger*, Julius: von Kommentar zum Bürgerlichen Gesetzbuch, 1. Buch, Einleitung zum BGB und Allgemeiner Teil 1; Verschollenheitsgesetz, Neubearbeitung 2004, Berlin 2004; Allgemeiner Teil 4, §§ 134-163, Neubearbeitung 2003, Berlin 2003; 2. Buch, Recht der Schuldverhältnisse, Einl zu §§ 241 ff; §§ 241-243, Neubearbeitung 2005, Berlin 2005; 2. Buch, Recht der Schuldverhältnisse, Einl zu §§ 241 ff; §§ 241-243, Bearbeitung 1995,Berlin 1995; 4. Buch Familienrecht, §§ 1363 – 1563, Neuberarbeitung 2007, Berlin, 2007; §§ 1601-1615o, Neubearbeitung 2000, Berlin 2000; 5. Buch, Erbrecht, Einleitung; §§ 1922-1966, Neubearbeitung 2008, Berlin 2008; §§ 1967-2063, Neubearbeitung 2002, Berlin 2002; §§ 2265-2338, Neubearbeitung 2006, Berlin 2006; §§ 2339-2385, Neubearbeitung 2004, Berlin 2004; Gesetz zur Regelung des Rechts der Allgemeinen Geschäftsbedingungen (AGBGB), 13. Bearbeitung 1998, Berlin1998 (zit.: Staudinger/*Bearbeiter*)

*Steinert*, Karl-Friedrich: Vermögensrechtliche Fragen während des Zusammenlebens und nach Trennung Nichtverheirateter, NJW 1986, 683.

*Strätz*, Hans Wolfgang: Rechtspolitische Gesichtspunkte des gesetzlichen Erbrechts und Pflichtteilsrechts nach 100 Jahren BGB, FamRZ 1998, 1553.

*ders.:* Reform der gesetzlichen Erbfolge, DNotZ 2001, 452.

*Strohal*, Emil: Das deutsche Erbrecht auf Grundlage des Bürgerlichen Gesetzbuches, 1. Band, 3. Auflage, Berlin 1903 (zit.: *Strohal*, Bd. 1)

*Sturm*, Florian: Pflichtteil und Unterhalt – Zur Unwirksamkeit drittbelastender Erbverzichts- und Pflichtteilsverzichtsvereinbarungen aus unterhaltsrechtlicher Sicht, Stuttgart 1993 (zit.: *Sturm*, Pflichtteil und Unterhalt)

*Stürner*, Rolf: Anmerkung zum Urteil des BGH vom 5.4.1984 – VII ZR 21/83, DNoTZ 1984, 763.

*Szydlik*, Marc/*Schupp*, Jürgen: Wer erbt mehr? Erbschaften, Sozialstruktur und Alterssicherung, KZfSS 56 (2004), 609.

*Thoma*, Katrin: Maßnahmen zur Reduzierung des Pflichtteilsrisikos, ZEV 2003, 278.

*Traulsen*, Jana: Inhalt und Grenzen familienrechtlicher Verträge – Unter besonderer Berücksichtigung der Figur der gestörten Vertragsparität, Frankfurt a. M. 2006

*Udschnig*, Peter: SGB XI, Soziale Pflegeversicherung, Kommentar, 2. Auflage, München 2000 (zit.: *Udschnig*, SGB XI)

*Ulmer*, Peter: Richterrechtliche Entwicklungen im Gesellschaftsrecht 1971 –1985, Schwerpunkte, Entwicklungslinien und kritische Würdigung, Heidelberg 1986 (zit.: *Ulmer*)

*Ulmer*, Peter/*Brandner*, Hans Erich/*Hensen*, Horst-Diether: AGB-Recht, Kommentar zu den §§ 305 – 310 BGB und zum Unterlassungsklagengesetz, 10. neu bearbeitete Auflage, Köln 2006 (zit.: *Bearbeiter* in, *Ulmer/ Brandner/Hensen*)

*Vaupel*, Christian: Der Sozialhilferegress in der notariellen Praxis, RNotZ 2009, 497.

*Volkmar*, Erich: Großdeutsches Eherecht, Kommentar zum Ehegesetz vom 6. Juli 1938 mit sämtlichen Durchführungsvorschriften, München und Berlin 1939, (zit.: *Volkmar*)

*Vollmer*, Jeanette: Verfügungsverhalten von Erblassern und dessen Auswirkungen auf das Ehegattenerbrecht und das Pflichtteilsrecht, Frankfurt a. M. 2001 (zit.: *Vollmer*)

*Wachter*, Thomas: Inhaltskontrolle von Pflichtteilsverzichtsverträgen?, ZErb 2004, 238.

*Waltermann*, Raimund: Sozialrecht, 7. Auflage, Heidelberg 2008 (zit.: *Waltermann*)

*Weidlich*, Dietmar: Ausgewählte Probleme bei erbrechtlichen Verzichtsverträgen, NotBZ 2009, 149.

*Wellenhofer-Klein*, Marina: Strukturell ungleiche Verhandlungsmacht und Inhaltskontrolle von Verträgen, ZIP 1997, 774.

*dies.:* Das neue Familienrecht, JuS 2009, 673.

*Wendl*, Philipp/*Staudigl*, Siegfried: Das Unterhaltsrecht in der familienrichterlichen Praxis, 7. Auflage, München 2008 (zit.: *Wendl/Staudigl/Bearbeiter*)

*Wieacker*, Franz: Privatrechtsgeschichte der Neuzeit, 2. Auflage, Göttingen 1967 (zit.: *Wieacker*, Privatrechtsgeschichte)

*ders.:* Das Sozialmodell der klassischen Privatrechtsgesetzbücher und die Entwicklung der modernen Gesellschaft, Karlsruhe 1953 (zit.: *Wieacker*, Sozialmodell)

*Wiedemann*, Herbert: Inhaltskontrolle vorformulierter Verträge, in: Festschrift für Max Kummer zum 65. Geburtstag, S. 175-191. (zit.: *Wiedemann*, FS Kummer)

*Wiemer*, Eike: Inhaltkontrolle von Eheverträgen – Eine kritische Auseinandersetzung mit der Kernbereichslehre des BGH – , Bielefeld 2007 (zit.: *Wiemer*)

*Winkler*, Christian: Unternehmensnachfolge und Pflichtteilsrecht – Wege zur Minimierung des Störfaktors „Pflichtteilsansprüche“, ZEV 2005, 89.

*Winkler von Mohrenfels*, Peter: Die unterhaltsrechtliche Verpflichtung (Obliegenheit) zur Realisierung individueller vermögensrechtlicher Ansprüche, FamRZ 1981, 521.

*Wolf*, Manfred: Rechtsgeschäftliche Entscheidungsfreiheit und vertraglicher Interessensausgleich, Tübingen 1970 (zit.: *Wolf*)

*Wufka*, Eduard: Rechtseinheit zwischen Kausalgeschäft und Einigung Bei Erbbaurechtsbestellungen, DNotZ 1985, 651.

*Zerres*, Marina: Ist das gesetzliche Erbrecht nochzeitgemäß, in: Löhnig/Gietl (Hrsg.), Beiträge zur Reform des Familien- und Erbrechts, Norderstedt 2007 (zit.: *Zerres*, in Löhnig/Gietl)

*Zöllner*, Wolfgang: Privatautonomie und Arbeitsverhältnis – Bemerkungen zur Parität und Richtigkeitsgewähr beim Arbeitsvertrag, AcP 176 (1976), 221.

**Studien zum deutschen und internationalen Familien- und Erbrecht**

Herausgegeben von Martin Lipp, Christoph Benicke, Marina Wellenhofer und Bettina Heiderhoff

Band 1 Jessica Kriewald: Statusrelevante Erklärungen des Familienrechts. 2009.

Band 2 Martin Gilbert: Unmoralische Angebote, Grundrechtskitsch und die kalte Hand des Erblassers. 2009.

Band 3 Anja Vellmer: Religiöse Kindererziehung und religiös begründete Konflikte in der Familie. Eine rechtsübergreifende Darstellung familiärer religiöser Konflikte und der staatlichen Instrumentarien zu ihrer Lösung. 2010.

Band 4 Uta Heidenreich: Auskunfts- und Wertermittlungsansprüche des Pflichtteilsberechtigten. 2010.

Band 5 Ulla Möhn: Vertrauensschutz im intertemporalen Scheidungsunterhaltsrecht. Zugleich eine Analyse des § 36 Nr. 1 EGZPO. 2010.

Band 6 Gabriele Metternich: Verfügungsverhalten von Erblassern. Eine empirische Untersuchung als Beitrag zur Rechtstatsachenforschung und Reformdiskussion auf dem Gebiet des Erbrechts. 2010.

Band 7 Patrick Schroer: Europäischer Erbschein. Mit rechtsvergleichender Darstellung. 2010.

Band 8 Isabella Toscano: Ehescheidungen mit grenzüberschreitendem Bezug. Von divergierenden nationalen Scheidungsvoraussetzungen zu einem einheitlichen europäischen Scheidungsrecht? 2011.

Band 9 Ulrich Kühle: Die gerichtliche Überprüfung von Erb- und Pflichtteilsverzichtsverträgen im Spiegel ehevertraglicher Inhaltskontrolle. 2011.

www.peterlang.de